名·家·说·史

中国古代名将

陈梧桐　苏双碧　主编

图书在版编目（CIP）数据

名家说史：中国古代名将 / 陈梧桐，苏双碧主编．北京：华文出版社，2025．3．-- ISBN 978-7-5075-6105-0

Ⅰ．K825．2

中国国家版本馆 CIP 数据核字第 2025S2T945 号

名家说史：中国古代名将

编　　者：陈梧桐　苏双碧
责任编辑：刘超平
出版发行：华文出版社
地　　址：北京市西城区广外大街 305 号 8 区 2 号楼
邮政编码：100055
网　　址：http://www.hwcbs.cn
电　　话：总编室 010-58336239　责任编辑 010-58336222
发行部 010-58336267
经　　销：新华书店
印　　刷：三河市人民印务有限公司
开　　本：710mm × 1000mm　1/16
印　　张：26.75
字　　数：360 千字
版　　次：2025 年 3 月第 1 版
印　　次：2025 年 3 月第 1 次印刷
标准书号：ISBN 978-7-5075-6105-0
定　　价：98.00 元

前言

在我们中华民族形成和发展的数千年历史中，不仅涌现出许多伟大的思想家、政治家、科学家、发明家、文学家和艺术家，而且有过许多伟大的军事家和杰出的将领。在他们当中，有的为了反抗、推翻腐朽阶级和黑暗王朝的统治，为了反抗民族压迫和外来侵略，为了反对分裂割据、维护国家和民族的统一，抛弃功名利禄，不顾个人安危，身先士卒，冲锋陷阵，表现出崇高的献身精神和优秀的道德品质；有的奉命于危难之间，严格训练，信赏明罚，建立起一支纪律严明、英勇善战的强大武装，具有高超的治军本领；有的受命于败军之际，殚精竭虑，运筹帷幄，提挈全军，调动敌人，决战千里，转败为胜，具有出奇制胜的指挥才能;有的在吸取前人成果的基础上，总结当时的战争实践，概括出反映战争一般规律的军事原则，提出进步的军事思想，写出卓越的军事理论著作。他们的光辉业绩，为我们统一的多民族国家的形成、发展和巩固，为反抗阶级压迫、民族压迫，为维护国家的统一、主权和独立，做出了巨大的贡献；他们的优秀军事理论著作，大大丰富了我国古代的文化宝库，这是我们一笔宝贵的历史遗产。批判地继承这笔丰富的历史遗产，将有助于激发我们的爱国热情，增强我们的民族自信心和自豪感，推动具有中国特色的社会主义精神文明建设。有鉴于此，我们组织有关的专家和史学工作者，编写了这部《中国历代名将》，于1987年由河南人民出版社出版。

细心的读者会发现，本书介绍的诸多历史人物，属于少数民族的数量不多。在我国历史上，少数民族当中也产生过许多杰出的统帅和将领，他们曾在军事舞台上扮演着极其重要的角色，演出过许多威武雄壮的历史活剧，对历史发展的进程产生过重大影响。只是由于历史资料的缺乏，加上可供参考的研究成果又很有限，目前我们还难以对他们的军事活动做出详细生动的评述，除了书中介绍的几位外，其他人物的生平事迹只好暂时付之阙如。这一点，希望能得到读者的谅解，并且祈望将来能有其他的著作来加以弥补。

此次承华文出版社再版，我们将书名改为《名家说史：中国古代名将》，删去了一些人物，并对部分文字作了修订。同时，精选一些图片插入文中，还在每篇文章前头加上人物的“个人小档案”，使文本形式更加活泼，以期更好地适应读者的阅读口味。

囿于我们的水平，书中肯定会有不少缺点和疏漏之处，恳请广大读者批评指正。

陈梧桐

2017年9月23日于北京市

海淀区民族大学西路寓所

名家说史

目录

孙武

兵家的鼻祖

孙武个人小档案

姓名：孙武

字：长卿

尊称：孙子、孙武子、兵圣

所处时代：春秋

生卒年：约前545—前470年

出生地：齐国乐安（今山东惠民）

辅佐君王：吴王阖闾

军事成就：西破强楚、北威齐晋、南服越人

轶事典故：练女兵、三令五申、钝兵挫锐、以逸待劳

代表作品：《孙子兵法》

谥号：敬仲

追尊：沪渎侯（北宋）

最得意：率吴军攻破郢都

最失意：好友伍子胥被杀

孙武

军功贵族的家世

孙武是我国古代伟大的军事家。公元前6世纪末叶的春秋时代，他诞生于齐国的乐安（今山东惠民县）。据《新唐书·宰相世系表》和宋邓名世的《古今姓氏书辨证》记载：孙武的祖先，原是周惠王五年（前672年）因陈国内乱逃亡到齐国的陈完。当时的齐国，据有山东东北部，濒临渤海，物产丰富，实力强大。当政的齐桓公，在宰相管仲的辅佐下，革新军政，发展生产，一跃而成为春秋时代诸侯国家的第一个霸主。陈完逃到齐国后，改姓田氏，齐桓公任命他为管理手工业生产的“工正”之职。经过几代之后，到周景王十二年（前533年），田完（即陈完）的四世孙田桓子，已经发展为齐国新兴势力的代表人物，同以公室为首的大批奴隶主贵族相对立。田桓子“以家量贷而以公量收之”，即以大斗借出，小斗收进的办法争取民众，民众纷纷投奔田氏门下，成为田氏的“隐民”，于是田氏的力量日益强大起来。

田完的五世孙田书，字子占，是孙武的祖父，齐景公时身居大夫之职，在一次攻打莒国的战争中立了战功。齐景公便把乐安封给田书，作为他的采邑，并赐姓孙氏，以表奖励。本来春秋时代的“姓”是全族的共同称号，而“氏”只是某一个支派的称号，所以田书应当属于以“田”为姓，以“孙”为氏的一个支派。后来姓氏不分，人们就把“孙”作为孙武的姓了。

周景王十三年（前532年）夏，齐国新旧势力之间发生了一次激烈的武装斗争。斗争中，田氏联合鲍氏，打败了以栾氏、高氏为代表的旧贵族势力，取得了胜利。此事史称齐国“四姓之乱”。

齐国新旧势力的斗争和孙书的军功贵族出身，使孙武有机会接受新兴地主阶级的思想，受到军事素养方面的教育，学习和积累了比较广泛的军事理论知识，为他后来的兵法研究奠定了良好的基础。

三十年的戎马生涯

齐国“四姓之乱”后，孙武离开了齐国故土，到南方新兴的吴国居住。当时的吴国，据有今江苏的中部和南部一带。孙武到达吴国后，在都城姑苏（今江苏苏州）附近“僻隐深居”，一方面潜心研究兵法，观察吴国的政治动向，一方面结交被楚王迫害逃到吴国的伍子胥，两人在共同的田园生活中，结成政治上的知心朋友。

周敬王四年（前516年），吴国发生了一次重大的政治事件，公子光指示伍子胥推荐的勇士专诸，刺杀了吴王僚，自立为王。他就是吴王阖闾。阖闾是一位奋发图强立志改革的君主，他决心要使落后的吴国赶上中原各国，摆脱长期以来遭受楚国欺凌的屈辱地位。为此，他“食不二味，居不重席，室不崇坛，器不彤镂”，不迷恋安逸，不贪图享受，不追求玩好，一心要振兴吴国。因此，吴王迫切希望聚集人才，以佐自己成就富国强兵的伟业。

伍子胥深知吴王阖闾的政治抱负和思贤如渴的急迫心情，也了解孙武高明的政治主张和非凡的军事才能。他向吴王阖闾推荐才华横溢的孙武。孙武施展抱负的大好时机，终于到来了。

《吴越春秋》生动地描绘了孙武进见吴王的情景：一日，吴王“登台，向南风而啸，有倾而叹，群臣莫有晓王意者”。唯有在他跟前的伍子胥，知道吴王之所以登高台而喟叹，那是因为寻找不到一位精通文韬武略、能够率领吴军反击楚国的良将而感到苦闷。因此，伍子胥在一天之内，先后七次向吴王推荐孙武，极力推崇孙武的军事才能。吴王听后，决定召见孙武，亲自面试。

孙武带着他写的《孙子兵法》十三篇去见吴王阖闾。据说，吴王在同孙武见面时，对他说：“您写的十三篇兵法，我都细细读过了。您能否当场演习一下阵法呢？”孙武回答道：“可以。”吴王又问：“可以用妇人试验一下吗？”答道：“完全可以。”于是，吴王挑选了他后宫的嫔妃一百八十人，让孙武演习阵法，孙武把这些嫔妃分成两队，叫吴王最宠爱的两个美姬分别担任队长，每人各拿一把戟。孙武问她们：“你们知道心和左右手以及后背的位置吗？”她们点头说：“知道。”孙武说：“演习阵法时，我击鼓发令，让向前，你们就眼看着心；让向左，就眼朝左手看；让向右，就眼朝右手看；让向后，就眼朝后背看。”她们都说：“行！”布置完毕，孙武敲响向右的鼓令，那些嫔妃却都哈哈大笑。孙武严肃地说：“对部属约束不严明，命令交代不清楚，这是主将的责任。”他又重新申明号令，然后击响向左的鼓令，嫔妃仍然大笑不止。孙武说：“对部属约束不严明，命令交代不清楚，那是主将的责任；现在既然已经对你们重新申明过号令，再不执行命令，那就是吏卒的责任了。”说完就下令把左右两个队长推出去斩首。吴王站在高台上观看演习，见孙武下令要杀他的两个爱姬，吓出一身冷汗，急忙叫人对孙武传话说：“寡人已经知道将军能够用兵了。我没有这两个美姬，食不甘味，希望不要杀掉她们。”孙子回答说：“臣既已受命为将，将在军，君命有所不受。”说完就下令把两个美姬当场斩首，然后再挑选另外两个嫔妃担任队长，击鼓演习阵法。这下，宫女们个个规规矩矩，严格执行命令，一举一动完全听从号令，阵列非常整齐。孙武派人到高台上禀报吴王说：“兵阵已经操练好了，请大王下来看看。大王可以用她们出征打仗，即使赴汤蹈火，她们也会奋勇前进的。”吴王因此深知孙武善于用兵，就任命他为将军，他的军事生涯从此开始了。

孙武为将之后，不但为励精图治的吴王治军讲武，勾画富国强兵的蓝图，而且为吴国的兼并战争立下了卓越的战功。《史记·孙子吴起列传》对孙武的战绩曾有概括的叙述："西破强楚，入郢，北威齐晋，显名诸侯，孙子与有力焉。"

所谓"西破强楚，入郢"，指的是周敬王十四年（前506年）发生的吴楚柏举之战。此战是春秋末期吴楚之间的一次大战。早在孙武担任将军之职不久，他协助吴王阖闾经邦治国初见成效，刚刚取得攻占舒（今安徽舒城）的胜利，吴王即准备发动大规模的伐楚战争。但孙武认为当时楚国的实力还很雄厚，而吴国的军队又因连年作战未及休整，将士非常疲劳，伐楚时机尚不成熟，要求推迟战争的时间。伍子胥支持孙武的意见，他建议吴王把全国军队分成三个部分，轮番袭击楚国，以消耗楚国的实力。吴王终于接受孙武的主张，并按照伍子胥的战略方针，命令吴军分为三部，互相轮换，反复袭扰楚国的边境。经过六年的骚扰，楚国的军队被搞得疲惫不堪，士气低落，戒备松懈，这就为吴军的进攻提供了有利的条件。恰在这时，楚军进攻邻近蔡、唐两个小国，蔡、唐抵挡不住，派人向吴国求援。而吴国此时又已占领黄河上游的战略要地州来（今安徽凤台）、钟离（今安徽凤阳东北）。控制了屏蔽楚国东境的居巢（今安徽巢湖），如与蔡、唐两国结盟，用它们作为掩护，吴军便可从淮西平原西进，借助大别山的荫蔽，迂回攻入楚国防御薄弱的东北部。于是，吴国便答应了蔡、唐的请求，同它们结盟，出兵进攻楚国。

周敬王十四年（前506年），吴王阖闾亲自带兵出征，并任命孙武为吴军主将，伍子胥为副将。他们率领吴军主力三万余人，沿淮河逆流而上，从淮汭（今河南潢川西北）登陆，迅速通过大别山与桐柏山之间的三个隘口大隧（武阳关，今河南信阳南）、直辕（九里关，今河南信阳南）和冥阨（平靖关，今河南信阳西南），进抵汉水岸边，与楚军隔河而阵。两军在柏举（今湖北汉川北）展开一场决战，楚军遭到惨败，损失很重，吴军乘胜追击，又五战五捷，攻占了楚国的都城郢（今湖北江陵西北纪城南）。作为这次攻伐楚国的主将，孙武立下了显赫的战功。

所谓北威齐晋，是指周敬王三十六年（前484年），吴军在齐国的艾陵（今山东莱芜东北）重创齐军的一次作战；以及周敬王三十八年（前482年），吴王约定晋定公等诸侯国在黄池（今河南封丘南）会盟，取代晋国的霸主地位之事。

孙武对此也有不可磨灭的功勋，惜史籍记载语焉不详，我们已无法了解他的具体活动了。

从周敬王八年（前512年）被吴王阖闾任命为将，到周敬王三十八年的黄池会盟，孙武在吴国活动了三十年，为吴国的强盛和称霸中原做出了杰出的贡献。北威齐晋之时，阖闾之子吴王夫差当政，他倒行逆施，骄奢淫逸，国事紊乱。孙武同夫差这样的国君不能相容、共谋国事。所以北威齐晋之后，孙武的事迹已不见于史书的记载，大概他已引退而去。据《越绝书》的记载，江苏吴县东门外，有孙武的坟墓。看来，孙武没有像伍子胥那样遭到夫差的杀害，他可能是隐退山林，终老其身。

不朽的军事巨著

孙武之所以享有盛名，主要并不是因为他西破强楚，北威齐晋的军功，而是由于他留下了一部我国现存最早的兵书《孙子兵法》。《孙子兵法》是一部内容完备、结构严谨的古代军事名著。它的产生，为我国军事学奠定了坚实的基础。孙武把与战争有关的军事问题，分作十三篇加以论述，全书有完整的体系，新颖独特的论述形式。各篇既能独立成章，相互之间又有密切的联系，上下承启，前后相衔，浑然一体，所以古人说："其义各主于题篇之名，未尝泛滥而为言也。"直到今天我们阅读这些篇章，仍然为其博大精深的军事思想体系惊叹不已。

→《孙子兵法》竹简

《孙子兵法》虽然包容了军事学的各个方面，但是关于进行和指导战争的论述，则是全书的核心内容，其他各个方面，几乎都是围绕这一内容展开的。

孙武研究军事是从研究战争入手的。《孙子兵法》开宗明义第一篇就指出：战争（孙武是用“兵”字来表述的）是“国之大事”，它关系到国家的存亡，人民的生死，因此必须慎重对待，不可轻率从事，“故明君慎之，良将警之”。这就明确表达了孙武的“慎战”思想。

孙武的“慎战”思想，反映在战争指导上则表现为“全胜”的理论，这是《孙子兵法》的精华所在。在“慎战”思想的支配下，孙武要求当权者不可轻易地进行战争，要进行战争就必须要有胜利的把握；只有一般的胜利把握还不行，必须要有“全胜”的把握才能进行战争。因此，他要求战争指导者尽最大的努力，创造最好的条件，争取以最小的代价，最快的速度，取得最完全的胜利。

1.“先胜而后求战”是达到“全胜”的前提

孙武要求战争指导者，要在战前对决定战争胜负的“五事”（道、天、地、将、法）、“七计”（主孰有道？将孰有能？天地孰得？法令孰行？兵众孰强？士卒孰练？赏罚孰明？）做全面的分析比较，只有这样才能准确地了解敌我双方力量的优劣，因而也才能依据所了解的情况，制订夺取战争胜利的指导方略。所以他说：“未战而庙算胜者，得算多也；未战而庙算不胜者，得算少也。”这就是孙武“知彼知己”，综合分析对比敌我力量的“庙算”知胜的思想。

孙武认为，为了做到“知彼知己”，除了善于通过各种征候“相敌”（即分析观察有关敌军的各种现象和动向）外，还要获得可靠的情报，派遣各种间谍潜入敌军内部，进行各种侦察，而且不被敌人发现。孙武十分重视依靠间谍了解敌情，把“用间”提到了“三军所恃而动”的重要地位。

孙武在其“先胜”而后求战的思想指导下，要求战争指导者在战前要千方百计地消灭自己的弱点，使敌人无隙可乘，无懈可击，立于不败之地，做到“先为不可胜，以待敌之可胜”。所谓“先为不可胜”，就是要树立随时准备作战的思想，对敌人不能存在侥幸的心理，要做好一切准备，使敌人的进攻无法得逞，并且以自己的充分备战措施，挫败敌人的进攻。在思想上提高警惕、常备不懈之后，还要在军事部署上，拟订周密的作战计划，考虑多种击败敌人的作战方案，这样就不怕敌人的突然袭击了。

2.争取主动是达到“全胜”的必要条件

孙武提出：“善战者，致人而不致于人。”就是要求善于指挥作战的人，能够调动敌人而不被敌人所调动。这是两千多年前孙武所说的争取主动避免被动的军事名言，这一名言历来受到兵家的重视，唐朝著名的军事家李靖，在《李卫公问对》中就曾经说过，古代兵法千章万句，不外乎“致人而不致于人”。

在战争中要争取主动、避免被动，对于实力优势较大的军队来说并不难做到，只要指挥无误，官兵善战，自然就能把握住战争中的主动权。对于实力并不处于优势的军队来说，要想争取主动，避免被动，就不那么容易了。但是，如果战争指导者能够正确进行指挥，恰当地部署和使用兵力，就可以造成一种有利于己，不利于敌的主动态势，这就是《孙子兵法》中所说的“任势”。孙武认为，要使军队的战斗力能充分发挥出来，真正做到出奇制胜，就要使部队处于“势险”“节短”的状态。所谓“势险”，是指军队具有高速机动的速度，这种速度如“激水之疾”，它所产生的威力“至于漂石”，能把巨石般的敌人冲垮；这种军队蓄积和孕育着极强的战斗力，如同拉满的弩机，紧张的弓箭，一触即发。要使具有这种极强战斗力的军队，产生强大的作战效果，就要使这种战斗力在极短的时间和距离内，以突发的冲击形式爆发出来，使敌迅雷不及掩耳，措手不及，这就是孙武所说的“节短”。他用“鸷鸟之疾，至于毁折”的形象比喻，要求枕戈待战的军队，在发起冲锋时，要像雄鹰在短距离内搏击小鸟那样，使敌束手就缚。

造成我之主动、敌之被动的态势，不但要使自己的军队蓄积极强的战斗力，具有突发的冲击力，而且要使敌军陷于被动挨打的不利态势。孙武认为，要使敌军处于被动挨打的态势，就要采取“动敌”——即调动敌人的手段，使本来不易歼灭的敌人，成为可歼灭的敌人。为此他提出：对于深沟高垒的敌人，要采取“攻其所必救”的战法，把敌人调出来在野战中消灭它；对于急功冒进的骄横之敌，要先“避其锐气”，消磨其锋芒，使之疲惫，尔后“击其惰归”，将其歼灭；对于盲目来攻的敌人，则诱使其改变进攻的方向，使之“不得与我战”，尔后我可寻机将其歼灭。

除了“动敌”之外，孙武还采取了“示形”的办法，争取主动摆脱被动。孙武所说的形，是指客观物质的力量。孙武说的“示形”，包括“形人而我无形”两个方面的内容。“形人”，就是要造成各种假象去迷惑敌人，诸如“能而示之不能，用而示之不用，近而示之远，远而示之近”，使敌人发生错觉，采取错误的行动，把军队拖垮，使官兵疲惫，让敌之真相暴露无遗，为我提供歼敌之机。所谓“我无形”，就是要隐形匿迹，深深地隐蔽自己的意图，达到“深间不能窥，智者不能谋”的地步，这样就能增大己方进攻的主动性和突然性，扩大敌人的被动性和盲目性，就可以“动而不迷，举而不穷”。毛泽东同志在《中国革命战争的战略问题》中，曾引了孙子的“示形”之说：“我们可以人工地造成敌军的过失，例如孙子所谓‘示形’之类（示形于东而击于西，即所谓声东击西）。”

“避实击虚”“以众击寡”，是孙武关于集中兵力，造成相对优势，取得作战主动权，战胜敌人的精彩论述。孙武用“水之形，避高而趋下”的生动比喻，要求战争指导者，指挥自己的军队，“避实而击虚”，攻击敌人防御薄弱之点，造成“兵之所加，如以碫投卵”的凌厉攻势，迅速歼灭敌人。

3.灵活多变的战法是达到“全胜”的重要手段

有了充分的准备和取得一定的主动权后，并不等于已经取得了胜利，如果战法呆板，照样不能打胜仗。所以孙武说：“兵无常势”，如同“水无常形”一样，只有“能因敌变化而取胜者”才可以说用兵是入了“神”。孙武所说的灵活多变的作战指导，主要表现在正确使用兵力和灵活多变的战法两个方面。

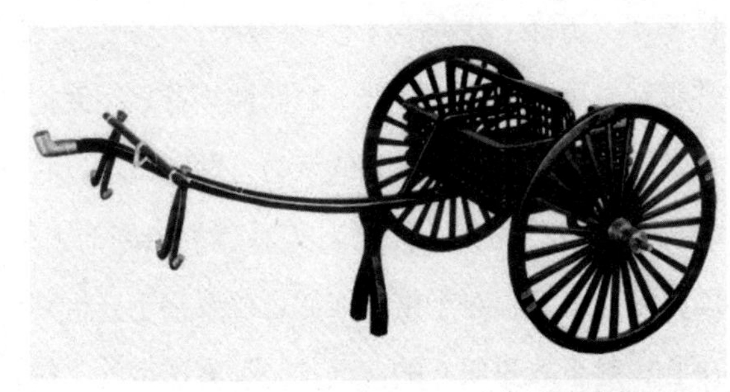

↑ 春秋时代的战车

在正确使用兵力方面，他要求战争指导者要“识众寡之用”，要根据敌我兵力对比的不同，采取不同的打法。如“十则围之，五则攻之，倍则分之，敌则能战之，少则能逃之，不若则能避之”；对于不同情况的敌人，要采取不同的作战手段：“利而诱之，乱而取之，实而备之，强而避之，怒而挠之，卑而骄之，佚而劳之，亲而离之”；远途奔袭时，要“并敌一向”，撇开次要敌人，攻击主要目标，这样就可以“千里杀将”；在兵力部署上，要如同常山之蛇，“击其首则尾至，击其尾则首至，击其中则首尾俱至”，做到灵活机动，互相策应。

在战法变换方面，孙武主张“奇正”多变。他认为，虽然打仗的一般规律，总是用“正兵”当敌，用“奇兵”取胜，但是奇正之变，就像宇宙的万事万物那样变化无穷。他要求战争指导者，战法要灵活变化，计谋要不断更新，使人无法识破我在军事部署上奥妙机密之所在；驻军要常换地方，进军要多绕迂路，使人不能猜测我的意图。这样就能稳操胜券了。

此外，《孙子兵法》还提出了“因粮于敌”的主张，并对不同的天候、不同的地区、不同的地形，也提出了变换战法的一系列措施，对水战、火战、山地战的战法，也有一定的论述。

4.良将精兵是达到“全胜”的根本条件

孙武在《孙子兵法》开卷的《计篇》中，把“智信仁勇严”的良将，以及训练有素、赏罚分明、令行禁止、战斗力强的精兵，看作决定战争胜负的重要因素，是达到“全胜”的根本条件。

孙武关于争取战争“全胜”的种种论述，无一不同贤良将帅的指挥才能和精神素质有关。因此，他对将帅提出了极为严格的要求，归纳起来就是“智信仁勇严”五条：“智”，多谋善断；“信”，赏罚有信；“仁”，爱护士卒；“勇”，勇敢坚定；“严”，明法审令。孙武把“智”放在首要地位，表明他对将帅指挥才能的重视。孙武认为，两军相争，较量智谋为先，角逐实力次之，作为一个贤良的将帅，必须对关系战争全局的大事，要有深刻的了解，能明察事理，多谋善断；对于整个作战过程要善于分析判断，考虑利害得失，定下正确的决心；对于敌我双方的情况，必须有透彻的了解，既不可明于知己而暗于知彼，也不可明于知彼而暗于知己，只有知彼知己，才能百战不殆；要想尽一切办法，消除自己的弱点，不为敌所乘；必须尽一切可能，暴露敌人的弱点，寻机歼灭敌人；对于复杂多变的战场，要能“通九变之利”，做出灵活的处置；对于不同情况的敌人，要能“因敌变化”而“料敌料制胜”。

孙武认为，训练有素、赏罚分明、令行禁止、战斗力强的军队，是夺取战争“全胜”必不可少的条件。因此他极为重视治军和练兵。他认为治军的基础是要爱护士卒，要“视卒如婴儿”“视卒如爱子”，使士卒亲附，为使用他们创造条件。但是，如果士卒亲附而不能用，厚待而不能使，那就如同溺爱的娇子一样，不能用以作战，因此孙武要求对士卒要“教之以文，齐之以武”，进行严格的训练，对他们明法审令，治乱去骄，使之畏服，听从指挥。

《孙子兵法》问世以后，得到了社会普遍的重视和流传，被人们推尊为兵学鼻祖。韩非在《五蠹篇》中说，战国时“境内皆言兵，藏孙、吴之书者家有之”，生动地反映了封建制取代奴隶制时期，人们研究军事、探讨兵法的盛况。司马迁称道：“世俗所称师旅，皆道孙子十三篇。”这说明《孙子兵法》在汉代已成为兵学之冠。第一个注释和阐发《孙子兵法》的大军事家曹操，称赞《孙子兵法》说：“吾观兵书战策多矣，孙武所著深矣。”他要求军事家们能领会书中“审计重举、明画深图”的真谛。明代中期抗倭名将戚继光则认为，《孙子兵法》是“纲领精微”的“上乘之教”。明代后期的茅元仪用“前孙子者，孙子不能遗；后孙子者，不能遗孙子”两句话，概括了《孙子兵法》在我国古代军事理论上的承先启后作用。近代伟大的民主主义革命先驱者孙中山先生认为，“就中国历史来考究，两千多年的兵书，有十三篇，那十三篇兵书，便成立中国的军事哲学”。

《孙子兵法》不但对中国，而且对世界的军事史，也产生了广泛而深远的影响。《孙子兵法》不仅是我国现存的最古兵书，而且也是世界上最早的军事论著。它与希腊希罗多德（前484—前425年）的《希腊波斯战争史》、色诺芬（前403—前355年或354年）的《希腊远征波斯记》、罗马军事理论家弗龙廷（约35—约103年）的《谋略例说》相比，不仅成书的年代要早，学术性更强，而且在内容上更加详备、系统和深刻。所以《孙子兵法》不胫而走，流传到世界许多国家，早在唐朝就流入日本、朝鲜，1660年就有了日译《孙子兵法》；18世纪60年代，《孙子兵法》西传至欧洲，1772年，法国神甫约瑟夫·阿米欧首次将它译成法文，在巴黎刊印出版；1910年，英国汉学家贾尔斯，以《孙子兵法，世界最古的兵书》为名，在伦敦翻译出版。现在世界上许多国家都把《孙子兵法》译成本国的文字。这些国家的军事理论家们，对《孙子兵法》都赞不绝口，认为它的内容“闳廓深远”“诡谲奥深”，是“最早最优秀的著作”；称道孙武是“古代第一个形成战略思想的伟大人物”，“奠定了古代中国军事科学的基础”，亚洲的许多国家，甚至把《孙子兵法》规定为军官训练的必修课程。

我们在充分肯定孙武在军事学上取得的辉煌成就和吸取其中的精华时，也要看到他的不足，对他在著作中所反映的唯心史观和机械论，也要精心地加以扬弃。例如，他把战争的发动和消弭，仅仅看成国君的一念之差，从而模糊了产生战争的社会根源，他所研究的战争几乎都是诸侯国之间的战争，而对奴隶阶级的起义和战争，几乎没有涉及；他对将帅作用的过分夸大，以及驱使士兵盲目赴战的论述，是应当注意剔除的糟粕。

王兆春

作者王兆春，毕业于南京大学物理系核物理专业。中国人民解放军军事科学院战略部研究员。主要著作有《中国科学技术史·军事技术卷》、《中国古代兵书》、《中国古代兵器》、《速读中国古代兵书》、《聂士成》、《中国近代战争史》（合著）、《中国军事通史·明代战争史（上）》（合著）等。1992年获国务院颁发政府特殊津贴。已故。

身残志坚的孙膑

孙膑个人小档案

姓名：孙膑

别名：孙伯灵

所处时代：战国

生卒年：？一前316年

官职：军师

出生地：齐国阿、鄄之间（今山东鄄城）

辅佐君王：齐威王

军事成就：取得桂陵之战、马陵之战的胜利

轶事典故：田忌赛马、围魏救赵

代表作品：《孙膑兵法》

追尊：武清伯（北宋）

最得意：两次败魏

最失意：遭受膑刑

孙膑

在春秋战国这一伟大历史变革时期，曾涌现出一大批各方面的优秀人物。其中，有一位杰出的军事家，就是战国中期的孙膑。

孙膑是孙武的后裔，齐国阿（今山东阳谷东北）人。其生卒年代不详，大体在吴起之后，与商鞅、孟轲同时。他的一生坎坷不平，连真实名字也没有留下。他曾经被迫害受过膑刑（砍掉两块膝盖骨）。但他忍辱不屈，发愤自强，终于成为历史上杰出的军事家，故史书上称他为孙膑。

孙膑生活在战国中期，当时秦、齐、楚、燕、魏、赵、韩七雄争立，是一个战争频繁而激烈的多事之秋，同时也是一个英雄辈出的时代。据说，少年时期的孙膑，生活孤苦，再加上连年战乱，使他深深感到，战争的胜负，与国家的安危、人民的生活、个人的命运息息相关，便下定决心要学兵习武，准备在这峥嵘岁月里做一番事业。于是，孙膑在成年以后即外出游学，到深山里拜鬼谷子先生为师，勤奋刻苦地学习兵书战策。鬼谷子先生是一位隐士，长于兵学和纵横捭阖之术，战国时著名兵家尉缭和纵横家苏秦、张仪，都出于他的门下。孙膑专心致志地学习，虚心向鬼谷子求教。鬼谷子把《孙子兵法》十三篇传授给孙膑，不到三天，孙膑即能背诵无误，对答如流，并发挥出许多深刻而独到的见解。鬼谷子十分惊奇，高兴地赞叹说："这下，孙武子可后继有人了！"

和孙膑一起拜鬼谷子先生为师学习兵法的人很多，其中有个同学叫庞涓。此人生性奸诈，嫉贤妒能。他表面上和孙膑很好，双方约定，日后一旦得志，彼此互不相忘。

不久，庞涓提前下山，投奔到魏国。魏国在战国初期曾经是独霸中原的强国；进入战国中期之后，为了扩大疆土，继续东征西讨，四面出击。庞涓颇有一些才干，他一到魏国很快就得到魏惠王的赏识，当上将军。庞涓有了用武之地，心中很是高兴。但是，他也深知自己的才能远不如孙膑，担心日后孙膑下山，如果来到魏国，自己的声誉和地位就会受到妨碍和影响；如果孙膑投奔到别的国家，将来在战场上兵戎相见，自己恐怕不是他的对手。庞涓想来想去，觉得只有早日除掉孙膑，才能消除后患，确保自己无敌于天下。于是，他派人上山去请孙膑，用花言巧语劝孙膑前来魏国。孙膑心想，庞涓是自己的好朋友，魏国又是一个地处中原的强国，到那里可以发挥自己的才智，施展自己的抱负，欣然允诺。孙膑一到魏国，庞涓先是假意欢迎，热情接待。不久便诬陷孙膑私通齐国，并通过魏惠王对孙膑施以膑刑，还在他的脸上刺字。庞涓自以为得计，既使孙膑变成终身残废，无法再出仕做官，妨碍自己的前途，又可以把孙膑作为“奇货”控制起来，养在庞府，为自己效劳。

具有雄才大略的孙膑，刚刚走上社会，便遭此横祸，身陷逆境，好不凄惨。但是，孙膑毕竟是个意志非凡的人，他更加设法摆脱庞涓的监视，暗中加紧钻研兵法，以备将来逃离虎口，报仇雪耻。

过了一些时候，齐国的使者来到魏国。孙膑乘人不备，暗中去见齐使。他以刑徒的身份、惊人的才华和慷慨的陈词，打动了

↑ 错金银马首形铜马辕饰

使者的心。使者回国时，事先将孙膑藏在自己乘坐的车里，大摇大摆地带回了齐国。

孙膑回到齐国后，受到齐国大将田忌的赏识。田忌待以上宾之礼，对他言听计从。当时，在齐国的王公贵族中流行一种赛马的活动，田忌也常常参加。有一次孙膑观看田忌和齐威王赛马，马分三等，双方都以上等马对上等马，中等马对中等马，下等马对下等马，结果田忌连输三局。孙膑通过观察，觉得田忌的马和齐威王的马，足力相差不大，如果田忌用上等马对威王的中等马，用中等马对威王的下等马，用下等马对威王的上等马，保证可以赢得比赛。在下次比赛时，他让田忌依此计策而行，结果田忌两胜一负，赢得千金。这个小小的故事，后来被传为千古佳话。它揭示了军事斗争中一个很重要的战术，就是在战争中要善于用局部的损失，换取全局的胜利。正确运用这一战术，就能出奇制胜，变劣势为优势，从而达到以弱胜强的目的。因此，孙膑的这一计策，受到历代军事家的重视和称道。

齐威王在这次赛马中输给田忌，感到非常惊讶，向田忌询问，才知道是孙膑出的主意。田忌借这个机会把孙膑推荐给了齐威王。威王十分高兴，很快便召见孙膑，同他畅谈兵法。孙膑尽吐平生所学，与威王谈得相当投机。威王发现孙膑是个杰出的军事天才，便任命他做了齐国的军师。孙膑从此由一个刑余之人，一跃成为一个大国军队的统帅，开始大显身手。

自战国初期以来，魏国长期处于独霸中原的地位，先后夺占秦、齐、楚等国的大片领土。齐国是东方的一个大国，齐威王即位后进行政治、经济、军事的一系列改革，决心同魏国争霸中原。周显王十五年（前354年），魏国大举进攻赵国，派庞涓率兵八万包围了赵都邯郸（今河北邯郸西南），企图一举亡赵。赵国派人向齐国求救。齐威王答应救赵，但没有立即大举出兵，而是先用一小部分兵力，联合宋、卫两国南攻魏国的襄陵，与赵军遥相呼应，以坚定赵国抗魏的决心。第二年，赵、魏两国经过一年多激战，邯郸已岌岌可危，魏军也受到很大消耗。而秦、楚两国此时也从西、南两个方向对魏国发动了一定规模的进攻。这时，齐威王才下令以田忌为主将，孙膑为军师，率领八万齐军，大举攻魏。

出兵前，田忌和孙膑一起研究作战方针。田忌的意见是直接北上邯郸，与魏军决战，以解赵围。孙膑不赞成这一意见，提出一个“批亢捣虚”“围魏救赵”的作战方针。他说：“魏军长期攻赵，精兵必然都集中在邯郸城下，国内留守的不过是些老弱残卒。如果我们乘虚进攻魏都大梁（今河南开封市），占据它的交通要道，袭击它空虚的后方，魏军就必然要丢下邯郸而回师自救。这样，既解了邯郸之围，又可以乘魏军长途跋涉的疲困将其歼灭，一举两得。”田忌一听，心中大喜，采纳了孙膑的意见。

由于当时魏军的战斗力很强，不仅齐军北上邯郸没有取胜的把握，即使采取“围魏救赵”的方针，如果意图暴露，庞涓及早回兵自救，这对齐军也仍然是不太有利的。因此，孙膑又建议田忌，“围魏救赵”不能径情直趋，要首先挥师南下，佯攻魏国的平陵，并在佯攻中佯败。平陵是魏国东部地区的军事重镇，兵多粮足，地形险要，易守难攻。孙膑提出佯攻平陵并在佯攻中佯败的目的，是为了迷惑、麻痹庞涓，给他造成齐军指挥无能的假象，促使他继续放心地围攻邯郸，进一步消耗其实力，而不急于回师自救。田忌采纳了孙膑的这一建议。这一招果然奏效，齐军采取佯攻平陵并在佯攻中佯败的行动后，庞涓不但没有做回师自救的准备，反而更加放心地围攻邯郸。同样，魏惠王也被齐军的行动所麻痹，让魏军主力继续在邯郸鏖战，未对魏都大梁做必要的防御部署。

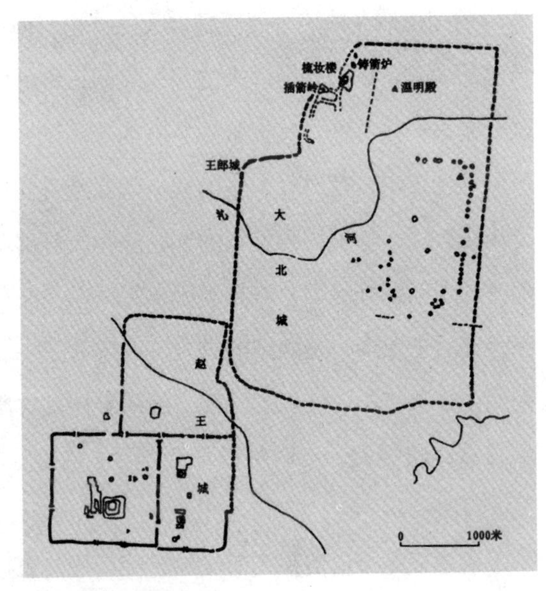

↑ 邯郸赵故城遗址

周显王十六年（前353年），庞涓竭尽全力，终于攻克了邯郸。就在这时，孙膑建议田忌，立即转兵西下，把攻击的矛头指向魏都大梁，派一部分轻车锐卒，直驱大梁城郊，以突然猛烈的“攻心”之势，逼迫庞涓星夜回师；同时偷偷地把齐军主力埋伏在桂陵（今河南长垣西北），准备截击魏军。田忌依计而行。大梁是魏国的政治、经济、文化中心，其得失关系到魏国的存亡。齐军直捣大梁，魏惠王十分恐慌，不得不急令庞涓回师。庞涓刚刚攻下邯郸，正在得意忘形，忽闻大梁危急，迫在眉睫，真是又气又急，怒不可遏。他顾不得部队的久战疲劳和损伤，也来不及休整，留下一部分兵力驻守邯郸，亲自率领魏军主力，日夜兼程，回兵赴救大梁。当庞涓匆匆渡过黄河，刚刚走到桂陵的时候，就碰上了早已埋伏在那里的齐军主力。齐军以逸待劳，大破魏军。魏军几乎全军覆没，庞涓仅以身免。这就是历史上著名的“围魏救赵”的桂陵之战。战后，魏惠王被迫与赵国讲和，归还邯郸，赵国亡而复存。

在这次作战中，孙膑运用大规模机动作战的战略，采取攻其必救、以逸待劳等战法，重创了久霸中原、不可一世的魏军，充分显示了其指挥作战的卓越才能，为齐威王进一步争霸中原、战胜魏国奠定了基础。

魏国虽然在桂陵之战受到较大的打击，但它久霸中原的余威尚在，并不甘于自己的失败。战国初期以来的经验表明，地处中原的魏、赵、韩三国，什么时候联合起来一致对外，其扩张战争就能顺利进展，不断取得胜利；什么时候发生矛盾，互相攻击，其对外扩张的战争就会遭受挫折和失败。桂陵之战后，魏惠王接受历史教训，除了加强整顿内部，还积极开展联合韩、赵的外交活动。通过归还邯郸，重新结好赵国，恢复了魏、赵关系。又积极拉拢韩国，在韩国军队的协助下，先后击败秦、楚两国的进攻，并解除了齐、宋、卫联军对襄陵的长期包围。因此，魏国较快地恢复了元气，继续维持其中原霸主的地位。齐威王见魏国的力量仍然比较强大，一时难以全面制胜，在魏、韩联军解襄陵之围时没有大动干戈，暂时按兵不动，等待时机。

魏惠王是个自恃强大而又缺乏深远战略思想的君主。他通过联合韩、赵取得一些胜利后，又骄傲起来，忘记历史的教训，重新做起吞韩灭赵、独占中原的美梦。周显王二十九年（前340年），即桂陵之战后十三年，魏惠王派庞涓率兵大举进攻韩国，企图一举亡韩。三晋（魏、赵、韩三国）的联盟再次遭到破坏，这就给齐威王进一步争夺中原霸权提供了极为有利的条件。

韩国在魏国的西南，是战国七雄中比较弱小的一个，根本不是魏国的对手。在强大的魏军进攻面前，韩国派遣使臣到齐国去求救。齐威王召集群臣商讨出兵救韩问题。可是，相国邹忌却主张不救，认为齐国需要加强内部治理，不宜对外用兵，大将田忌则主张早救，担心救晚了韩国会投降魏国，失去攻魏的战机，二人争执不下，齐威王征询孙膑的意见，孙膑则提出一个“深结韩之亲而晚承魏之弊”[①]的建议。他认为，如果不出兵救韩，韩国会投降魏国，魏国就更强大，对齐国的威胁也就会随之增大，因此，不救韩国对齐国不利。但是，齐国的军队必须为齐国的利益而战，如果过早地出兵救韩，就等于由齐国来代替韩国作战，一旦两败俱伤，到头来齐国还得听从韩国的支配和摆布，因此，过早地出兵救韩对齐国也是不利的，只有先答应救韩，让韩、魏两国激烈拼杀，互相消耗实力，然后再出兵攻击疲惫的魏军，拯救危亡的韩国，这样做对齐国才最为有利。齐威王认为孙膑的主张很有道理，决定照此办理。他亲自出面，热情接待韩国的使臣，答应坚决出兵救韩，鼓励韩国全力抗击魏军。

韩国因得到齐国救援的允诺，便有恃无恐，果然奋起抵抗入侵的魏军。但由于弱不敌强，结果五战五败，国家濒于危亡，同时，魏军也遭到一定的伤亡。于是，齐威王抓住韩危、魏疲的有利时机，命田忌为大将，孙膑为军师，率兵攻魏救韩。这一次，田忌又一次采取“直走大梁”[②]、威逼魏都的攻心战法，杀气腾腾地向魏国扑来。魏惠王鉴于桂陵之战的教训，再也不敢让魏军在韩国恋战，急忙把庞涓调回，并命太子申为上将军，率兵十万迎击齐军，企图与齐军进行一次战略决战。

这一次同桂陵之战的形势有所不同，魏军有一定的准备，兵力也较多较强，而且是主动迎击齐军，来势很猛。孙膑冷静地分析了敌我双方的情况，对田忌说：“彼三晋之兵（这里特指魏军），素悍勇而轻齐，齐号为怯。善战者，因其势而利导之。”[③]也就是说，要利用魏军悍勇轻敌和急于求战的心理，设法诱其

---

① 《资治通鉴》卷二，显王二十八年。

② 《史记·孙子吴起列传》。

③ 同上。

中计。田忌进一步询问怎样因势利导，孙膑胸有成竹地提出一个退兵减灶的计策，即避免与魏军正面接触，主动引兵东撤，而在退兵途中，第一天造十万人做饭用的锅灶，第二天减为五万人的锅灶，第三天减为三万人的锅灶，以此显示齐军怯战、逃亡大半的势态，助长魏军的骄傲轻敌思想，诱其穷追猛赶，以便寻机设伏加以歼灭。田忌完全赞同孙膑的建议，依计而行。

庞涓怒气冲冲地率兵从韩国返回魏国，本想痛痛快快地与齐军决一死战，以雪桂陵之战的耻辱。不料齐军一仗未打就撤退了，于是他和太子申一起，率领十万魏军紧紧追击。追击开始时庞涓还比较谨慎，注意部队的休息，保持各部之间的配合与联系，不敢疏忽麻痹。一连追了三天，庞涓发现齐军的锅灶一天比一天减少，不禁暗暗高兴，以为齐军真的懦弱怯战，士气低落，已经逃亡大半，不堪一击。于是，庞涓把大队步兵甩在后面，亲率轻车锐骑，马不停蹄，昼夜兼程地猛追齐军。

庞涓在后面拼命追赶，田忌、孙膑却在前面从容撤退。孙膑准确地计算着魏军的行程，判断庞涓必然于某一天的日落后到达马陵（今河南范县西南）。马陵地势险要，山高路窄，树多林密，是设伏歼敌的理想场所。齐军于是停止撤退，在马陵一带砍伐树木，堵塞道路，设置障碍，布下重重埋伏，准备围歼追敌。孙膑还选出一万名弓弩手，埋伏在马陵道两侧的山林草丛之中，并把路旁一棵大树剥去一块树皮，在树干上书写“庞涓死于此树之下”①八个大字。一切准备就绪之后，孙膑吩咐士兵说：“夜里一发现火光，就一齐放箭！”

果然不出孙膑所料，天黑之后，庞涓率领追兵到达马陵。他见道路被树木堵塞，立即命令士兵们下马、下车，准备开路追击。忽然间，庞涓发现路旁的一棵大树上隐隐约约写着什么字，便叫人点着火把来观看。他刚刚读完树上的八个大字，连叫“不好!”准备撤退。但未等他下令退兵，齐军已万弩齐发。魏军顿时大乱，被四面包围起来，既无法组织抵抗，又无路可逃，全部被歼。庞涓身负重伤，拔剑自刎。自刎之前，他仍不知悔悟自责，愤恨不平地说：“真不该成就了孙膑这小子的威名!”齐军歼灭庞涓所率的精锐后，乘胜发起进攻，

---

①《史记·孙子吴起列传》。

歼灭魏军十万，并俘虏了魏军统帅太子申，取得了战略决战的胜利。这就是历史上著名的马陵之战。

经过桂陵之战和马陵之战，魏国的元气大伤，从此一蹶不振，丧失了中原霸权。齐国则声威大振，威服诸侯，称霸中原。孙膑也因此而名扬天下，实现了他平生的抱负。

孙膑虽然为齐国立下汗马功劳，做出巨大的贡献，但在政治上却不得意。马陵之战前后，齐国上层统治集团内部的矛盾日益激化，相国邹忌与大将田忌的关系越来越紧张，发展到互不相容的地步。邹忌之所以反对出兵救韩，其真实目的就是怕田忌立功，影响自己的声誉和地位。后来因齐威王赞成出兵救韩，邹忌无法阻挡，他又改变主意，企图通过战争，借刀杀人，寄希望于田忌战败身死，或因战败而被废黜。孙膑因在魏国曾亲遭庞涓的陷害，所以对邹忌十分警惕。马陵大捷后，他曾劝田忌拥兵入朝，驱除邹忌，田忌没有采纳。结果不久，田忌便遭到邹忌的陷害，被迫流亡楚国。

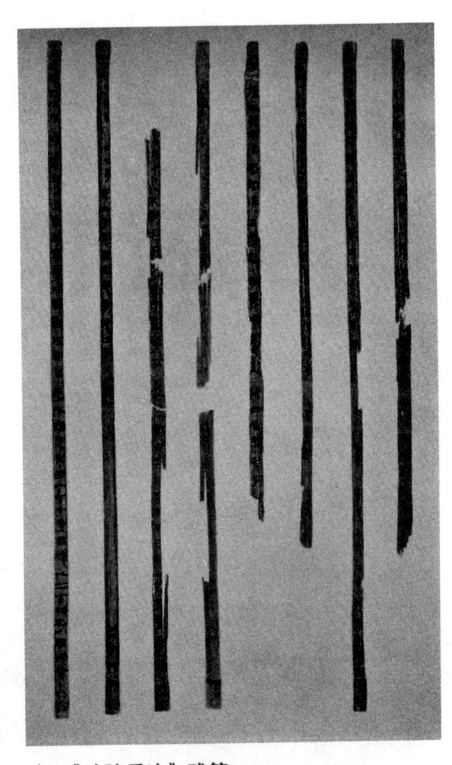

↑ 《孙膑兵法》残简

由于对邹忌十分警惕，马陵大捷后孙膑不仅没有接受齐威王新的封赏，还主动辞去军师的官职，以避免遭到其嫉妒与陷害。田忌政治上失势而流亡楚国后，他也离开齐国的政治舞台，过起了隐居生活。晚年他把全部精力用于军事理论的著述，深究兵法，写出流传千古的《孙膑兵法》。根据《汉书·艺文志》的记载，《孙膑兵法》共有八十九篇，图四卷。早在战国后期就已广泛流传于世。可惜这部重要著作，在东汉末年失传了。直到1972年4月，才在山东临沂银雀山汉墓中，发现一批《孙膑兵法》的残简。经过文物部门整理、注释，于1975年正式出版，分上、下编，各十五篇，共一万一千余字。由于竹简残缺不全，其中上编十五篇可以肯定是孙膑及其弟子们的著述；下编十五篇则无法完全肯定是孙膑及其弟子们的作品。仅就上编而言，虽然远非《孙膑兵法》原书的全貌，但也可从中看出，它总结了战国中期大量的作战经验，继承和发展了《孙子兵法》，有很高的军事理论价值。

在战争观方面，孙膑针对战国中期七雄争立的局面，总结了古代黄帝战蚩尤、武王伐纣、周公东征等历史经验，充分肯定了进步的统一战争在历史发展中的积极意义。他明确指出，面对着七雄争立、天下分裂、战争频仍、弱肉强食的现实，用仁、义、礼、乐的空洞说教是无法解除战乱的，只有通过“战胜而强立”“举兵绳之”[①]的战争手段，才能实现国家的统一，促进历史的发展。同时，孙膑也反对好战的“乐兵”思想，认为凡是迷信武力、贪求胜利、穷兵黩武的人，必然会带来国破家亡的严重后果。因此，他积极地主张变法革新，改良政治，发展经济，富国强兵，做到“有委”[②]（即有充分的物资储备）、“有义”[③]（即有进行战争的正当理由），“事备而后动”[④]（即先做好战争准备，而后采取战争行动），这样才能确保进步统一战争的胜利。这就是孙膑在战争问题上的基本态度和基本观点，较之《孙子兵法》所说“兵者，国之大事”的思想更深入一步，是有重大进步意义的。

在战略理论方面，孙膑根据战国时代武器的进步、军队的发展、战争规模的扩大和作战方式的改变，提出了“必攻不守”[⑤]这一重要战略思想。当时，威力巨大的弩已广泛应用于战场，军队中步、骑、弩兵大量发展起来，传统的车战方式已被以步骑为主的作战方式所代替。适应这一新的情况，孙膑认为，在战略指导上最重要的问题就是“必攻不守”。为此，有一次孙膑同田忌争论得面红耳赤。田忌坚持一般兵家的观点，把严明的赏、罚和高度集中的指挥

---

① 《孙膑兵法·见威王》。

② 同上。

③ 同上。

④ 同上。

⑤ 《孙膑兵法·威王问》。

权、创造有利的作战态势、运用计谋、巧施诡诈看作是用兵最紧要的问题；孙膑则不同意这一看法，他充分肯定了赏、罚和权、势，谋、诈的意义，认为都有助于获取战争的胜利，但不是用兵最紧要的问题，最紧要的问题是“必攻不守”，并以理服人地说服了田忌。所谓“必攻不守”，其实质是一种大规模机动作战的战略思想。它和春秋以前的正规车战迥然不同，不是作战双方先集中兵力，摆好阵势，然后发起攻击而决胜负。“必攻不守”的着眼点就是坚决打击（即所谓“必攻”）敌人空虚而要害之处（即所谓“不守”），牵一发而动全局，以此来调动敌人，疲惫敌人，消灭敌人，化劣为优，以弱胜强，夺取战争全局的胜利。这一战略思想和《孙子兵法》中所说的“避实击虚”“出奇制胜”“攻其所必救”“攻其所不守”等论述是一脉相承的，在军事理论上具有重大的意义和深远的影响。由孙膑参与谋划指挥的桂陵之战和马陵之战，就是“必攻不守”这一战略思想的生动体现。特别是“围魏救赵”这一战法，受到历代军事家的好评，至今仍有借鉴和实用价值。

→战国连发弩，荆州博物馆收藏

在战术方法方面，孙膑结合战国中期的战争实践，总结了大量具体经验，提出不少灵活用兵、巧妙造势的原则。古人说“孙膑贵势”[①]，孙膑确实很重视“势”的问题，他要求用兵布阵，必须造成极其险峻的有利态势，像射箭一样，“发于肩膺（胸）之间，杀人百步之外”[②]，给敌以突然猛烈、猝不及防、手足无措的打击。他还强调，要根据不同的敌情、我情和地形条件，采取不同的用兵方法：在两军相当、势均力敌的情况下，要善于佯败诱敌，两侧设伏，

① 《吕氏春秋·不二》。
② 《孙膑兵法·势备》。

“并卒（集中兵力）而击之”[①]；在我强敌弱、我众敌寡的情况下，要善于“赞师”[②]，即巧施欺诈，示弱于敌，引其出战，聚而歼之；在敌众我寡、敌强我弱的情况下，要善于“让威”[③]，即先让一步，后发制人，也可以先发制人，攻其不备，出其不意，打乱敌指挥，歼灭敌中坚，迫使敌崩溃；在平原旷野要多用车兵，在山区险地要多用骑兵，在要塞隘口要多用弩兵，使自己处于有利的“生地”，使敌人处于不利的“死地”，做到“居生击死”[④]，以长击短。这就是孙膑的一些主要战术思想，发展、丰富了《孙子兵法》关于“因敌而制胜”的理论。

在军队建设方面，孙膑着重强调以人为贵的原则，认为“天地之间，莫贵于人”[⑤]，把以人为贵，训练精兵强将，以适应大规模战争的需要，作为治军的根本要求。他对将帅的要求十分严格，不仅要有勇有谋，必须具备仁，义、德、信、智、决等条件，还必须有丰富的知识，即上知天文，下知地理，内得民心，外晓敌情，精通八阵，能够自如地掌握和运用指导战争的规律。对士兵的要求是注重质量，提高其素质；必须“篡（选）贤取良”[⑥]，经过严格选拔，施行严格训练；做到信赏明罚，正确使用。信赏明罚是一切兵家的信条，但孙膑的高明之处在于：强调上级的命令必须正确，要切合实际，不能单纯依靠重赏严刑去企求胜利，尤其反对在错误的指挥下强迫士兵去做无谓的牺牲。他说，如果布阵没有精锐的前锋和强大的后卫，强迫士兵去发起攻击，这就是最愚蠢的行动，是“不知兵之至也”[⑦]。他甚至对国君也提出了要求，把士兵比作矢，把将领比作弩，把国君比作射箭的人，强调这三方面都必须合乎要求，即国君能做出正确的决策，将领能实施正确的指挥，士兵能采取正确的行动，做到三位一体，协调一

---

① 《孙膑兵法·威王问》。

② 同上。

③ 同上。

④ 《孙膑兵法·八阵》。

⑤ 《孙膑兵法·月战》。

⑥ 《孙膑兵法·行篡》。

⑦ 《孙膑兵法·势备》。

致，这样才能保证打胜仗。这就是孙膑的主要治军思想。其中强调以人为贵和对待士兵的态度，较之《孙子兵法》也有一定的发展。

在军事哲学方面，孙膑继承了《孙子兵法》的朴素唯物论和朴素辩证法的思想，并在“知彼知己，百战不殆”这一科学论断的基础上，进一步提出以“道”制胜的重要观点。《孙子兵法》中也有一些关于“道”的论述，其主要含义是指政治，如《计篇》说：“道者，全民与上同意也（即上下同心同德），故可以与之死，可以与之生，而不畏危。”《孙膑兵法》则不然，仅上编关于“道”的论述即近三十处，都是指如何认识和运用战争规律的问题，如说：“先知胜不胜之谓知道”[①]，“强兵”之“道”是“富国”[②]，“破强敌，取猛将”之“道”是“阵”“势”“变”“权”[③]，“以一击十”之“道”是“攻其无备，出其不意”[④]，等等。孙膑认为，决定战争胜负的不仅仅是客观条件，而且必须有主观上的正确指导，主观指导的根本要求，就是要合乎客观规律的“道”。因此，他把指导战争的一切理论，都提到“道”的高度来认识。他说：“知道，胜”，“不知道，不胜”[⑤]；“安万乘国，广万乘王，全万乘之民命者，唯知道”[⑥]；“知道者，兵有功，主有名”[⑦]。在《孙膑兵法·威王问》篇中，齐威王一连提出九个问题，田忌提出七个问题，孙膑都一一用“道”做了回答。用“道”来解决各种问题，以“道”制胜，这就是孙膑的军事哲学。

自从闻名世界的《孙子兵法》在春秋末期问世后，历代学兵者莫不以《孙子兵法》为师。其中，孙膑可以说是一位成就显著的佼佼者，整个《孙膑兵法》就是最好的明证。

---

① 《孙膑兵法·陈忌问垒》。

② 《孙膑兵法·强兵》。

③ 《孙膑兵法·势备》。

④ 《孙膑兵法·威王问》。

⑤ 《孙膑兵法·篡卒》。

⑥ 《孙膑兵法·八阵》。

⑦ 《孙膑兵法·兵情》。

综观孙膑的一生，历尽艰辛曲折，忍辱不屈，奋斗不息。在实践上，对战国中期的历史发展产生了一定的影响，做出了一定的贡献。在军事理论上，取得了较大的成就，确实是我国古代一位发愤成才的杰出军事家。

魏金庸

作者魏金庸，著有《身残志坚的孙膑》等文章。

王翦

秦国大将

王翦个人小档案

姓名：王翦

所处时代：战国、秦朝

生卒年：不详

出生地：关中频阳东乡（今陕西富平）

辅佐君王：秦始皇

军事成就：破邯郸灭赵、灭燕下楚、南征百越

封爵：武成侯

最得意：助秦始皇统一六国

最失意：无法战胜李牧

王翦

王翦，战国时频阳（今陕西富平东北）人，生卒年代不详。他的祖先姬姓，本是周朝的宗室，历代为官。王翦是秦国的名将，他少年时爱好兵法，孜孜不倦地阅读兵书战策，文武双全。年长时，参加军队，开始军旅生涯。他的一生都是在战争中度过的，为秦国统一东方六国立下了汗马功劳。

擒贼擒王　威震联军

秦国到了秦昭王（前306—前250年）时，实际上已开始了统一列国的战争，陆续夺取韩、赵、魏、楚等国的大块土地，消灭东方各国的大量军队，多达百万，为秦统一中国奠定了基础。秦庄襄王于公元前247年死去，相国吕不韦立十三岁的太子为国君，就是秦王政。国家大权都操在吕不韦手中，在他执政的头几年中，秦国继续占有赵、韩、魏三国的几十座城池。东方各国看到秦国势力越来越强大，六国将一个一个被“蚕食”掉，于是各国采取合纵的政策，联合起来，共同反对秦国。

楚考烈王二十二年（前241年），除齐国以外，韩、赵、魏、燕、楚出兵加入合纵的阵营，公推楚国为首领，拜楚国春申君黄歇为上将军。他率领五国联军，浩浩荡荡杀向秦国的函谷关。秦相国吕不韦派遣蒙恬、王翦、桓齮、李信、内史腾五员大将，各带兵五万，分头迎击五国联军。

王翦决定用擒贼先擒王之策，首先消灭楚军，楚军一败，其他各国军队必溃。王翦秘密传下命令，让军队做好夜战的准备，利用夜间，发动突然袭击，攻其不备。这个消息被王翦部下的楚国奸细密报给春申君。春申君听后大惊失色，顾不得通知其他四国军队，连夜下令撤兵。四国军队听说楚军已经逃跑，军心动摇，无心作战。秦国五路人马合为一军，向四国联军发起冲锋，四国军队不战自逃。这样，表面上声势浩大的五国联军被王翦的计谋挫败了。

大将用计　战胜赵军

秦王政掌权后，铲除了国内吕不韦、嫪毐敌对集团，稳定了后方，然后全力以赴展开对外的兼并战争。秦王政十一年（前236年），赵国与燕国发生战争。赵王派庞煖率军攻打燕国，秦王借此机会，以救燕为名，派遣王翦与桓齮、杨端和率领两路大军，分左右两翼夹击赵国。当赵军进入燕国时，王翦已率军出上党进占了赵国的军事要地阏与（今山西和顺县）和橑阳（今山西左权县）等九座城池。另一路秦军也攻占了赵国河间六城和邺（今河北磁县）、安阳（今河南安阳西南）两城。庞煖看到赵军腹背受敌，邯郸危险，立即回师救援，但为时已晚，赵国已损失大片土地，而所占领的燕国城市也未能守住，赵悼襄王因而郁怒而死。

秦王政十四后（前233年），秦王政派桓齮率军出上党进攻赵国，攻占了赵国的赤丽、宜安（今河北藁城西南）。秦军长驱直入，已深入赵国的后方，形成了对赵都邯郸的包围形势。赵王在这生死攸关之际，只好调动防卫北方匈奴的大将李牧率精锐之师保卫京城。秦、赵两军大战于肥（今河北藁城西南），赵军个个奋勇当先，秦军大败，桓齮畏罪逃往燕国。

第二年，秦王再派两支军队攻打赵国，李牧率军反击，大破秦军。秦王政知道名将李牧是他攻打赵国的主要障碍，必须派大将设法除掉李牧。

秦王政十八年（前229年），赵国发生大旱灾，社会动荡不安，秦王政看到时机已到，立即派大将王翦率领大军攻打赵国。王翦统帅上党郡军队，直下井陉（今河北井陉县西），井陉是邯郸西部的门户，井陉失守，邯郸危如累卵。赵王见形势危急，派李牧与司马尚领兵抵御。久经战阵的名将李牧严阵以待，多次击退秦军的进攻，使秦军无法前进。两军相持一年之久。

秦军远来不宜持久，这点王翦是清楚的，但劲敌当前又不能速取。于是，王翦经过深思熟虑决定采用反间计，用重金收买赵王迁的宠臣郭开。郭开是一个见利忘义的势利小人，他向赵王诬告李牧、司马尚谋反，昏聩的赵王信以为真，派遣赵葱与颜聚代替李牧与司马尚为将。李牧考虑赵国已危在旦夕，拒绝交出兵权。赵王迁竟派人暗杀了李牧，也杀了司马尚，做了秦军想做而做不到的事情。

王翦听说李牧已死，赵军已经换将。他立刻集中军队，发动猛烈的进攻。李牧一死，赵军涣散，秦军势如破竹，如入无人之境，赵葱被杀，颜聚逃跑。秦王政十九年（前228年）十月，秦军攻下赵都邯郸，俘虏赵王迁，赵国灭亡了。

←秦国马铠，出征的战马也需要披上重甲，以抵御铁兵器的杀伤

王翦成功地运用了军事进攻与政治离间双管齐下的策略，消灭了秦国统一六国的强敌——赵国。

乘胜进军　消灭燕国

秦军乘战胜之余威，进兵燕国，兵临易水（今大清河上源支流，源出河北易县境，汇入南拒马河），燕国震动。燕太子丹派刺客荆轲为使者，携带燕国督亢（今河北涿县固安、新城等地）地图和秦国逃亡到燕的将领樊于期（即桓齮）的头，朝见秦王。“图穷匕首见”，荆轲行刺未成。秦王大怒，在秦王政二十年（前227年），派大将王翦、辛剧大举攻燕，燕国派兵抵抗。王翦以秦军的强大优势，一鼓作气，击败燕军于易水之西。第二年，王翦率军继续向燕国的都城——蓟（今北京市）进军。燕王喜与太子丹逃往辽东（今辽宁辽阳市西北），燕国灭亡。

智高一筹　秦王敬服

秦王在灭掉韩、赵、燕之后，北方已定，决定挥师南指，策划攻楚。他问大将李信要用多少人马才能消灭楚国呢？李信自恃年轻气盛，夸口说：“有二十万人马就够用了。”秦王又问老将王翦，王翦回答说：“楚是大国，照我的估计，非六十万人马不可。”秦王政认为王翦年岁大了，怯懦了，没有采纳他的意见。拜李信为大将，蒙武为副将，发兵二十万攻楚。王翦推托有病，告老回频阳老家了。秦王政二十三年（前224年），秦兵攻入楚境，楚国派大将项燕率兵抵御。李信攻楚的平舆（今河南平舆县北），蒙武向楚的寝（今河南临泉）进攻，初战得胜。项燕主动避开秦军锋芒，争取战略的主动，改向秦的南郡进攻，迫使李信抽调大军回救南郡，楚军乘机大败秦军。李信向城父败走和蒙武军会合，项燕乘胜猛追不舍，连破秦军两个壁垒，杀死七个将军，秦军大败，死伤无数，这是秦国在统一六国的战争中遭到的最大挫折。秦王政大怒，把李信革职。

事实教育了秦王，使他认识到王翦的见解是正确的，只有他方能打败楚国。秦王政急忙带着随从赶往频阳，亲自登门请王翦出征。一见面秦王就向王翦赔不是，请王翦再辛苦一趟。并说：“上回我错了，这次非将军出马不行，请将军别再推辞了。”王翦说：“我已经老了，请大王另派别人吧。”秦王再三道歉，并亲手把大将军印戴在王翦的身上。王翦说：“楚是大国，地广人多，楚王号令一出，要发动一百万人马也不太难，我说六十万还怕不太够呢，要再少那就不行了。”秦王完全同意王翦的意见，用自己的车马把王翦接回朝廷，拜他为大将，交给他六十万人马，仍派蒙武为副将。

↑ **虎符，分左右两片**

出兵的那天，秦王亲自到灞上（今陕西西安东）为王翦饯行。在酒宴上，王翦向秦王请求多赐给他一些良田、府第、池苑。秦王说：“将军凯旋，难道还怕受穷吗？”王翦说：“我请求这些东西，是为我的子孙后代考虑啊。”秦王政听后大笑。王翦率军启行，在路上五次派人回来向秦王请求赏赐，一会儿要求多赐田宅，一会儿要求多赏园林，副将蒙武笑着对王翦说：“老将军何必要求赏赐，打完了仗还怕不封侯吗？”王翦悄悄地对蒙武说：“不对，秦王政爱猜疑，今天把全国的军队都交给我们了，他总是不放心。我一而再，再而三向他请赐田宅池苑，使他知道我就为这点小事考虑，别无所图，使他安心，不再怀疑我会背叛他。”蒙武听后恍然大悟，一再点头称是。

以逸待劳　伺机出击

王翦率领大军到了天中山（今河南商水县西北）驻扎下来。楚国听说王翦率兵六十万伐楚，于是倾全国之兵四十万，派大将项燕和副将景骐率领迎击。楚军遇到秦军后，项燕下令向秦军发动猛攻。王翦严守营垒，按兵不动，他采取以逸待劳，伺机出击的作战方针。同时，他另派出一支人马专门负责运送粮草，保证军需得到源源不断地供应，使远来的秦军能进行持久战。两军对峙长达一年之久，王翦利用这段空隙的时间，抓紧操练人马，又让士卒得到充分的休息，并以丰盛的伙食犒劳士兵。王翦关心士卒的疾苦，和士兵同吃同住。在军事训练中，他仔细观察士兵的投石距离，后来发现战士的投石已超过规定的距离，他认为士兵可用了。

楚军多次向秦军挑战，王翦坚壁不出。楚将项燕产生了错觉，认为王翦是来这里驻防的，有了麻痹轻敌的思想。于是，项燕下令楚军向东转移。王翦乘机发动全线进攻，秦军已休息多日，精力充沛，犹如猛虎下山，以排山倒海之势向楚军压了过来。楚军在思想上毫无准备，遭到突然袭击，手忙脚乱，四散奔逃。秦军乘胜追击，楚军死伤惨重，溃不成军。

彻底灭楚　降服越君

项燕带领残兵败将逃往淮上地区。王翦带兵穷追不舍，一直追到楚国新都寿春（今安徽寿县西南）。楚王负刍（楚考烈王的儿子）当了俘虏，楚军副将景骐自杀。

项燕在淮上招募了两万五千名青壮年，组成了一支新军。他带领这支新军进驻徐城（今安徽泗县北），准备继续扩大队伍，再和秦军决一死战。这时楚王的兄弟昌平君从寿春逃来，告诉项燕寿春失守，楚王被俘的消息。项燕表示寿春虽已被占，但楚国仍拥有吴、越之地，地方千里，人口众多，足可以防御自立，待机恢复楚国的河山。他立昌平君为楚王，渡过长江，据守江南。

王翦听说楚国又立新君，拥兵江南，企图东山再起。他命令蒙武打造战船，训练水军，准备渡过长江，进攻江南，彻底灭亡楚国。

秦王政二十四年（前223年），王翦率军渡江南下。因为王翦等先已训练好一支熟悉水战的军队，从水路和陆路同时追击楚军，在蕲（今安徽宿州市）地杀死项燕，用乱箭射死了昌平君，楚国彻底灭亡了。

接着，王翦率军降服了越君，设会稽郡，使秦国的统治范围达到东海之滨。

王翦灭楚之后，胜利回国，因作战有功，被封为武城侯。他向秦王告老，退居林下，功成身退，保持了荣誉。

刘英航

作者刘英航，毕业于北京师范大学历史系。曾在北京市中学任教，后调入中央民族大学历史系，历任讲师、副教授。著有《周瑜传》。

助汉王定天下的 韩信

韩信个人小档案

姓名：韩信

所处时代：秦汉之际

生卒年：约前231—前196年

官职：大将军、左丞相

出生地：淮阴（今江苏淮安）

辅佐君王：汉高祖

军事成就：灭魏平赵、下燕定齐、垓下破项羽

轶事典故：胯下之辱、韩信点兵多多益善、暗度陈仓

代表作品：《韩信》兵法三篇

封爵：齐王、楚王、淮阴侯

最得意：垓下围歼楚军

最失意：死于吕后之手

韩信

一个从小爱好武艺的穷孩子

秦朝末年，在淮阴（今江苏淮安市）地方，经常可以看到一个衣服破旧、四处流浪的穷孩子，带着一把宝剑，有空就练剑术。他就是西汉初被刘邦封为齐王，后来又降为淮阴侯的韩信。

韩信从小丧父，家里很穷，因为出身贫贱，当然做不了官。他既不会经商，又不愿种地，家里又没有产业，所以经常东吃一顿，西混一碗，过着乞食的生活。一开始，他寄食在下乡南昌亭长的家里，时间长了，亭长的妻子对他很反感，就设法给他难堪。有一天，她很早就起来做饭，全家提前把饭吃完了。韩信按往常的时间来亭长家吃饭时，见人家已经吃完，也没有给他留饭。韩信感到了这是对他的不欢迎，心里很恼火，但也不好向人家发脾气，从此不再去亭长家吃饭。

韩信离开下乡，流浪到淮阴城里，生活仍然无着落。他饿得发慌，就到城旁的河沟里钓鱼。当时有几个老太太在那里洗衣服，其中一个好心肠的老太太，见韩信没有饭吃，很可怜他，就把自己带的饭，分一部分给韩信吃。这样一连几十天，韩信受到这位老太太的施舍，很感动，就对这位老太太说：“有朝一日，我必然要重重地报答你。”老太太听了很生气，骂韩信说：“你是一个男子汉大丈夫，不能自己挣饭吃。我是看见你可怜，才给你点饭吃，谁还希望你报答我！”他听了很惭愧，立志要有所作为。

淮阴城里有些青年很看不起韩信，经常当面污辱他。有一天，一个青年见韩信又带着剑走来，就当众骂他说：“你身材长得这么魁梧，又经常耍刀弄剑，其实你是一个胆小鬼。”韩信没有理他，这个青年就进一步向韩信挑衅说：“你如果有胆量，就拿剑来刺我;如果贪生怕死，就从我的裤裆下钻过去。”韩信不愿意在这些无赖面前争英雄，就忍气吞声，趴在地下，从那个无赖的裤裆下钻了过去。当时在场的旁观者都哄然大笑，认为韩信胆小怕死，太没有勇气。

韩信并不是从小无大志的人。他母亲死的时候，虽然家里很穷，只能将她草率地安葬，但韩信还是为她找了一块又高又宽广的墓地，准备以后在母亲的墓旁可以安葬万家，为她作伴。后来韩信被刘邦封为齐王，他回到家乡，找到施舍给他饭食的洗衣老太太和下乡南昌亭长，对他们表示了感谢，并且任命那个让他从裤裆下爬过去的恶少年为中尉，还将他介绍给部下说：“这是一个壮士。以前他污辱我的时候，我难道不能把他杀了吗？我不是没有那个勇气和胆量，而是认为没有那个必要，所以才忍受下来。”这说明韩信虽然从小就喜爱剑术，但他练剑的目的，并不是为了个人之间的打斗，而是有着更大的目标。

参加反秦起义队伍

秦二世元年（前209年）七月，陈胜、吴广领导的秦末农民大起义爆发了。这年九月，项梁和项羽叔侄俩在会稽（今江苏苏州市）响应陈胜的起义，也举兵反秦。为了北上抗击秦的主力，项梁于秦二世二年（前208年）渡过淮河，进兵到下

→秦始皇、秦二世双诏版（残）

邳（今江苏睢宁西北）。苦于生活无着的韩信，带着剑投奔项梁，参加反秦起义军，当了一名小兵。后来项梁战死，他又归属于项羽，做了小小的郎中（侍卫）。他借着自己接近项羽的机会，经常给项羽献计献策，但都没有被项羽所重视。韩信觉得自己的才干得不到发挥，就想另谋出路。

秦朝被推翻以后，项羽自封为西楚霸王，刘邦被封为汉王，被迫去南郑（今陕西南郑县）就职。刘邦动身时项羽只让他带三万军队，但有几万人自愿跟着刘邦去南郑。这时，久不得志的韩信，也从项羽那里逃跑，投到刘邦麾下，随他到了南郑。刘邦因为对韩信不了解，所以只让他当了一个名为连敖（管理粮草）的小官。后来，韩信与其他十二个人犯了法，都要被处死，那十二个人都被杀了，轮到韩信的时候，刘邦的亲信夏侯婴正好从这里经过，韩信便大叫道："汉王不是想取得天下吗？为什么要斩壮士！"夏侯婴听了很惊异，过去一看，喊叫的人气貌不凡，就把他放了。经过交谈，夏侯婴很喜欢韩信，就把他推荐给刘邦。刘邦让他当了治粟都尉（管理粮饷），仍然没有受到重用。

后来，韩信认识了刘邦的重要谋士萧何，经过几次交谈，萧何认为韩信是一个不可多得的人才。他几次向刘邦推荐，都没有引起刘邦的重视。当时，刘邦的部下大部分是关东（今河南、山东一带）人，他们跟刘邦到南郑后，思念故乡，不习惯那里的生活，纷纷逃亡。韩信觉得刘邦不重用自己，有才能得不到发挥，也逃离了南郑。

萧何听说韩信跑了，来不及向刘邦打一声招呼，就连夜带人去追韩信。有人不了解内情，赶快向刘邦报告说："萧何也逃跑了！"刘邦听说萧何跑了，觉得他太不够朋友，非常生气。但是两天以后，萧何又突然回来了，他去见刘邦，刘邦看见他回来，又喜又气，就质问萧何："你为什么要逃亡？"萧何解释说："我哪里会逃跑呢？我是去追赶逃跑的人。"刘邦问："你去追谁呀？"萧何说："我去追韩信。"刘邦听说堂堂的丞相萧何去追一个逃亡的治粟都尉，心里很不以为然。他骂萧何说："逃亡的将领已经有几十个，你都没有去追过一个，现在你说去追韩信，这不是骗人的话吗？"萧何向刘邦解释说："那些逃亡的将领都是平庸之辈，并不难得，而韩信却是难找到第二个的奇才。你如果想长期当汉王，用不用韩信也没有关系；如果欲得天下，当皇帝，就离不开韩信这样有智谋的人。希望你决定今后的去向。”萧何的这一番言语，正切中刘邦的要害，他赶紧表白说：“我也想向东发展，哪能长期在这里当汉王呢？”萧何见刘邦的心动了，就赶紧推荐韩信说：“你如果有向东发展的计划，能重用韩信，他就会留下为你出谋划策；如果没有远大抱负，不重用韩信，他终究还会逃走的。”刘邦见萧何这么器重韩信，就顺口说：“就让他在你的下面当个将领吧。”萧何说：“让他当一般将领，不能充分发挥其才干，他也未必肯留下。”刘邦又说：“那给他个大将呢？”萧何立即赞成说：“很好。”刘邦见萧何同意了，就想马上召见韩信，通知任命他为大将的事。萧何见刘邦办事这么草率，说明他对韩信还没有足够的认识，就又建议说：“你素来对部下傲慢不讲礼节，本来大家对此就有议论，现在任命一位大将，又像招呼一个小孩那样随便，一点儿也不认真严肃，这样韩信会认为你不尊重他，还是留不住韩信。为了表示对任命韩信为大将的重视，你就应当隆重地选择一个良辰吉日，设置坛场，按照礼节，亲自授给他大将的印信，这样才可以争取韩信不逃。”刘邦同意后，就下令让部下准备任命大将的一切礼仪，各个将领听了，都认为可能是提拔自己为大将，所以大家都兴高采烈地去参加。出乎大家意料的是，任命的大将竟是大家都瞧不上眼的韩信，全军都很吃惊。

刘邦的重用

刘邦虽然任命韩信为大将，但他心里对韩信的才干还是半信半疑。他试探韩信说：“萧何几次向我推荐你的才干，不知你有什么高见？”韩信没有正面回答刘邦提出的问题，而反问刘邦说：“你东征的对象是不是项羽呀？”刘邦老实回答说：“是。”韩信又反问道：“你自己估量与项羽相比，谁的力量强？”刘邦思考一会儿，老实地回答说：“不如项羽。”韩信用几个直截了当的问题进行反问，使刘邦认识到自己的弱点，然后比较分析刘邦和项羽各自的长短之处，提出刘邦变劣势为优势的办法。

韩信对刘邦分析说："我也同意你的看法。总的来说，项羽的力量比你强。但是我曾在项羽那里当过部下，对他有所了解，发现项羽也有很多弱点。第一，项羽个人勇敢善战，是一个叱咤风云的人物，但他不善于驾驭良将，所以虽然一人可顶千人，但只是匹夫之勇；第二，项羽对部下还比较关心和尊敬，说话也和和气气，对患病的人，送吃送喝，分忧解难，但是对有功的部下，应该封赏爵位的时候，又很悭吝，只知行小仁；第三，项羽虽然自封为楚霸王，号令天下诸侯，但他违背了楚怀王最初约定的'先入关中王之'的誓言，大封亲信，引发内部的矛盾，大家对他的做法都不满意；第四，项羽为人残暴，所过之处烧杀抢掠，引起百姓的不满，他虽然称霸了，但是民心不服，得不到百姓的支持。"

韩信进一步对刘邦分析说："如果你针对项羽的弱点，反其道而行之，重用天下的勇士，还有什么不能被你消灭的呢？把你占据的地方分封给功臣，谁还会不听从你的指挥？利用将士思念故乡的心情，东征还有什么攻不下的地方吗？而且项羽在关中分封的三个王，都是秦的降将，他们曾经杀害过很多反秦的人民，投降项羽后，部下的二十万降卒，又被项羽活埋了，他们出卖了部下而被封为王，关中的父老对这三个人早已恨之入骨。相比之下，你的军队在进入关中后，纪律很好，没有骚扰百姓，还废除了秦的苛法，与民约法三章，所以得到了关中百姓的拥护。本来你应当做关中王，这是百姓都知道的事，项羽让你做汉中王，关中的百姓对此很不满意。"

→刘邦像

刘邦下一步的棋应当怎么走呢？韩信给刘邦分析了敌我双方的优劣以及刘邦转弱为强的办法后，认为应当马上出兵东征，可以不费力就占领关中地区，然后再进一步与项羽争夺天下。韩信的这一番分析，有理有据，既看到了自己的长处和弱点，也指出了对方的优势和短处，并提出扬长避短，充分发挥自己的长处，变弱为强的具体办法。刘邦听了，对韩信的才智非常佩服，觉得到现在才认识了韩信，太晚了点。他就接受了韩信的计划，积极准备进行东征。

汉元年（前206年）八月，刘邦趁项羽忙于镇压关东地区诸侯叛乱之机，明修栈道，暗度陈仓（今陕西宝鸡县东），出其不意地出兵关中，很快就平定了三秦地区。接着东征关东，在项羽主力东去的情况下，攻占了其首都彭城（今江苏徐州市）。这时刘邦被自己的胜利冲昏了头脑，结果在项羽率精兵反击时，全军溃败，他自己只率领几十骑逃出了重围。刘邦逃到荥阳（今河南荥阳西南）后，由于萧何从后方送来了兵员和粮饷，韩信也收集一部分溃散的士兵来荥阳相会，才击退了项羽的追兵，刘邦这才喘过一口气来。

安邑之战

刘邦在彭城失利后，原来降附刘邦的诸侯，纷纷又倒向了项羽。魏王豹这时也以探望母亲疾病为名，回到封地，与项羽订立盟约，背叛了刘邦。刘邦派人劝说魏王豹无效，就在汉二年（前205年）八月，任命韩信为左丞相，率兵攻打魏王豹。魏王豹用重兵把守蒲坂，想阻挡韩信渡河。蒲坂（今山西永济县西）在黄河东岸，同西岸的临晋相对，是黄河的主要渡口。韩信如果从临晋强渡黄河，必然会受到很大的损失。为了迷惑魏王豹，韩信在临晋部署兵力，摆了渡河的船只，做出要从临晋强渡黄河的样子，吸引魏王豹的主力。暗中却在临晋北面的夏阳（今陕西韩城南）埋伏重兵，以木瓮作为渡河的工具，出其不意地强渡黄河，迅速占领了安邑（今山西运城东）。魏王豹赶紧把守卫蒲坂的主力，调过来迎击韩信的军队，结果战败，自己也做了韩信的俘虏。韩信很快就平定魏地，并改为河东郡。这样不但使刘邦的势力扩大到今山西中部和东南部的地方，而且从北面解除了对关中地区的威胁。韩信安邑一战的胜利，对刘邦势力的发展具有重要的意义。

井陉之战

项羽分封诸侯时，封张耳为常山王，赵歇为代王。陈余因为没有被封为王，便赶走了张耳，仍迎赵歇为赵王，自己为代王。后来，张耳投奔了刘邦。韩信攻下魏地后，刘邦就派张耳与韩信一起，北上进攻投靠项羽的赵王和代王。

韩信首先在阏与（今山西和顺西北）大败代军，俘虏了代的相国夏说，然后东进出赵。陈余虽然为代王，但他一直在赵国帮助赵歇治理王地。听到夏说战败被俘的消息后，陈余、赵王歇就在井陉口（今河北井陉）集中二十万兵力，严阵以待韩信的军队。井陉口是太行山的险要关隘，易守难攻，这里是攻打赵国的必经之地。韩信下魏破代之后，刘邦已将其精兵调往荥阳以抗击项羽的主力，韩信手下的军队虽然号称数万，实际上只有几千人能够上阵作战。赵国的谋臣李左车向陈余献策说："韩信的军队击败了魏，接着又击败了代，现在乘胜攻打赵国，其锋不可挡。但是现在韩信的军队远离后方，后勤供应肯定十分艰难。而且井陉口这个关隘，并排行不了两辆车，骑马也不能成列，韩信的军队要通过这么狭窄的山路，粮食辎重必然跟不上来。恳请给我三万人马，从小道绕过去，袭击韩信的辎重，切断他的后援；你则率赵军主力，深沟高垒，坚守不战。如此一来，韩信的军队就前不能进，后不能退，粮饷的供应又被切断，附近的荒野找不到粮草，不出十天，必败无疑。"但是陈余书生气十足，断然拒绝了李左车的建议。他认为，正义在自己一方，用不着搞什么计谋。他引经据典地说："兵法上都写着，十倍于敌人，就要采取包围的战术；二倍于敌人，就要与敌人决战。现在韩信军队虽然号称数万，实际只有几千人，又经过长途跋涉，将士已经疲倦不堪。对这么少的军队，都不敢去攻击，以后遇到大的军队，又怎么办呢！那样，人家就会耻笑我是个胆小鬼，谁都敢来欺负我们了。"

韩信接到密探向他报告的上述情报后，非常高兴，便率军继续前进，在井陉口以西三十里的地方安营扎寨。半夜时分，韩信选派轻装骑兵两千人，让他们每人带一面红旗，从小道上山，埋伏在赵军附近，嘱咐他们说："赵军见到我退却，一定会倾巢而出，追击我们。这时你们赶快进入赵军的兵营，拔掉赵旗，换上红旗。"接着，韩信又向部将发令，让他们给将士们发点干粮，说："大家先垫点肚子，等击败赵军后会食。"韩信又对将领们说："赵军已经先占据了有利的地形，他们不见到我的大将旗鼓，认为我还在军队后边压阵，是不会先攻击先头部队的，因为他们担心我一遇到阻击，就会撤出战斗。"为了把赵军从营垒中都引诱出来，韩信就先派出一支人马，面向赵军，背水列阵。赵军见到韩信军队背水列阵，都大笑不止，以为韩信不懂兵法。

韩信做完上述安排后，天已经亮了。这时他才率领大队人马，打着大将的旗帜，擂着战鼓，杀向井陉口。陈余见韩信的主力来战，马上指挥军队出击。激战一会儿后，韩信假装不敌，扔掉旗鼓，退入背水为阵的军队。陈余见韩信的军队已进入死地，倾巢出动，想一举击溃韩信。但是韩信的军队因为是背水为阵，没有退路，所以大家都拼命与赵军殊死搏杀。埋伏在赵国军营附近的两千汉军轻骑，趁机攻入赵营，很快拔掉赵旗，换上红色的汉军旗帜。进攻韩信背水阵的赵军，因为遇到强烈的反抗，一时还不易取胜，想回到军营再研究对策，可是一看军营里到处都是汉军的红旗，以为韩信的军队已经占领了自己的营垒，赵王已经变成汉军的俘虏，顿时乱作一团，赵军将领再也无法加以指挥了。韩信率领军队和进入赵军营垒的两千骑兵，里外夹击，很快大破赵军，斩杀陈余俘虏了赵王歇。赵、代各地被迅速平定。

井陉口之战结束后，韩信的部将在祝贺胜利的宴会上问韩信："兵法上明明写着背水为阵是兵家大忌，而将军却让我们背水为阵，并且还说击败赵军后会食，当时我们都不服气。但现在竟然取得了胜利，这是什么战术呀？"韩信解释说："我的这种战法在兵书上也有记载，不过大家没有注意罢了。兵书上不是有'陷之死地而后生，置之亡地而后存'的战术吗？我们这支军队是临时组建起来的，一些将领我不太了解，士卒也缺少训练。率领这样的一支军队去打大仗，如果把他们布置在有退路的地方，遇到危险就会都逃跑了；只有把他们放在有进无退，绝处求生的地方，他们才会勇猛奋战，以求得生路。"诸将听了韩信的分析，大家都心服口服，很敬佩韩信高超的军事才干和战术素养。

不战而降服燕国

韩信很敬佩李左车的军事才能，所以在井陉口之战中，下令不准杀害他，有能将其生擒者，赏赐千金。后来李左车果然被活捉，将他送到韩信那里。韩信亲自给他解绑让坐，并尊他为老师，虚心向他求教。

韩信问李左车："我下一步想北攻燕，东伐齐，怎样才能取得成功呢？"李左车客气一番之后，回答说："将军在渡过黄河之后，俘虏了魏王豹，擒代相夏说，一天工夫就破赵军二十万于井陉，杀了陈余，名扬海内，威震天下，大家都愿听从你的指挥，这是你的长处。但是经过这一系列的战斗，你的部下已经非常疲惫，很难再进行大的战斗。如果你要用这支疲惫不堪的军队，去攻打据城坚守的燕军，恐怕一时难以破敌，时间拖久了，粮饷也得不到供应。如果连比较弱小的燕国都攻不下来，比燕强的齐国必然会奋力反抗。如与燕、齐相持不下，刘邦和项羽之争也就难见分晓了。这些都是你的短处。善于用兵的人，不以自己之短去击敌之长，而应以自己之长去击敌之短。你现在计划攻燕伐齐，正是以自己的短击他人之长，所以这个想法是不妥当的。"韩信连忙问道："那我该怎么办呢？"李左车说："从你现在的处境看，不如案甲休兵，在赵地收服人心，取得老百姓的支持，厚厚地犒赏将士，以恢复军队的战斗力。然后派一部分军队驻扎在去往燕国的路上，做出要进攻燕国的样子，再派一个能言善辩的使者，带一封信去见燕王，劝他降服汉王。燕王在军事威压面前，一定不敢反抗，会老老实实地归顺。然后再派人去齐国宣传燕王已经投降，韩信的军队就要攻打齐国，这时齐国即使有足智多谋的谋士，也想不出好对策，只有不战而降了。这就是兵法上说的先制造舆论，然后再采取实际行动的道理。"

韩信听了李左车的这一番剖析，非常佩服。他马上按李左车的建议行事，取消进攻燕国的计划，派使者去燕国劝降。燕国迫于韩信的军威，很快就投降了韩信。

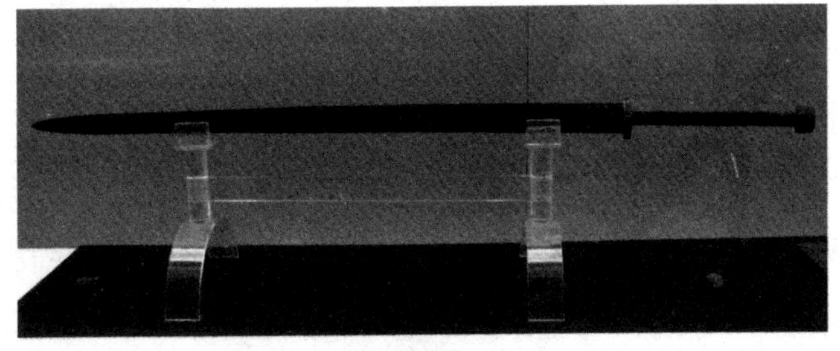

↑ 西汉青铜剑

韩信破赵降燕以后，项羽几次派兵渡过黄河攻赵，都被韩信和张耳的军队击退。但是这时刘邦与项羽在荥阳、成皋一线的战斗，却屡屡失利。刘邦从成皋冲出项羽的围攻后，因为手中没有军队，渡过黄河悄悄地来到韩信的驻地修武（今河南省获嘉县），假装是刘邦派来的使者，闯入韩信、张耳的军帐，趁韩信、张耳还熟睡未起之机会，夺了他们的印信和兵符，召集众将，要他们服从刘邦的指挥。韩信、张耳听说汉王的使者到来，起床以后一看，才知道是刘邦亲自来了，非常吃惊。刘邦这时才向他们宣布，把他们的主力军队调归自己指挥，要张耳驻守赵地，任命韩信为赵相国，让他带领留下的一小部分军队去攻打齐国。

潍河之战

韩信的精锐部队虽然两次被刘邦调走投入与项羽争斗的主战场，但他识大局，体谅刘邦的困难处境。现在，刘邦只给他留下少量的军队，要他率兵东攻齐国，他也认真去执行了。

当韩信率军快到平原（今山东平原南）时，听说刘邦的使者郦食其，已经劝说齐王背叛项羽投降了刘邦，想停止进军，但谋士蒯通向他建议：“你是接受刘邦的命令去攻齐的，而他同时又派使者去齐国劝降，现在你又没有接到让你停止攻齐的命令，怎么好停止攻齐的军事行动呢？况且郦食其只是一介书生，他仅凭三寸不烂之舌，就劝说齐国的七十多座城池投降了；而你率领着几万军队，一年多才攻下赵国的五十多座城。你当了几年的将帅，难道还不如一个书生的功劳大吗？”韩信觉得有道理，便接受了他的意见，下令继续向齐国进军。

这时刘邦派到齐国的使者郦食其，已经劝齐王背楚降汉。这时齐王正留郦食其在齐国饮酒作乐，庆祝齐、汉的合作。齐国在历下（今山东济南西）驻守的军队，也失去了对汉军的警惕。所以当韩信的军队突然向齐的历下军发起攻击时，齐军没有防备，一战即败，韩信乘胜直捣齐国的首都临淄（今山东淄博）。齐王听说韩信的军队攻来，认为是郦食其欺骗了自己，就把他放在油锅里活活烹死，以解心头之恨，然后撤退到高密（今山东高密县西南），派人向项羽求救。

韩信攻下临淄后，追击齐王至高密西，把他围困起来。项羽接到齐王的求救信，立即派大将龙且率二十万大军，赶到高密来解齐王之困。齐王和龙且的军队会合后，准备与韩信展开决战。这时有人劝龙且说：“韩信的军队远来求战，一路取得胜利，士气很盛，不可与其当面交锋；齐国和楚国的联军，在自己的家乡作战，稍有不利就会纷纷逃回自己的老家。现在最好的战法是坚守不战，让齐王派他的亲信到已被韩信占领的各个齐国城市，告诉他们齐王现正求来楚国的救兵，抗击韩信的军队，这样他们就会起来反对韩信。韩信的军队奔波两千里，来到人生地不熟的齐国，如果齐国各城都反抗他们，就很难保证粮饷的供应，不用打，他们就得投降。”

龙且是一个刚愎自用的武夫，对这个建议很不以为然。他说：“我对韩信的才干非常了解，他并没有什么了不起的能力，容易对付。而且我是奉项羽之命来救齐国的，如果不经过战斗就迫使韩信投降，我还谈得上有什么功劳？现在如果经过战斗击败韩信，我就可以得到半个齐国，为什么要坚守不战呢！”龙且就在潍河的东岸摆开阵势，准备与在河西为营的韩信决战。

韩信见龙且在河对岸摆开了阵势，就在夜里让人偷偷地准备了一万多条口袋，里面都盛满了沙土，堵住潍河上游，下流的水就变浅了。然后，他亲自率领军队渡河向龙且军发起攻击，龙且正想寻机与韩信决战，就率领大军进击。韩信假装战败，连忙向河岸撤退。龙且以为韩信果然不堪一击，非常高兴，对部下说：“我早就知道韩信是一个胆小鬼，你们看，一接战他就要逃跑。”马上命令全军渡河，追击韩信。韩信等龙且的追军都进入河漕，就下令掘开上游的沙袋，让积聚的大水滚滚而下，冲向龙且渡河的军队。龙且的军队慌作一团，大半被大水吞没冲走。韩信随即指挥军队，回头掩杀少量渡过河的西岸楚军，楚军大败，龙且被杀。东岸尚未渡河的部分楚军，见主力被消灭，也纷纷逃散。齐王率残卒逃到城阳（今山东莒县），被韩信的军队追杀。韩信全部占领了齐地，共得七十余城。

刘邦争取韩信参加垓下会战

韩信平定齐国后，派人给刘邦送信说：“齐国南边紧靠楚国，一向反复于楚、汉之间，如果不立一个齐王，恐怕难以维持齐地的稳定。我愿意暂时代理齐王。”当时刘邦正与项羽在荥阳一带苦战，看到韩信的信，非常愤怒，忍不住当着韩信的使者大骂说：“我现在被项羽围困在这里，日夜盼望韩信来帮助我，现在他反而想当齐王了！”坐在旁边的谋臣张良和陈平，听到刘邦骂韩信，怕引起韩信对刘邦的不满，就连忙偷偷地踩刘邦的脚，暗示他不要再骂下去了，并悄悄对刘邦耳语说：“现在我们正处于不利的局面，你能不让韩信当齐王吗？不如顺水推舟立韩信为齐王，对他表示祝贺，让他为你好好守住齐地。不然的话，可能会引起韩信的猜疑，发生变故。”刘邦立即醒悟过来，机警地改口骂韩信说：“韩信南征北战，平定诸侯，功劳很大，他应当做个真正的齐王，何必还要代理齐王呢！”韩信派去送信的使者，起初心里七上八下的，后来再听下去，才知道他骂的是韩信还不够气魄，心里也就踏实了。刘邦随后派张良去齐国，代表他封韩信为齐王，让其派兵去攻打项羽。

韩信攻占赵、燕、齐之后，雄踞一方，在楚汉之间的斗争中，具有举足轻重的地位。刘邦被迫封他为齐王，就是为了争取他的支持。项羽派龙且去援助齐国抵抗韩信，二十万大军被韩信击败，不得已转而去争取韩信。项羽派说客武涉去动员韩信叛汉降楚，武涉见到韩信后，对他分析天下形势说：“大家起兵推翻了秦的统治之后，本来想休兵养力，让百姓能安定下来。但是刘邦主动挑起战争，目的是想吞并天下。”他还指责刘邦说：“刘邦不但非常贪婪，而且不讲信义。他几次落到项羽的手中，都是因为项羽可怜他，才没有把他杀了。但他一逃脱项羽的掌控，就加倍地仇恨项羽，所以他是一个不讲义气，很靠不住的人。你现在虽然很为刘邦尽力，他在表面上也对你很重用，但你迟早要被刘邦暗算的。”他进一步分析韩信在刘邦和项羽斗争中的地位说：“现在他们两人争夺天下，你的地位举足轻重。你支持刘邦，他就会战胜项羽，你支持项羽，他就会打败刘邦。但是你有现在的地位，是因为有项羽存在，如果项羽失败了，刘邦接着就会收拾你的。”他最后给韩信指明出路说：“你过去是项羽的部下，为什么不叛汉与项羽讲和，成为三分天下有其一的王呢？你放过现在的好机会，继续替刘邦攻打项羽，这难道是聪明人的做法吗！”

韩信很客气地回答了武涉的劝说，他回顾自己的遭遇说：“我做项羽的部下时，只不过是一个小小的郎中，为他执戟站岗，虽然有时也向项羽献过计策，但并没有引起重视，所以我对项羽感到失望，才离开他而投靠刘邦。刘邦重用我，授予我上将军印，让我统率几万军队，对我解衣推食，言听计从，所以我才有今天的地位。刘邦这样尊重我，相信我，我就是死，也不能不讲情义而背叛他！”

武涉劝说韩信背叛刘邦不成，他走后又有一个谋士蒯通，去动员韩信背叛刘邦。他一语双关地对韩信说：“我相你的面，不过是封侯的相，还带着危险；相你的背，则有不可明言的大富大贵。”韩信装作对“面”“背”的含义不理解，要蒯通解释。蒯通这才明言说：“现在楚汉相争已经三年，双方还相持不下，胜负难分，而百姓却遭了大害。刘邦、项羽的胜败，决定在你的手里。我推心置腹地对你说，你如果能听我的意见，不再拥戴刘邦，自己独立，形成三分天下的局势，这时你再好好治理自己的地盘，取得百姓的支持，谁敢不听从你的指挥！”蒯通还引用古语“天与弗取，反受其咎；时至不行，反受其殃”，认为现在的形势对韩信非常有利，如果错过这个机会，将来可能反受其害。

韩信还是念念不忘刘邦对他的厚遇，不忍心背叛刘邦。蒯通又给他反复举例，说：“一些生死之交，后来因为利害冲突、反目成仇者比比皆是。现在刘邦所以对你好，是因为他还用得着你。你现在为刘邦立了大功，如果投降项羽，项羽不会相信你是出于真心真意；继续在刘邦的统率下，你有这么大的功劳，刘邦对你也会放心不下。你现在处在臣子的地位，但功劳和势力却压过了君主，我实在很为你的处境担忧！”韩信听到这儿，没有再反驳蒯通，只是说：“你不要说下去了，让我再想一想。”

过了几天，蒯通又去劝说韩信：“办事果断是获得成功的先决条件，犹豫不决必然坏事。机会难得，时不再来。你如果老是拿不定主意，就会失去大好时机。”韩信考虑再三，还是不忍背叛刘邦，而且他自以为给刘邦立了这么大的功劳，刘邦怎么也不会夺了自己齐王的位子。所以，他最后还是谢绝了蒯通的劝说。

→『汉并天下』瓦当

刘邦与项羽的战争，由于刘邦不断得到关中人力物力的支援，又不断派人扰乱项羽的后方，所以项羽逐步由优势转变为劣势。汉高祖五年（前202年）十月，当刘邦追击项羽到阳夏（今河南太康县）的时候，派人通知韩信，要他带兵按期去固陵（今河南淮阳西北），共同围歼项羽。但刘邦的军队到了固陵后，却不见韩信率军来会合。刘邦只得挖壕筑垒据守，等待韩信等人的援军。项羽见刘邦孤军深入，就回头进行反击。刘邦处境艰难，问张良道：“为什么韩信、彭越的军队不按期前来会合？”张良分析说：“眼看项羽就要被打败，但韩信等人的封地还没有确定，他们心里不踏实，所以不听从调遣。”刘邦马上把从陈（今河南淮阳）以东直到东海的地区划为韩信的封地。韩信得了封地，认为自己的封赏有了着落，就率兵去与刘邦的军队会合。在其他各路诸侯军的支援下，汉军将项羽围困在垓下（今安徽灵璧县东南）。项羽力战兵败，在乌江（今安徽和县东北）自杀。

刘邦战胜项羽后，率军回到定陶（今山东菏泽市）。他对韩信很不放心，就用突然袭击的方法进入韩信的军营，夺了他的军权。这时刘邦的统治还没有稳定下来，所以没有敢处治韩信，只是以韩信对楚地比较熟悉为理由，改封韩信为楚王。

多多益善的将兵法

刘邦当了皇帝以后，曾与群臣讨论战胜项羽的原因。他认为自己的军事才干远远比不上韩信，但自己能重用韩信这样有军事才干的人，这是战胜项羽的一个原因。刘邦对韩信的军事才能，是非常佩服的。所以，让韩信这样的人在楚地为王，刘邦是很不放心的。

韩信就任楚王后，每次出巡都带着军队，戒备非常森严。他有个老朋友叫钟离眛，原是项羽的部将，项羽兵败自杀后逃奔韩信。刘邦非常憎恨钟离眛，听说他逃到韩信那里，就要韩信逮捕他，但韩信没有照办。刘邦对韩信的所作所为，一直很注意。汉高祖六年（前201年）十月，有人上书告发韩信谋反，刘邦与诸将研究对策。有人主张派兵征讨，刘邦征求陈平的意见。陈平认为，刘邦的军队没有韩信军队的战斗力强，刘邦身边将领也没有一个比得上韩信的才干，如果派兵去讨伐，就等于迫使韩信举兵全力反抗，那样前途非常危险。不如趁现在韩信还不知道有人告发他谋反的事，用巧计把他抓起来，然后再想处置的对策。

刘邦派人通知各诸侯国，说他要到云梦泽（今洞庭湖一带）游猎，顺便到陈地会一下诸侯，请他们到时都去。韩信接到这个通知，心里非常矛盾。他知道刘邦对自己放心不下，怕刘邦借机收拾自己，可是他又一想，自己也没有对不起刘邦的地方，去见一见他也不会出事。这时有人对韩信说："你不是窝藏了钟离眛，得罪了刘邦吗？你杀了钟离眛去见刘邦，他一定会高兴，你也就没有事了。"韩信找钟离眛商量，钟离眛对韩信说："刘邦之所以没有敢用武力攻打你，是因为我在你这里，如果你杀了我去向刘邦讨好，我今天死，明天你也就完了。"说罢，他骂韩信是不讲信义的小人，然后就在韩信面前自杀了。

刘邦到陈地后，韩信带着钟离眛的人头去拜见他。刘邦见韩信中计了，马上令武士把他捆起来，装到一辆囚车上。韩信这时才醒悟过来，但为时已晚。他在囚车上感叹说："果然像人们常说的那样，'狡兔死，走狗烹；飞鸟尽，良弓藏；敌国破，谋臣亡'。现在天下已定，刘邦当了皇帝，我已经没有用，应当杀头了。"

刘邦以"有人告发你要造反"为名，给韩信戴上刑具，带回洛阳。后来找不到韩信谋反的证据，就又释放，把他降为淮阴侯。

韩信知道刘邦忌恨他的才能，对他不放心，但是他又是一个不甘寂寞的人，整天在洛阳闷闷不乐，不愿意与其他大臣往来。他常常借口自己身体不好，不愿意去朝见刘邦，也拒绝跟随刘邦去打猎。

有一次，韩信陪刘邦聊天，谈到各个将领的优缺点。刘邦故意问韩信："你看我能统率多少人马？"韩信回答说："你只能带十万兵。"刘邦反问韩信："你能带多少呢？"韩信很自豪地说："多少兵我都能率领，多多益善。"刘邦嘲笑韩信说："既然你有那么大的本事，可为什么还被我所擒呢？"韩信坦然回答说："你不善带兵，却善带将，这就是我被你擒拿的原因。"临末，他还补充一句说："你靠的是天意，并不是你的能力。"刘邦听了，笑而不语。

吕后斩韩信于长乐宫钟室

汉高祖十年（前197年）九月，赵相陈豨起兵背叛刘邦，并自立为代王。据说当初陈豨离开洛阳去就任时，曾与韩信密谋，要里应外合共同反对刘邦。刘邦亲自率兵讨伐陈豨时，要韩信也去，他借病推辞了。刘邦率军离开首都后，韩信派人给陈豨送信说："你举兵反叛，我在这里支援。"韩信与他的家臣密谋，想趁刘邦不在，在夜里假传刘邦的圣旨，释放奴隶和犯人，把他们组织起来袭击吕后和太子刘盈。方案研究好之后，就等待陈豨的消息，以便配合行动。

韩信有一位门客，因得罪了韩信，被囚禁起来，韩信准备把他杀掉。这位门客的弟弟，为了给哥哥报仇，就向吕后告发韩信的密谋。吕后很吃惊，他想马上召韩信进宫，借机把他杀掉，又怕韩信不会上当，于是就找萧何商量办法。韩信本来是萧何极力向刘邦推荐的，这时他听说韩信要谋反，就又向吕后提供了一个消灭韩信的办法。他们假称刘邦派人，向京城报告陈豨已被打死的喜讯，要大臣进宫祝贺。萧何还怕韩信不去，亲自对他说："你尽管有病，这样的大事也应去庆贺一下。"韩信不知是圈套，他到了长乐宫，便被吕后命令武士捆绑起来，随即处斩。韩信在临刑前，自叹说："我后悔不用蒯通的计谋，竟落入小儿女子的圈套，这也是天意吧!"

→韩信墓

刘邦平定了陈豨的叛乱回到京城后，听说杀了韩信，心里一方面为除去自己的一个隐患而高兴；另一方面又觉得韩信可怜，他是个帅才又有大功，杀掉实在可惜。刘邦问吕后："韩信死的时候有什么话留下吗？"吕后说："韩信自恨没有用蒯通的计谋。"刘邦立即下令，到齐国把蒯通抓来。蒯通被押送到京城，刘邦当面质问他："是你给韩信出主意要反叛我吗？"蒯通回答得很爽快："是的，我给他出过这个主意。但是他没有听我的话，结果现在被夷三族。如果他当时听我的话，采纳我的计策，你还能把他抓住杀掉吗？"刘邦听了这样毫不隐讳的回答，非常愤怒，下令把蒯通烹掉。蒯通说："你把我烹了，太冤枉！"刘邦说："你教唆韩信谋反，还有什么冤枉的？"蒯通辩护说；"秦末天下大乱，群雄并起，谁都想取得天下。那时我只知道韩信是个英雄，还不知道你刘邦。而且当时想争夺天下的人很多，只不过没有那么大的力量。你难道能把这些想争天下但没有成功的人都杀掉吗？"刘邦听了，觉得他说得有道理，就把他放了。

韩信是我国古代杰出的军事家，他从小就研究兵法，苦练武功。刘邦得天下，在军事上主要依靠了韩信，连刘邦自己也承认，韩信是统率百万大军，战必胜、攻必克的军事天才。韩信曾经结合自己的军事实践，整理过古代的兵法著作。根据《汉书·艺文志》的记载，在权谋类兵书中，还有《韩信》三篇，可惜均已失传。但从韩信的用兵特点和前人留下的只言片语中，仍可看出韩信在兵法上特别是在夺谋、设伏、变诈等方面的贡献。

后来，有人在韩信墓前祠庙上写过一副对联，谓："生死一知己，存亡两妇人"。"一知己"指的是萧何，韩信被刘邦重用出自萧何的引荐，被吕后所杀也出自萧何的计谋；"两妇人"指漂母（洗衣服的老太太）和吕后，一个在韩信困难时给予帮助，一个是诛杀韩信的主谋。在韩信的一生中，这几个人对韩信确实都起过至关重要的作用。

李桂海

作者李桂海，光明日报社理论部高级编辑。主要著作有《对农民一个历史侧面的考察》《现代人与历史的现代解释》等。

七退匈奴的卫青

卫青个人小档案

姓名：卫青

字：仲卿

所处时代：西汉

生卒年：？-前106年

官职：大司马、大将军

出生地：河东平阳（今山西临汾）

辅佐君王：汉武帝

军事成就：奇袭龙城、收复河朔、漠北大捷

轶事典故：淮南寝谋、赠金事件

封爵：长平侯

谥号：烈

最得意：七次出塞抗击匈奴

最失意：私生子出身

卫青

苦难的童年

卫青字仲卿，是西汉河东平阳人（今山西临汾西南）。他的母亲在平阳公主家做女仆，随丈夫姓，被称作卫氏。阳信长公主本是汉武帝的姐姐，嫁给曹寿为妻，曹寿是汉初宰相曹参的后代，被汉武帝封为平阳侯（今山西临汾），所以阳信长公主便随丈夫曹寿的封号，被称为平阳公主。

卫青的母亲先后生了一男三女，她曾和在公主府里做事的平阳县吏郑季私通，生下了卫青。卫青的童年，是作为公主府的娃子，在母亲的膝下度过的。稍大后，他被送到了亲生父亲郑季的家里。按常规，一个县吏的儿子，是应该上学读书的，但是郑季的嫡妻看不起卫青这个私生子，她所生的子女也不把卫青看成兄弟手足，因此，卫青在郑家当了放羊娃。为了放好羊群，小卫青必须每天起早贪黑，跋山涉水，寻找草地，常遭风吹雨打，忍饥受冻，劳累了一天，回到家中也得不到一点温暖。家里所有人对待他都像对待小奴隶一样，随意鞭笞辱骂，使他饱尝人间的苦难。唯一使他感到欢乐的，是大自然的美丽风光和牧童小伙伴的纯朴友谊。

卫青在艰难困苦中熬煎，他顽强地挣扎着，终于送走了辛酸的童年和少年，当他步入青年时，不愿再过那种受虐待、受凌辱的生活，便回到母亲身边。平阳公主十分喜爱这个英俊懂事、勤奋好学的青年，让他做了自己的侍从骑奴。从此卫青又开始了一种新的奴仆生活。作为皇亲国戚的公主府的家奴，卫青逐渐学到一些文化知识，懂得了一些封建社会上层待人接物的道理。这时他最小的姐姐卫子夫，也已长大成人，出落得更加美丽，成了公主府里一名才貌双全的歌女。他们一家几口，都在公主府里过着寄人篱下的日子。

→汉武帝像

武帝建元二年（前139年）春，卫青的姐姐卫子夫被汉武帝选入宫中，卫青也被召到建章宫当差。卫子夫入宫不久，就有了身孕，因此引起陈皇后的嫉妒。原来陈皇后虽然与汉武帝结婚数年，被立为皇后，但没有生过儿子，她想到如果卫子夫生下男孩，就会被立为太子，子贵母荣，卫子夫也就会扶摇直上，成为皇后。她深感自己的地位受到了威胁，因而悲愤交加。可是卫子夫正得皇帝宠爱，陈皇后不敢直接加害于她，就经常在自己的母亲大长公主面前诉委屈，发怨言。大长公主是汉武帝的姑母，也深知此中的利害，唯恐女儿失宠，自己的尊荣受影响，于是就找了个借口，要加害卫青，并把他逮捕下狱，准备把他处死。当时卫青有一个好友，名叫公孙敖，是皇帝身边的一个侍从，他听到了消息，率领平时和卫青要好的几名壮士，闯进囚室，把卫青救走。汉武帝得知此事，不但没有迁就骄贵已极的陈皇后，相反却召见卫青，拜他为建章宫监，并让他做了侍中（皇帝的侍从）。接着，汉武帝又封卫子夫为夫人，卫青也被提升为太中大夫，做了皇帝的顾问。真是大难不死，因祸得福啊！

骄横的匈奴

公元前3世纪初期，匈奴已成为我国北部一个以蒙古高原为中心的新兴奴隶制部族，到匈奴冒顿（音mò dú）单于的时候（前209—前174年），吞并了在其周围的部落，北达贝加尔湖，西达祁连山、天山，南达秦所建置的河南地，与西汉的北边郡县连接，东达亚洲东部沙漠草原，武力达到空前未有的强盛。

匈奴为统治这一辽阔的地区，在行政上划分为三部：中部由单于直接统治，东西两部分别由左右贤王分治。单于驻在地号称龙庭，是匈奴的政治中心。这个巨大的军事行政联合体拥有骑兵三十万，匈奴统治者常用武力掠夺邻近居民做他的部落奴隶，并强迫向他屈服的部落给他进贡。公元前3世纪末，西汉王朝刚刚建立，中原各地人民经过多年内战，急待恢复经济和发展农业生产，因此需要有一段休养生息的时间。匈奴的骑兵却趁机越过长城，进占河套地区。而且还时常进攻西汉的北部边境地区（今河北、山西一带），劫夺财物和牲畜，并掳掠劳动人民做奴婢。

汉高祖六年（前201年）秋天，匈奴冒顿单于指挥骑兵攻入马邑（今山西朔州市），并向南越过勾注山（今山西原平北），进而围攻晋阳（太原郡治，地属今太原市）。第二年，汉高祖刘邦亲自率领三十二万大军迎战。匈奴把精锐骑兵隐蔽起来，诱引汉军向北进至平城（今山西大同东），冒顿单于骤然回头，指挥他预先埋伏下的四十万骑兵把汉高祖团团包围。当时汉军大部分是步兵，行动缓慢，一部分军队还在后面，没有跟上来，汉高祖只得把汉军集合到平城东面的白登山上，被围困了七天七夜，粮尽援绝，形势十分危急，于是一面派使臣向冒顿单于赠送礼品，交涉讲和，用计缓和匈奴兵的攻势，一面挑选精兵，配备着架上双箭的强弩（音nǔ），在一个大雾弥漫的早晨，逃出了重围。当汉高祖从白登山回到平城时，汉朝的后续部队这才陆续赶到，可是匈奴骑兵已经迅速撤退了。汉高祖刘邦把平城之败看成是奇耻大辱，老百姓也身受其害。

白登解围后，匈奴还是常常来骚扰，汉朝还没有足够的力量对匈奴实行大规模的军事反击，从汉高祖九年（前198年）起，汉朝采取了“和亲政策”，以忍让来换取边境的暂时安宁。高祖派大臣刘敬护送一位公主，嫁给冒顿单于，同时赠送大量金银、彩绸、米、丝绵、酒食等礼物，与匈奴结为兄弟，以缓和匈奴的侵扰。以后七八十年间，汉对匈奴都采取了和亲政策。但是和亲政策并不能阻挡匈奴贵族的掠夺。汉文帝十四年（前166年）冬天，匈奴老上单于统领骑兵十四万，主力部队从汉朝北地郡（治所在甘肃庆阳西北）大举南下，很快突破了萧关（今宁夏固原东南）、朝那（今固原西北）的汉军防线，杀汉北地郡郡尉，匈奴的先锋部队焚烧了汉朝的回中宫（今陕西陇县西北），侦察骑兵更逼进了汉朝的甘泉宫（今陕西淳化西北），匈奴主力军正要向汉朝京城长安进攻。汉文帝急忙派中军都尉周舍、郎中令张武为将军，并调动战车千辆，骑兵十万，在长安附近布置防卫。同时又调动上郡、北地、陇西各郡的车辆和战马，准备还击匈奴。这时，老上单于在渭河北岸已劫掠了不少战利品，看到汉朝集合了雄厚的兵力，自己不一定能占到便宜，就迅速撤退了。

景帝中元六年（前144年），匈奴骑兵攻进雁门（今山西右玉县南），又转攻上郡（治所在今陕西榆林东南），抢去皇家在西北所养的战马，吏卒两千人阵亡。公元前142年匈奴骑兵再次攻进雁门，雁门太守冯敬战死。

从上面所说的这些情况看来，尽管汉政府对匈奴采取了“和亲政策”，并给予匈奴贵族很多利益，但是匈奴的骑兵并没有停止过对汉朝的侵扰，边境的生产时常遭到破坏，无数的汉族人民遭到杀掠。汉朝虽然一直在商量筹划抗击匈奴的策略，但是形势还不能从根本上扭转过来。

马邑之谋

汉武帝即位后，形势已经发生根本的变化。除了国家经济实力空前雄厚外，同姓诸侯王的势力基本上被打垮，已无内顾之忧，中央集权和国家的统一得到了空前的加强，反击匈奴的客观条件已经成熟。

武帝元光二年（前133年），雁门马邑县一个有财势的人聂壹向武帝上书说："匈奴刚与汉朝和亲，对汉不加防备，可诱之以利，设下埋伏袭击，这样一定可以取胜。"武帝召集大臣们商议，御史大夫韩安国认为，从前高帝被围于平城，七日不食，当时尚且不能对付匈奴，现在如果轻举冒进，无异于把军队送给敌人，因此不如仍然执行和亲政策，维持现状。大行令（负责内附民族事务的外交官）王恢不赞成韩安国的意见，他认为，战国初期，代国虽小，匈奴还不敢轻易侵犯它；现在全国统一了，反而"边境数惊，士卒死伤"，这是十分令人痛心的事!他提出采取诱敌深入进行伏击的具体作战方案。汉武帝经过考虑，决定采纳王恢的建议。

这一年的六月，汉政府先派聂壹去引诱军臣单于（老上单于之子）。聂壹向匈奴单于说，他能斩马邑令丞，以县城投降，配合匈奴的进攻，马邑的财物可以尽归匈奴。军臣单于听了，十分高兴，决定按照与聂壹的约定行事。紧接着汉武帝调集了战车、骑兵和材官（步兵）三十余万，由护国将军韩安国为总指挥，分两路设伏：以李广、公孙贺率领的主力部队埋伏在马邑（今山西朔州市）的山谷中，准备等匈奴兵入伏后予以歼灭；以王恢、李息率领的三万人马出代郡，插入匈奴后方，袭击匈奴辎重，断其退路。军臣单于率精兵十万如期进入武州塞（今山西左云县），行至距马邑百余里处，见到畜群布满原野，却无人管理，于是产生了怀疑。接着又捉到一个汉朝巡边的尉史（汉朝在近塞设置的下级武官），这个尉史泄露了汉军诱击匈奴的军事秘密，军臣单于大惊，慌忙掉头退去，汉军无功而还。这就是历史上有名的"马邑之谋"。自此之后，汉和匈奴的关系进一步恶化起来，匈奴奴隶主贵族又经常侵扰汉朝的边境地区。

首次出征　一鸣惊人

汉武帝从马邑事件中看到，原有的一些将领老成持重有余，主动进攻不足，魄力不够，很难适应战争的需要。他认为"有非常之功，必待非常之人"，要想取得胜利，必须提拔后起之秀。武帝元光六年（前129年），武帝毅然决定，拜卫青为车骑将军。从此年轻将领卫青走上了战争舞台。

↑ 汉墓壁画中的对战图

这年冬天，为了打击匈奴的不断进犯，汉武帝决定分兵四路出击。车骑将军卫青从上谷（今河北怀来县）进军，轻车将军公孙贺从云中（今内蒙古托克托县）出师，骑将军公孙敖从代郡出兵，骁骑将军李广从雁门出军。四路将领各领一万骑兵。这次进击匈奴，卫青是首次出征。但他在战斗中，勇略非凡，领兵打出长城，深入匈奴境内，直至龙城（匈奴单于祭天和聚会首领的地方），斩敌七百人，取得初战胜利。其余三路，公孙敖损失了七千人马，李广战败被匈奴俘获后于半路逃归，公孙贺则是无功而返。战争结束后，李广和公孙敖都被交付执法官吏审判，按当时的军法应该处死，好在当时允许出钱出谷，赎罪免死，李广和公孙敖被削去官职，降为平民。公孙贺根本没遇到匈奴骑兵，自然无功无过。唯有年轻将领卫青，首战获胜，被汉武帝封为关内侯。

经过这次战争，匈奴的进犯更加猖狂了。第二年，正当秋高马肥时，匈奴骑兵再度大举南下，先攻破辽西（治所在今辽宁义县西），杀死了辽西太守，杀掠两千多人。紧接着又打到渔阳，驻守渔阳的汉将韩安国，被杀得大败。匈奴骑兵乘胜西进，势如破竹，锐不可当，很快便突入雁门。西汉整个北部边郡形势紧张，京师长安一片惊慌，各地告急的文书雪片般地飞奏朝廷。

在这危难之际，汉武帝又重新起用李广，派他到右北平（治所在今辽宁凌源西南）担任太守，这时匈奴骑兵有意避开飞将军李广，不向右北平进攻，而向西北各郡进犯。为此，卫青再次受命出征，迎战匈奴。与此同时，汉武帝还指令李息从代郡出兵，袭扰匈奴后路，同卫青一路遥相策应。卫青在分析了敌我双方的情况后认为，匈奴虽奔袭千里，斩将夺城，但是士卒疲惫，汉军则是养精蓄锐，士气高昂。因此，利在速战，他得到出战的命令以后，马上率领三万多精骑，挥师北上，风驰电掣般赶到前线。卫青一马当先，冲杀在前。校尉士卒见主将亲冒矢石，也勇气倍增，人人争先，拼死杀敌，两军展开了一场惊心动魄的激战。匈奴被汉军打得七零八落，丢下数千具尸体，狼狈逃窜。

河南之战建奇功

元朔二年（前127年），匈奴骑兵又侵入上谷、渔阳，杀掠吏民数千人。西汉和匈奴的斗争已经到了白热化的程度。汉武帝决定用全力收复河南地，以消除匈奴的威胁。西汉的河南地，即今黄河河套地区，这里水草丰美，宜于农牧，其地又临近西汉首都长安，无论在经济和军事上，都占有十分重要的地位。因此历来是兵家必争之地。由于这次战争是西汉对匈奴发起的第一次战略进攻，在战争指导上，汉武帝经过深思熟虑，采取了胡骑东进，汉骑西击的避实击虚的战法，而这次重大军事决策的执行，又落到了卫青身上。

卫青率领四万铁骑，冒着凛冽的风沙，从云中（今内蒙古托克托）出发，采用“迂回侧击”的战术，越过云中以后，立即向西迂回，绕道匈奴的后方，迅速攻占高阙（在今内蒙古杭锦后旗），一举切断了驻守河南的匈奴白羊王、楼烦王同单于王庭的联系。紧接着卫青又率领汉军精骑，飞兵南下，行军数千里，进至陇西，迅速对白羊王、楼烦王形成包围的态势。白羊王、楼烦王看到形势不妙，为了摆脱被围歼的命运，慌忙率部渡河逃走，汉军活捉敌兵数千人，夺取马牛羊一百多万头，完全控制了河套一带地区。这样一来，匈奴统治者对汉都长安的威胁解除了。卫青因为反击匈奴有功，被封为长平侯，食邑三千八百户。

战后，汉武帝采纳大臣主父偃的建议，在河套设立了朔方郡；又把秦朝时候蒙恬沿河修筑的旧长城加以修缮，作为屏障，进行固守。汉武帝还下诏招募百姓十万人到河套地区去屯垦备边。这些措施，都在一定程度上加强了汉朝对匈奴的防御。

漠南之战　拜大将军

掠夺成性的匈奴贵族，并不甘心于河南作战的失败，从元朔三年（前126年）到元狩元年（前122年）的五年间，匈奴右贤王不断地从代郡、定襄（今内蒙古和林格尔）入寇，但这些图谋都在汉政府的坚决反击下破产了。元朔四年（前125年），匈奴分兵大举侵入代郡、定襄、上郡，杀掠了几千人。第二年春天，汉政府派卫青统领六将军，带领十余万人，从新根据地朔方进行反攻。卫青领兵由高阙隘口北进，同时，将军李息、张次公出右北平（郡治在今河北平泉县），以牵制匈奴的主力。匈奴右贤王认为汉军离得远，一时不可能来到，因此对于防务未加注意。卫青了解到右贤王骄傲轻敌，麻痹大意的弱点后，亲率大队骑兵，急行军六七百里，悄悄地进至匈奴右贤王的驻地附近，趁深夜包围了右贤王的营帐。这时右贤王正在帐中喝得酩酊大醉，从梦中醒来，只见火光冲天，杀声震耳，在慌忙中带着他的爱妾和卫队数百人突围北逃。汉朝轻骑校尉郭成等向北追赶了几百里，俘获匈奴裨王（小王）十余人，男女一万五千人，牲畜数十万头，大获全胜。当汉军回到边关的时候，汉武帝派使者捧着印信，在军中拜卫青为大将军，加封食邑八千七百户，所有将领都归他指挥。

此后不久，匈奴又于同年秋天，出动骑兵万人侵入代郡，大肆杀掠。汉武帝为了进一步打击匈奴主力，巩固边防，于元朔六年（前123年）二月，令大将军卫青指挥公孙敖、公孙贺、赵信、苏建、李广、李沮六将军，率领十万余骑，由定襄北进数百里，歼灭匈奴军数千人。这一战役，卫青的外甥、年仅十八岁的票姚校尉霍去病，也率领八百精骑，初次参战，在战斗中冲锋陷阵，获得歼敌两千余人的辉煌战果。接着全军返回定襄、云中、雁门，经过短期休整，又在四月里再出定襄，击歼匈奴军万余人。但苏建和赵信率领的三千名骑兵，与匈奴单于军队遭遇，损失惨重，苏建突围逃回，赵信原是匈奴降将，在失败后又率残部八百余人投降了匈奴。

在以后的几年里，汉军在河西（今甘肃省黄河以西祁连山峡谷地带，也称“河西走廊”）方面又取得了重大的进展，这就使得汉朝西部边境的防御有了保障，从而为全面解除匈奴的侵犯创造了有利条件。

进军漠北　逐走单于

为了彻底击溃匈奴主力，汉武帝一面采取整理币制，盐铁专卖，加重商税等措施，以解决战时的经济困难；另一方面乘匈奴新败势孤的有利时机，集中兵力，深入打击其主力。元狩四年（前119年）春，汉武帝召集诸将会议，宣布进军漠北的决策说：“赵信为单于画计，常以为汉兵不能度幕（沙漠）轻留，今大发士卒，其势必得所欲。”他利用赵信的错误判断，因势利导，确定了集中兵力，深入漠北，歼灭匈奴主力的作战指导方案。随即集中兵力，组成两个大的骑兵集团，令卫青、霍去病各领骑兵五万，分为东西两路，远征漠北。卫青指挥的西路军，以公孙贺为左将军，赵食其（音yì jī）为右将军，李广为前将军，曹襄为后将军，皆归卫青指挥。而作战勇猛，敢于深入的将士，全归霍去病统领。这次进军是准备在沙漠地区与匈奴主力决战，因而大量人马的物资供应和军需品的运输补给，就成为一个重大问题。为此，汉武帝特别组织了随军

→「天降单于」瓦当

运载私人行李的马匹十四万匹，并以步兵数十万人，为大军转运辎重粮草，从而保障了这次深入作战的需要。

西汉大军原拟由定襄北进，并由霍去病专力对付单于。但在进军途中，捕得匈奴俘虏，得知单于驻地所在，于是又改变计划，命霍去病单独率领一支人马从代郡出击，卫青仍按原计划出定襄。卫青把李广、赵食其两部合并，令其从东面进发，约定战场会齐。卫青自己率领另外两路人马，从正面直趋单于驻地。卫青率领的一路汉军出塞后，一直向北行军一千多里，穿过大沙漠，这时，匈奴伊稚斜单于因事先得到消息，采取赵信的决策，已把全部粮草和军用物资运送到大后方，亲自率领精骑一万人在大沙漠以北严阵以待。面对这种突如其来的局面，卫青临危不惧，他命令部队用武刚车（四周及车顶用皮革做防护的兵车）环绕起来，扎成一座营盘，然后派出五千名精锐骑兵去向敌阵冲锋。双方激战一整天，不分胜败。到了黄昏时候，忽然狂风陡起，沙石扑面，两军在沙漠中对面不相见。卫青乘势派出部队从左右两翼迂回到单于背后，包围了单于的营阵。伊稚斜单于看到汉军人数众多，士气旺盛，知道无法取胜，慌忙骑上快马，率领精壮骑兵数百人，向西北方向突围逃去。卫青发现单于逃走，立刻派出轻骑连夜追赶，匈奴人马纷纷溃散。汉军追赶了两百多里，虽然没有找到单于的踪迹，却俘虏匈奴官兵一万九千人。卫青率领大军一直挺进到寘（音tián）颜山赵信城（今蒙古国境内）。汉军在赵信城缴获敌军的积粟，补充了军用。大军在那里停留了一天，烧掉了剩余的粮囤，然后奏凯而还。

骠骑将军霍去病，率兵出代郡后，北进两千余里，渡过大沙漠，与左贤王的军队遭遇。在战斗中，俘获了匈奴顿头王、韩王以下七万多人，活捉匈奴的相国、将军、当户、都尉等八十三人，总计消灭匈奴七万多人。左贤王及其将领弃军逃走。

这次战役，汉军和匈奴军队的伤亡都很大，匈奴损失了战士近十万人，汉军战死的也有几万人，战马损失了十多万匹。匈奴从此逐渐向西北迁徙，大沙漠以南已经再无匈奴的踪影，匈奴对汉朝的军事威胁解除了，直到元封五年（前106年）卫青去世，双方一直处于休战状态。卫青在抗击匈奴进犯的战争中，前后七次率兵出塞，为汉朝立下了不可磨灭的战功。

此后，汉武帝除了奖赏两路大军的有功人员外，并加封卫青、霍去病为大司马，卫青的尊荣在当时达到了登峰造极的程度。

出类拔萃的军事家

卫青虽然出身低微，但从小就尝到战争带来的苦难，经受了艰苦生活的磨炼，使他养成一种勇敢无畏的尚武精神，他不但武艺高强，膂力过人，而且在长期实际斗争中，学到了不少用兵作战的军事知识。在西汉的将领中，他可称得上是一个出类拔萃的军事家。他临战身先士卒，为官兵树立了不畏强敌，不怕牺牲的榜样。他治军有方，赏罚严明。元朔五年（前124年），卫青率六将军出朔方高阙击匈奴，获得大胜，汉武帝格外施恩，封卫青的三个儿子为侯，卫青坚辞不受，并奏请皇帝对随行有功的将校封侯赐爵，汉武帝批准了他的请求。元朔六年（前123年），右将军苏建随卫青出击匈奴，苏建所部，与匈奴单于的军队相遇，激战一日，全军尽没，苏建只身逃回，卫青问部下军吏应如何处置苏建。议郎周霸提出："今建弃军，可斩，以明将军之威。"卫青没有采纳，认为：不应因树立自己的威信而斩杀大将，即使苏建当斩，也必须奏请天子裁决，做人臣的又怎可擅自专杀于境外？军吏们听了，都称赞卫青的话有道理。

卫青在战术运用上，能够做到根据敌我双方的具体情况，以己之长，击敌之短。在几次出击匈奴的作战中，由于汉军长途跋涉，人困马乏，而匈奴则是以逸待劳，在地理上占有优势，卫青看出了这一点，往往采取出其不意，攻其无备的速决战术，一鼓作气，打败敌人。这在河南之战中表现得最为出。而在临敌应变方面，卫青也表现出他的智勇兼备，临危不惧的大将风度。漠北之战，就是一个典型的例子。

据史书记载："青仁，喜士退让。"当时有一个大臣名叫汲黯，性情倨傲，好当面指责旁人的过失，不留情面，即使是皇帝有了错误，他也敢于直言进谏，

↑卫青墓

无所顾忌，因此总是不得长久在位。这时卫青正权倾朝野，炙手可热，而且他的姐姐又是皇后，一般大臣谁不慕而敬之!只有汲黯敢与卫青分庭抗礼。有人劝汲黯说：“大将军现在尊崇无比，群臣无不甘拜下风，您见大将军不可不拜。”汲黯说：“以大将军的身份地位，居然有只作揖不行跪拜礼的客人，不是更加重了他的声望吗？”卫青听到汲黯的话，对他更加敬重，曾多次向他请教朝中军国大事，对待汲黯远远胜过一般大臣。

正因为卫青既是文韬武略，智勇兼备，又能礼贤下士，严于律己，为维护汉朝的安定和统一而征战一生，建立了不朽的功勋，所以他受到汉武帝的特殊礼遇，死后随葬在汉武帝的茂陵（今陕西省兴平市境内）之侧，其墓形很像匈奴境内的庐山，象征着他生前的赫赫战功。

林　岷

作者林岷，毕业于苏州大学。中国戏曲学院研究员、首都经济贸易大学兼职教授，北京市文史馆员。主要著作有《历史与戏剧的碰撞》、《中国历史大事本末》（主编之一）、《中国古代著名战役》（合著）等。

威震北方的青年将领

霍去病

霍去病个人小档案

姓名：霍去病

所处时代：西汉

生卒年：前140—前117年

官职：大司马、骠骑将军

出生地：河东平阳（今山西临汾）

辅佐君王：汉武帝

军事成就：出击河西、漠北奏凯、封狼居胥

轶事典故：忠孝两全、射杀李敢

封爵：冠军侯

谥号：景桓

最得意：封狼居胥

最失意：奴生子出身

霍去病

“匈奴未灭，何以家为”

“匈奴未灭，何以家为！”这是我国史书上千百年来一直作为表扬历代名臣、名将公而忘私，国而忘家的品质的一句名言。这句名言出自汉朝霍去病之口。当年，霍去病在抗匈战争中建立奇功，多次得到汉武帝的奖赏。汉武帝前后赏赐他食邑一万七千多户，官至大司马。真称得上是高官厚禄，尊荣无比!但是霍去病并没有坐享安逸生活，心里仍然牵挂着国家的安危。汉武帝为了奖励他，特意命人为他在长安建造了一所精致的住宅，叫他去看看满意不满意。他却对汉武帝谢绝说：“匈奴还没有消灭，怎能先经营家室！”这是何等豪壮的语言!可以说是霍去病战斗的一生的写照。

霍去病（前140—前117年），是西汉河东郡平阳县（今山西临汾）人。他父亲霍仲孺是平阳县的衙役，在平阳公主家里当差。他的外祖母卫媪和母亲卫少儿都是平阳公主府里的侍婢。霍去病出生在汉朝皇亲的府中，是这家的奴产子，养育在奴婢群里，童年生活是很艰苦的。但是他却能勤奋学习，精通骑马、射箭、击刺等各种武艺。

后来，她姨母卫子夫被汉武帝看中，以一个歌舞女被立为皇后，舅父卫青因抗击匈奴有功受奖得宠，霍去病也因此结束了自己的奴隶生涯。他在十六七岁时就参加了军队，跟随舅父大将军卫青出塞对匈奴作战，多次立功。由于他英勇果敢，又能够全面地掌握对付匈奴的战略和战术，所以仅仅几年，他就能够独立指挥汉朝的几十万大军，击败匈奴，基本上解除了来自北方的边患。因此，霍去病不仅是汉武帝时期抗击匈奴的名将，而且也是我国历史上杰出的军事家。他短短的一生，对中华民族做出了不朽的贡献。

河南之战　初露头角

元光二年（前133年），汉朝诱击匈奴的“马邑之谋”失败后，匈奴与西汉从此断绝了和亲关系，从公元前129年至前124年，匈奴连年进攻，杀掠人畜，不计其数。西汉王朝经过文帝、景帝两代的长期经济恢复，到了武帝时期，已积累了大量财富，军事上也有了充分的准备，反击匈奴的条件完全成熟，为此汉武帝一连对匈奴发动了三次重大战役。

第一次大战役开始于元朔二年（前127年），由卫青指挥，击败了盘踞在河南地（今河套地区）的匈奴白羊王、楼烦王，收复了河南地，在这里设置了朔方郡。河南地是匈奴在漠南的重要牧场和据点，为此匈奴右贤王不甘心失败，经常南下侵扰朔方，掳掠人民和畜群。双方为争夺河南这块战略要地，激战了四年之久。河南战役开始时，霍去病因年少未能参加。

元朔五年（前124年）和元朔六年（前123年），汉军对匈奴发动了空前规模的反攻，在这两年的战役中，双方互有胜负。元朔六年（前123年），卫青奉命出击匈奴，这是河南战役的最后一战，这年霍去病才十八岁，初次跟随大将军卫青出塞作战。在他参加对匈奴的战争之前，汉武帝就很赏识他，派他做侍中，这是在皇帝身边保卫安全的官。这次汉武帝考虑霍去病精通骑射，十分英武勇猛，因此特别命大将军卫青挑选八百名最精锐的骑士，专归霍去病指挥，并且赏给他“票姚校尉”的称号。“校尉”是带兵的武官，“票姚”是行动勇猛迅捷的意思，从这个官名我们不难看出霍去病年轻有为，生龙活虎的英雄形象。

霍去病率领这八百名骑兵，离开汉军主力，一直奔袭数百里，这支很小的骑兵队伍，看准有利于自己进攻的目标，就以迅雷不及掩耳之势，发起猛攻。在几次搏斗中，霍去病不但没有因孤军深入而吃亏，反因机智勇猛而取得大胜。汉武帝十分赏识这位英姿勃发的青年将领，后来发表战报说：“票姚校尉霍去病，以少胜多，斩杀敌兵两千零二十八人，杀死匈奴的相国、当户等官，阵斩匈奴单于的叔祖父籍若侯（爵）产（人名），活捉了单于的叔父罗姑比，出奇制胜，勇冠全军。以两千五百户封霍去病为冠军侯。”霍去病初上战场，就表现出了超群的军事才能和剽悍勇猛的战斗作风。

两次出击河西

河西，亦称河西走廊，即今天的武威、张掖、酒泉等地，因位于黄河以西，自古称为河西，一向作为由内地通往西域的孔道。自匈奴驱逐月氏占有河西后，将酒泉地区封给浑邪王，武威地区封给休屠王管理。他们借此西面控制西域各国，南面与羌人结合，威胁汉朝西部的安全。为了隔断匈奴同羌人的联系，打开汉朝通往西域的道路，以实现从西方包抄匈奴的战略计划，元狩二年（前121年）春天，汉武帝任命霍去病为骠骑将军（“骠骑”是骁勇的意思，“骠骑将军”地位与大将军同），率领精骑一万人，从陇西出发，实行夺取河西计划的第一步。汉军在霍去病的指挥下，勇猛向西挺进，经历五个匈奴王国（部落），转战六日，过焉支山（今甘肃山丹县东南）一千多里，在皋兰山（今兰州黄河南）下，和匈奴军短兵相接，杀死折兰王、卢胡王（一作卢侯王），活捉匈奴浑邪王子和相国都尉等，歼灭敌军八千九百多人，并且缴获了匈奴休屠王的祭天金人（佛像）。汉军首战告捷。

这一年夏天，为彻底歼灭河西匈奴的有生力量，汉军乘胜分兵两路发起第二次进攻。霍去病、公孙敖率领数万骑兵，从北地郡（郡治在今甘肃环县东南）出发，为主攻力量。张骞、李广率领骑兵万余人，从右北平出发，以左贤王为进攻目标，策应霍去病的行动，为辅攻力量。霍去病领兵出北地后，和公孙敖分路挺进，公孙敖由于迷失路途，未能参加作战。而霍去病率领的部队，则以迅速的行动向河西实行大迂回，越过居延海（在今内蒙古自治区西北部）、小月氏，深入两千余里，由西北转向东南，在祁连山麓与浑邪王、休屠王的军队展开激战，取得了决定性的胜利。这次战役，总计接受单于手下的单桓王、酋涂王及相国、都尉等两千五百人的投降，俘虏王母、单于阏氏、王子、相国、将军、当户、都尉等一百二十多人，歼灭匈奴军三万零二百人。汉军将士大约损伤了十分之三。霍去病由于战功卓著，加封食邑五千四百户，从此声望日益显赫，政治地位愈高，简直可与大将军卫青相比了。

“河西走廊”包括祁连山麓一带水草丰美的沃野，林木葱郁，冬暖夏凉，是匈奴在漠南的一个重要牧场和富饶地区。失去河西是对匈奴的又一次沉重打击。霍去病部队的两次猛攻得胜，引起匈奴贵族的内讧。匈奴伊稚斜单于恼恨浑邪王和休屠王作战不力，失掉河西，要对他们严加惩处。两人鉴于右贤王的军队已被歼灭，自己的军队又迭遭严重打击，既失去继续抵抗的信心，又怕单于加罪，于是两人商量好，于这年秋天共同投降汉朝。他们派人向正在黄河沿岸修筑城堡的大行令（执掌异族归化投顺事务的官）李息接洽。李息向朝廷报告，汉武帝恐怕其中有诈，就命令霍去病率军前往受降。这是一项艰巨的任务，风险很大。当霍去病到达河西之前，休屠王突然变了卦，浑邪王在情急之下，刺杀了休屠王，收编了他的部队。霍去病率领汉军渡过黄河，列队前进，浑邪王的部队也列阵等候，双方阵营遥遥相望，步步逼近，情势很是紧张。浑邪王的部下看到汉军阵容严整，心存疑惧，一些本来不是诚心投降的人，纷纷逃走，浑邪王方面的阵营立刻骚动起来，而且大有一哄而散的可能。霍去病见此情景，当机立断，亲率精骑，飞马驰入浑邪王的营中，亲自和浑邪王谈判，命令他把要逃走的匈奴官兵全部斩首，这才恢复了秩序。接着，霍去病派人护送浑邪王乘驿站上的快车到长安去见汉武帝。然后他自己亲自率领投降的匈奴兵四万多人返回长安。

←霍去病墓前石刻：马踏匈奴

霍去病在这次受降工作中，充分发挥了一个指挥官勇武、机智的军事指挥才干。进击河西匈奴，是汉武帝继河南、漠南之战后，采取的又一次重大军事行动。在汉朝收复河南，单于军队主力远遁漠北以后，河西匈奴势孤力单，正好出兵进击。汉武帝此时将打击目标转向河西，以一部分兵力对付左贤王，采取牵制强敌，打击弱敌的战略指导方针，这是符合客观情势的。而正确执行这一战略方针的直接指挥者就是霍去病。河西之战的大捷，断绝了匈奴与羌族的联系，进一步孤立和打击了匈奴，同时也打开了汉朝通往西域的道路。

浑邪王归汉后，受到汉武帝的隆重接待。浑邪王等五人被封为侯，他们的部众被分别安置在陇西、北地、上郡、朔方、云中等五郡关塞附近地区，称为“五属国”。仍然保持着他们原来的生活和风俗习惯。霍去病因征匈奴，受降有功，加封食邑一千七百户。浑邪王的归降和汉武帝对匈奴采取的政策，有利于汉、匈两族的统一和融合，是值得称道的。

漠北奏凯　加封大司马

汉朝在河西作战得胜后，匈奴右部的军队已所剩无几，汉朝朔方以西的全部边防也趋于巩固，匈奴的主力虽已转移到漠北，可是仍未放弃对汉朝边境的侵扰和掠夺。河西之战的第二年，即元狩三年（前120年）秋，匈奴又派出骑兵数万人侵入右北平和定襄两郡，杀掠官民千余人，并企图引诱汉军深入，乘远道疲困予以歼灭。为了深入漠北，彻底打击匈奴主力，汉武帝调集兵力，对匈奴发起了更大规模的第四次大战役。

元狩四年（前119年）春天，汉武帝调集十万骑兵，随军战马十四万匹，步兵及转运役夫数十万人，由卫青和霍去病分领精骑各五万人，约定从东西两路向漠北进军。卫青出定襄（今内蒙古和林格尔）后，与匈奴单于主力战于漠北，捕斩匈奴兵将一万九千人，一直追到寘颜山赵信城才胜利收兵。

↑ 《漠北之战图》

根据汉武帝的作战计划，霍去病统率的东路是主力军。这次汉武帝给霍去病配备的力量最强，所领的骑士全部是经过严格训练选拔出来的精兵。带队的将领，如右北平太守路博德，北地都尉邢山，校尉李敢和徐自为等人，都是有名的猛将。他的部队里还有一部分是先前投汉的匈奴人，也被选拔为军校，他们熟知地理，惯于在沙漠中行军。霍去病在远征中充分利用了各方面的有利条件和各将领的特长，大军从代郡（今山西代县）出塞，北上行军两千多里，越过了离侯山，渡过了弓闾河，与匈奴左贤王相遇，展开一场激战，大败左贤王，击溃了他的主力部队。这次战役汉军俘获左贤王手下三个小王，将军、相国当户、都尉等八十三人，斩虏约七万人。左贤王只带了少数将领逃走，匈奴左部几乎全军覆灭。霍去病率兵追击至狼居胥山（今蒙古国德尔山），最后大军在瀚海（即北海，今贝加尔湖）会师。为了庆祝胜利，霍去病特地在狼居胥山主峰上建立高坛，祭祀天地，祭奠烈士，犒劳将士，然后班师凯旋。

这次战役，霍去病所到的寘居胥山和卫青所到的寘颜山赵信城，都在瀚海大沙漠以北，深入匈奴腹地。汉朝两路远征大军追击匈奴，出塞一两千里，获得了重大战果，汉军夺回了匈奴在大漠以南的所有草地，“是后匈奴远遁，而漠南无王庭”，基本上解除了匈奴对汉朝的威胁。霍去病因功被晋升为大司马。

功高像祁连

霍去病是一位青年将领，在元朔六年（前123年）担任“票姚校尉”时，才只有十八岁。其后四年间，他做了“骠骑将军”，成为独当一面的大军主帅。他曾指挥西汉大军四次出塞进击匈奴，获得歼敌十一万多人的战绩，接受匈奴浑邪王的投降，开河西、酒泉之地，使汉朝抗击匈奴的形势大大改观。霍去病在军事上的成功不是偶然的。他平时为人沉默寡言，谨守机密，但打起仗来，却勇猛顽强，常常身先士卒，亲自担当大军的前导，充满着勇往直前的英雄气概。同时，他还注意制订作战“方略”。汉武帝曾经要教他学习孙子、吴起兵法，他说：“单学习古代兵法是不够的，应该多研究些切合当前战争的方略。”他十分重视战争的实践，不机械地拘守于古代的兵书。他在每次战争中，都是胆气充盈，敢于深入敌人腹地，以出其不意、攻其无备的“奇袭”战术，打败敌人。

霍去病从十八岁带兵征战以来，战无不胜，屡立奇功，也是与他在战争中正确运用骑兵战术分不开的。汉武帝为了抗击匈奴骑兵的侵犯，早就创建了一支强大的骑兵队伍。但由于西汉多年来对匈奴采取消极防御的战略，使一批宿将如韩安国、李广等人，习于“守边”“堵击”的防御战术，缺乏运用骑兵集团在沙漠草原地带进行大规模运动战的指挥艺术，因此每次出击，多半是损兵折将，徒劳无功。汉武帝为此特意选拔了一批善于指挥骑兵作战的将领加以培养，霍去病就是其中最杰出的一员青年将军。霍去病精通骑射，而且很有谋略。在出塞远征中，他往往能够就地夺取敌人的粮秣，来供给自己的部队，以解决长途运输不便的困难。此外，他对于匈奴投降过来的兵将，实行优待政策。因此，他们都情愿为汉军带路，寻找水草地，从而保证了大军的顺利前进。

↑ 霍去病墓园

汉武帝发动的对匈奴的战争，是规模较大、时间较长的一次民族战争。汉初数十年间，匈奴奴隶主贵族对北方边境的不断掠夺和侵扰，给当时各族人民的生命财产造成极大损失。因此，汉武帝发动的反击战争，从战争性质来说是正义的。霍去病的抗匈斗争，客观上符合了当时各族人民反民族压迫的要求，并为此做出了重大贡献。他不愧是一位杰出的军事家、民族英雄。

元狩六年（前117年），霍去病不幸病死，年仅二十四岁。汉武帝为了表示对他的哀悼，发动陇西、北地等五郡的匈奴人民，身穿黑甲，排列长长的队伍，把霍去病的灵柩从长安护送到茂陵墓地，为他举行了隆重的葬礼。汉武帝还为他建筑了一座形状像祁连山的坟墓，来纪念他的赫赫战功（今陕西省兴平市境的茂陵旁边，还矗立着他的陵墓）。

林 岷

作者林岷，毕业于苏州大学。中国戏曲学院研究员、首都经济贸易大学兼职教授，北京市文史馆员。主要著作有《历史与戏剧的碰撞》、《中国历史大事本末》（主编之一）、《中国古代著名战役》（合著）等。

安抚西域的班超

班超个人小档案

姓名：班超

字：仲升

所处时代：东汉

生卒年：32—102年

官职：西域都护、射声校尉

出生地：扶风平陵（今陕西咸阳）

辅佐君王：汉明帝、汉章帝、汉和帝

军事成就： 镇抚西域，促进民族融合

轶事典故：投笔从戎、不入虎穴焉得虎子

封爵：定远侯

最得意：绝域立奇功

最失意：哥哥含冤被害

班超

胸怀壮士志　投笔效张骞

班超（32—102年）字仲升，东汉扶风安陵（今陕西咸阳东北）人，为班彪少子。班彪字叔皮，曾被光武帝刘秀任为徐县（今江苏泗洪南）县令[①]，病免后致力于修史，专心于史籍，以《史记》所记史实止于汉武帝太初年间[②]，虽有好些人缀集时事，却多鄙俗，不足以踵继其书，遂博采遗事异闻，作《史记后传》六十五篇。但班超出生时，其父还在徐县县令的任上。班超还有一兄，就是历史上与司马迁齐名的班固。班固继承父志，专心精研，历时二十余载，修成《汉书》一百卷。后世用纪传体编写正史的史学家，皆不足以望班、马之项背。班超在其父兄的影响下，胸襟宽阔，素有大志，不拘小节，在家中又很能孝悌，克勤克俭，不耻劳辱。论文才，他倒是不及“才高而好述作”的乃父，更赶不上“九岁能作文诵诗赋，及长，遂博通古籍、九流百家之言”的乃兄[③]，但对《公羊春秋》等

---

① 汉制，大县设县令一人，禄千石。

② 太初，武帝时年号（前104—前101年）。

③ 《汉书·艺文志》把诸子百家分为儒、墨、道、法、阴阳、农、杂、名、纵横九个派别，称为九流。

经传书籍却也都多有涉猎[1]，而且口才极好，尤善诘辩。汉光武建武三十年（54年）班彪死，班超一家回到家乡。班固为完成其父未竟的事业，开始埋头于史书的编撰工作。不久，有人上书明帝[2],告他私改国史。明帝诏令扶风郡收捕班固。扶风郡把班固押入京兆狱[3]，尽行抄取班固家中的书稿。由于在班固被告发的前不久，扶风人苏朗鼓吹私自编造的图谶而被下狱处死[4]，因此情势对班固十分不利。班超担心郡吏刑讯逼供，乃兄无法为自己做出有力的辩护，乃驰往京师，诣阙上书[5]，幸蒙召见。班超慷慨陈词，详细说明班固编撰史书的宗旨，赢得明帝赞赏。扶风郡又将班固所著书稿及时呈上朝廷。明帝审阅一过，既奇班固之书，更奇班固之才，不仅诏令释放班固，还把他召入京师，入校书部，任为兰台令史[6]，命他与前睢阳令陈宗、长陵令严敏、司隶从事孟异等，共同修成《世祖本纪》。

↑ 班固像

永平五年（62年），班固迁为郎，典校秘书。班超与母亲也都随班固搬到洛阳。此时的洛阳已十分繁华，有“宫室光明，阙庭神丽”的宫殿群和名目繁多的台、观、馆、阁，还有富丽堂皇的辟雍和灵台[7]。“外则因原野以作苑，顺流

---

① 涉如涉水，猎如猎兽。涉猎是说不能周悉，仅粗略窥览而已。

② 明帝为光武帝子刘庄，庙号是显宗，史称显宗孝明皇帝。

③ 京兆狱：冯翊、京兆、扶风，汉为“三辅”。京兆也是官名，职掌相当于郡太守。京兆狱为京兆尹治下之狱。

④ 图谶，即“谶书”，是巫师或方士伪托神灵制作的隐语或预言，作为吉凶的符验或征兆，常附有图，故称图谶。谶，音chèn。

⑤ 诣（音yì），这里是“至”的意思。阙，音què，皇宫。

⑥ 校书部是校勘藏书的地方，其中设有校书官，东汉时多以兰台令史担任。汉时宫中藏书的地方称兰台。兰台令史专事校勘及管理图书典籍。

⑦ 辟雍本为西周天子所设大学。《礼记·王制》：“大学在郊，天子曰辟雍。”东汉时的辟雍已为祭祀之所。灵台原为周代台名。一说用以游观。一说用以观天象。汉代指天象台为灵台。汉代的辟雍和灵台都是比较堂皇的建筑。

泉而为沼”，有许多供帝王游猎的苑囿和池沼。而且，工商繁盛，物资丰盈，“牛马车舆，填塞道路，游手为巧，充盈都邑”①；“琦赂宝货，巨室不能容，马牛羊豕，山谷不能受”②。但是，班超不仅因家中生活贫困，经常要靠受雇于官府，抄书取酬，以补家用的不足。他既没那么多的穷精神，也没那么多的穷工夫，悠游于广厦之间，沉浸于闹市之中，而且认为苦守京师无出息，好男儿应当志在四方，并不迷恋京师的繁华。有一次，班超竟然停下手中的活计，投笔叹道：“大丈夫倘无别的雄图大志，即当效法傅介子和张骞立功于异域③，以求封侯，怎能老是在笔砚中讨生活呢！”身边的人都笑话他。班超并不恼恨，只是很有感慨地说道：“小子怎能理解壮士的抱负呢？”事后，班超去找相面的人一卜前程。相面的人大概已经风闻其志，故意顺情鼓吹，说：“祭酒④，您不过一介书生，命中却注定您当封侯于万里之外。”班超让相面的人说明得此结论的状貌。相面的人遂煞有介事地指点着说：“您燕颔虎颈，飞而食肉，这正是万里侯的相貌呢！”当时的人大都迷信，班超虽然不那么虔诚，倒也算不得例外。经相士这么一鼓吹，他自然更坚定了立功绝域的决心，并积极准备，静待机会。过了一段时间，明帝不知什么原因竟忽然想起了口才过人、善于雄辩的班超，特向班固问道：“您的那个弟弟现在在哪儿呢？”班固如实应对，说是“为官府抄写书籍，得些报酬，以养老母”。明帝遂把班超擢为兰台令史。后来，班超因受人牵连，获罪免官。但他志不在此，不以为意。

奋勇入虎穴　绝域立奇功

汉代一般把今甘肃玉门关和阳关以西新疆和中亚地区，统称为西域。自张骞

① 见王符：《潜夫论》。

② 见《后汉书·仲长统传》。

③ 傅介子，北地人。昭帝时出使西域，刺杀楼兰王，封义阳侯。张骞，汉中人，武帝时通西域，封博望侯。

④ 祭酒：一坐所尊，则先祭酒。称祭酒是表示尊敬的意思。

通西域以后，西域与中原联系密切，使臣往来频繁。汉宣帝时又在乌垒城（今新疆轮台东北）设西域都护，由骑都尉、谏大夫出任，统领和管辖西域诸国，进一步促进了汉族和西域少数民族之间的经济、文化交流。西汉末年开始失去控制西域的能力，西域三十六国分裂成五十几个小国。王莽统治时，欺压少数民族，断绝西域交通。匈奴奴隶主贵族乘虚而入，向西域各国勒索苛重的赋税。各国不堪忍受，纷纷请求东汉政府重派西域都护，驱除匈奴势力。东汉政府刚刚建立，无暇西顾。匈奴有恃无恐，更为猖獗，致使西域各国和各种势力互相兼并攻杀，大部分国家又都被匈奴所控制。明帝即位后，东汉政局趋于稳定，经济发展，国力日益强盛，遂于永平十六年（73年），命窦固北击匈奴。窦固以班超为假司马，出酒泉塞（今甘肃酒泉一带），至天山（今新疆吐鲁番城北），击匈奴呼衍王，斩首千余级，追至蒲类海（今新疆巴里坤湖），夺取天山北路的门户伊吾庐（今新疆哈密西），绝幕（渡沙漠）六百余里，至三木楼山而还。班超在这次战争中机智勇敢，深为窦固所器重。东汉政府为了驱除北匈奴在车师前[①]、后王国一带的势力，重新建立与西域诸国的政治关系，决定派遣得力官员出使西域。这对班超来说，正是建功立业、报效祖国的极好机会。窦固也就真的把这个机会给了智勇双全而又早有此志的班超。

班超以假司马的身份奉命与从事郭恂首先来到鄯善[②]。起初，鄯善王广对班超礼敬有加，招待备至，后来却忽然变得疏懈怠慢，十分冷淡。班超私下对其官属说："诸位可曾感到礼意冷薄了吗？这一定是因为有北虏使来[③]，鄯善王举棋不定，不知该投附哪一方的缘故。明智的人能见微知著，何况情迹已经昭彰！"计议已定，班超遂将馆舍中的鄯善侍役召来，诈他说："匈奴的使臣已来了好几天，他们现在住在哪里？"侍役见班超已一语道破机密，十分惶恐，平素又对汉人怀有好感，只好和盘说出。班超将侍役暂时收押，禁闭不放，然后把随从出使

① 建武二十四年（48年）匈奴分为南北两部，南匈奴内附，北匈奴仍旧控制着西域。窦固所击即为北匈奴。

② 从事，官名。汉以后三公及州郡长官皆自辟僚属，多以从事为称。郭恂即属窦固从事。鄯善是西域国名，原名楼兰，昭帝元凤四年改为鄯善。

③ 虏指匈奴，北虏即北匈奴。

的三十六名吏士全部召集到一起，先与他们共同饮酒，待酒酣之时，班超鼓动说：“诸位与我一起来此绝域，无非是为了建立功业，邀取富贵。现在北虏的使臣才来几天，鄯善国王就对我们礼敬俱废；倘使鄯善将我等尽行拘拿，送往匈奴，我等骸骨都将成为豺狼口食，这可如何是好？”随从吏士异口同声，都说：“现在处于危亡境地，无论死活，愿从司马！”班超朗声说道：“不入虎穴，焉得虎子？当今之计，唯有乘夜火攻胡虏，他们不知我们究竟有多少人，必定惊慌失措，如此即可将其全歼。胡虏既灭，鄯善必然震惧，那我们就可功成业立了。”众人似有疑忌，又说：“应与郭从事熟商才是。”班超瞋目叱道：“吉凶决于今日。郭从事乃是平庸文吏，听说此事必定惊慌。计谋一旦泄露，我等白白送死，还算得上壮士吗？”众皆拜服。入夜，班超带领吏士径奔匈奴使营。可巧天空刮起大风。班超命十名吏士携鼓伏于胡虏使的营帐之后，约定：“见到火光，即擂鼓大呼。”其他人都持兵握弩，埋伏在营帐大门的两侧。布置完毕，班超即顺风纵火，前后鼓噪，冲杀之声大起。虏众惊乱，胡撞四窜。班超首先突入，起手击毙三人。胡虏节使屋赖带和副使比离支及其随从三十多人被斩杀，一百多人被烧死，无一幸免。第二天，班超率众还，乃告郭恂。郭恂闻知大惊，继而又面容色变。班超深知其意，立即诚恳地说道：“从事虽未同行，班超又怎能独擅此功呢？”郭恂乃悦。班超于是召鄯善王广，向他出示虏使首级，鄯善举国震惧。班超又晓谕抚慰，宣传汉德。鄯善王遂决计与匈奴断绝关系，归附东汉，并遣其子入汉为质。

↑ 张骞通西域图（敦煌壁画）

班超禀报窦固。窦固大喜，立即上书明帝，详细禀奏班超功绩，并请求朝廷复选干员出使西域。明帝对班超十分赞赏，立即诏令窦固，说：“有班超这样的官员，有什么理由不遣派他，而要改选他人出使呢？今以班超为军司马[①]，让他续成前功。”班超遂复任使臣。行前，窦固打算增益其兵。班超以为不必，辞谢说：“愿将原先跟随我的三十多人，这就够了。倘有意外的事情发生，多带人反倒不方便。”窦固从其计。

依汉使如父母　抱马脚留班超

班超此次出使，先至于阗（今新疆和田）。此时的于阗王广德刚刚攻破莎车（今新疆莎车），成为南道诸国中的强国[②]。北匈奴还派有使臣监护其国。因此，广德对班超等人冷淡傲慢，礼仪甚疏。于阗还有迷信巫人的习俗。广德让巫人请示神对于阗何去何从的态度。巫人胡诌：“神已发怒，责问何故欲附向汉？汉使有騧马[③]，赶快取以祠我。”广德不敢有违，遂遣使至班超处求取騧马。班超对这一情况早已侦知，当即应允，只是有一条件：必须巫人亲自来取。巫人不知是计，欣然而至。班超二话未说，立斩其首以送广德，并趁机质责广德待汉使无礼，对汉廷不诚。广德早已风闻班超在鄯善诛灭匈奴使臣的诸多情状，今见班超动怒，不禁诚惶诚恐，立即攻杀匈奴

↑ “汉匈奴归义亲汉长”铜印

① 汉制，大将军营五部，每部各置军司马一人。假司马为代司马。

② 西域境内以天山为界，分为南北两部，南部为塔里木盆地，北部为准噶尔盆地。在塔里木盆地南缘，有鄯善、且末、于阗、莎车等为南道诸国；北缘有尉犁、焉耆、龟兹、姑墨、疏勒等北道诸国。

③ 騧马：騧音guā，黑嘴的黄马叫騧马。

的监护使者，诚心附汉。班超对广德以下大臣一一予以重赐，可谓恩威兼施、德刑并用。班超由此镇服于阗。西域与汉断绝联系六十五载，至此复通。

当时，龟兹（音qiū cí，今新疆库车）王建为匈奴所立。他依恃匈奴势力，控制北道，攻破疏勒（今新疆喀什市），杀其王，另立龟兹人兜题为疏勒王。永平十七年（74年）春，班超从间道进入疏勒境内，在距离兜题所居的盘橐城九十里处暂时屯驻，然后派遣从吏田虑带少许人先去招抚兜题。临行前，班超面授机宜，说："兜题本不是疏勒种，国人必不肯为他效命，兜题如不立即降附，你就相机将他拿下。"田虑赶至盘橐城，入见兜题。兜题不仅根本没有降附的意思，而且根本没把田虑放在眼里，因而毫无戒意。田虑乘其不备，突前劫持。兜题左右猝不及防，惊慌失措，只顾鼠窜。田虑将兜题捆绑结实，派人飞驰禀报班超。班超立即驰入盘橐城，悉召疏勒将吏，当众揭露龟兹国倒行逆施的种种暴行，并求得疏勒故王兄子榆勒，将他立为疏勒新王，更名为忠。疏勒举国欢悦。疏勒王忠及其官属纷纷请求班超处死兜题。班超为树立汉廷威信，不听其请，将兜题放归龟兹。疏勒由是与龟兹结怨。冬十一月，汉遣窦固出敦煌昆仑塞，至蒲类海，击破白山部匈奴[1]，遂入车师。东汉朝廷复署西域都护和戊己校尉，以陈睦为都护；耿恭为戊校尉，屯车师后王部金蒲城（即金满城，今新疆奇台县西北）；关宠为己校尉，屯车师前王部柳中城（故址在今新疆吐鲁番县东南的鲁克沁）。

永平十八年（75年）八月，明帝死，皇太子炟嗣位，是为肃宗章皇帝。冬，焉耆（今新疆焉耆）乘中国大丧[2]，攻没西域都护陈睦，尽覆其众。北匈奴乘机攻围校尉关宠于柳中城。车师复叛汉廷，伙同匈奴攻校尉耿恭于疏勒城。耿恭食尽穷困，仍率残余士卒数十人煮甲弩为粮，食其筋革，以果腹坚守。汉遣征西将军耿秉出屯酒泉，行太守事；遣酒泉太守段彭与谒者王蒙、皇甫援等调发张掖、酒泉、敦煌三郡及鄯善兵，合七千多人，星夜赴援，终因道路辽远，未能遽至。龟兹、姑墨（今新疆温宿、阿克苏一带）等国也趁机屡屡发兵攻疏勒。班超拒守盘橐城，士吏无几，势单力孤，只能与疏勒王忠相呼应。这种状况一直持续

① 白山部匈奴即匈奴呼衍王部。白山即天山。

② 中国指中原、内地，为"国中"意。

到第二年建初元年（76年）的春正月。酒泉太守段彭大破车师于交河城（今新疆吐鲁番县雅尔和屯）。适值关宠病故，王蒙等人已感无力援救耿恭，打算引兵东归。幸赖耿恭军吏范羌曾奉耿恭之命至敦煌迎取兵士冬装，此时亦在王蒙军中。范羌请得两千兵，从北至疏勒城，迎回耿恭。班超孤立无援，坚守盘橐城一年有余。章帝因不欲疲弊中原以事夷狄，乃悉罢西域戊己校尉及都护官，又因担心班超没有援接，难以自行立足，特下诏班超，召他归国。班超奉诏将归，疏勒举国忧惧，不知所措。都尉黎弇说："汉使弃我而去，我国注定复为龟兹所灭。实在不忍心眼见汉使离去。"说罢，他即引刀自刭。班超自疏勒返至于阗，王侯大臣抱住班超马脚，号泣着说："依汉使如父母，诚不可去。"班超深受感动，并且知道于阗绝不肯放他东归，自己也还壮志未酬，决心留在西域。班超与所率三十六人又折返疏勒。在此期间，疏勒已有两座城池复降龟兹，并与尉头（约今新疆阿合奇县西哈拉奇一带）连兵以自固结。班超回到疏勒后，立即采取果断措施，对反叛者进行坚决镇压，又击破尉头，诛杀六百多人，很快就使疏勒一度动荡的局势又重新稳定下来。

内省不疚心底宽　不恤人言不记怨

建初三年（78年）四月，班超率疏勒、康居[①]、拘弥兵一万人攻破姑墨石城[②]，斩首七百级。班超欲乘胜平定西域，遂上书章帝，恳请益师西征，书文大意如次：

> 臣窃见先帝打算通好西域，因此发兵北击匈奴，派遣使臣西向出使于外国，鄯善、于阗即时向化。而今拘弥、莎车、疏勒、月氏、乌孙[③]、康居

① 康居为西域古国名。东接乌孙，西至奄蔡，南接大月氏，东南临大宛，约在今巴尔喀什湖和咸海之间。

② 拘弥，又称扜弥、宁弥。拘弥在今新疆于田县克里雅河东古拘泥城遗址一带。

③ 乌孙，国名，都城在赤谷城。活动范围主要是今伊犁河和伊塞克湖一带。张骞在公元前119年出使乌孙。武帝两次以宗室女为公主嫁乌孙王。

等国都愿重新归附，并打算同心合力攻破龟兹，打通汉道。倘能控制龟兹，则西域未肯降附汉的王国将不过百分之一而已。臣诚敬自息，本率伍小吏，承蒙拔擢，实愿像谷吉一样效命绝域[①]，与张骞献身于旷野中的事业差不多。昔魏绛仅为一国大夫，尚能平和诸戎[②]，何况臣奉大汉天威，难道就不能起到铅刀一割的作用吗？前代谈论西域的人，都把取三十六国，号为断匈奴右臂。今西域诸国，自日途处以东，莫不向化[③]。大小国无不欣欣然，贡奉不绝。只有焉耆、龟兹，独未服从。臣在前一时期与官属三十六人奉命出使西域，备遭艰厄。自从孤守疏勒，至今已有五载。胡夷情留，臣颇熟识。问其城郭大小，都说："倚汉与依天等。"以是观之，则葱岭可通[④]，龟兹可伐。当今之务，应拜龟兹侍子白霸为其国王，以步骑数百送他归国。与西域连兵，少则数月，多则一年，即可降服龟兹。以夷狄攻夷狄，实为上策。臣见莎车、疏勒田肥地广，草牧丰饶，不比敦煌，鄯善有差，兵可不费中国，粮食亦足以自给。而且姑墨、温宿二王[⑤]，独为龟兹所立，既非其种，更遭厌苦，其势必有降汉的反叛者。若二国来降，龟兹不攻自破。盼能为臣明示行事条款，参照执行。如有万一，死复何恨？臣超区区[⑥]，特蒙神灵护佑，私下希望能亲眼看到西域平定，陛下得献大功于祖庙，宣布大喜于天下。

章帝览书，知其功可成，拟增其兵。适有平陵（今咸阳市西北）人徐干与班超素有同样的志向和抱负。他上疏章帝，表示愿奋身以助班超。章帝遂于建初五年（80

---

① 谷吉，长安人，元帝时为卫司马，使送郅支单于侍子为郅支所杀。

② 魏绛，春秋时晋大夫。晋悼公时，山戎使孟乐至晋，因魏绛纳虎豹之皮，请和诸戎。公悦，使魏绛盟诸戎。

③ 《西域传》说："自条支国乘水西行，可百余日，近日所入。"

④ 《西河旧事》说："葱岭山，其上多葱，因以名焉。"

⑤ 温宿，国名。在今新疆阿克苏河流域。

⑥ 区区，小、少之意。这里是谦辞。

年）以徐干为假司马，命他率领弛刑及义从千人急赴西域[①]，以就班超。

先此，莎车以为汉兵再不复出，遂降附于龟兹，而疏勒都尉番（音pān）辰亦复叛汉，班超急欲克敌，无奈势单力孤，难有大作为。徐干率兵及时赶到，班超喜出望外。遂与徐干大破番辰，斩首千余级，俘虏甚众。

班超既破番辰，又欲进攻龟兹，自思乌孙兵强，宜借其力，乃奏称："乌孙大国，控弦十万[②]，武帝因此以公主嫁乌孙王[③]。至孝宣皇帝时终于得到乌孙赞助，远逐匈奴[④]。今正可遣使招慰，与其共合兵力。"章帝深以为然，遂遣派使臣出使乌孙，善加慰谕，以期通好。建初八年（83年），乌孙国亦遣使入朝，与汉修好。章帝遂拜班超为将兵长史[⑤]，特假其横吹幢麾[⑥]，并擢徐干为军司马，别遣卫侯李邑护送乌孙使臣归国，且赐乌孙大小昆弥等锦帛[⑦]。李邑方到于阗，正赶上龟兹攻疏勒，恐怕路途艰险，不敢前行，反上书奏称西域难平，并诽谤班超拥爱妻，抱爱子，安乐外国，无内顾心。班超得知李邑所为，叹道："我身非曾参，却蒙三至谗言[⑧]，恐怕难免见疑于当世了。"幸亏章帝颇知班超，信任

① 弛，音chí。弛刑即缓刑。这里指戴罪效力，以期课功赎罪之人。义从是奋勇从行的志愿兵。

② 乌孙人受匈奴影响，善于引弓射箭，故称其兵为"控弦之士"。《史记·匈奴列传》说冒顿单于有"控弦之士三十万"。

③ 武帝曾在元封年间以江都王建女细君为公主，嫁于乌孙，乌孙以为右夫人。

④ 《汉书·西域传》载，宣帝即位，乌孙遣使上书，请天子出兵以救公主，乌孙亦愿发精兵五万骑，尽力击匈奴。汉遂发兵十五万骑，五将军分道并出。乌孙以五万骑从西方入，至右谷（音lù）蠡（音lí）王庭，获四万余级，马牛羊七十余万。

⑤ 汉制，丞相下有两长史，相当于相府中的秘书长。将军的幕府中也有长史，为幕僚长。长史亦可分领军队，称将兵长史。

⑥ 横吹是胡乐，张骞入西域，传其法于长安。幢麾为旌旗上的饰物，鸟羽制成。横吹、麾幢皆大将所有，以壮军威。班超非大将，故言假。

⑦ 乌孙国王先号昆莫，名猎骄靡。后代取"昆"字。靡、弥声相近，只是音有轻重，亦可替换。昆莫既死，子孙争国，汉廷令立元贵靡为大昆弥，乌就屠为小昆弥，赐印绶，故有大小昆弥之称。

⑧ 据《史记》载，昔曾参颇有贤名（孔子弟子），居于费。鲁人有一与曾参同姓名者杀人。有人告参母说："曾参杀人。"其母织自若。又一人告其"曾参杀人"，其母仍织自若。又有第三个人告"曾参杀人",其母慌忙投杼下机，逾墙而逃。

其忠，未为谗言所惑，说：“即使班超真的拥爱妻，抱爱子，思归之士千余人，怎能尽与班超同心？”章帝不仅未为谗佞之徒所欺，还命李邑到班超那去接受节度。章帝还诏令班超：“若是李邑到卿处报到，便留与从事。”班超却遣李邑监护乌孙侍子还京师。徐干对此很不理解，对班超说：“李邑曾亲自诋毁您，意在败坏西域事功，何不依照诏书留下他，另外派遣别的官员护送侍子呢？”班超的回答是：“正是因为李邑诋毁我，我今天才特意派他去。内省不疚，何恤人言[①]！为图报复一时痛快而留下他，决非忠臣所为。”

料敌如神震西域　因功得封定远侯

建初九年（84年），东汉政府又为班超增兵八百，遣假司马和恭等四人率兵前往。班超既得增兵，复征疏勒、于阗兵，共击莎车。莎车暗中勾结疏勒王忠，多以珍宝引诱。疏勒王忠贪图重利，遂反汉而从莎车，并恃险西保乌即城。班超于是改立疏勒府丞成大为疏勒王，悉数征发疏勒的亲汉吏民，全力攻忠。忠拼命死守，班超攻半年未能攻下，而康居又出精兵援忠，乌即城一时更难攻克。时值月氏新与康居通婚，两相亲密。班超遂遣派属吏，多持锦帛，出使月氏，厚赠月氏王，令其转告康居王，毋为忠援。康居王顾念亲谊，不仅依令罢兵，而且把忠也裹劫了去。乌即城再难抗拒，只好降于班超。

叛王忠被康居执去，幸得不死。三年后，他竟说动康居王，借得许多兵力还据损中[②]，密与龟兹通谋，遣使诈降于班超，以期攻其不备。班超内知其奸而外伪称许，来了个将计就计，竟哄得叛王忠大喜过望。忠遂率轻骑驰见班超。班超密布伏兵，却又为其陈设酒宴，奏乐助兴，把气氛搞得喜气洋洋。然而，酒尚未酣，班超即令军吏拿下叛王，推出斩讫。班超乘机往攻其余众，斩首七百余级。

---

① 疚，病。恤，忧的意思，孔子曾说：“内省不疚，夫何忧何惧！”（《论语》）《左传》：“《诗》云‘礼义不愆，何恤乎人之言’！”《诗》为《逸诗》。

② 损中，其地未详。《东观记》作“顿中”，《续汉书》《华峤书》均作“损中”。

南道由是遂通。

元和四年（87年），班超发于阗诸国兵两万五千人，复击莎车。龟兹王遣左将军发温宿、姑墨、尉头兵，共五千人往救莎车。班超召将校及于阗王会议，宣称：“今我方兵力寡少，敌方兵力众多，势难相持。据此为计，莫若分散撤离。于阗王由此东行，长史由此西归，天黑击鼓为号，闻号声即分头出发。”然后故意缓解对俘虏的监守，使其得便逃脱，还报军情。龟兹王闻讯大喜，亲率万骑驰至西界，阻遏班超。温宿王将八千骑驰至东界，邀截于阗。班超料知二虏已出，遂密召诸部统领兵马，于鸡鸣时驰袭莎车营。胡虏毫无防备，立即惊乱奔窜，溃不成军。班超一举追斩敌首五千余级，大获其马畜财物，莎车遂降。龟兹、温宿等为班超所算，无不畏怯其用兵之神，加上莎车已降，只好各自退散。班超由此威扬西域，远近震慑。西域南道从此畅通。

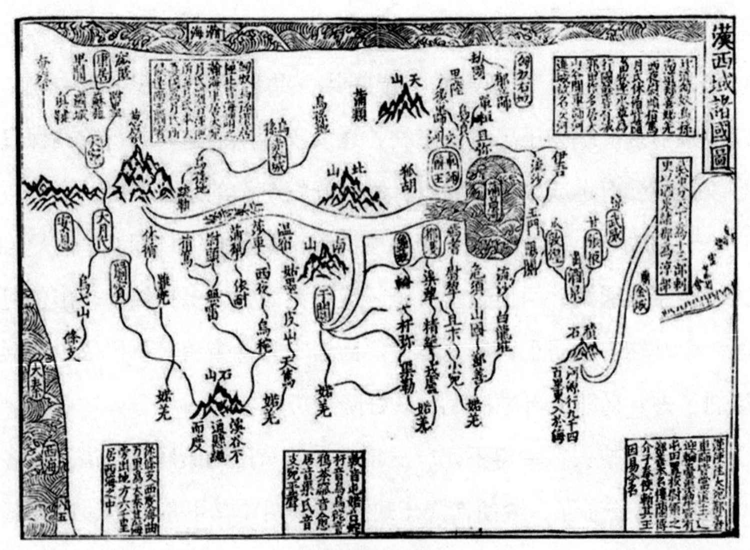

↑ 汉代西域诸国图

当时中亚还有一个强大的国家，怀有并吞西域诸国的野心。这个国家就是月氏人所建立的贵霜帝国。月氏人最初居住在中国西部敦煌、祁连山一带，势力强大。但匈奴强盛起来以后屡攻月氏。文帝初年，月氏被匈奴击败后西迁至塞种地区（今新疆西部伊犁河流域及其以西一带），正式称为大月氏。汉文帝后元三年（前161年）前后，大月氏遭乌孙攻击，又西迁大夏（今阿姆河上游）。武帝元朔元年（前128年），张骞曾访问过据有巴克特利亚的大月氏，以后往来逐渐密切。据《后汉书·西域传》载，大月氏曾分为休密、双靡、贵霜、猗（音xī）顿、都密五部分，每部首领称“翕（音xì）侯”。其后五翕侯中的贵霜翕侯丘就却（一说丘就劫）统一大月氏，自立为王，约在公元1世纪中叶建立起贵霜王朝。当班超在西域活动时，早已对西域虎视眈眈而又对汉王朝怀有忧惧的贵霜帝国，极欲修好于汉，以期解除东汉对它侵略行为的干涉。当初，贵霜帝国曾派兵协助汉军出击车师，是岁又遣使臣到洛阳贡献符拔和师子[①]，遂欲和亲于汉，求尚汉公主。班超因已调查其奸，断然予以拒绝。贵霜王朝则因其政治企图未能得逞，十分怨恨，遂转而采用武力入侵的手段，永元二年（90年）[②]遣其副王谢将兵七万，以攻班超。班超兵力甚少，部属都因此而惶恐不安。独班超临大敌而不怯，镇定自若，胸有成竹。他鼓励军士说：“月氏兵士虽多，长途跋涉数千里，翻越葱岭至此，必定运输断绝，粮草不继，何足忧惧？我方只须收谷坚守，不过数十日，敌军就得因饥餍而乞降。”经此一说，军心稍安。事态的发展正如班超所料到的那样。月氏副王谢驱兵攻班超，不克；纵兵抄掠，一无所得。班超估计其粮将尽，必定派兵往就龟兹以求援，乃遣兵数百于东界邀截。谢果然遣将护使往赂龟兹。班超伏兵骤起截击，将其尽行歼灭。月氏使携带的金银珠玉也都成了汉兵的战利品。班超令人持月氏使者头以示谢，谢大惊惧，当即遣使请罪，愿得生归。班超纵其西归，月氏由是大震，岁奉贡献，不敢有违。

永元三年（91年），龟兹、姑墨、温宿诸国皆降。东汉政府复置西域都护骑都尉、戊己校尉官，以班超为都护，徐干为长史，拜白霸为龟兹王，遣司马姚光护送他归国。班超与姚光共同胁迫龟兹废黜其王尤利多，而立白霸。废王尤利多由姚光监护东行入汉，居于京师。班超驻龟兹它乾城，徐干屯疏勒。西域只有焉耆、危须（今新疆焉耆回族自治县）、尉犁（今新疆库尔

① 符拔是一种似麟无角的动物。师子即狮子。

② 永元，汉年号。章和二年（88年）正月，章帝死，皇太子肇嗣位，是为孝和皇帝，封年，改年号。

勒）尚怀二心，其余悉定。半年后，班固受大将军窦宪牵连，瘐死狱中[①]，时年六十一岁。

永元六年（94年）秋，班超调发龟兹、鄯善等八国兵合七万人，及吏士贾客千四百人，讨伐焉耆。兵至尉犁界，班超遣使晓谕焉耆、尉犁、危须三国国王说："都护此来，欲镇抚三国。倘若你们即欲改过向善，宜遣大人来迎，王侯大人均可获赏，事毕即还。今赐王彩帛五百匹。"焉耆王广遣其左将北鞬支奉牛酒犒迎班超。班超质问鞬支说："你虽然是匈奴侍子，而今操持焉耆国柄。都护自来，汝王不立即出迎，都是你的罪过。"但当有人建议班超乘便斩除此人时，班超却以为不可，说："此人威权重于其王，今未入其国而先杀他，其国必自惊疑，设备守险，我们又怎能到其城下呢！"他终于依例赏赐鞬支，由他自去。焉耆王广遂与酋豪至尉犁迎班超，奉献珍宝。

焉耆国有苇桥之险。广因心怀戒惧，不想让汉军入其国，遂拆除苇桥，断绝交通。班超则绕道涉过没腰深的急流挺进。七月末，班超进入焉耆，距城二十里，扎营于大泽之中。广想不到断桥亦未能挡住班超，而且来得如此突然，很是恐惧，急欲将其部众尽数驱入山中以自保。焉耆左侯元孟从前曾入质洛阳，亲汉，故于暗中将此情况派人密报班超。班超将来人处死，示不信用，并与诸国王约定会期，扬言要对与会者施以重赏。焉耆王广、尉犁王汎及北鞬支等三十人如期与会。焉耆国相腹久等十七人惧诛，皆亡入海。危须王也未到会。班超怒斥广说："危须王何故不到？腹久等人为什么逃亡？"遂令吏士将广、汎二王及以下诸人全数拿下，一并斩于陈睦故城，传首京师。然后纵兵抄掠，斩首五千余级，俘虏万五千人，获马畜牛羊三十余万头，更立元孟为焉耆王。班超留居焉耆城内半年，善加抚慰。于是，西域五十余国无不纳子内属。西域从此又与内地联为一体。这有利于西域与中原进行更为密切的经济文化交流，使通往西亚各国的"丝绸之路"重新畅通无阻，更好地起到与西方、西南诸国进行经济文化交流的桥梁作用。永元九年（97年），班超还派遣甘英出使大秦国（罗马）。甘英到了条支国的西海（波斯湾）岸。由于安息国（波斯）一向用汉丝和丝绸品与罗马贸易，赢取大利，担心甘英到达大秦，开辟

---

① 瘐，音yǔ，病。囚徒病死在狱中，为瘐死。囚徒被惊笞及因饥寒而死，也称瘐死。

直接通商的道路，断绝安息财源，遂极力阻止甘英，甘英临海而还。这是中国使节远至波斯湾的最早记载，为不久之后罗马与中国的直接来往创造了条件。

班超不迷恋京师的繁华和安逸，从青年时代起就立志效法张骞，终于“投笔从戎”，奔赴西域。在西域，班超依靠汉和西域各族人民的支持，以大智大勇和“不入虎穴，焉得虎子”的英雄气概，坚韧不拔，艰苦奋斗，克服了千难万险，终于帮助西域的各族人民摆脱了匈奴的控制和奴役，恢复了西域与内地的交通，为巩固统一的多民族的国家做出了杰出的贡献，在历史的长河中为自己，同时也为汉与西域各族人民，立下了万古不朽的丰碑。和帝曾于永元七年（95年）下诏表彰他。作为封建皇帝，和帝的表彰当然不可避免地带有地主阶级的偏见，具有时代的局限，但是，由于和帝终究是当时掌握全国信息最多的最高统治者，他的表彰又不失为历史的见证。

当然，班超所以能凭几十几百人，主要是其三十六名属吏，在人生地不熟的绝域之地，建立起卓越的历史功业，是因为他把个人的雄心壮志与国家和人民的利益紧密结合了起来，既得到汉与西域各族人民的支持，又有强大的东汉王朝做其后盾。窦宪奉政府之命几次率军破匈奴，逼使匈奴主力向西远徙，就使形势大有利于班超在西域所开展的活动。班超所处的那个时代造就了班超这样一位了不起的英雄。

班昭上书代兄言　帝感其诚征超还

李邑曾诬称班超“无内顾心”，其实班超何尝不念故土？只是由于壮志未酬，功业未就，不得中途退归。随着功成业就和年事日高，他对中原强烈眷恋的思想感情愈来愈难以克抑，遂于永元十二年（100年），上书和帝，请求允许他还归故土。此书情辞恳切，感人肺腑，大意如次：

臣闻太公封齐，五世葬周[①]，狐死首丘[②]，代马依风[③]。夫周齐同在中土，千里之间，犹见如此，何况远处绝域如小臣，能无依风首丘之思哉？蛮夷之俗，畏壮侮老，臣超犬马齿歼，常恐年衰，骤然不起，孤魂捐弃。昔苏武囚居匈奴，尚为十九年，今臣幸得奉使节，带金银，出护西域[④]，如自以寿终屯部，诚无所恨，然恐后世或因臣沦没西域，而有沮丧之感，屈志之想。臣不敢望到酒泉郡，但愿生入玉门关。臣老病衰困，冒死瞽（音gǔ，没见识）言。谨遣子勇随献物入塞。趁臣生在，令勇亲见中土。

班勇将书呈上，和帝得无亲览，览后如何表态，史无明载，只是延宕二年，并无动静。幸赖班超还有一妹，名昭，一名姬，字惠班，因其夫为曹世叔，故又被称为曹大家。班固死后，所撰《汉书》的八表及《天文志》遗稿散乱，尚未完成，均由她与马续续撰而成。《汉书》初出，读者难以通晓，她又教授班固的学生马融通读。马融及其弟子郑玄均为汉代大儒，声望极隆。而究其学殖渊源，又都曾直接或间接受惠于班昭。班昭的才学可想而知。和帝时，班昭因担任皇后和妃嫔的教师，故得时常出入宫廷。她遂亦上书和帝，代兄复请。其书动之以情，晓之以理，言真意切，更为动人，大意为：

妾同胞兄西域都护、定远侯超，幸得以微功特蒙重赏，爵列通侯，位二千石。天恩殊绝，诚非小臣所能承受。超之始出，志捐躯命，冀（希望）立微功，以自陈效。会陈睦之变，道路隔绝，超以一身奔走绝域，晓示诸国，因其兵众。每有攻战，辄为先登，身被金创，不避死亡。幸赖陛下洪福，尚得延命沙漠，至今已有三十年。骨肉生离，不复相识。随其

① 太公，即姜太公，太公望，也被称为“师尚父”，曾辅佐文王、武王兴周灭商，后封于齐，都营丘，比及五世，皆反葬于周。
② 古代有“狐死正丘首，仁也”一说，见《礼记》。郑玄注说：“正丘首，（正首）丘也。”
③ 代，郡名，在赵北（今河北蔚县）。《韩诗外传》说：“代马依北风，飞鸟扬故巢。”
④ 金银，指印而言。当时金印配紫绶带，银印配青绶带。

前往的时人、士众，皆已亡故。超年最长，也已七十。衰老患病，头发无黑，两手不遂，耳不聪，目不明，扶杖乃能行。虽欲竭尽其力，以报答皇恩，迫于岁暮，犬马齿豁。蛮夷之性，悖逆侮老，而超旦暮入地（故去），或久不见代，恐开奸宄之源，萌生逆乱之心。而卿大夫咸顾眼前，莫肯远虑。如有猝变，超之气力，不能从心，倘因此而上损国家累世之功，下弃忠臣竭力之用，诚可痛也。故超万里思归，自陈苦急，延颈遥望，然三年于今，未蒙省录。

妾私下听说，古者十五受兵，六十而还，亦有休息，不任职也[①]。陛下以孝治天下，得万国之欢心，不遗小国之臣，何况超得备位侯伯。故敢冒死为超求哀，乞超余年。一得生还，复见阙庭，使国家永无劳远之虑，西域无仓猝之忧，超得蒙文王葬骨之恩，子方哀老之惠[②]。《诗》云："民亦劳止，汔可小康，惠此中国，以绥四方。"[③]超有书与妾生诀，恐不复相见。妾诚伤超以壮年竭忠孝于沙漠，疲老则捐死于旷野，诚可哀怜！如不蒙救护，超后倘有意外之变，妾盼超家得蒙赵母、卫姬先请之贷[④]。妾愚憨不明大义，触犯忌讳。

书奏，和帝深受感动，遂征班超，使归中原，擢戊己校尉任尚为都护，以代班超。班超欣然受命，与尚交代。尚向班超请教说："君侯在外面三十余年，而

① 《周礼》说："国中七尺以及六十，野自六尺以及六十有五，皆征云。"征谓赋役从征役。《韩诗外传》说："二十行役，六十免役。"可知：《周礼》所说二十岁人与七尺人同。《周礼》国中六十免役，野中免役晚于国中五年，为六十五。国中七尺从役，野六尺，即野又早于国中五年。七尺谓二十，六尺即为十五。班昭所说，十五受兵，是据野外而言，六十而还，是据国中为说。周代，城邑称国，野指乡间。

② 田子方是魏文侯师，见君弃老马，说："少尽其力，老而弃之，非行也。"文侯于是收而养之。

③ 见《诗·大雅·劳民》。汔，其。康、绥，皆为安。这句诗的大意是说，"人民也够劳苦了，庶几可以稍稍安康。爱抚这些国中的，以绥靖天下四方"（陈子展：《诗经直解》）。

④ 赵母指战国赵奢之妻，赵括之母。赵括只善"纸上谈兵"，都被国君重用。赵母惧括败，先请，得不坐。卫姬是春秋齐桓公姬妾。桓公与管仲谋伐卫，桓公入，姬请卫之罪。

小人猥承君后，任重虑浅，恳请君侯不吝赐教。”班超坦诚说道：“班超已年老失智，任君屡当大任，哪是我班超所能赶得上的！非要超说几句，愿进愚言。塞外吏士，本非孝子顺孙，都因罪过徙补边屯，而蛮夷生性异俗，难养易败，今君又性格严急，水清无大鱼，察政不得下和，故宜改从简易，宽小过，总大纲，如是而已。”任尚很不以为然。班超走后，他即对其亲信说：“我以为班君当有奇策教我，谁料他今之所言竟如此平淡，不足为训。”然而，“不听老人言，吃亏在眼前”，果真不假。数年之后，诚如班超所戒，任尚专务苛察，致失众心，果然激起西域反叛。东汉政府以其险阻，难相应赴，撤销都护，遂绝西域，尽废班超前功。

班超在西域活动三十一年，于永元十四年（102年）八月还洛阳。朝廷拜他为射声校尉①。班超的胸胁早已有病，回洛阳后病情加重，医治无效，遂于九月故去，享年七十一岁。

班勇承志赴西域　《西域传》成有根据

班超有三子，少子勇，字宜僚，少有父风。永初元年（107年）六月，班勇奉东汉政府之命，以司马的身份，率兵西出敦煌，迎接西域都护及屯田士卒撤回中原。当时，东汉政府还征发金城、陇西诸郡羌人，随王弘前往掩护，诸郡羌人却早因不堪忍受吏民豪右的欺陵而素有反志，此次又怕远戍西域不得归还，遂连结起事，州郡兵不能制，至使陇道断绝。在此后十余年间，西域一直绝无汉吏，残留于天山与阿尔泰山间的北匈奴又乘虚侵入西域，向西域诸国进行报复性的勒索，并且不断地寇掠河西。元初六年（119年）敦煌太守曹宗遣长史索班率领一千余人复屯伊吾，车师前王及鄯善王皆来降服。但是，仅仅几个月之后，匈奴与车师后部即合兵攻没索班，击走车师前王。鄯善王惊惶无奈，便求救于曹宗。曹宗因此奏请出兵五千，以击匈奴，以报索班覆没之耻，以期复取西域。当时安帝年幼，实际掌权的邓太后特命班勇诣朝堂参加会议。公卿多主张放弃西域，

① 射声校尉为北军八校尉之一，武帝所置。

关闭玉门关。班勇据理雄辩，力排众议，坚决主张在敦煌重新设置护西域副校尉，并恢复旧敦煌郡的三百名官兵。此外，他还主张再遣西域长史将兵五百屯楼兰，西当焉耆、龟兹径路，南强鄯善、于阗心胆，北捍匈奴，东近敦煌。但他又认为曹宗为报仇雪耻而出兵的动议不合时宜，说："邀功荒外，万无一成；若兵连祸结，悔无及已。况今府藏未充，师无后继，一旦败北，是示弱于远夷，暴短于海内，臣愚以为不可许也。"朝廷经过激烈的辩论，终于采纳了班勇的建议。

延光二年（123年）夏四月，北匈奴与车师屡犯河西，东汉政府遂任班勇为西域长史，命他率兵五百出屯柳中，以阻遏匈奴与车师。班勇于第二年正月，发鄯善、龟兹、姑墨、温宿兵击破北匈奴伊蠡王于车师前王庭，收得前部五千余人，西域又通。延光四年（125年）七月，班勇又征发敦煌、张掖、酒泉六千骑及鄯善、疏勒、车师前部兵，大破车师后王军就（人名），生俘八千余人，获马畜五万余头。班勇将捕到的后王军就与驻车师后王国的匈奴使臣押至索班覆没处问斩，以报其耻，传首京师。

永建元年（126年），班勇立车师后部故王子加特奴为王，又遣人斩东且弥（今新疆乌鲁木齐）王，然后也改立一东且弥种人为王。于是车师六国悉平，东部略定。

冬天，班勇发诸国兵击败北匈奴呼衍王，降其两万余人，并让车师后王加特奴亲手斩杀俘获的单于从兄，以结车师与匈奴之间的隙怨。北单于自将万余骑入后部，以援救呼衍王。班勇派遣司马曹俊邀击，单于退走。其贵人骨都侯被曹俊追斩。于是，呼衍王遂徙居枯梧河上。此后，车师虏迹断绝，城郭皆安。

永建二年（127年），班勇因焉耆王元孟尚未降附，欲攻之，遂发诸国兵四万余人。东汉政府则遣敦煌太守张朗将金城、敦煌、张掖、酒泉等河西四郡兵三千人协助班勇。班勇分兵两路，往击元孟。班勇走南道，张朗走北道，并约定好到焉耆的具体时间。但是，张朗先已有罪，此系戴罪出征，因此他急欲邀功以自赎。为此，他不按约定的进军速度进军，先期到达爵离关。而且一到爵离关就急遣司马将兵前战，侥幸俘虏两千余人。元孟惧诛，遣使乞降。张朗受降已毕，立即还师，果然如愿以偿，因功免诛。班勇却被以“出兵后期”的罪名召还下狱。东汉此时的黑暗腐败，由此可见一斑。班勇虽然幸得不死，终究免职，不久也就抑郁而死。

班勇自幼随父长在西域，对西域的地理、风土、人俗和政治情况了如指掌。据此，他著有《西域记》一书，是为范晔撰述《后汉书·西域传》的重要根据。

高 宇 赵忠文

作者高宇，辽宁大学中文系毕业，辽宁师范大学历史系副教授。参编多部著作，为《中国史学大辞典》副主编。

作者赵忠文，毕业于北京大学历史系。辽宁师范大学历史系教授、原副系主任。主要著作有《先秦思想史要论》、《历代奏议大典·先秦卷》、《中国历史学大辞典》（主编）等。

佐定江东的周瑜

周瑜个人小档案

姓名：周瑜

字：公瑾

所处时代：东汉末年

生卒年：175—210年

官职：偏将军、南郡太守、右都督

出生地：庐江舒县（今安徽舒城）

辅佐君王：吴大帝孙权

军事成就：赤壁破曹操、南郡败曹仁

轶事典故：周郎顾曲、饮醇自醉、指囷相赠

追尊：平虏伯（北宋）

最得意：火烧赤壁

最失意：献计软禁刘备未果

周瑜

大江东去，浪淘尽，千古风流人物。故垒西边，人道是，三国周郎赤壁。乱石穿空，惊涛拍岸，卷起千堆雪。江山如画，一时多少豪杰。　遥想公瑾当年，小乔初嫁了，雄姿英发。羽扇纶巾，谈笑间，樯橹灰飞烟灭。故国神游，多情应笑我，早生华发。人生如梦，一樽还酹江月。

——《念奴娇·赤壁怀古》

宋代诗人苏东坡的这首词，许多人都读过。词中所赞颂的豪杰周瑜，是三国时代东吴的名将。他年轻有为，雄姿英发，辅佐孙策与孙权建立东吴政权，并以优异的军事才能率领吴军在赤壁大败曹操，从而赢得了后人的赞叹。词中下阕所描绘的，就是周瑜指挥吴军在赤壁战胜曹操的壮丽场面。

东吴政权的重要辅臣

周瑜（175—210年），字公瑾，庐江舒（今安徽舒城）人。出身于江东的士族世家，曾祖父、祖父都是东汉的太尉，父亲曾任洛阳令。

周瑜从小就精通音乐，懂得曲谱，即使在酒酣之时，他也能察觉演奏者的错误，一经发现，他即回眸注视演奏者，所以当时有一句谣谚说："曲有误，周郎顾。"但是在东汉末年天下大乱的动荡年代里，有作为的政治家、军事家更为社会所需要，因此他没有走上音乐的创作研究道路，而是一面攻读经史和兵书，练习武艺，一面注视着当时全国形势的变化，期望着有朝一日，能够用自己的政治和军事才能，辅佐一位贤明的人物，结束天下纷乱的割据局面，实现全国的统一和安定。

↑《周郎顾曲图》

中平六年（189年）汉灵帝死，外戚何进辅佐十四岁的刘辩即位。陇西（今甘肃临洮）土豪董卓，应何进之召进京。他乘机拥兵进入洛阳，另立刘协为汉献帝，自任相国，夺取了军政大权。第二年关东（一般泛指函谷关或潼关以东的地区）官僚地主阶级因不满董卓的专权，联兵讨伐董卓。当时的长沙太守孙坚也出兵参加讨伐董卓的战争。孙坚在动身赴洛阳之前，把家眷安置在庐江舒城，周瑜因此得有机会结识他的长子孙策。孙策喜好交友，周瑜恰与孙策同岁，两人一见面就谈得十分投契，周瑜即将一座大宅送给孙策。孙策将母亲搬来居住，周瑜与之为邻，共通有无，情同手足，结成莫逆之交。

后来，周瑜前往丹阳（今安徽宣城），去看望在那里当太守的叔父周尚。当时孙坚已死，孙策依附扬州军阀袁术。兴平二年（195年），袁术派孙策率兵攻取江东（长江下游江南一带），孙策因袁术不重用自己，决定乘机召纳其父旧部，脱离袁术。渡江之前，他进兵历阳（今安徽和县），写信告诉周瑜，周瑜立即带领叔父周尚的一部分军队，从丹阳前去迎接，孙策高兴地说："有你的帮助，事情就有成功的希望了！"周瑜于是跟随孙策率兵渡过长江，攻打扬州刺史刘繇，占领牛渚营屯（在今安徽当涂西北），夺取了刘繇的全部粮谷、兵器。接着，又攻下秣陵（今江苏南京，又称金陵、建业），占领刘繇大本营曲阿（今江苏丹阳），逐走刘繇。此时孙策的部众已扩大到几万人，他对周瑜说：“我用这些部属攻取吴会（东汉时分会稽郡为吴、会稽二郡，合称吴会）、平定山越（古越人的后裔）已足足够用，请你回去镇守丹阳。”周瑜这才渡江北返，回到丹阳。第二年，孙策攻占会稽（郡治在今浙江绍兴），自称会稽太守。

在当时军阀混战、风云变幻的形势下，选择贤明的主子，是想有所作为的人非常重视的问题。周瑜牢记东汉名将马援的话：“当今之世，非但君择臣，臣亦择君。”这次跟随孙策渡江攻取江东，使他对孙策有了更进一步的了解。他看到孙策为人豁达大度，善于用人，士民皆乐为效力，而且治军有方，纪律严明，所到之处，秋毫无犯，深得百姓的拥护，暗中下定了投奔孙策的决心。他回到丹阳不久，袁术以堂弟袁胤取代他叔父周尚为丹阳太守，他与叔父一道来到寿春（今安徽寿县）。袁术见他与孙策攻取江东时颇能用兵，想任他为将，但他觉得袁术统治残暴，搜刮狠毒，认为他成不了大事，便婉辞谢绝，要求改任居巢县（今安徽巢湖市）的行政长官，以便借机东归，投奔孙策。袁术果然答应他的要求，任命他为居巢行政长官。建安三年（198年），周瑜便从居巢率众南下，渡江前往江东，投奔了孙策。孙策亲自迎接，授予建威中郎将，把两千名军队、五十匹战马交给他指挥，命他出镇牛渚。此时周瑜才二十四岁，风流倜傥，江东人都称他为“周郎”。

周瑜到江东后，不仅受到孙策的重用，就连孙策的母亲太夫人对他也很器重。太夫人特地叮嘱他的儿子孙权，要孙权像对待自己的亲兄长那样对待周瑜。孙权是孙策的弟弟，此时已经位居将军。孙策的老部将程普，见周瑜年纪轻轻，就得到如此特殊的礼遇，很不服气。他仗着自己岁数大，常常侮辱周瑜。但周瑜胸怀开阔，宽容大度，忍屈受辱，从不同他计较。后来，程普非常佩服，对周瑜十分亲近敬重，逢人就说：“同周公瑾结交，就像喝美酒一样，不知不觉地就被他陶醉了。”

建安四年（199年），孙策准备夺取刘表控制的荆州，他任命周瑜为中护军，兼任江夏太守，驻守巴丘（今江西崇仁境内）。接着，周瑜即与孙策率兵前去攻打刘表的江夏（郡治在今湖北武汉市）太守黄祖。正在这时，袁术死去，他的部下杨弘、张勋等拟率其众投奔孙策，却遭到庐江太守刘勋的截击，袁术的部众尽为其所夺。于是，孙策又决定攻打刘勋，他劝刘勋攻取储积丰富的上缭（今江西建昌县城内），说自己愿出兵以为外援，并送给刘勋许多珠宝和葛布。刘勋果然中计，领兵攻打上缭。消息传来，孙策与周瑜正引兵西击黄祖，行至石城（今江西南城境内），他们当即带领两万军队偷袭刘勋统辖的皖城（今安徽潜山县），俘获袁术、刘勋的妻子及部众三万余人。攻入皖城后，孙策与周瑜听说城中乔公有两个女儿天生丽质，容貌过人，派人前去求亲。乔公慨然应允，将大女儿大乔嫁给孙策，小女儿小乔嫁给周瑜。刘勋听说皖城失守，回师援救，在半路被孙策的堂兄孙贲、孙辅击败，求救于黄祖，黄祖派五千人助战，又被孙策、周瑜打败，最后刘勋北上投靠了曹操。

打败刘勋后，周瑜又随孙策继续领兵西击黄祖，而后还定豫章（郡治在今江西南昌）、庐陵（郡治在石阳，今江西吉水东北），又奉命留镇巴丘。

建安五年（200年），孙策被刺客杀死，周瑜自巴丘率兵至吴（今江苏苏州）赴丧。孙策弟孙权继承其位，他把周瑜留下，与长史张昭共同掌管军事和行政事务。当时，孙权控制的地盘不算太大，只有会稽、吴郡、丹阳、豫章、庐陵六郡，而且其中一些山区尚为山越人所控制，“犹未尽从”，因此东吴一些士大夫对他仍持观望态度，“未有君臣之固”。周瑜与张昭共同辅佐孙权，团结鲁肃、程普、黄盖、吕蒙等将领，四出征讨，并网罗人才，发展生产，努力巩固东吴的统治。

就在孙策去世的那一年，曹操与袁绍在官渡（今河南中牟东北）展开一场决战，消灭了袁军主力。建安七年（202年），袁绍死去，其子袁尚、袁谭互相火并，曹操又乘机出击，基本上统一了北方地区。在这之前，他已把汉献帝挟持在手中，迁都于许（今河南许昌）。这时，曹操乘消灭袁绍，势力大张之机，下书江东，要求孙权派子弟去许都做人质。孙权正集群臣讨论对策，张昭、秦松等人见曹操兵威日盛，犹豫不决。周瑜坚决反对派送人质，孙权带他去见太夫人（孙权的母亲），他慷慨激昂地对太夫人陈词："往昔的楚国，开始受封于荆山之侧，不满百里之地，但后代贤能，广开疆土，立基于郢，遂据荆、扬（占荆州、扬州，指今长江中下游一带），达到南海，传业延祚，九百余年。现在将军（指孙权）继承父兄基业，兼有六郡之众，兵精粮多，将士用命，铸山为铜，煮海为盐，境内富饶，人心安定，泛舟举帆，朝发夕到，士气高涨，所向无敌，为什么要送子于人呢？一送人质，就不得不听命于曹操，他一下命令，我们就不得不服从，那就要受制于人。听命于曹操，最多不过是授给一颗侯印，仆从十余人，车几乘，马数匹，这能与南面称王相比吗？不如不派人质，看看天下如何变化再说。如果曹操能以道义治天下，将军再去投奔也不晚；如果曹操暴虐天下，那就将自取灭亡。将军韬勇抗威，以待天命，哪有给他送人质的道理！"吴太夫人听后连连点头，高兴地说："公瑾说得太对了！公瑾与伯符（孙策字伯符）同岁，只小他一个月，我把他当成亲儿子看待，你（指孙权）要像对自己的亲哥哥一样对待他。"于是孙权决定不给曹操送人质。当时曹操因忙于扫荡袁绍的残余势力，和袁尚、袁谭在黎阳作战，无暇再与孙权周旋，派送人质的事情也就不了了之了。

建安十一年（206年），周瑜奉命督孙瑜等攻麻、保二屯（在陆口以东，陆口在今湖北嘉鱼西南）的山贼，歼其渠帅，俘获万余人。不久，刘表江夏太守黄祖派部将邓龙引兵数千人，进攻柴桑（今江西九江西南），周瑜率东吴兵迎击，生俘邓龙而归。

在周瑜与张昭的辅佐下，经过几年的努力，孙权的实力逐渐得到加强，江东的局势也日趋稳定了。

赤壁之战的前线指挥

建安十三年（208年）春，孙权带兵攻打荆州牧刘表占领的江夏地区，周瑜奉命从征，任前部大督。孙权的意图是夺取荆州以确保江东，然后向江南发展，再相机以夺取天下，统一全国。江夏太守黄祖派都督陈就领水军出战，被孙权部将吕蒙所败，吴军乘胜追击江夏。黄祖弃城出逃，被吴军追及擒杀，江夏遂由东吴所有。

就在这一年，曹操已控制北方大部分地区，自任丞相，“挟天子以令诸侯”，准备进一步统一全国。七月，他亲率步骑二十万，号称百万，南下荆州，准备一举吞并刘表，然后顺流东下，消灭孙权。曹军尚未到达荆州，刘表已先病逝，其子刘琮继任荆州牧。九月，曹军到达新野（今河南南阳市南），刘琮奉表迎降，其水军数十万尽为曹操所得。依附于刘表的刘备，在樊城得到消息，率部向江陵（今湖北江陵）退却，在当阳（今湖北荆门南）的长坂（当阳东北）为曹军追击，惨遭大败，逃往鄂县（今湖北鄂州市）之樊口。曹操占据江陵，准备顺流而下，进兵江东，写信威胁孙权说：“今治水军八十万，方与将军会猎于东吴。”

消息传来，东吴震动。鲁肃力主联合刘备，共同抗拒曹操。他在得到刘表死讯时，自请以为刘表吊丧为名，前去荆州联络刘备。孙权采纳他的主张，他到长坂见到刘备，向刘备表明孙权与之结盟抗曹的意图。刘备派诸葛亮随他去东吴，与孙权具体商议结盟之事。十月，鲁肃与诸葛亮返抵柴桑，此时曹操的威胁信正好送到，孙权召集群臣商议对策。不意，张昭、秦松等文武大臣皆为曹操气势汹汹的兵威所吓倒，张昭说：“曹公是豺虎之辈，他挟天子以征四方，动辄借用朝廷的名义行事，我们如今出兵相拒，背上抗拒朝廷的罪名，名不正，言不顺。而且从军事上说，将军所以能与曹操相抗拒，靠的是长江天险。现今曹操已占领荆州，并夺取刘表的水军和舰队，再加上他的步兵，水陆俱下，这样一来所谓的长江天险就已不再为我所独占，何况兵力的众寡又是如此的悬殊。因此，以愚臣之见，不如遣使以迎曹公，这才是计之上策。”孙权见他的重要辅臣如此主张，感到很为难。鲁肃再次劝说孙权抵抗曹操，并建议他把派往鄱阳（今江西鄱阳）练兵的周瑜召回，共商大计。

周瑜接到孙权的调令，立即赶回柴桑，他完全支持鲁肃的意见，坚决反对张昭的主张。在大臣会议上，他对孙权分析敌我双方的形势说：“曹操虽然托名为汉朝丞相，其实不过是汉朝的奸贼。将军您以神武雄才，加以仰仗父兄之威望，占据江东，辖地数千里，兵精足用，士吏同心，当横行天下，为汉室清除奸贼；况且曹操这次是自来送死，怎么能去迎降呢？现在请让我进一步分析一下对方的兵力，如今曹操北方尚未巩固，马超、韩遂尚在关西，对他的后方，构成威胁；他又舍长就短，放弃骑兵，来同吴军进行水上较量；加以现在正值寒冬，马无饲料；北方部队，远来江南，不习水土，必生疾病。这些都是用兵之患，曹操却置之不顾而贸然进犯，此乃取败之道。我请求拨给我三万精兵，进驻夏口（今湖北武汉），保证为将军打败曹操。”孙权听后坚定了抗曹的决心，说：“曹操这个老贼想废汉自立，为时已久，他就是担心袁绍、袁术、吕布、刘表和我。现在数雄已灭，唯我尚存，我与老贼势不两立。你说应当起兵抗拒，正合我意，多谢上天把贤卿赐予我也。”接着，孙权拔出佩刀，狠狠地砍掉书案的一角，说：“诸位文武大臣，敢有再说向曹操迎降的，就和这张书案一样！”

开完大臣会议的当天晚上，周瑜又请求进见孙权，对他进一步分析曹操的实力，说：“各位大臣只看到曹操的信上说他拥有水军八十万，就被吓坏了，没有想想这种说法是否符合实际。今天我核实了一下，他所率领的北方军队，不过十五六万，并且长期作战，十分疲惫；收降刘琮的军队，最多不过七八万人，而且对曹操心怀疑忌。因此曹军数量虽多，并不足畏，只要有五万精兵，就可以击破它，希望将军不必忧虑。”孙权拍着周瑜的肩膀，再次对他表示：“公瑾所言，甚合我心。子布（张昭字子布）、文表（秦松字文表）等人，各顾妻儿子女，为自己打算，深失所望，只有卿与子敬（鲁肃字子敬）与我同心，此上天以卿两人助我也。”于是孙权选拔水军三万人，并筹集了船粮兵器，任命周瑜、程普为左右督，鲁肃为参军校尉，前往荆州与刘备会师，共同抗击曹军。

周瑜率军沿江西上，在樊口的刘备派诸葛亮使吴未还，听说曹军南下，惶恐不安，每天派巡逻的吏卒探视江面，等候吴军的到来。有一天，一个巡逻的小吏看到周瑜率领的船队向附近的江面驶来，赶紧报告刘备。刘备问他：“你怎么知道不是曹操的军队？”小吏回答说：“从船只可以判断不是曹操的军队，而是周瑜的军队。”刘备急忙派部将糜竺携带酒肉前去慰劳，周瑜说：“我有重任在身，不得脱身，如果你家主公能屈尊相见，我就太高兴了。”麋竺回去一说，刘备对关羽、张飞说：“他想见我，我想联吴抗曹，不去见他，就失去结盟的诚意了。”刘备立即乘着小舟去见周瑜。两人见面，刘备对周瑜说：“现今联合抵抗曹公，实在是个好计策。不知将军带来多少将士？”周瑜说：“有三万人。”刘备说：“可惜少了些。”周瑜笑着回答说：“这已经足够了，请豫州（刘备曾被曹操任命为豫州牧）等看着我攻破曹军吧。”周瑜统率水军船队，与刘备的两万军队会合后，继续溯江前进，在赤壁（今湖北蒲圻西北）与曹操的先头部队遭遇。曹操收降的刘琮水军久未作战，陆军又不习水战，疫病流行，一交战，就吃败仗，撤回北岸，屯兵乌林（今湖北洪湖东北邬林矶）。孙、刘联军屯驻赤壁，与曹军隔江对峙。

曹操初战失利后，一方面派蔡瑁、张允加紧操练水军，一方面为了解决北军不习水战的缺点，下令将战船用铁链和铁钉连锁在一起，首尾相接，以减少风浪的颠簸，避免士卒晕船。周瑜的部将黄盖见到这一情况，提出建议说：“现在敌众我寡，难以持久。但是看曹军在舰船首尾连接在一起，可以用火攻的办法来攻破他们。”周瑜决定采纳这一建议，叫黄盖写信向曹操诈降，并事先约定投降的时间。然后命令水军挑选几十艘战船，装满干草，浇注油脂，再用红色的布幕遮挡严实，插上旌旗，每艘战船后面再系上一条快船。曹操接到黄盖派人送去的诈降信，打开一看，只见信中写道：“盖受孙氏厚恩，常为将帅，待遇不薄。但是看天下大势，用江东六郡山越之人，以当北方百万之众，众寡不敌，这是海内人所共见的。东吴将吏，虽然没有愚智，但都知道无法抵抗百万大军的进攻，唯有周瑜、鲁肃浅薄鲁莽，看不到这点。归顺朝廷，这才是计之上策。周瑜人马不多，容易攻破，交战之日，我为前锋，当见机行事，为公效命。”曹操喜出望外，根本不知是计。十一月，到了约定的诈降日期，正好刮起东南风，黄盖率领十艘战船，其余船只随后，驶离南岸北上，行至江中，悬帆急进。黄盖点燃火把给各船的将校发出信号，他们便让士兵齐声呼喊：“投降啰！”曹操的将士都跑出营寨，站到江边引颈观望，丝毫不加戒备。黄盖率领的战船走到距离曹军二里多的地方，兵士同时点燃船上的干草，然后跳到后面的快船，解开联结快船和战船的缆绳。战船顺风飞驶，火烈风猛，船飞如箭，很快就靠上停在北岸的曹军船只。曹军战船首尾相连，分散不开，行动不便，顿时都着火燃烧起来。烈火迅速蔓延到岸上的营寨，浓烟滚滚，赤焰腾空，曹军乱作一团，四出逃命，烧死，溺死者不计其数。周瑜和其他将领率领孙、刘联军的舰队乘势擂鼓前进，杀过长江，冲入曹营，大败曹军。曹操带领残兵败将向华容（今湖北监利北）小道逃去，行至云梦（今洪湖一带）的大沼泽地，道路泥泞，坎坷难行。当时大雾漫天，迷失道路，好不容易转出云梦，又遇上狂风急雨，曹操命令体弱的士兵背草垫路，才使骑兵得以通过。经过长途奔波，再加人马自相践踏，曹军死伤无数，只剩下三分之一左右的人马。

周瑜、刘备水陆并进，向南郡（郡治在今湖北江陵）方向追击。曹军通过华容道后，到达江陵时部队已伤亡散失大半。曹操派曹仁、徐晃戍守江陵，乐进戍守襄阳，自率余部返回邺城（今河北临漳西南）。

周瑜与程普带领几万军队追击曹军，至江陵，与曹仁隔江对峙。这时，刘备对周瑜建议说："曹仁守江陵城，城中粮多，不易攻取，我派张飞带一千人马随你进去，你分两千人马给我，同我一道从夏水（古水名，故道由湖北沙市东南分江水东出，流经今监利县北，折东北至沔阳县治附近入汉水）截击曹仁的后路，曹仁听到消息，必然弃城而走。"周瑜便分兵两千给了刘备，并派甘宁领兵数百袭据江陵上游的夷陵（今湖北宜昌）。曹仁见夷陵是战略要地，落入东吴手中，威胁到江陵的安全，即分兵围攻夷陵。夷陵形势危急，甘宁派人向周瑜求援。周瑜的部将认为兵力太少，无法分兵，吕蒙对周瑜、程普提出："可留下凌公绩（凌统字公绩）守卫大营，我同你们二位一道前去救援夷陵。解围救急，估计时间不会太长，我保公绩在十天之内可以守住大营的。"他还建议周瑜，分派三百名士卒用木头阻断曹军退走的险要地段。周瑜采纳他的建议，与程普、吕蒙一道出兵驰援夷陵。曹仁军队被歼大半，乘夜率领残部逃遁，在险要地段被满地的木头挡住去路，下马步行，狼狈逃回江陵。周瑜、程普乘势渡江，屯兵北岸，集中力量攻打江陵。

刘备本来同周瑜约好带兵抄袭曹仁的后路，但他没有实现这一诺言，却引兵南下，乘机夺取长沙、武陵、零陵、桂阳四郡，从而减少了曹仁后方的压力，使曹仁得以在江陵固守。但周瑜不断发动攻击，仍然使曹仁遭到很大的损失。双方对峙了一年多的时间，周瑜决定发动一次强攻，拔掉曹军在荆州的这个据点。建安十四年（209年）十二月，周瑜亲自跨马布阵，准备指挥军队出击，不料一支流矢飞来，射中他的右肋，他只好回营治伤。后来，曹仁听说周瑜伤势很重，卧床不起，挥师进逼，想乘机消灭周瑜的军队。在这紧急关头周瑜咬紧牙关，忍住剧痛，提枪上马，巡视军营，激励将士，很快就布好战阵，准备反击曹军的进攻。曹仁一见周瑜出阵指挥，心中暗自吃惊，慌忙下令退兵。周瑜命令将士出击，乘势攻占了江陵。曹仁因屡战失利，损失甚大，加之江陵距北方甚远，而又孤立突出，很难长期固守，便撤军北返。

周瑜在赤壁之战中，亲临前线指挥，他针对敌众我寡的严峻形势，采取积极迎战、先机制敌、速战速决的方针，并利用曹军的弱点和吴军的长处，采用火攻战术，终于同刘备的军队一起，取得了以少胜多、以弱胜强的胜利。赤壁之战后，曹操丢掉了已经到手的荆州战略要地，孙、刘乘机发展势力，从此便形成了三国鼎立的局面。孙权下令拜周瑜为偏将军，兼南郡太守，以汉昌、刘阳、州陵等地为奉邑，以表彰他的这一大功。

宏愿未遂伤早逝

赤壁之战后，周瑜以偏将军兼南郡太守的身份屯据江陵。此时，曹操集中力量，整顿内部，恢复力量，准备攻取关陇和巴蜀，暂时无暇南顾。孙权和刘备都想乘机扩张势力，双方又发生了矛盾。

孙权打败曹操后，夺取了荆州的南郡和江夏的南部，他想乘机夺取益州（州治在今四川成都），南取交州（州治在今广州）。但刘备另有打算，他除了占有荆州的四个郡外，还想继续扩大地盘，进而巩固他在荆州的统治，以此为基地图取益州。因此，他在建安十四年（209年）十二月，就建议汉献帝封孙权为徐州（州治在今山东郯城）牧，暗示孙权的发展方向应该是东方而不是西方。孙权为了维护孙、刘联盟，以防止曹操再度南下，也向汉献帝推荐刘备为荆州牧，并命令周瑜把长江南岸的零陵、桂阳、武陵、长沙四郡分给刘备。这四个郡其实已被刘备占有，孙权的命令等于承认了既成的事实。孙权还把自己的妹妹嫁给刘备，对他进行笼络。周瑜对孙权的这些做法很不赞成，认为这是养虎遗患，但因为是孙权的主意，他只好服从。

正在这时，曹操派蒋干来见周瑜。原来，曹操早就听说周瑜年轻有为，才能出众，这次赤壁之战，又败在他的手下，因此很想把他招降过来，为己所用。曹操打听到九江人蒋干口才很好，能言善辩，江淮之间无人能辩论赢他，于是派人到扬州把他找来，派他去做说客，过江劝说周瑜。蒋干穿上布衣，戴上葛巾，装作一介平民百姓，偷偷来见周瑜。周瑜亲自迎接，一见面就对蒋干说："子翼（蒋干字子翼）你好辛苦呀，远涉江湖而来，是为曹操做说客的吗？"蒋干非常尴尬，忙回答说："我与足下是同州同里的人，这几年南北分离，遥闻盛名，所以特来叙叙旧情，看看你干得怎么样！"周瑜说："我虽然不及古代著名的乐师夔和师旷，但闻弦赏音，也能够听出你弹的是什么曲了。"他把蒋干请到屋里，设酒招待。酒宴一结束就对他说："我还有机密的事要做，请你先出去休息，等我事情办完了，再请你相会。"这样，就把他支使开了，不让他有说降的机会。过了三天，周瑜又请蒋干参观军营，巡视仓库军资器械，参观完毕，又请他赴宴，让他看自己的服饰器玩，对他说。"大丈夫生在世上，难得遇上知己之主。孙权与我，名义上虽是君臣之分，实际上是骨肉之情，他对我言听计从，祸福与共，即使是苏秦、张仪、郦生、陆贾再世，也不能改变我的主意，何况是足下这样的年轻人呢？"蒋干听了尴尬地赔着笑脸，始终未敢提一句劝降的话，就告别周瑜回去了。他见到曹操说周瑜品格高尚，气度不凡，不是语言所能打动的，曹操只好作罢。

刘备在赤壁之战后，收集刘表的旧部，人马扩张了许多。建安十五年（210年）十二月，刘备又以周瑜所给的土地太少，不足以安置他的部众为理由，亲自前往京口（今江苏镇江）去见孙权，要求让他都督荆州，即要孙权把荆州的其他几郡也让给他。周瑜听到消息，即上书孙权，表示反对。周瑜认为刘备寄寓荆州犹似养虎，将来必定成为东吴的主要威胁，不但不同意出让土地，而且主张把刘备软禁起来，吞并刘备所占地区。他在上书中说："刘备是天下枭雄，又拥有像关羽、张飞这样的熊虎之将，必定不能久居人下，我认为计之策应当把刘备徙置在东吴，给他修建豪华的宫室，多准备一些美女和玩好，让他好好享受，再把关羽和张飞分开来，各置一方，这样就可挟制刘备。现在割让土地去资助他，还让他们三个人聚在一起打仗，我担心那样一来，刘备就会像蛟龙得到云雨一样，不再是池中之物了。"吕范同意周瑜的意见，也劝孙权把刘备扣留下来。孙权觉得当前大敌主要是北方的曹操，应该多争取盟友，同时又担心把刘备扣留在东吴，将来难以控制，所以没有采纳周瑜的建议，把刘备放了回去。

周瑜见他的意见未被接受，又开始考虑对付刘备的新对策。当时，益州牧刘璋昏庸无能又正遭到汉中张鲁的攻击，而刘备也在图谋夺取益州，周瑜决定劝说孙权抢在刘备之前，占有益州，那样把巴蜀与吴楚连成一片，不仅可以从两面对曹操形成包围之势，为将来与曹操争雄北方创造有利条件，而且也将使刘备局促于荆州一隅之地，使他难以发展势力，对东吴构成严重的威胁。于是，他从江陵前往京口进见孙权，对孙权说："现在曹操刚刚战败，内心十分忧虑，未能再发兵南下，与将军征战。请准许我与奋威将军（孙瑜）一起带兵攻取巴蜀地，兼并张鲁，然后留奋威将军在那里驻守，与凉州的马超结为外援，我再还守襄阳，与将军共同对付曹操，夺取北方。"孙权同意了周瑜的这一建议，命他回江陵做好出征的准备。

↑ 《清宫戏曲图册·柴桑口》

周瑜回江陵的途中走到巴丘（今湖南岳阳县），因箭伤复发而病倒。周瑜病危时，给孙权写了一封信，信中说："人生有死，我生就短命，诚不足惜，只恨志愿未遂，不能继续为您效命了。当今曹操在北，战事未息，刘备寄寓荆州，有似养虎，天下形势到底如何发展，还不知道。这正是文武大臣废寝忘食，主公日夜焦虑的关键时刻。鲁肃忠贞可靠，办事认真，可以替代我的职务。人之将死，其言也善。这些话如有可取之处，我就死而不朽了。”因医治无效，周瑜终于死在巴丘，年仅三十六岁。孙权听到消息，悲痛异常，流着眼泪说：“公瑾有王佐之才，今忽短命，以后我依靠谁呢？”他亲自为周瑜素服节哀，并亲至芜湖迎接周瑜的灵柩，送回到吴安葬。

周瑜短短的一生，以他敏锐的政治眼光和杰出的军事才能，为辅佐孙策、孙权建立和巩固东吴政权，做出重大贡献。孙权有一次在与陆逊谈论周瑜时，说：“公瑾雄烈，胆略兼人。”后来孙权称帝后，曾对公卿们说：“要是没有公瑾，我就当不了皇帝。”《三国志》的作者陈寿也称周瑜与鲁肃“建独断之明，出众人之表，实奇才也”。这些评论，不为过分。

刘英航

作者刘英航，毕业于北京师范大学历史系。曾在北京市中学任教，后调入中央民族大学历史系，历任讲师、副教授。著有《周瑜传》。

蜀汉勇将

关羽

关羽个人小档案

姓名：关羽

字：云长

别名：关长生

尊称：关公、武圣

所处时代：东汉末年

生卒年：161—220年

官职：前将军、襄阳太守

出生地：河东解良（今山西运城）

辅佐君王：汉昭烈帝刘备

军事成就：阵斩颜良、镇守荆州、水淹七军

轶事典故：桃园结义、挂印封金、单刀赴会、刮骨疗毒

封爵：汉寿亭侯

谥号：壮缪侯

最得意：水淹七军

最失意：败走麦城

关羽

关羽，字云长，河东解县（今山西临猗西南）人。三国时，西蜀名将。

追随刘备　忠心耿耿

东汉末年，关羽在家乡，因路见不平，仗义杀人，为了避罪逃亡到涿县（今河北涿州）居住，结识了刘备。当时爆发了张角领导的黄巾大起义，汉朝的远支宗室刘备正在涿县，募兵镇压黄巾起义军，关羽参加了刘备领导的军队。同郡人张飞，也参加了这支队伍。刘、关、张三人感情融洽，情同手足，他们在一个桃园中结拜为兄弟，史称“桃园结义”。

↑ 蜀主刘备

刘备组织的这支军队，得到当地富商大贾张世平、苏双等人的资助，发展很快。关羽和张飞成为刘备的左膀右臂。刘备因为依靠这支军队镇压黄巾起义有功，被提拔为安喜（今河北安国西北）的县尉（主管一县的军事）。

中平六年（189年），汉灵帝死，外戚何进辅助少帝继位。宦官杀掉何进，与外戚争权。继之，凉州豪强董卓率兵进入京城洛阳，废少帝，立献帝，专断朝政。第二年，关东（一般泛指函谷关或潼关以东地区）的官僚地主推袁绍为盟主，联兵讨伐董卓。刘备率兵参加了讨伐董卓的战争，关羽跟随刘备，积极参加战斗，作战十分勇敢。初平二年（191年），董卓估计自己力不能敌，在大肆烧杀掳掠之后，退出洛阳。关东各支地主武装的联盟，于是宣告解体，彼此互相攻击，从此形成军阀混战的局面。刘备因为力量弱小投靠幽州的公孙瓒，被任为平原相。他以关羽、张飞为别部司马，分统部曲。

后来，刘备又依附于徐州牧陶谦。不久，陶谦死去，他继任为徐州牧。建安元年（196年），淮南军阀袁术，对刘备占有徐州不满，勾结被曹操打败又投靠刘备的吕布，打败了刘备。刘备往投曹操，后曹操率军亲征吕布，吕布被杀。关羽在曹操东征吕布时，在曹军中多次立有战功，被拜为中郎将（地位仅次于将军）。

建安四年（199年），曹操派刘备截击袁术，刘备乘机反曹。借曹操徐州刺史车胄出城相迎的机会，关羽一刀劈死车胄，张飞砍下车胄的首级，招降了曹军。刘备派关羽驻守下邳（今江苏邳州南），执行太守的职权，自己驻守小沛（汉代沛县的别称，今江苏沛县）。

建安五年（200年），曹操发大军攻打刘备，小沛很快失守，刘备落荒而逃，投奔袁绍。下邳被围得水泄不通，外无援兵，内无粮草。关羽万般无奈，带领刘备的家眷（刘备的两位夫人，即甘、糜两位夫人）投降了曹操。曹操班师回到许都（今河南许昌东）后，厚待关羽，表奏关羽为偏将军，“三日一小宴，五日一大宴”，并时常赠送金银礼物。但关羽对这些宴请和馈赠从未表示过感谢，只有当曹操把吕布的坐骑追风赤兔马赠送给关羽时，他才向曹操致谢。关羽喜欢阅读兵书古史，通宵秉烛读《春秋》与《左传》。

曹操十分敬佩关羽的武艺和为人，曾派张辽探问关羽是否可留下为曹操效力。关羽爽直地回答说："我知道曹公待我情意深厚，但是我和刘备有知遇之恩，誓同生死，我绝不能背叛他。我不可能在这里久留，但一定报答曹公的厚恩，然后再走。"张辽回去如实把关羽的话向曹操说了，曹操叹息说："关羽真是个义士，如果能留下就太好了！"

同年，袁绍派大军进攻曹操，前锋大将是名将颜良，他率军进逼白马（今河南滑县东）。曹操的东郡太守刘延遭到颜良的攻击，连失数员上将，兵士死伤惨重。曹操派大将张辽和关羽出兵白马援救刘延。当两军鏖战时，关羽在千军万马中，疾驰如飞，直插颜良的麾盖之下，连斩数将，挥刀劈杀颜良，斩其首级。曹军乘势掩杀，袁军溃不成军。"白马之围"解除了，关羽的英名，从此流传天下。周瑜称他为"熊虎之将"，程昱说他是"万人之敌"，陆逊称之为"当世雄杰"。曹操想用高官厚禄留住关羽，他表奏朝廷，封关羽为汉寿亭侯（汉寿，地名；亭侯，侯爵名）。

白马之战以后，袁绍知道关羽在为曹操效劳，就责问刘备。刘备赶快给关羽写信，约他来袁绍处相见。关羽接到信后，禀明了两位嫂嫂，立即准备起程，他封存了曹操历次赏赐的金银珠宝，交还了汉寿亭侯的印绶，这就是历史上所说的"挂印封金"。关羽又写信给曹操辞行，然后率领车马上路，直奔袁绍军中去找刘备，表现了他威武不屈，富贵不淫的气概。曹操的部将提出派兵追回关羽，曹操叹口气说："彼各为其主，就不要追了。"

雄踞荆州　威震华夏

关羽找到了刘备，后来又与刘备一起到古城找到张飞，离散了多时的兄弟三人在古城相会了。他们从古城又到了汝南（今河南平舆北）、打败了曹操派来的将军蔡阳。建安六年（201年），曹操亲率大军进攻刘备。刘备大败往南逃奔，投靠荆州牧刘表。刘表派刘备率领本部人马屯驻新野（今河南南阳市南）。

建安十三年（208年）七月，曹操率领大军，号称百万，想一举消灭江南的刘表、孙权等割据势力。曹操未到，刘表已病死，他的小儿子刘琮率众投降。刘备在曹军的进逼下，往江陵（今湖北江陵）方向撤退，并命令关羽率领一万名水军经汉水赶往江陵会合。在关羽到达江陵之前，曹军已在当阳（今湖北荆门南）的长坂（当阳东北）追上刘备，“大获其人众辎重”。刘备与诸葛亮、张飞、赵云等几十骑改向汉水方向败逃，途中遇到关羽，关羽护送他们到达夏口（今湖北武汉）。

后来，刘备与孙权结盟，孙、刘联军，在赤壁（今湖北蒲圻西北）大败曹军，迫使曹操引兵北返。赤壁之战的结果，刘备、孙权、曹操三家瓜分了荆州。刘备占有荆州的武陵、长沙、桂阳、零陵四郡（都在今湖南境内），后来又以“地少，不足以安民”为理由，从东吴借来南郡（郡治在今湖北江陵）。刘备十分相信关羽的才能，任关羽为襄阳（今湖北襄阳市）太守，荡寇将军，驻守荆州地区，荆州地处曹、孙、刘三家的前沿地带，是战略要冲，对刘备来说，往北可进取曹操，东进可威胁孙权，这是刘备必守之地，也是曹、孙必争之地。

建安十七年（212年），曹操进攻汉中的张鲁，益州（州治在今四川成都）刘璋恐曹操在攻占汉中后乘胜入蜀，派人向刘备求援。刘备便留诸葛亮、关羽守荆州，自率步卒万人入蜀。第二年，刘备在雒城（今四川广汉）受阻，写信给诸葛亮，让他带领张飞和赵云去增援雒城，留关羽守荆州。诸葛亮按照刘备的意思，把镇守荆州的重担交给了关羽，命他全权管辖荆州事务。诸葛亮在临行时，对荆州的安危放心不下，问关羽：“如果曹操和孙权同时进攻荆州，你打算怎么办？”关羽说：“分兵两路抵抗。”诸葛亮说：“那样荆州就危险了，我请将军记住八个字：北拒曹操，东和孙权。那样荆州可保无忧，请将军务必牢记在心。”

建安十九年（214年），刘备取得益州后，正式任命关羽总督荆州事务，并负责对曹、孙两家的防御工作。

次年，孙权派使者向刘备索还荆州，刘备借口夺取凉州（今甘肃一带）

后再归还。孙权派官吏强行接管长沙、桂阳、零陵三郡，关羽带兵把他们全部赶走。孙权决定用武力夺回荆州，他派吕蒙率军进取长沙、零陵、桂阳三郡，又命鲁肃率领一万人马进驻益阳（今湖南益阳）。刘备也不甘示弱，亲率五万大军进驻公安（今湖北公安南，原名油口），又派关羽率三万军队赶往益阳，与鲁肃所领的军队对峙下来。孙刘两家军队剑拔弩张，随时都可能爆发一场恶战。

鲁肃为了不使孙、刘联盟破裂，主动提出与关羽谈判。在益阳前线，双方军队各距百步之外，当中搭起临时帐篷，作为谈判场所，规定双方主将只能带领贴身侍从，携带短兵器参加会谈。关羽只带领侍从周仓一人，身挎单刀参加谈判。鲁肃也完全按照规定会谈，并设酒席招待关羽。在谈判时，鲁肃质问关羽说："你家主公已经占有了益州，为何仍然不归还荆州呢？"关羽回答说："乌林之役（乌林在赤壁对岸，即指赤壁之战），左将军（指刘备）亲临前线，废寝忘食，同心破曹，难道只能徒劳一场，连一块土地也得不到吗！"周仓在旁边也答了话："天下的土地，有德的人就可占有，为什么一定要给你东吴呢！"鲁肃回答说："不对，昔日刘豫州（指刘备，他曾任豫州牧）在长坂时兵力单薄，智穷力竭，想远走南方。我家主公怜悯刘豫州无处安身，借地结盟，助其发展，但刘豫州却忘恩负义。有道是贪而忘义，必遭祸患。"关羽无言以对，最后对鲁肃说："您的话，我一定告知左将军，再行商议。"关羽回去后，向刘备报告了单刀赴会的经过。刘备听后，犹豫不决，恰在此时，曹操亲率大军向汉中（今陕西汉中东）进攻。刘备与诸葛亮商量，害怕腹背受敌，决定派使者同东吴讲和。孙权也自感兵力不足，没有取胜的把握，于是双方达成协议，以湘水为界，把荆州地区一分为二，长沙、江夏、桂阳以东属吴；南郡、零陵、武陵以西归刘备。关羽仍回南郡镇守。

建安二十四年（219年）五月，刘备占领汉中，曹军退回长安。刘备称汉中王，拜关羽为前将军。七月，因孙权进攻合肥，曹操调兵到淮南进攻孙权，关羽利用这个机会，率兵北上进攻襄阳与樊城（今湖北襄阳市樊城）。襄阳和樊城是隔河相对的两座城市，互为犄角，扼制汉水流域。曹操派其大将曹仁在此把守，以防刘备军队的进攻。听说关羽挥军北上，曹操立即派遣左将军于禁和先锋庞德率领七队人马，前往助守。他们驻扎在樊城之北，与曹仁互为呼应。同时又派镇南将军徐晃率军驻在宛城（今河南南阳），以便增援。

关羽在进攻襄樊之前，派麋芳和傅士仁率重兵，守卫江陵和公安，并让他们负责供应粮草。关羽为了防止东吴偷袭荆州，在沿江地段，每隔二十里或三十里设立烽火台，随时报警，以便回师救援。关羽大军很快渡过襄江（汉水的下游）围住樊城。曹仁和于禁两路夹击关羽，但遭到关羽的痛击，于禁、庞德的军队损失惨重，狼狈地逃回。曹仁也被打得大败，退回樊城，不敢出战。

这时正是秋季，樊城地区一连下了十几天的大雨，汉水漫堤，樊城被围于大水之中。关羽决定用水攻于禁，他下令赶制大小船只和木筏，并派人把水口处堵住。大雨越下越大，水越积越深，江水暴涨，关羽下令扒开堵口，洪水漫天遍地，汹涌而下。于禁和庞德所统率的七军全被大水包围，只好躲到高处避水。关羽乘机命令将士驾船驶筏向于禁的军队发起猛攻，曹军束手被缚，于禁投降了关羽。庞德骁勇，率众抵抗，从早晨一直战斗到中午，后夺船逃跑，蜀军急进，船翻被擒。关羽爱惜庞德勇猛过人，原想劝降，但庞德坚决不从，关羽只好把他杀掉。

↑ 明代画家绘制的《关羽擒将图》

关羽加紧攻打樊城，同时又派兵将曹将吕常守卫的襄阳也紧紧地包围起来。樊城和襄阳已成两座孤城。这时曹操的荆州刺史胡修、南乡太守傅芳，也投降了关羽。消息传到许都，曹操十分惊恐，甚至想把都城许都迁往他处，以避其兵锋。关羽声势大振，一时“威震华夏”。

骄傲轻躁　败走麦城

襄樊之战的胜利，是关羽军事生涯的光辉顶点。但为时不久，他即迅速地走向败亡的末路。

关羽以勇猛著称于世。有一次作战时，一支流箭射中关羽的左臂。后来每到阴雨天，左臂伤口就疼得厉害，医生说：“箭镞有毒，毒入臂骨，应当切开左臂，刮骨去毒，才能彻底根治。”关羽正与诸将饮酒，便伸出左臂让医生切臂愈毒。手术时血流如注，很快流满一个盘子，但他仍与诸将对饮，谈笑自若。在作战中，关羽有万夫莫当之勇，曾在百万军中轻取敌将首级，有“万人敌”的美称。但是，他有勇无谋，缺乏统帅一方的战略头脑和政治才能。刘备的谋士诸葛亮鉴于曹魏实力强大，吴蜀实力弱小的情况，制定了联吴抗曹的军国大计，关羽对此缺乏深刻的认识。建安二十年（215年）在益阳前线，他单刀赴会与鲁肃商议荆州的归还问题，态度蛮横，损害了与孙权的同盟关系。当刘备攻占汉中之后，孙权为了结好关羽，又曾遣使聘娶关羽的女儿为其儿媳，关羽又自大无谋，将吴国使者痛骂一阵，说什么“虎女焉能嫁犬子”，使孙权对刘蜀更加不满，从而加速了孙刘联盟的破裂。曹操便利用这个机会，联合孙权抄袭关羽的后路，使他陷入两面作战的困难境地。

正当关羽步步北进之时，曹操的军司马司马懿等人对曹操献计说：“刘备与孙权，外亲内疏，关羽得志，孙权必定很不高兴，可以派人劝说孙权抄袭关羽的后方，答应事成之后，将江南之地封给孙权，那样樊城之围就会不救自解。”曹操采纳了这个利用和扩大孙、刘矛盾，从中渔利的计策，一面派徐晃率兵救援樊城，一面遣使携带曹操的书信去见孙权。孙权得信，欣然表示同意。

孙权内部早有袭取荆州的谋议。当关羽进攻樊城时，驻守陆口（今湖北嘉鱼西南）的吕蒙即曾向孙权指出："现在关羽进攻樊城，所以留下很多留守部队，那是因为担心我趁机抄他后路。"吕蒙建议以治病为名，将他调回后方，使关羽误认为东吴没有夺取荆州的打算，把守备部队调往襄樊前线，然后乘其后方空虚，发兵袭取荆州。于是，孙权便公开召回吕蒙，用没有什么名声的陆逊代他驻守陆口。

关羽为人骄傲自负，很瞧不起其他将领。刘备西定益州时，曾收降了张鲁的部将马超，拜他为平西将军。关羽听到后，心中不服，写信给诸葛亮，提出质问："马超是什么样人？才能可与谁相比？"诸葛亮回信说："孟起（马超字孟起）文武双全，雄烈过人，当世英雄，可与汉代名将黥布、彭越相比，可与翼德（张飞字翼德）并驾齐驱，但不如美髯公（关羽胡须长而漂亮，人称美髯公）超群绝伦。"关羽收到信后十分自得，并把来信让宾客将吏们传阅。关羽被封为前将军的同时，黄忠被封为后将军。关羽瞧不起老将黄忠，当刘备派前部司马费诗带着前将军的印绶到荆州时，他大发脾气，不肯接受印绶，说："大丈夫绝不与老兵同列。"费诗劝他："昔日萧何、曹参从开始就与汉高祖一同打天下，陈平、韩信都是后来的，论地位，韩信封了王，萧何、曹参不过封侯，可是没听说萧何、曹参因此抱怨。现在，汉中王因一时的功劳，封黄忠为后将军。至于谈到功劳的大小轻重，黄忠就不可能同军侯相比了！况且汉中王与军侯犹如一体，休戚与共，同甘共苦。军侯不应计较官位的高低，爵禄的多少。我是个使者，奉命而来，军侯如不接受印绶，我就回去复命。但是，我认为军侯这种举动实在可惜，恐怕军侯以后要后悔的。"关羽听了费诗这一番话后，经过反复思量，才勉强接受了印绶。

陆逊到陆口后，针对关羽骄傲自负的弱点，又写信给关羽，极力吹捧关羽的军威，自称是书生后辈，请关羽多加指教。同时，又说曹操非常狡猾，可能暗中增加兵力，要他多加提防。关羽进攻樊城、襄阳日久不下，几次请求刘备派兵增援，均无结果。收到陆逊的信，果然被他的谦辞称颂所迷惑，觉得陆逊不过是名书生小子，不会轻易来攻，于是下令抽调部分留守部队去增援襄、樊前线。

孙权得到消息，即于建安二十四年（219年）闰十月，任命吕蒙为大都督，孙皎为后继，率兵袭击江陵。为了防备曹军由徐州南下袭击，孙权又写信给曹操，表示愿出兵攻击关羽后方，以解曹军樊城之危，并要求为他保密。曹操表面上同意为孙权保密，暗中却将消息泄露给关羽，希望他撤围而去，同时又派兵增援樊城。关羽自恃江陵、公安守备坚固，拒不撤兵。待到曹军的增援部队赶到，徐晃发动反击，关羽战斗失利，才下令解围撤退。

↑ 关云长败走麦城

吕蒙率领吴军沿江而上，到陆口与陆逊会师，然后继续西进。驻守江陵、公安的麋芳和傅士仁二将，因为关羽过去对他们态度十分傲慢，心存不满；关羽率师北征后，军资供应不足，又曾声言待回师时要惩办他们，他们更是疑虑不安，吕蒙利用这种矛盾，派人招降了傅士仁，麋芳也跟着出降。吕蒙轻易地占领公安、江陵，俘虏了关羽的妻小和蜀军家属。陆逊率军西上，又攻占夷陵（今湖北宜昌市东）、秭归（今湖北秭归），切断了荆州与益州的通道，使关羽无法遁入四川，刘备也无法出援荆州。

关羽得知南郡失守，慌忙下令撤军南下。曹军没有进行追击，有意放走关羽，让他去同吕蒙相拼。撤军途中，关羽几次派人去江陵打探吕蒙的动静。吕蒙热情款待使者，让他们周游江陵全城，访问蜀军家属，有病的给药治疗，饥寒者则赐给衣裳粮食。使者回到关羽军中，把这些情况一讲，蜀军军心涣散，斗志锐减。不久，孙权又亲自来到江陵，加强对关羽的进攻部署。关羽不敢回夺江陵，只好在十一月西走麦城（今湖北当阳东南）。孙权派人招降，关羽假意表示愿降，暗中在麦城树立旗帜、假人，乘机北逃。途中士卒失散，只剩下养子关平与贴身将士十余骑。十二月，逃到临沮（今湖北远安北）时，被吴军俘获处死。荆州各郡于是尽为孙权占领。这位身经百战的骁将，终因骄傲轻躁而落个丧师杀身的悲惨结局。

刘英航

作者刘英航，毕业于北京师范大学历史系。曾在北京市中学任教，后调入中央民族大学历史系，历任讲师、副教授。著有《周瑜传》。

淝水之战的指挥者

谢玄

谢玄个人小档案

姓名：谢玄

字：幼度

别名：谢羯

所处时代：东晋

生卒年：343—388年

官职：散骑常侍、左将军、会稽内史

出生地：陈郡阳夏（今河南太康）

辅佐君王：晋孝武帝

军事成就：创建北府兵、决胜淝水、北伐中原

轶事典故：芝兰玉树、酷爱钓鱼

封爵：康乐县公

谥号：献武

追赠：车骑将军、开府仪同三司

最得意：淝水之战大破前秦

最失意：北伐半途而废

谢玄

来自名门的子弟

谢玄生于东晋康帝建元元年（343年），卒于孝武帝太元十三年（388年），字幼度，陈国阳夏（今河南省太康）人。东晋名相谢安的侄儿，父谢奕，官至安西将军、豫州刺史。谢氏一门本北方大族，西晋末年因避乱南徙，与王导等王氏同列为南迁大族之首，习惯称王谢大族。谢玄小时，聪明过人，深受谢安爱抚。谢安很注意教育子侄，有一次问他们说："做父兄的为什么总要关心自己的子弟，使之往好的方面发展？"在座的几位兄弟一时都不知道怎么回答，唯独谢玄出语不凡，说道："因为好的子弟就像芝兰玉树长在门庭里堂阶上一样，可以增加家门荣耀光彩。"这个回答很符合中国封建社会的传统观念，谢安听了当然非常高兴，更加重视对谢玄的培养。当时贵族豪门日趋腐朽，许多贵族子弟饱食终日，无所事事，竞相涂脂抹粉，热衷于打扮游乐。出身于名门的谢玄开始也染上这种不良习气，喜欢装饰，常佩戴紫罗香袋。这事很快引起谢安的警觉，感到这是不好的苗头，有碍于谢玄的成才。但是谢安并没有简单地加以训斥禁止，而是巧用玩游戏的办法，把谢玄的香袋赌赢过来，然后烧掉，在不伤害感情的情况下，引导谢玄逐渐改变这类不良的公子哥儿习气。由于谢安的关心与培养，谢玄逐渐成长为一个有经国才略、有志气的人，而与一般的名门子弟不同。

最初的选择

谢玄生活的东晋时期，中国处于分裂状态。当时的北方，自匈奴族刘渊乘西晋末年的“八王之乱”，起兵反晋建立汉国后，长期陷于诸族纷争之中。汉国（后改前赵）灭西晋，羯族石勒的后赵又灭前赵。石勒死后，后赵因内乱而亡。东晋穆帝永和七年（351年）在混战中逐渐壮大的氐族首领苻健，在长安（今陕西西安）建立政权，次年称帝，史称前秦。苻健死后，子苻生继位，因刚愎自用，任情杀戮，苻建侄儿苻坚杀之而自立。苻坚博学多才，有谋略，他任用汉族王猛等能人贤士，劝课农桑，安置流民，吸收汉族文化，国势大盛，逐渐统一北方，并常引兵东下，成为东晋的主要威胁。

由晋皇室司马睿（东晋元帝）创建的东晋王朝，实际上是避乱过江的北方士族和江南土著地主的联合政权。这个政权自成立之日起，内部矛盾重重，南渡地主和土著地主之间，士族和寒族之间，为分配和争夺权益，不断内讧。东晋统治集团的大多数人，都只关心既得利益，忙于经营各自的安乐窝。他们对于收复北方统一全国一事，日益淡漠，没有兴趣。只有少数有识之士，如东晋初的祖逖，进行过北伐，并收复黄河以南大片土地，但因东晋朝廷的消极对待，中途受挫。继之还有庾亮、庾翼、殷浩和桓温的北伐，亦因统治集团的内讧而无功。东晋末年还有刘裕进兵关中，收复长安，又由于他急于南返夺晋帝位，匆忙撤兵而告吹。

谢玄的早年，正值殷浩、桓温等人相继北伐之际，这对他产生了一定的影响。于时他开始显露才能，加上又是名门出身，引起了人们的重视，不断有人请他出来做官。但是，谢玄却没有轻易应允，一般都加以拒绝。后来才与东晋开国元勋王导的孙子王珣一同被征西大将军桓温辟为部属，受到桓温的敬重和厚礼优待。桓温曾预言这两人都很有前途，说谢玄是大将之才、难得之才。桓温是东晋明帝司马绍（323—325年在位）的女婿，本来也很有作为，先前曾率东晋军队消灭据立在四川的成汉政权，东晋永和十年（354年）领兵北上进攻前秦，进入关中，后来又收复洛阳，一时威信甚高。谢玄就是在这个时候，于多次拒绝做官后，突然改变态度，出来供事桓温的。可以说是因为桓温的北伐事业打动了他，吸引了他。由此不难看出，谢玄这时已有政治抱负，有志于北伐事业。

一场风波

东晋废帝太和四年（369年），桓温北伐军被前燕所败，损失惨重，桓温转而专制朝政，太和六年（371年）废废帝司马奕，立简文帝司马昱，进而谋取帝位，但未及举事而亡。谢玄转为桓温弟、征西将军桓豁司马，领南郡相（南郡的行政长官）。

当时北方的前秦势力大盛，太和五年（370年）消灭了曾大败桓温北伐军的前燕慕容暐政权，获取大量户口和资财，取得空前胜利。由此，又加强了对南方的压力，屡败东晋军队。东晋朝廷为了生存，急于寻求文武良才以北上抵御前秦。时值孝武帝司马曜在位，以谢安辅政，谢安乃推荐其弟谢石及侄儿谢玄为将出征。在当时，虽然贵族名门子弟可以依凭门第取得显官要职，但像谢安这样身居宰辅之位，直接连举自己的弟侄二人，仍然不免引起人们的议论。特别是担任北方防务，工作艰巨，直接关系朝廷安危，许多智勇之士都遭挫折，人们对谢玄能否胜任，产生许多怀疑。当时有一个人，就是中书郎郗超，曾是桓温的谋士，与谢玄在桓温府上共事多时，因而对谢玄比较了解，他虽然与谢安、谢玄的关系很不好，但听到谢安推荐谢玄的消息时，还是出来主持公道，他怀着赞叹的心情对人们说：“谢安这样推荐人才，固然违背大家的想法，但他这样举才违众不避亲，是通晓道理的做法；谢玄也必然不会辜负他的推举，因为他确实很有才能。”有些人还是不大相信，郗超又说：“我曾与谢玄同在桓公（指桓温）府上共事多年，见他用人多很得当，即使是做很细小的事，他也能注意发挥人家的才干，所以我知道他必不负所举。”于是谢玄由征西将军府司马被调任建武将军、兖州刺史，领广陵（今江苏扬州）相，监江北诸军事，参与处理北方防务，时在东晋孝武帝太元三年（378年）。

创建北府兵

谢玄任广陵相后，着手创建北府兵，以做抵御前秦的基本武装。他在徐、兖二州招募勇士，这里有许多从北方逃来的农民，他们背井离家，流落他乡，受尽折磨和亲人离散之苦，有北上抗敌、重还故土的强烈要求，因此纷纷应募参加谢玄的军队。这些由贫苦百姓组成的队伍能吃苦耐劳，谢玄又对他们进行严格的训练，遂成为一支能征善战的强劲之旅，是当时东晋王朝最精锐的武装力量。其中像刘牢之、何谦（一作何谦之）、孙无终、高衡、诸葛侃、刘轨、田洛等，都是智勇之士，都得到谢玄的提拔。如刘牢之果敢多谋，被任为参军，常领精兵为前锋，屡战屡胜，后来成为北府兵的名将。这支队伍因常驻京口（今江苏镇江），而京口当时又称“北府”，所以习惯称他们为“北府兵”。谢玄创建、组织北府兵，历经数年，兵员曾达十万。东晋王朝有了这样一支武装，加上谢安为相，能够团结同僚，一些跋扈专横的野心家，一时不敢轻举妄动，君臣上下呈现了少有的和睦气氛。而更为重要的是，北府兵的组成和出现在北方战场上，很快开始改变南北军事上的局面。

初战前秦

东晋太元三年（378年），前秦苻坚命其子、长乐公苻丕等领兵十六七万南下，分数路围攻东晋襄阳（今湖北襄阳），守将南中郎将朱序率部众和亲属顽强抵抗，屡退敌军。次年，由于都督李伯护叛变，襄阳被陷，朱序被俘。与此同时，苻坚又遣将韦钟、句难（一作俱难）、毛当、彭超等先后攻下东晋彭城（今江苏徐州）、淮阴（今江苏淮安）、盱眙（今江苏盱眙东北）诸地，进而围攻三阿（今江苏高邮西北），这里距东晋北面重镇广陵仅百里，朝廷大为震恐，忙沿江岸处处设防。

在前秦围攻襄阳时，东晋朝廷曾命谢玄发兵，遣何谦在淮泗一带游击敌军，以为声援。襄阳陷后，苻坚将彭超攻彭城，守将戴逯曾于此拒战多时，谢玄即率东莞太守高衡、将军何谦次于泗江（今江苏淮安，泗水入口处），拟援彭城。为了坚定彭城守军意志，谢玄遣人通知戴逯援军已到，使晋军为之振奋。当时围城的前秦军，把辎重军资留在留城（今江苏省沛县南），谢玄故意扬言要派何谦、高衡前往截击，彭超闻讯，忙撤彭城之围而退保辎重。戴逯遂率众投奔谢玄，后彭城虽为前秦所占，但晋军却减少了损失。

↑ “大秦龙兴化牟古圣”瓦当

前秦军围三阿，东晋朝廷忙命谢石率水军屯涂中（今安徽滁州全椒一带），将军毛安之等次于堂邑（今江苏南京北），谢玄则自广陵救援三阿。于是以谢玄所率北府兵为主的东晋军队，开始对前秦军进行有力攻击。这时因东晋毛安之等兵败堂邑，谢玄忙率众三万进屯白马塘（今江苏宝应西白马湖）。前秦将句难派都颜（一作都督颜）率骑兵迎击，双方激战于塘西，谢玄斩都颜，前秦兵大败。谢玄乘胜挺进三阿，与句难、彭超交锋，句难、彭超不敌而下，退守盱眙。谢玄与何谦、戴逯、田洛等进兵追击，军次石梁（今安徽天长西），又与田洛猛攻盱眙，双方恶战于盱眙北面的君川。谢玄渐占上风，重创前秦军，句难、彭超又败退到淮阴（今江苏淮安）。这时谢玄参军刘牢之、都督诸葛侃等又在江上大破前秦军水上船舰，焚其浮桥。于是前秦军全线崩溃，句难被杀，彭超等仅以身免，率残部狼狈而逃。由于谢玄及其率领下的北府兵的英勇奋击，扭转了东晋节节败退的局面，并把敌人赶回淮河以北，暂时解除了前秦的威胁。谢玄以功进号冠军将军，加领徐州刺史，还守广陵重镇。

决胜淝水

前秦虽然遭到挫折，但实力没有太大损失。特别是前秦君主苻坚急于消灭东晋政权，统一天下，于是在东晋太元八年（383年）八月，组成一支包括汉族和其他少数民族在内的九十万人的大军，号称“劲卒百万”，大举南下，欲与东晋决战。苻坚以其弟阳平公苻融带步骑二十五万为前锋，又命姚苌（羌族）为龙骧将军，领蜀汉之军东下。九月苻坚亲自由长安出发，戎卒六十余万，骑二十七万，前后千里，旗鼓相望。苻坚达项城（今河南项城），凉州之兵始达咸阳（今陕西咸阳一带），蜀汉之军顺流而下，幽冀之众至于彭城，东西万里，水陆齐进，运船万艘，从黄河入石门（河南荥阳石门），达于汝、颍。其声势之大，在历史上是罕见的。

面对前秦苻坚的大举进攻，东晋的君臣都很紧张。当时能用以御敌者不及十万，主要就是谢玄所统的北府兵，双方兵力相差太大。只是这时谢安辅政，将相和睦，这是一个有利条件。谢安是经验丰富的良相，他知道在大敌逼近的这个关键时刻，自己的一言一动，都会直接影响人心士气，所以故意装出若无其事的样子，外出玩游，谈笑风生，努力消除人们的紧张心理。同时他又加紧备战，把淮北人口南迁到淮南，实行坚壁清野，不让敌人在当地取得补给。谢安对谢玄的北府兵寄予希望，谢玄向他请示退兵之策，谢安只说：“已经安排好了”，语气非常冷静，有信心。他又特地请谢玄下棋。平素谢安棋艺不如谢玄，常为下手，现在谢玄因局势危急，无心对弈，他却反能聚精会神，步步紧逼，使谢玄难以取胜。谢安的镇定自若，增强了谢玄抗敌取胜的决心。

东晋以谢石为征虏将军、征讨大都督，谢玄为前锋都督，与将军谢琰（谢安子）、桓伊等共率兵八万，对抗秦军。同时又命将军胡彬，率水军五千增援淮南重镇寿阳（今安徽寿县）。

前秦苻融统前锋部众三十万进攻寿阳，胡彬的东晋援兵未及赶到，寿阳为前秦兵所破，守将徐元喜等被俘，胡彬退保硖石（今安徽寿县西北）。同时，前秦将王显、王咏等五万部众又进屯洛涧（今安徽淮南东淮河支流洛河），以阻遏东晋军向西挺进。谢玄率北府兵西进至距洛涧二十五公里处驻扎，不敢贸然向前。这时退守硖石的胡彬被前秦军围困，粮草将尽，忙遣人求援，但被遣者中途为前秦军捉获。苻融大喜，认为晋军兵力寡少，粮食不足，可以轻易打败，他赶忙把情况报告在项城的苻坚。苻坚闻讯，更是喜出望外，急于取胜的心理使他把大军停在项城，自己亲带轻骑八千，秘密匆忙赶到寿阳。到了寿阳，苻坚就派被俘的原东晋襄阳守将朱序前往晋营，劝说谢石等投降。哪知朱序不但不劝降，反而私下对谢石说，如果苻坚百万大军都到达前线，东晋确实难以对抗，现在必须赶在苻坚主力未集之前，集中力量打败苻融的前锋部队，只有这样才可取胜。谢石接受了这个意见，改变原先采取的“欲不战以老秦师”的消极防御方针，决定先发制人，击敌前锋。根据这个部署，谢玄立即对前秦军采取了一个重要的军事行动，即派刘牢之率北府兵精锐五千人，进攻洛涧秦军，以便扫除西进障碍，并解硖石之围。刘牢之与参军刘袭、诸葛求等在黑夜强行抢渡过洛涧，乘敌不备，猛打猛冲，连斩前秦梁成等十将，又分兵断敌退路。前秦步骑俱乱，部伍失制，于匆忙溃退中，纷纷落水淹死。刘牢之等先后斩杀和俘虏前秦军一万五千余人，尽收其器械军资。北府兵以五千之众，击歼数倍于己的敌人，初战获胜，提高了东晋军的士气，这是淝水大战的前哨战。随后，刘牢之进攻硖石，与被围困的胡彬合兵一处，共击围城的前秦军，前秦军再败，退回寿阳。谢玄立即指挥东晋军水陆主力，推进到淝水东岸，与淝水西岸驻在寿阳的前秦军隔水对峙。

由于谢玄平素苦心训练，北府兵在淝水岸边部署列阵，军容严整，将士精锐，斗气高昂。这时一贯轻视东晋的苻坚，登上寿阳城楼，放眼一望，情不自禁地害怕起来，他回头对站在旁边的苻融说："这是很强劲的敌人啊，怎么能说他们的力量寡弱呢！"由于惧怕紧张，眼花缭乱，苻坚又把寿阳城外八公山上的草木也误当成东晋军队，这就是"草木皆兵"典故的由来。

但是，由于前秦军队屯扎淝水为阵，东晋军难以渡水进攻，尽快击败敌人前锋的作战计划无法实施。如果久拖不战，待秦军主力聚齐，对东晋极为不利。在这关键时刻，谢玄筹划了一计，他派人前往前秦军营，对苻融说："你们远道而来，临水而阵，这不是要速战速决，而是做持久作战的准备。如果你们把阵地向后稍为移动一些，使我军得以渡水，让双方将士在此决一胜负，这不是一件挺痛快的事嘛！"当下苻坚聚部下共议，诸将都主张不让东晋军渡水，主张前秦军队仍应阻遏淝水，东晋兵少，前秦军多，这是万全之策。苻坚在寿阳城观东晋军容威严，虽然有点胆怯，但仍恃自己兵力众多，急于决战，谢玄的建议正符合他的求胜心理。于是他不顾众议，答应谢玄的要求，而且自作聪明，想着让自己军队稍往后退，待东晋军半渡淝水之时，即派骑兵向对方猛扑，逼水冲杀，企图以此取胜。苻坚的决定得到苻融的支持。于是双方依约，苻融指挥自己的队伍向后撤退，但就在这时，苻坚根本没有预料到的情况发生了。原来前秦士卒多是被强迫拉夫征调来的汉族和其他许多少数民族百姓，他们厌恶这场各族互相残杀的战争，更不愿为压迫、剥削自己的前秦政权卖命，毫无斗志；前秦的一些将领，也是一些暂降苻坚的少数民族首领，或是被前秦所灭的亡国之君，他们各怀鬼胎，都想伺机夺权，因而唯恐前秦不乱。所以前秦军队貌似强大，实际上很脆弱，经不起一点风浪，将士一听到向后撤退的命令，军心马上动摇，队伍失制，一退而不可止。这时谢玄和谢琰、桓伊等率北府精兵八千，疾速涉渡淝水，向着前秦部队大力奋击。苻融观此情景，大吃一惊，竭力指挥、整顿部众，想稳住阵脚，组织反攻。但前秦士卒已不听指挥，在乱阵之中，苻融因坐骑倒下而被晋军所杀。正在这时，朱序又在前秦阵地后面高喊："秦军大败了！秦军大败了！"前秦军因主帅被杀，又闻朱序喊声，更失去节制，惊慌万状，各奔东西。谢玄等率大军大力歼敌，一路追杀，直追至寿阳城西面三十里的青岗，才收众回兵。前秦军阵上被杀的，人马自相践踏而死伤的漫山遍野，幸存者拼命逃跑，在途中听到风声鹤唳，也以为晋兵追击，受惊再加上饥饿、伤重，又死掉了十之七八。苻坚也在混乱中中矢受伤，单骑北逃，他乘坐的云母车也被晋军缴获了。当日百万大军南下，经此惨败，苻坚退回洛阳再汇集余众时，就只剩下十多万人了。淝水之战是中国历史上以弱胜强的著名战例，它阻止了北方少数民族统治者对南方的进犯和扰乱。谢玄及其指挥的北府兵在夺取淝水大捷中，起了主要作用。

北征道上

淝水之战，前秦主力损失殆尽，内部不稳，趋于崩溃瓦解之中。但在东晋方面，并没有乘胜北上。因为转危为安的东晋统治集团内部，固有的钩心斗角之争又开始显露出来了。谢安虽然有“混一文轨”之志，但却因谢氏父子叔侄拒敌有功，反受朝廷特别是司马氏皇族的猜忌。当时威望、地位仅次于谢安的车骑将军、荆州刺史桓冲病故，许多人都认为谢玄屡有战功，名望很高，应该提拔继任，谢安迟疑顾虑，终不敢委任之。直至淝水战后一年，即东晋太元九年（384年）八月，谢安上疏奏请“开拓中原”，东晋朝廷才以谢玄为前锋都督，率师北伐。

在此前，刘牢之等已先攻克谯城（今安徽亳州），谢玄则挥军直趋涡、颍，这支以北府兵为主的晋军，勇敢善战，进展甚快。九月，军至下邳（今江苏睢宁西北），前秦徐州刺史赵迁闻风丧胆，弃彭城而逃，谢玄收复彭城。接着，谢玄又命参军刘袭攻前秦兖州刺史张崇于鄄城（今山东鄄城），下之。复命刘牢之进驻鄄城，继续扫荡兖州残余敌军，不战而降者甚多。连克徐、兖二州后，谢玄于十月谋取青州，遣淮陵太守高素以三千士众攻广固（今山东青州），前秦青州刺史苻朗（苻坚堂侄）投降，青州平。随之谢玄遣刘牢之及济北太守丁匡进据碻磝（今山东茌平西南），济阳太守郭满据滑台（今河南滑县东南），又命奋武将军颜雄（一作颜肱）北渡黄河主营。太元十年（385年），再命刘袭渡河攻占黎阳（今河南浚县东北），刘牢之趋邺城（今河北临漳西南）。至此，谢玄的北伐军先后收复了徐、兖、青、司、豫、梁六州，进抵黄河以北地区，形势很好。

这个时候，前秦内部已经频发叛乱。早在太元九年（384年），鲜卑族的慕容泓、慕容冲先后起兵，相继称帝，在前秦的腹地关中创建西燕政权。随后，羌族首领姚苌亦在关中叛秦，自立后秦政权。与此同时，鲜卑族慕容垂也起兵攻打苻坚庶长子苻丕镇守的邺城。北方的局势虽然日趋复杂，但一个强大的前秦政权的衰落和崩溃，必然也为东晋收复中原创造了有利条件。特别是谢玄的北伐军当时已经收复河南，北抵黄河以北。

但是东晋朝廷对于北伐之举，历来都持消极态度，他们的目标只满足于收复黄河南岸数州，免除北面威胁，确保偏安王朝的继续存在。而且司马氏皇室对于大将立功在外，向来是怀有戒心和嫉妒的。特别是这时晋皇室会稽王司马道子等因忌谢氏功业，逐渐独揽大权，掌握朝政，谢安日益受到排斥，东晋政局的变化对谢玄的北伐布下了阴影。

在谢玄北伐顺利进展时，朝廷对他加官晋爵，加都督徐、兖、青、司、冀、幽、并七州军事。其时冀、幽、并皆在黄河以北，尚未收复，朝廷的加官似乎是支持谢玄继续北进收复三州，但实际上，却正在寻找撤军的借口。

当刘牢之趋向邺城时，镇守邺城的前秦苻丕，因遭叛秦而自立的后燕慕容垂的围逼，向东晋军求救。刘牢之引兵往救，东晋太和十年（385年）四月在邺城击败慕容垂。慕容垂先退屯新城（今河南伊川西南），后又从新城北撤，刘牢之追击二百里。东晋军追到新城之北的五泽桥时，因士卒忙于拾取敌人丢下的辎重器械，队伍稍乱，慕容垂趁机调头反击，东晋损失兵员数千。这个挫折本来不算严重，而且刘牢之已采取措施，指挥队伍退入邺城，重集亡散，准备继续作战，挽回损失。但是东晋朝廷立即抓住这个把柄，先把刘牢之及其所部从前线召回，镇守淮阴（今江苏淮安）。刘牢之是谢玄的左右手，北府兵主要将领之一，撤回刘牢之，使北伐军的力量受到严重削弱。随后，东晋朝廷又以“征役既久，宜置戍而还”的名义，干脆把谢玄也调还淮阴。主将被召回，加上这年八月，支持北伐的谢安已死，北伐之举实际上已半途而废。不过数年，谢玄等苦心奋战而收复的失地，又纷纷丢失。

病榻话沧桑

谢玄晚年，遭遇不幸，精神抑郁，但亦有可赞叹之处。由于长期苦战和劳累过度，谢玄被征还后不久就病倒了。考虑到自己因病难以视事，他立即上疏朝廷，要求解除职务。朝廷则命他移镇东阳城（今山东青州）。就在此前后，他的家庭又连遭灾祸袭击，数月前抚养和关心自己成长的叔父谢安病故，接着他的几个兄弟又相继而亡，幼儿突然夭折，使他悲痛欲绝。在赴任途中，谢玄的病情日益加重，他感于家国之痛，思绪万千，不顾重病之身，上疏朝廷，诉说自己的肺腑之言。在奏疏中，他回顾了自己驰骋疆场，屡为前锋的戎马生涯，但没有丝毫居功自傲之意，而是很谦恭地只说靠皇帝的神武英断，叔父谢安辅政，自己才能为国家贡献出微小之力，表现了他的献身精神和杀敌报国的强烈愿望。同时他诉说了家庭的不幸给自己带来的精神痛苦，但又表示虽然备受煎熬，也要“含哀忍悲”，决意生活下去，以期能看到国家统一、天下太平时日的来临。他诚恳希望在朝君臣能够“人怀自厉，隆国保家”。最后，因感自己重病难愈，未能尽职，再次强烈要求辞去职务。他非常恳切地表示，自己除了“忧国实深”外，没有什么可惋惜的。

自此而后，随着病情的日益恶化，每于呻吟床褥之际，谢玄总是频频上疏，表达他对国家前途和命运时刻悬念之情和解职去官的要求，前后上表疏十余次，可谓忧国心切。最后朝廷让他到会稽（今浙江绍兴）当内史，掌管民政事务。这时，新任的吴兴太守张玄（又作张玄之）以才学闻名，由吏部尚书与谢玄同年到郡，而张玄名望次于谢玄，人们称为“南北二玄”，一时传为美谈。足见谢玄晚年声望之高。东晋孝武帝太元十三年（388年），一代名将谢玄，度完了余生，病故于会稽内史任上，时年四十六。

张维训

作者张维训，厦门大学历史系研究生毕业，人民出版社编审。已故。

足智多谋的两朝名将

杨素

杨素个人小档案

姓名：杨素

字：处道

所处时代：北周、隋朝

生卒年：544—606年

官职：御史大夫、内史令、司徒

出生地：弘农华阴（今属陕西）

辅佐君王：隋文帝、隋炀帝

军事成就：平齐灭陈、大破突厥

轶事典故：破镜重圆、成人之美、红拂夜奔

封爵：楚国公

谥号：景武

追赠：光禄大夫、太尉公

最得意：飞渡三峡、率兵平陈

最失意：受隋炀帝猜忌

杨素

杨素，字处道，弘农华阴（今陕西华阴）人，大约生于北魏末年、西魏初年，出身于大官僚家庭。少年时代，落拓有大志，不拘小节；勤奋好学，精研不倦，涉猎大量典籍，能写一手好文章；又爱好书法，草书、隶书尤精。所有这些，对他后来成为一员名将都是很有助益的。

才华横溢　机逢良时

杨素初露头角，是在北周武帝亲政之时。周武帝亲政的前一年，杨素的父亲杨敷在与北齐交战时战死，死后朝廷未予赠谥。按当时的惯例，有功之臣或大官僚死后，朝廷要赠给官职，叫赠官。这种赠官一般比生前担任的官职略高一些；同时，还要根据他生前的品行、功绩等情况，加封荣誉名号，叫谥号。杨敷官为刺史，虽然按照官职是可给也可以不给赠谥的，但他是在战争中为朝廷守忠节而死，按理是应该赠谥的。建德元年（572年），周武帝亲政，杨素上表申述，要求朝廷给他父亲赠谥，不料却遭到周武帝的断然拒绝。杨素很不甘心，又再三上表，周武帝勃然大怒，下令把他推出斩首。在生死攸关之际，杨素大声呼喊：

“臣事无道天子，确实是该当死罪。”周武帝一听，觉得此人颇有胆量，不但赦他无罪，而且还赠他父亲为大将军，谥号“忠壮”，并提拔他为车骑大将军、仪同三司。从此，杨素开始受到周武帝的重视。

杨素当上车骑大将军后，有一次周武帝让他替自己起草诏书。杨素下笔立成，很快就写出一篇词义兼美的诏书，周武帝见了十分欣赏，对他说：“好好干下去，将来不怕不富贵。”他应声回答说：“臣只怕富贵来逼我，我却无心贪图富贵。”意思是说，我本来不贪图高官厚禄，怕的是人们把高官厚禄强加于我。周武帝听了很高兴，觉得他对自己的前途充满信心，而又才华横溢，机敏过人，是个不可多得的人才，因此对他就更加器重了。

建德四年（575年），周武帝大举亲征北齐，以齐王宇文宪为前锋。杨素请求周武帝，让他率领父亲的旧部充当伐齐的前锋。周武帝同意了他的请求，并在出征之前，赐给他一根马鞭，对他说：“我正想重用你，所以把这马鞭赏赐给你。”马鞭本是用来驱赶马匹的，周武帝赐他马鞭，是表示将要驱使即重用杨素的意思。杨素没有辜负周武帝的厚望，他率领杨敷的旧部，会同齐王宇文宪率领的大军，在河阴（今河南孟津北）击败北齐军队，立下了大功，被封为清河县子。建德五年（576年），周武帝再次亲征北齐，仍以齐王宇文宪为前锋，命令杨素率部从征。宇文宪率领大军攻占晋州（今山西绛县），分兵万人向北进入鸡栖原（今山西霍州北），遭遇北齐的大军。宇文宪率兵前救失利，被迫撤退，北齐军队乘胜追击，处境十分危急，杨素与北齐军队拼死苦战，才使宇文宪顺利退过汾水。后来，在周武帝灭北齐统一北方的战争中，杨素又屡建功勋。建德六年（577年），周武帝灭北齐后，杨素因功晋爵为成安县公。

在周武帝灭北齐过程中，南方的陈朝乘机出师，派遣大将吴明彻率军渡过淮水，占领原属北齐的淮水以北大片土地。北齐灭亡后，周武帝即派兵进入淮北，与陈朝争夺淮北之地。陈朝大将吴明彻击败北周军队，于宣政元年（578年），围彭城（今江苏徐州）。杨素奉命随大将王轨率军驰援，在彭城东南吕梁大败陈军，俘虏了吴明彻。接着，杨素又率军南下，于泗口（今江苏淮安）击败陈将樊毅，为北周进入淮水以南创造了条件。

但是，就在这一年，立志于灭陈统一全国大业的周武帝病死，他的儿子周宣帝即位。大象二年（580年），周宣帝也病死了，八岁的周静帝即位，朝廷大权落在外戚、大官僚杨坚手中。杨坚的专权引起大官僚尉迟迥等人的强烈不满，双方爆发了一场尖锐的斗争，杨素坚决站在杨坚一边，杨坚即以杨素镇守河南地区的重镇汴州（今河南开封）。当杨素在赴任途中至洛阳时，尉迟迥在相州（今河南安阳）起兵反对杨坚，并得到洛阳以东地区大多数州县官吏和守将的支持，镇守荥州（今河南荥阳西北）的宇文胄也起兵响应。前往汴州的道路被隔断了，杨素只好在洛阳滞留。不久，他接到杨坚任命他为大将军，让他率军讨伐宇文胄的命令，迅即发兵进攻荥州，经过一场激战，阵杀了宇文胄。阵杀宇文胄，对尉迟迥是个沉重的打击。不久，尉迟迥的反叛即被削平，这就为杨坚篡位铺平了道路。杨素也就被升任为徐州（今江苏徐州）总管，进位柱国，封爵清河郡公。第二年，杨坚迫周静帝把皇位“禅让”给他，改国号为隋，是为隋文帝。杨素以佐命之功，进位上柱国，后又晋升为御史大夫。

飞渡三峡　灭陈功高

隋朝建立后，北方蒙古大草原有强盛的突厥汗国，长江以南有控制三峡之东的陈朝。隋文帝一方面致力于巩固北部边防，阻止突厥的南下；一方面积极进行各种准备，以待时机成熟时南下伐陈，统一全国。开皇五年（585年），突厥因遭隋军的打击早已分裂为东西两部，东突厥沙钵略可汗遣使与隋朝修好，为隋朝伐陈解除后顾之忧，十月，隋文帝任命杨素为信州（今四川奉节）总管，委以伐陈的重任。

信州是三峡西端的一个重镇。杨素来到信州，即以此为基地着手伐陈的准备。陈朝以长江为天然屏障，陈军中的南方士卒又善水战，隋朝要想渡江灭陈，必须有一支强大的水师和大批的战船。杨素一面加紧训练水师，一面大力建造船舰。除了建造可容百人的“黄龙船”，还有名为“五牙”的大舰，起楼五层，高百余尺，可容纳士卒八百人，船上布满旗帜，船的左右前后还安置六个巨大的拍竿，高五十尺，可以用来拍打敌船，是战斗力很强又极为壮观的战舰。经过两年的努力，建造了大量的舰船，仅“黄龙”即多达几千艘，一支强大的水师建立起来了。

↑ 隋朝“五牙”大型舰船模型

开皇八年（588年）十月，隋文帝兵分八路，正式发动了伐陈的战争。杨素以行军元帅统率巴蜀水师自信州顺流而下，在年底顺利地冲过瞿塘峡、巫峡。当他到达流头滩（今湖北宜昌西）时，陈朝将领戚昕以战船百余艘、士卒数千人，扼守狼尾滩（今湖北宜昌西），企图阻挡隋军的前进。狼尾滩地势险峭，易守难攻，不少隋军将士感到束手无策，产生畏难情绪。杨素对左右说：“胜负大计在此一举。如果白天下船进击，敌人就能窥察我军的虚实，而且江流迅激，舰船行驶难以控制，也不便于战斗，不如在夜间再发动袭击，打他个出其不意。”左右将领一致赞同他的主张。到了晚上，隋军静悄悄地顺流而下，同时另派部将王长袭率领步卒从南岸袭击戚昕营寨。派大将军刘仁恩率领骑兵从北岸夹攻陈军。戚昕没有料到杨素竟敢在这种险要的形势下发动夜袭，毫无戒备，结果被打个措手不及，惨败而逃。陈军大部被俘，杨素下令加以安抚，并全部释放，秋毫无犯。

然后，命令水师继续顺流而下，向东挺进。几千艘舰船布满大江，旌旗猎猎，甲胄生辉。杨素坐在一艘大船上，坐镇指挥，威风凛凛，两岸的陈朝士卒见了大惊失色，都说："此公乃江神也！"

第二年正月，杨素率领大军抵达岐亭（今湖北宜昌南津关），岐亭在西陵峡口，越过岐亭就是开阔的江汉平原，江水开始平缓，如果岐亭一失，陈朝西境就无险可守，西部防线就将全部崩溃。陈朝急忙派遣吕忠肃集结大军据守岐亭，并在北岸开凿江边岩石，连缀三条铁锁，横截江面，企图阻遏隋军的战船。杨素与刘仁恩率领部分士卒登陆，配合水军进攻北岸的陈军，前后四十余战。吕忠肃据险顽抗，给隋军造成很大伤亡，损失五千余人。但是陈军士卒没有乘胜反击，他们为了求功邀赏，却争先恐后地抢着去割隋朝战死士卒的鼻子，军阵顿时大乱。杨素抓住战机，回军再战，转败为胜。吕忠肃见势不妙，扔下营寨逃命，杨素即命令砸毁三条铁锁，顺流而下。吕忠肃复聚军来战，杨素派遣擅长水战的士卒数千人，乘坐四艘五牙大舰，用拍竿击碎了十几艘敌船，大破陈军，俘获士卒两千余人，吕忠肃只身脱逃。隋军于是顺利通过西陵峡。屯守安蜀城（今湖北宜昌西北的长江南岸）的陈朝信州刺史顾觉弃城逃走，驻守公安的陈朝荆州刺史陈慧纪见势不妙，烧掉军资储蓄，引兵东撤。陈朝巴陵（今湖南岳阳）以东地区，再无一兵一卒防守，杨素顺流而下，抵达汉口（今湖北汉口）。就在此时，隋朝东部战线两路先锋军将领贺若弼、韩擒虎，已在长江下游渡过大江，攻入建康（今江苏南京），活捉了陈朝皇帝陈后主。不久，陈朝所属州县相继投降，陈朝灭亡，隋朝的统一宣告完成。

杨素在伐陈战争中，与其他几路大军在长江的中下游同时出击，他抢夺狼尾滩等江防要地，为牵制和打击陈朝水师做出了重要贡献。特别是在夜袭狼尾滩、强攻岐亭、斩断拦江铁锁等一系列作战指挥上，有着突出的表现。同时，他督造舰船、训练水师有方，为取得胜利创造了条件。因此，凯旋长安时，隋文帝论功行赏，任命他为荆州总管，晋爵为越国公，封邑为三千户，实封千户，赐绢万段，粟万石，以及金宝等，又赐陈后主妹为妾，及女妓十四人。同年六月，隋文帝又提升他为纳言，开皇十年（590年），再迁内史令，杨素一跃而居宰相之位。

兵扫江南　维护统一

隋文帝统一全国后，江南大地主的利益受到很大损害，存在强烈的不满情绪。开皇十年（590年）底，朝廷大军撤离江南后，他们造谣惑众，散布隋文帝要把江南百姓迁徙到关中的谎言，搞得人心惶惶。在婺州（治所在今浙江金华）、越州（治所在今浙江绍兴）、苏州（治所在今江苏苏州）等地，相继发生反隋的叛乱，小者数千人，大者数万人，首领或称天子，或称大都督，署置百官。叛军互相煽惑，攻州陷县，杀害朝廷委派的地方官吏，十分嚣张。原先陈朝所属的郡县，大多被卷进了叛乱，特别是东南沿海地区尤为严重。刚刚获得的统一局面，遭到严重破坏。于是，隋文帝乃下诏任命杨素为行军总管，率领大军南下镇压。

开皇十年（590年）十一月，杨素率大军由广陵（今江苏扬州）出杨子津渡江，迅速攻克京口（今江苏镇江），又相继占领晋陵（今江苏常州）、无锡（今江苏无锡）等地，挥师直插浙江（今钱塘江）。著名的叛乱首领高智慧自号东扬州刺史，占据浙江东岸百余里之地，拥有战舰千余艘，屯据险要，兵众甚为强劲。杨素的裨将来护儿建议采用韩信的破赵之策，说："叛军轻捷锐利，靠的是舟楫之利，况且他们又是一伙亡命之徒，难以争锋，主公应该严阵以待，不可直接和他们交战。请交给我数千人马，我以这支奇兵偷渡浙江，掩袭叛军营寨，那时叛军将退无所归，进不得战，我军必稳操胜券。这就是韩信的破赵之策。"杨素采纳来护儿的建议，让他率数百艘小船，乘夜偷渡浙江，直登江岸，袭破高智慧的大营，乘风纵火。叛军见营寨着火，烟焰冲天，胆战心惊，不知所措。杨素乘机指挥大军渡江，奋力冲杀，经过一天的激战，终于击溃了叛军。高智慧率残部逃入海中。杨素派史万岁领兵两千，进剿其余叛军。史万岁自婺州从小道穿山越岭，前后七百余战，转战千余里，歼灭大量敌人。杨素则亲率大军自余姚（今浙江余姚）浮海南下，转战温州，大败另一叛军首领沈孝彻，然后折向天台（今浙江天台山），直指临海（今浙江临海），一路追歼残余叛军，前后百余战，所至克捷。高智慧被迫逃入闽地（今福建）。

隋文帝看到江南大局已定，杨素久战沙场，十分劳累，下令让他回长安休息。杨素回到长安后，认为残余的叛军尚未全部肃清，如不及时消灭，将会成为后患，请求隋文帝让他继续南下肃清残敌。隋文帝批准了他的请求，任命他为行军元帅。杨素立即起程，迅速赶到会稽（今浙江绍兴）。此时，泉州叛乱首领王国庆重新发展势力，被杨素镇压下去的各支叛军的亡散士卒，都纷纷向他投靠，气焰十分嚣张。王国庆认为海路十分艰险，隋军的北方将士又不善水战，所以只在陆路设防，海路毫无戒备。杨素亲率大军泛海而进，突然上岸登陆，发动大规模的攻势。王国庆惊慌失措，仓皇离开泉州逃命，余部纷纷逃入海岛，或者窜入深山。杨素分遣部将，水陆进剿，取得了很大胜利。先前逃入海岛的高智慧又在闽州（今福建福州）重振旗鼓，王国庆率领残部投奔高智慧，叛军的气焰复又嚣张起来。杨素暗中派人招降王国庆，劝他斩送高智慧，立功赎罪。王国庆看到隋朝大军逼近，别无出路，便伺机捉拿高智慧，执送杨素的大营。杨素在泉州处死高智慧，残余的叛军群龙无首，纷纷缴械投降。江南地区大规模的叛乱被彻底平定，隋朝大一统的局面终于得到了巩固。

杨素平定江南大地主的叛乱，前后只有不到两个月的时间，这主要是由于平叛战争符合了人民要求统一的愿望。因为自西晋末年以来近三百年的南北对峙局面，使广大人民饱受了战争之苦。人民群众迫切希望结束这种分裂状态，实现全国的统一，过上安定的生活。因此，杨素的平叛，符合南方人民的要求，深得南方人民的支持。除此之外，平叛战争之所以能在短时间内取得胜利，这同杨素善用谋略，严于治军也有很大的关系。杨素十分注意军纪，治军极严，每当部队临敌，战斗即将打响之前他总要严厉惩处犯有过失的将士，有时一次就斩杀百余人。战斗打响之后，他又总是命令一二百人首先冲击敌阵，获胜则已，如果败下阵来，也一律斩杀，然后命令一二百人再往前冲杀，如退下阵来，又斩首示众。因此，将士都严守军纪，服从指挥，听从调遣，打起仗来，都抱着必胜之心，拼死力战，所以总是战无不胜，所向披靡。同时，杨素还注意奖赏有功的将士，赏罚分明。凡是出征将士，他有功必录，即使是很小的功劳，也从不遗漏。当时他深得隋文帝的信任和器重，凡是他奏请奖赏的，隋文帝照赏不误。因此，尽管杨素对将士的过失惩处极重，但将士们仍然愿意冒着生命的危险，跟随他四出征战，为他拼死效力。因此，杨素指挥的部队，战斗力特别强，能转战千里，所向克捷。

平定江南的叛乱之后，杨素班师凯旋，隋文帝特派外戚、左领军将军独孤陀前往浚仪（今河南开封）迎接，犒劳慰问。到京师后，隋文帝晋升杨素的儿子杨玄奖为仪同三司，并赐给杨素黄金四十斤、缣（音jiān,细绢）三千段、马两百匹、羊两千只、公田百顷、住宅一区。开皇十二年（592年），隋文帝又任命杨素为尚书右仆射，与高颎（音jiǒng）共同掌管朝政。

驰骋塞外　所至克捷

开皇十九年（599年）二月，杨素奉命率军北征突厥，踏上了新的征途。

突厥是隋初的北方劲敌。583年（开皇三年），它被隋朝击败，再加上贵族内讧，分裂为东西两部，彼此互相攻杀。后来，东突厥因受西突厥的逼迫，沙钵略可汗派人与隋朝修好。但是到都蓝大可汗在位时，因为隋文帝将宗室女安义公主嫁给他的弟弟突利可汗，而他向隋朝求婚遭到拒绝，心中愤愤不平，遂与隋朝断绝关系，派兵抄掠隋朝边境。突利可汗遣使向隋朝报告都蓝大可汗的情况，隋朝大臣也向隋文帝上奏，说都蓝可汗正准备攻具，企图袭击大同（今山西大同），隋文帝于是命令宰相高颎，杨素和大将燕荣分兵讨伐都蓝可汗。

都蓝可汗得知隋朝出兵后，与西部的达头可汗结盟，联合攻打突利可汗。双方在长城下展开一场激战，突利可汗大败，部落散亡，带着五名骑兵跟随隋朝使臣南下，到长安投降了隋朝。

高颎、杨素率军出塞后，进入突厥境内。高颎领东路军出朔州（今山西朔州）道，大败都蓝可汗。杨素西出灵州（今宁夏灵武）道，与达头可汗遭遇。过去隋朝将领与突厥交战，为防止突厥骑兵奔突冲阵，在布设方阵时，都是把战车兵、步兵和骑兵互相参用，将战车兵和步兵摆在方阵四周，骑兵放在方阵中间。杨素认为这种战术是消极被动的自卫的作战方法，是无法制敌取胜的。他一反传统的战法，命令诸军组成骑兵阵。达头可汗得到消息，自恃突厥骑兵强壮雄悍，瞧不起杨素的骑兵阵，认为自己轻易就可把他打败，高兴地说："天赐我以良机也！"他下马仰天而拜，然后驱使十余万骑兵冲杀过来。杨素采纳部将周罗睺（音hóu）的建议，乘突厥骑兵还未布好战阵之时，让他率领精锐骑兵迎击，自己亲率大军继后冲击。突厥骑兵遭到惨败，达头可汗身受重伤，落荒而逃，部众伤亡不可胜计。

→突厥的图腾标志狼头旗

击败达头可汗后，隋文帝敕封突利可汗为启民可汗，命令长孙晟（音shèng）率五万民夫修筑大利城（今内蒙古和林格尔）以居之，同时派两万军队屯驻边塞，以防达头可汗进攻启民可汗。达头可汗不甘心自己的失败，不久又率领十万骑兵南下进攻隋朝。隋文帝命令杨素会同诸将分兵四路还击。隋军尚未出塞，都蓝可汗即为部众所杀，达头可汗自立为步迦可汗，夺取东突厥的大可汗位。隋朝派人招抚，不少突厥部众纷纷归附投降。但是步迦可汗仍然继续与隋为敌。开皇二十年（600年），他又率兵南下骚扰。隋文帝又命令晋王杨广会同杨素、史万岁等将率军分道出击。史万岁一路在塞北与步迦可汗遭遇，歼敌数千人，迫使他向北远遁。

步迦可汗经过一番休整，开皇二十一年（601年）再度出兵南下。隋文帝以杨素为行军元帅，与启民可汗率众北征。仁寿二年（602年）春，步迦可汗的部将思力俟斤等南渡黄河，掠启民可汗所部男女六千口、牛马羊牲畜二十万头，然后北归。此时杨素正在黄河之北，他率军追击，转战六十余里，连连获胜。突厥骑兵往北败退，杨素紧迫不舍，在夜间逼近敌军。为了防止思力俟斤惊逃，杨素命令部伍稍稍往后退却，自己亲率两名骑兵与两名突厥降卒尾随思力俟斤，与之并肩而行。思力俟斤毫无觉察，当他扎下营帐准备休息之时，杨素即指挥后面的大部队全速冲杀过来，把突厥骑兵打个落花流水。经过这次打击，步迦可汗的势力衰落下去，而启民可汗得到了杨素等在战争中所俘获的突厥人口和牲畜，势力大振，不久就取代步迦可汗而成为东突厥的大可汗，进而统治了蒙古大草原。启民可汗与隋朝情同一体，双方友好往来，未再发生战争，这种和平的局面一直延续到隋炀帝的大业末年。

迎合时主　作威作福

杨素自开皇九年（589年）灭陈后被任为宰相，居相位达十七年。按照他的才华，在政治上理应有所建树。但是，由于隋文帝心胸狭窄，猜忌心极重，将功臣诛杀殆尽，杨素为了保存自己，便处处都迎合隋文帝，干了许多坏事。

开皇十三年（593年），隋文帝下诏在岐州北部（今陕西岐山）营建仁寿宫，令杨素负责监修。为了讨好独孤皇后，杨素征调大批民夫劈山填谷，盖起宫殿，周围还建造许多高大精美的台榭，宛转相连。在施工过程中，他督役十分严酷。民夫大批劳累毙，死者多达万人，他让监工把尸体推到土坑里，盖上土石，筑为平地。两年后，仁寿宫建成，隋文帝前去察看，当时工地上到处堆着倒毙的民夫尸体，杨素急忙下令通通焚毁。隋文帝是一个非常节俭的皇帝，他到仁寿宫一看，觉得太豪华奢侈了，气愤地说：“杨素竭尽民力修建离宫，这是为我结怨于天下！”杨素听了心里惶恐不安，担心受到隋文帝的处罚，就偷偷地去见独孤皇后，对她说：“帝王制度，应有离宫别馆，如今天下太平，修筑一座离宫，算不上奢侈浪费。”第二天隋文帝召见杨素，独孤皇后为他开脱说：“杨素知道我夫妇年老，没有什么可以娱乐的，下力气为我们修了这座离宫，这不是为我们尽忠尽孝吗！”隋文帝对独孤皇后很是敬重，甚至还有些惧怕，经她这么一说，非但没有惩处杨素，反而赐给他钱百万，锦绢三千段。

开皇十九年（599年），宰相高颎被罢免，杨素在朝臣中位居第一。第二年，隋文帝、独孤皇后想废太子杨勇，立晋王杨广为太子。杨广为了夺取太子位，重金贿赂杨素，希望得到杨素的帮助。杨素看出隋文帝、独孤皇后的心思，便在隋文帝面前千方百计地诬陷杨勇，盛誉杨广，促使隋文帝下决心废掉杨勇，改立杨广为太子。

在隋文帝废立太子的斗争中，杨素还同时陷害一批文臣武将，其中包括名将史万岁。开皇二十年（600年）初，杨素、史万岁等分道北征突厥，史万岁大败步迦可汗，立下大功，杨素却没有什么突出的战功。战争结束后，他十分嫉妒史万岁，在隋文帝面前千方百计抹杀史万岁的战功，说："突厥本来已经投降了天朝，当初他们并未入寇，不过到塞上来牧放牲口罢了。"接着他又进而诬陷史万岁是太子杨勇同党，曾私下拜见杨勇，结果使史万岁惨遭杀害。

经过这一系列事件，隋文帝认为杨素对他忠心耿耿，对他倍加重用，仁寿元年（601年），任命他为尚书左仆射。杨素既得势，更加作威作福，他的弟弟杨约及叔父文思、文纪、堂叔杨异都当上了尚书、列卿，他的几个儿子没有汗马功劳，也位至柱国、刺史，连亲戚、故吏也都做上了大官，布列朝廷。杨素还利用权势，广置资产。他的邸店、碾硙、田宅不可胜数，遍布于京师长安和全国各重要城镇，家里僮仆数千，宅第模仿宫廷的样式，修建得极其豪华。

仁寿二年（602年），太子杨广担心有才能的蜀王杨秀会对自己将来的帝位构成威胁，密令杨素诬陷杨秀。杨素于是对隋文帝说了许多杨秀的坏话，隋文帝果然下令把杨秀废为庶人。

但是，随着杨素的地位隆重，心胸狭窄的隋文帝不久便对杨素逐渐疏远了，他对杨素说："仆射，国之宰辅，不可躬亲细务，只要三五天去一趟中书省，议一议大事就行了。"表面上是尊崇杨素，实际上是剥夺了杨素的实权。因此，杨素便加紧投靠杨广。仁寿四年（604年），隋文帝病危之际，发觉太子杨广昏淫无道，急召杨勇，想把帝位传给他。杨素得知隋文帝的意图，即与杨广密谋，杀死隋文帝，帮助杨广继承了帝位，杨广就是隋炀帝。隋文帝第五子汉王杨谅在并州（今山西太原）得到消息，起兵反抗，向京师长安进军。杨素率轻骑五千前往蒲州（今山西永济西南）堵截，打败杨谅的前锋部队。隋炀帝即任命杨素为并州道行军总管、河北道安抚大使，率兵数万讨伐杨谅。杨谅终因兵众分散，被杨素击败，力屈而降。这样，杨素为隋炀帝被立为太子到继承帝位，都出了大力，因而在大业元年（605年），被任命为尚书令，成为地位最高的宰相。

但是，隋炀帝的即位，也就标志着杨素政治生涯的结束。他除了在605年曾参与修建东都洛阳之外，实际上已不能参与朝政。因为，隋炀帝一向自恃才高，刚愎自用，对有功之臣疑虑重重，很不放心。他深知杨素为人狡诈、阴险，不能引为心腹，所以对杨素外示殊礼，内情甚薄。第二年便改任杨素为司徒，改封楚公，封给他一个很高的头衔，却彻底剥夺了他手中的实权。同年夏，杨素患病，隋炀帝派名医前往诊视，一面下令赐给杨素好药，一面却偷偷向医生详细询问他的病情，唯恐他不死掉。杨素心知隋炀帝对他的猜忌心理，不肯服药，对他的弟弟杨约说："我不想再活下去了！"不几天，他就死去了。

杨素在隋文帝统一全国和维护国家统一的战争中，功勋卓著，在抵御突厥南下的战争中，又多次立下大功，不愧为一代英杰。在军事思想上，他也有独到的创见。但是，他在政治上却没有什么可取之处，担任宰相近二十年，非但毫无建树，而且迎合时主、陷害忠良、以权营私、擅作威福，最后自食其果，落了个可悲的下场，这就不令人奇怪了。所以，唐朝人对他在政治上的行为给予了强烈的谴责，魏征把隋朝的短命归咎在他的头上，武则天说他是"生为不忠之人，死为不义之鬼"。

邱久荣

作者邱久荣，毕业于中央民族学院历史系，中央民族大学教授。主要著作有《中国统一多民族国家的形成》等。1993年获国务院颁发政府特殊津贴。

贺若弼

隋朝灭陈大将

贺若弼个人小档案

姓名：贺若弼

字：辅伯

所处时代：北周、隋朝

生卒年：544—607年

民族：鲜卑族

官职：行军总管、上柱国

出生地：河南洛阳

辅佐君王：隋文帝、隋炀帝

军事成就：击陈主力、生擒萧摩诃

轶事典故：锥舌诫子

封爵：宋国公

最得意：灭陈首功

最失意：以诽谤朝政罪名被杀

贺若弼

自西晋末年至开皇九年（589年）隋文帝统一全国的近三百年间，我国处于四分五裂的南北对峙时期。由于南北各政权之间战争不已，社会生产遭到严重破坏，给各族人民带来了极为深重的灾难。因此，隋文帝统一全国，在我国历史上的地位是不可低估的。而当我们津津乐道隋、唐社会的经济昌盛、文化繁荣的时候，自然而然地就会想起在隋文帝灭陈统一全国的战争中立下丰功伟绩的名将贺若弼。

继父遗志　以伐陈为己任

贺若弼生于西魏文帝大统十年（544年），卒于隋炀帝大业三年（607年），复姓贺若，名弼，字辅伯。贺若本是鲜卑语，意为“忠贞”。据说，北魏孝文帝因为他的祖先对北魏有“忠贞之节”，遂赐以贺若为姓。贺若弼出身于鲜卑贵族家庭，河南洛阳人。他的父亲贺若敦是北周时很有名气的将领。当时长江以北，北周与北齐以洛阳为界互相对峙，而以据有巴蜀之地（今四川地区）的北周势力较为雄厚；长江以南，则是陈朝，它是西晋末年以来南方最小的一个王朝，势力局限于长江中下游的江南地区，北与北齐为邻，西与北周对峙。武成二年（560年），贺若敦奉命率兵渡过长江，占领了陈朝所辖的湘州（今湖南长沙）。因为孤军深入，粮饷不继，一年后，他又被迫撤回江北。掌握北周大权的宇文护以失地无功为名，罢免了贺若敦的官职，除名为民。后来，贺若敦虽被重新起用，但他因为自己本来有功，不仅没有得到奖赏，反而受到这样重的惩罚，心里很不服气；再加上和他地位相当的人都已当上大将军，而自己仅是个刺史而已，不免心存怨气。心里有怨气，嘴就要到处说，因此便激怒了宇文护。保定五年（565年），宇文护逼令他自杀。贺若敦临死时，把贺若弼叫到跟前，嘱咐他说："我曾下决心平定江南，然而这一愿望没有得到实现，你应当完成我的遗志。我因为嘴巴爱说而致死，你千万不可忘记这个教训啊。"说罢，就用锥子把他的舌头刺出血来，作为警戒。这时，贺若弼已是二十二岁的青年人了。

贺若弼少年时期，胸有大志，为人慷慨，刻苦练武，勇敢不凡；同时，又博览群书，在当时贵族子弟中很有名望。后来，被周武帝时期权势很大的齐王宇文宪所看中，让他到齐王府做记室，管理王府的文书工作。不久，以文武才干，被封为当亭县公，官至小内史，从而成为皇帝亲近的一名官员，参与一些机要大事的处理。

建德六年（577年），北周武帝经过一年多的亲征，灭掉北齐完成了北方的统一，变北周、北齐、陈朝三足鼎立而为北周、陈朝南北对峙的局面。在周武帝讨伐北齐之际，陈朝乘机出兵，占领北齐淮水流域大片土地，直逼彭城（今江苏徐州）。北齐灭亡后，周武帝即派兵进攻陈朝，把陈军赶回淮水以南。周武帝是北周很有才能和见识的皇帝，他本想在灭北齐后，略加整顿后方，即大举伐陈，但在第二年，却被病魔夺去了年轻的生命。周武帝死后，他的儿子宇文赟继位，是为周宣帝。大成元年（579年）。周宣帝以大将韦孝宽为元帅，率大军伐陈，贺若弼跟随出征。周军先后攻占了陈朝淮南的寿阳（今安徽寿县）、广陵（今江苏扬州）等数十个城镇，陈朝江北之地尽归北周所占有。在这次战争中，贺若弼虽然不是主帅，但却立下大功，史称这次战争的胜利，多出于贺若弼的谋划。战争结束后，周宣帝提升贺若弼为寿州刺史，改封襄邑郡公，镇守淮南。这为贺若

↑ **青瓷武士俑**

弼完成父亲未竟的事业创造了条件。

大象二年（580年），周宣帝病死，由他八岁的儿子周静帝继位，朝廷大权落到了丞相、外戚杨坚手中。杨坚虽然是北周初年重臣杨忠的儿子，他的女儿又是周宣帝的皇后，但是周静帝毕竟不是他的女儿所生，而他自己在当时的贵族和大官僚中威望也不高，因此他的专权引起了不少大官僚的强烈不满。以尉迟迥为首的大官僚看到杨坚有篡位的野心，便在邺城（今河南安阳）起兵反抗，洛阳以东州县官吏和守将纷起响应。贺若弼镇守的寿州是北周淮水流域的一座重镇，在军事上的地位十分重要。尉迟迥起兵后，杨坚因为贺若弼不是自己的亲信，担心他投靠尉迟迥，急速派遣长孙平去寿州，夺取他的兵权，并把他押送到京师长安（今陕西西安）软禁起来。

不久，杨坚平定尉迟迥等人的反叛，完全控制了朝内外形势，581年，他废掉周静帝，自立为皇帝，改国号为隋，是为隋文帝。隋文帝登极后，开始着手伐陈统一全国的准备工作。这时，宰相高颎向他推荐贺若弼，建议加以重用，说：

"朝臣之内，论文武才干，没有人能比得上贺若弼。"隋文帝于是任命贺若弼为吴州总管，出镇广陵，肩负伐陈的重任。广陵和寿州、庐州（今安徽合肥）是隋朝在淮南的三个重镇，也是隋朝渡江伐陈的根据地。隋文帝的任命，使贺若弼喜出望外。他觉得，实现父亲的遗志，完成国家的统一，施展自己雄才大略的千载难逢的机会终于到来了，因此心情格外的高兴。到达广陵后，他抑制不住内心的兴奋之情，写了一首诗，赠给寿州总管源雄，诗中写道：

交河骠骑幕，合浦伏波营；
勿使骐驎上，无我二人名。

意思是说，你我统率水陆大军镇守大江之北，肩负伐陈重任，一定要在伐陈的战争中取得功名。诗中的骐驎，是指汉武帝在长安未央官内所建的骐驎阁，西汉宣帝时曾在阁里图画霍光等十一名功臣像。贺若弼引用这个典故与源雄互勉，充分反映了他以伐陈为己任的雄心大志和必胜的信心。

灭陈首功　留英名于千古

贺若弼出镇广陵后，即着手进行伐陈的准备工作。首先，是筹措船只。隋与陈朝隔着一条长江，长江素有天险之称，渡江作战需要大量战船和运输船。当时，除了杨素奉命在长江中游制造船舰，贺若弼则以战马同陈朝交换船只。隋朝的马匹较多，而陈朝则有大批船只。在和平时期，双方进行贸易，经常以马换船，互通有无。贺若弼便利用这种贸易渠道，把许多基本上已经没有作战能力、准备淘汰的战马卖到江南，再买回船只，以备渡江作战之用。为了防止陈朝君臣和将士产生疑心，贺若弼将买回来的好船停泊在扬子津（经扬州注入长江的一条河流），并把战船涂成黄颜色，远看犹如枯草，同时还在扬子津滩头堆满芦苇，用以掩蔽这些船只。然后，再把五六十艘破旧的船只停泊在长江北侧的港湾里。装出缺乏船只的假象。其次，是多方误敌。为了进一步麻痹陈朝君臣，贺若弼经常在沿江将士换防之时，命令前去换防的战士先在广陵郊外的江边要地集合，营幕蔽野，战旗飞扬，陈朝将士见此情形，以为隋朝大军压境，便匆忙集结大军，沿江设防。待陈军布防完毕，贺若弼又下令隋军将士停止活动。陈军看到隋军并无渡江之意，又都撤回原地。如此再三，陈朝将士司空见惯，逐渐产生麻痹情绪。贺若弼还经常命令部队沿江狩猎，人马喧嚣。陈朝将士开始也以为隋军要渡江南下，紧张万分，频繁调兵遣将，加强警戒，后来才知道是隋军打猎，也就习以为常，不以为然。如此种种，不仅麻痹了陈朝君臣和将士，也使陈朝士卒奔波劳累，懈怠不堪，士气低落。

开皇七年（587年），隋文帝在打败突厥，北部边疆日趋安宁，从而解除了后顾之忧的情况下，便加紧进行全面伐陈的准备工作。这一年，贺若弼根据他长期镇守广陵所掌握到的有关陈朝情况，提出伐陈“十策”，得到隋文帝的高度赞赏，后来隋文帝大举伐陈，采取了贺若弼提出的许多方略。

开皇八年（588年）底，隋文帝在一切准备就绪之后，以皇子晋王杨广为行军元帅，指挥水陆大军五十一万八千人，从信州（今四川奉节）至广陵的广阔地区，分兵八路，大举伐陈。贺若弼统率的东路军是渡江的先锋主力之一，任务是由广陵渡江，攻京口（今江苏镇江），然后南下直取建康（今江苏南京）。按照杨广的部署，他与韩擒虎应在第二年的正月初一夜里，分别由广陵与采石（今安徽当涂北）渡江。但是，贺若弼求胜心切，提前在正月初一的白天渡江。渡江之时，他以酒祭江，在誓词中说：“我承父遗志，远振国威，伐罪吊民，除凶翦暴。如果不能取胜，葬我于大江鱼腹之中，死而不恨。”充分表现了他伐陈的决心和大无畏的英雄气概。然后，贺若弼率领八千士卒，从扬子津的芦苇丛中驶出战船，浩浩荡荡进入长江。

长江南岸的陈朝统治集团，此时仍然沉浸在纸醉金迷的糜烂生活里。后主陈叔宝是个极其腐朽的花花太岁，他即位后，大造宫室和佛寺，把国库搞得空空如洗，又加重关市之税，聚敛无厌，弄得百姓怨声载道。他本人极端迷恋酒色，不恤政务，整天和宠妃张丽华等人饮酒赋诗，寻欢作乐。就在隋军加紧进行渡江准备之时，他还自恃有长江天堑的屏障，认为隋军根本无法飞渡，帝都稳如泰山，不可动摇，从不认真加强防务。贺若弼率兵渡江这一天，陈后主正与百官欢度元会（即春节），喝得酩酊大醉，竟昏睡了一天，直到晚上才醒过来。沿江将士和戍卒也都个个灌得大醉，江防毫无戒备。贺若弼以迅雷不及掩耳之势，乘机渡过大江，陈朝毫无觉察。直到正月初四，沿江不断告急，陈后主才慌忙部署大军，仓促应战。

→隋朝士兵

正月初六，贺若弼攻占陈朝都城建康东北的门户京口，活捉了陈朝驻守京口的南徐州刺史黄恪。京口不仅是建康东北的门户，而且也是陈朝重要储粮之地，贺若弼首攻京口，这是极为正确的战略决策。占领京口后，贺若弼严格约束将士，军纪十分严明，秋毫不犯。有一个军士到百姓家买酒喝，立即被下令处死。贺若弼还十分注意优待俘虏，京口一战俘虏陈朝士卒六千余人，全部释放为民，发给路费，让他们返回家乡，并让他们沿路散发隋军的安民告示，宣传隋朝出兵江南是为了救民于水火。贺若弼所采取的这种争取民心的办法，果然获得奇效，隋军所到之处，如入无人之境，所向披靡。

当贺若弼率军由京口沿江南下，向建康进逼时，另一路隋军的先锋将领韩擒虎按约定日期由采石顺利渡过大江，攻占了江边重镇姑熟（今安徽当涂），并率五百精骑沿江直下，进逼建康。这样，建康就处于贺若弼、韩擒虎南北夹击的困境。此时隋朝贺、韩二将所率领的渡江隋军合计不足万人，而陈朝在建康尚有守军十万，并有几员能征善战的名将如萧摩诃、任蛮奴等。但是，昏庸至极的陈后主不仅不懂军事，也不重用有见识的将帅，相反却听信谗言，拒绝将帅的合理意见，无法组织有效的抵抗。贺若弼渡江之后，派一部分兵力切断了太湖流域陈军救援建康的通道，而以主力沿着江岸向建康进发。陈朝沿江戍卒望风而逃，贺若弼于正月初七进占建康的北部屏障钟山（今南京紫金山）。陈后主见建康危在旦夕，慌忙命令萧摩诃、任蛮奴等在钟山组织抵御。陈军在钟山布成一字长蛇阵，南北绵延二十里，各支军队行动互不协调，首尾进退互不相知。正月初十，贺若弼率领轻骑登山，望见陈军布防，即疾驰而下，命令全军列阵以待。两军交锋时，隋军只有八千人，因众寡悬殊，连退数次，二百七十余人战死。贺若弼命令士卒纵放烟火，陈军士卒在烟雾中不辨虚实，不敢追击。陈军士卒还纷纷抢割隋军战死者的人头，到陈后主那儿求赏。贺若弼看准陈军骄惰的弱点，引兵冲杀，陈军一触即溃，骑兵四散逃窜。贺若弼乘势追击，歼敌五千余人，生擒萧摩诃，一举击溃了陈军的主力。就在这一天，隋朝大将韩擒虎乘陈军主力集中于钟山一带，率军进攻石子冈（今江苏南京雨花台）。陈将任蛮奴在钟山被贺若弼击败后，退入建康，他建议陈后主向长江中游地区出逃，自己将拼死护送。但他离开宫廷后，却出南城投降韩擒虎，并引韩擒虎攻入建康城里。陈后主见大势已去，与张贵妃、孔贵嫔藏匿于井中。韩擒虎率军攻入宫城，在井中搜出了陈后主。当天夜里，贺若弼也由北门攻入建康。至此，建康已完全为隋军占领。

攻陷建康，活捉陈后主，标志着陈朝的灭亡。不久，陈朝所辖之地，相继望风而降。西晋末年以来近三百年的分裂局面结束了，我国封建社会进入了一个新时期。

攻占建康的第三天，嫉贤妒能的晋王杨广来到建康。他以没有按照约定的时间在初一夜里渡江为由，将贺若弼逮捕起来，按违犯军令治罪。隋文帝在长安得到消息，立即下诏给杨广，要他释放贺若弼，诏书指出：“贺若弼与韩擒虎二公，深谋大略。朕委以剿灭东南逋寇之任，静地恤民，他们都按我的意愿完成了。九州分裂，迄今已数百年，他们以名臣之功，成太平之业，这是天下一大盛事，有什么事情能比这还重要呢！我听到他们攻占建康的捷报，内心是无比兴奋的。平定江表，实赖此二公之力也。”隋文帝还给贺若弼和韩擒虎二将发来诏书，表彰他们说：“宣国威于万里，使东南之民尽出汤火，数百年之寇，旬日廓清，这是二位之大功。二公之高名塞于宇宙，盛业光于天壤，就是古代的那些名将，也很少有人可与匹敌。”杨广接到隋文帝的诏书，不得不释放贺若弼。后来，贺若弼回到长安，隋文帝论功行赏，晋爵他为宋国公，官至右领军大将军，实封邑三千户，赐绢八千段，杂采一千段，女乐二部，还把陈叔宝的妹妹赐给他为妾。

忘锥舌之戒　死祸从口出

贺若弼因平陈之功，位高望重。他的哥哥贺若隆为武都郡公，弟弟贺若东为万荣郡公，并为刺史、列将，一家弟兄三人，一为国公，两为郡公，荣耀无比。贺若弼在盛名之下，逐渐滋长了骄傲情绪。在生活上，他极尽奢侈之能事，家中珍玩财宝不可胜数，奴仆成群，仅是地位较高、穿着华丽的就达数百人。在政治上，他自以为功名、才干在朝臣中数第一，常以宰相自许。但灭陈不久，隋文帝却任命杨素为宰相，贺若弼依然是一名将军，他因此愤愤不平，形于言色，再加上杨素从中陷害，终于被隋文帝罢官，在开皇十二年（592年）被捕下狱。隋文帝质责贺若弼说：“我用高颎、杨素做宰相，你却常常在广庭大众面前大讲这两个人只会吃饭，这是什么意思？”贺若弼回答说：“高颎是臣的故友，杨素是臣舅父的儿子，所以我知道他们的为人。那些话，我确实是说过的。”高颎是有文武大略的人，不仅在杨坚建隋、灭陈过程中立下大功，而且对隋文帝时期的经济繁荣做出了巨大贡献，贺若弼因自己为没有当成宰相而中伤高颎，这自然不对。至于杨素，心术不正，奸狡过人，说他点坏话，也并不算过分。但是当时的公卿，都认为贺若弼对朝廷心怀不满，罪该当死。隋文帝因而问贺若弼说：“大臣们主张按照法律办事，你还有什么活下去的理由吗？”贺若弼回答说：“臣因陛下威灵，率领八千士卒渡过大江，生擒陈后主，我想这就是不应被处死的理由。”隋文帝说：“这我已经格外重赏，为什么还要重提这件事！”贺若弼说：“臣虽已经受到格外赏赐，现在还希望能受到格外的优待，使我活下来。”隋文帝思考了数日，最后还是念他灭陈之功，特令免于处死，削除官爵，除名为民。一年之后，贺若弼虽然又恢复了宋国公的爵位，但隋文帝对他心存猜忌，已不再重用，只是在赐宴时，待之亲厚而已。

开皇十九年（599年），突厥使者入朝。隋文帝举行射箭表演，突厥使者一箭中的。隋文帝为了不丢面子，想挑选一名将领同他比试，考虑再三，认为除贺若弼外，没有谁能胜任，便命令贺若弼执弓射箭。贺若弼果然不负所望，一发而中。隋文帝非常高兴，对突厥使者说："此公乃天赐我也！"但是，就在这一年，宰相高颎得罪隋文帝和独孤皇后，贺若弼认为他无罪，站出来为他说情，从而激怒了隋文帝。同时，隋文帝、独孤皇后又正密谋废太子杨勇，立次子杨广为太子，而贺若弼与太子杨勇的关系非常密切；再加上灭陈以后，贺若弼想做宰相不成，又想出镇扬州、荆州（治所在今湖北江陵），隋文帝认为荆、扬二州是作乱之地，所以对他更加猜疑。因此，贺若弼又一次被捕入狱。后来，隋文帝可能觉得做得过分，才又把他释放了。

仁寿四年（604年），太子杨广杀掉隋文帝，自立为帝，他就是历史上著名的刚愎自用、荒淫暴虐的隋炀帝。贺若弼与隋炀帝早有嫌隙。在灭陈之后，隋炀帝曾以贺若弼违军令而加以囚禁。后来，隋炀帝阴谋诬陷太子杨勇，取而代之，贺若弼又与太子杨勇亲善，这更加深了隋炀帝对他的不满。隋炀帝在被立为太子后，曾问贺若弼："杨素、韩擒虎与史万岁俱称良将，他们三人谁更能干一些？"贺若弼回答说："杨素是猛将，非谋将；韩擒虎是斗将，非领将；史万岁是骑将，非大将。"隋炀帝听后，对贺若弼更是觉得无法容忍。所以，他即位之后，就寻找机会想收拾贺若弼。大业三年（607年），隋炀帝巡视北部边塞，贺若弼随行。隋炀帝到达榆林（今内蒙古托克托县南的黄河对岸），为了向突厥显示朝廷的威风，命令宇文恺修了一座规模宏大而豪华的行宫，大宴突厥启民可汗及北部各族酋长贵族，并赐给启民可汗帛两千万段，其余首领也按地位高低分别赏赐许多财物。他还下令修筑长城。隋炀帝这些劳民伤财之举，引起高颎、宇文弼（音bì）等许多大臣的非议，贺若弼也私下议论他宴请启民可汗过于奢侈。隋炀帝得到密奏，便以诽谤朝政的罪名，将六十四岁的贺若弼和高颎、宇文弼三人同时处死，并把贺若弼之妻及其子贺若怀亮没为官奴。不久，贺若怀亮也惨遭诛杀，家中其他人众一律被流放边疆。

贺若弼晚年居功自傲，忘掉他父亲锥舌之戒，终于惨死在隋炀帝的屠刀之下。但他首先率军横渡长江，攻占京口，进据钟山，牵制并击溃陈军主力，为隋朝占领建康，灭亡陈朝，统一全国做出了巨大的贡献，他的历史功绩是不可磨灭的。

邱久荣

作者邱久荣，毕业于中央民族学院历史系，中央民族大学教授。主要著作有《中国统一多民族国家的形成》等。1993年获国务院颁发政府特殊津贴。

初唐开国名将

李勣

李勣个人小档案

姓名：李勣

字：懋功

别名：徐世勣

所处时代：隋末唐初

生卒年：594—669年

官职：太常卿、司空

出生地：曹州离狐（今山东东明）

辅佐君王：唐太宗、唐高宗

军事成就：北抗突厥、东征高句丽

封爵：英国公

谥号：贞武

追赠：太尉、扬州大都督

最得意：攻灭高句丽

最失意：结拜兄弟单雄信被杀

李勣

李勣，本名徐世勣，字懋功，是我国民间传说中一位颇有名望的大将。他的名气，最初显扬在著名的瓦岗寨，在坊间小说《说唐》里，他是隋末瓦岗军的一名关键人物，是属于摇羽毛扇子的出谋划策者。后来，他又一次扬名在征东战争中，唐太宗征高丽的战争，他是主要将领之一，立下了显赫军功。最后，他又作为太宗临终前的托孤老臣出现，是辅佐新主高宗的顾命大臣。因此，李勣的一生政治生活是丰富多彩的，在初唐历史上起着很重要的作用，尤其作为初唐时期的名将，战绩显著。史上常把他和唐初另一位大将李靖并列，称为“二李”。《旧唐书》说：“近代称为名将者，英、卫二公，诚凌烟之最。”英是指李勣，唐王朝封之为英国公，卫即为李靖，唐封为卫国公。凌烟，指凌烟阁，是唐朝为表彰兴唐功臣，设置他们图像的地方。

李勣的一生约可分为五个阶段：第一，瓦岗英雄；第二，唐朝统一天下的功臣；第三，北抗突厥的主将；第四，征辽战争的统帅；第五，兢兢业业的辅佐老臣。

瓦岗英雄

李勣原姓徐，父亲徐盖原为曹州离狐（今山东东明东南）人，后来迁居到滑州之卫南（今河南濮阳西南），是当地的一个颇有社会影响的富豪。据史书记载，他家“多僮仆，积粟常数千钟”。钟是古代计量单位，一钟约当于六斛四斗，那么李勣家是一个收入相当不小的大地主。但是史书上又载，徐盖父子二人都乐善好施，经常接济贫穷人家，不问亲疏，一律给予照顾。也正由于此，他在曹、滑一带，颇受到人们尊敬。新、旧唐书都说李勣从十七岁那年参加翟让的瓦岗军。但是从他的一段自述（《资治通鉴》卷二〇一）来看，大约比这还早就参预了武装的反隋斗争：“我年十二三时为无赖贼，逢人则杀。十四五岁为难当贼，有所不惬（不高兴）则杀人。十七八为佳贼，临阵乃杀之。二十为大将，用兵以救人死。”现在一般认为李勣在大业七年（611年）至大业八年（612年）之间参加瓦岗军，那么他在此以前“为无赖贼”时应为大业二年（606年）或大业三年（607年）左右。不管怎样，他早就是一个积累了丰富战斗经验的民间武装首领。

瓦岗是李勣家乡附近的一个村寨，隋末属于东郡，在今河南延津县东北。大业七年（611年）底、大业八年（612年）初，原隋东郡法曹（管刑狱的小吏）翟让最初在此聚义。后来一贯以仗义疏财著称的李勣也毅然参加了这支反隋武装队伍。初期瓦岗军的领袖尚有单雄信、贾雄等。李勣参加瓦岗军后很快为翟让所重用，成为起义军中的骁勇将领。他对翟让提出一个合理化建议，说：“我和你都是本乡本土人，不应给家乡人带来危害。我们不如进行战线的转移，把作战目标转向宋、郑两郡（今河南荥阳、商丘一带），那里有一段运河，是隋王朝物资转运的枢纽。这里商旅往还，船运不绝。在这条线上邀击隋朝官府的船只，足以资助自己的给养。”翟让采纳了他的意见，经常出其不意地缴获敌人运往江淮地区的马匹和兵器，逐渐壮大自己，很快发展

→隋炀帝像

成一支有万余人的军队。

大业十二年（616年），曾参加隋王朝礼部尚书杨玄感反隋起兵的李密，在杨玄感失败后，经过几年的辗转流徙，也加入了翟让瓦岗军的队伍。李密是个很有谋略的人，为翟让出了许多计策，说服了周围许多小股起义军归附瓦岗，使瓦岗军愈加壮大了。瓦岗军连续攻破荥阳附近的一些县。瓦岗军的壮大，引起了隋王朝的重视，隋炀帝派了富有镇压农民起义经验的悍将张须陀前去攻打瓦岗军。瓦岗军经过严密策划，决定用计战胜轻敌好胜的张须陀。他们利用张须陀“勇而无谋”而又“既骄且狠”的特点，先由翟让带一部分兵到荥阳城下挑战，引诱敌军，骗得张须陀倾巢出动。另由李密和李勣、王伯当等瓦岗将领率精兵千余人，埋伏在荥阳城北的大海寺的一片树林里。等待张须陀追赶翟让军到此，突然出击，把张须陀打得措手不及，立刻陷入包围圈中。这一仗，张须陀全军覆没，张须陀本人也当场被杀死。李勣在大海寺战役中作战勇猛，几次与张须陀遭遇，史称“勣频与战，竟斩须陀于阵”。张须陀是隋王朝在河南一带有名的悍将，张须陀被当场斩毙，“河南郡县为之丧气”，而瓦岗军威势更加雄壮了。这次战役后，李密的威信也越来越高了，他自己周围也逐渐形成一股力量。翟让承认既成事实，让李密另建一个指挥中心，号为“蒲山公营”。但从此以后，瓦岗军内部明显分裂为两派，两派之间的矛盾最后终于不可调和。

李勣在瓦岗军中始终能够从大局出发，希望翟、李之间的裂痕能够弥合，不至于越来越深。大业十三年（617年），李勣和王伯当曾共同去劝说翟让奉李密为盟主，这样瓦岗军才能够有一个统一的指挥。翟让同意了他们的意见，共推李密为魏公，正式即位称元，并设置三司六卫等官制，封翟让为上柱国、司徒、东郡公，任命单雄信和李勣各为左、右武侯大将军，统领三军。这时瓦岗军成为中原最大的一支反隋起义军和各家义军的盟主，“赵、魏以南，江淮以北，群‘盗’莫不响应”。

瓦岗军的大魏政权建立后，李勣又立了几次重大战功。一次是大业十三年（617年）初，隋东都小朝廷命王世充向瓦岗军进攻，李密派李勣前往迎敌，李勣“以奇计败世充于洛水之上”。这次战役，新、旧唐书李勣传语焉不详，但从李密以此次李勣的战功拜他为东海郡公来看，这次战功还是不小的。李勣在瓦岗军立有大功，最重要的一次是瓦岗军奇袭黎阳仓之役。这次战役时在617年秋，这时河南山东大水，饿殍满野，隋王朝死死守住几个大仓，死者日数万人，全国老百姓恨透了隋王朝，天下形势对瓦岗军十分有利。李勣见时机已经成熟，便向李密献计说："天下大乱，本是饥饿造成，假若我们能再取得一大粮仓，就大事可成了。"李密立即派李勣率军五千，从原武（今河南原阳西南）渡河，会合附近各家起义军，齐攻黎阳仓。战争不到一天，就解决了问题。瓦岗军开仓号召人民取食，同时乘势招兵买马，十天间，就新招收义兵到二十多万人。使瓦岗军扩大了几倍。大魏政权控制的地盘也随之扩大。至此，连同这年春天洛口和回洛仓之得，瓦岗军已从隋军手中完全取得了隋王朝最大的三个粮仓，隋王朝在中原的力量仅仅局限于洛阳周围一小片地区了。

不久，瓦岗军内部终于发生了公开分裂，李密设计暗害了翟让，同时被杀的还有翟让的哥哥翟弘等人。事变时，单雄信、李勣全都在场，李勣受到了误伤，单雄信当场表示愿意听命于李密。这一次农民军内部的火并，自然引起了很不好的后果，但此后瓦岗军并未因此瓦解。李密对单雄信、李勣仍旧予以重任，把受伤的李勣扶到自己的帐中，亲自为之敷伤，然后命令单、李二人分领翟让的部众。从下面几件事可以看出李密和李勣两人，在处理内部的关系上，尚都能以大局为重，李密基本上对李勣仍委以重任，李勣则对李密和瓦岗军依然表现出忠心。例如，大业十四年（618年），李密的重要谋士房玄藻因往窦建德处联络，途经卫州（今河南淇县南）被当地割据武装王德仁所杀，李密所专任讨伐王德仁的主将便是李勣。李勣很快击败了王德仁，完成了任务。宇文化及缢杀隋炀帝后北上，军锋直指瓦岗军控制的地区，李密也把重镇黎阳（今河南淇县东北）交给李勣把守。宇文化及进攻黎阳很猛，李勣深沟壁垒固保黎阳仓城，李密以军两万在黎阳南的清淇，与之烽火相应，相互声援，使宇文化及无计可施。最后，李勣挖地道突然出击化及，打得化及军狼狈逃窜。此后，李勣作为瓦岗军的黎阳镇守，一直确保着大魏政权的北境，直至李密的失败归唐。

后来，李密为王世充所乘，失掉瓦岗军的主要据点虎牢、洛口仓城、金镛城后，还一度想"北守太行，东连黎阳"，依靠王伯当和李勣的武装力量"以图进取”，恢复大魏政权。可见李密对李勣直到此时仍是信任的。只是因为大部分部众众心离散，李密觉得不可挽回，才决定西向投唐。从李勣方面，一些做法也是很得体的，当时他“据李密旧境，未有所属”。这时，魏征已随李密至长安，写了一封信给李勣，劝他早日降唐。李勣在没有归属的情况下也决定投唐，但是他考虑到不能出卖李密，应当把归顺之功归之故主方能显示他的忠心。因此他对部属郭孝恪说：“这里的每一寸土地每一个民众，都是魏公（指李密）所有，我若上表献之，就是邀人之功，这是耻辱的不义行为。现在应当把郡县户口士马之数全数报告给魏公，然后让他自己向唐王朝表献”。他派了郭孝恪到长安，并未向唐献表，而把报表交给了李密。唐高祖听说李勣的代表来到了长安，但并未上献表，只是与李密一封书信，觉得很奇怪。郭孝恪向唐高祖如实反映情况后，高祖深为感叹，认为李勣这种做法“不背德，不邀功”，实在值得表彰。唐高祖立即任命他为黎州总管、上柱国，封为莱国公，并赐给他姓李。从此李勣就再不叫徐世勣而改名李世勣了，后来又因为避唐太宗李世民的讳，而称为李勣。李密投唐后，有些反悔，因此在武德元年（618年）底，又准备叛逃到东方，规复旧业，但走到中途熊州（今河南宜阳境），便被唐军盛彦师部斩获，唐高祖李渊把李密的首级派人送到黎阳，向李勣传示，并告知他李密的叛逃情况。李勣表示了对李密的最后忠诚，史称他“北面拜伏号恸，表请收葬”，然后他“备君臣之礼”，“大具仪卫”，全军戴孝，以隆重的仪式把这位故主葬于黎阳山南。他的这一做法，深受当时舆论的赞扬，“朝野义之”。

唐朝统一天下的功臣

李密失败后，李勣也结束了瓦岗英雄的政治生涯，而成了唐王朝李渊父子的王臣。这时，隋末农民战争亦发展到了统一战争的阶段。从武德二年（619年）至武德七年（624年），李勣作为唐王朝的重要将领，在唐王朝统一天下的战争中做出贡献，先后参加了东平王世充、窦建德、刘黑闼和南定辅公祏的战争。

李勣归唐后，被署为黎州总管。黎州即黎阳，在今河南浚县附近，此地南临大河，是洛阳东、北边的重要战略要地，王世充和窦建德都想取得这块地盘，因此李勣当时处境非常困难。高祖武德初年，派宗室李神通为山东道安抚大使，专门负责收抚瓦岗故境和讨伐王世充、窦建德部众事宜。当时窦建德势力正盛，山东城邑多归建德，李神通所带的唐军大部溃散，只好逃到黎阳李勣处，与李勣共同保守唐军在河南的这块最后据点。窦建德攻克黎阳，将李勣父亲李盖（即徐盖）、李神通、唐高祖的妹妹同安公主以及作为唐使来到东方的魏征等全部俘虏。李勣曾一度率数百骑逃出重围，后因父亲被俘，又向建德表示归降。窦建德仍用李勣镇守黎阳，令为左骁卫将军。但对李勣表示不放心，常使其父李盖自随，实际是充作人质。

但李勣仍归心大唐，几次与唐政权联系。他曾帮助唐政权派往淮左的安抚大使夏侯端，在淮海一带发展势力，使“东至于海，南至于淮，二十余州”，皆向唐朝归款。以后又几次与手下谋士郭孝恪谋划，企图在窦建德内部发动兵变，暗杀窦建德。武德三年（620年），终于联络了魏郡地方武装势力李商胡（李文相）在中潬（今河南孟州）举行兵变，李商胡将窦建德部将二十三人用酒灌醉，全部杀死，另用巨舟诱载窦兵三百人，沉入黄河中淹死。李勣是这次兵乱的主谋，但没有来得及响应，就被窦建德妻兄曹旦发现，李勣只好率郭孝恪等数十骑逃奔长安。上述这些事件，都说明李勣自瓦岗失败归顺唐朝以后，一直忠心于唐政权，不是那种首鼠两端之徒。

→初唐的铠甲

武德三年（620年）底至武德四年（621年）夏，李勣随秦王李世民在东方继续与王世充、窦建德作战。李勣所部主要对付王世充的太子王玄应。王玄应驻大军于荥泽（今河南荥阳东北）和汴州（今河南开封）沿黄河一线，李勣率兵突击于管城（今河南郑州），败之。并使郭孝恪说降王世充在荥州（今河南荥阳）、汴州（今河南开封）和阳城、阳翟（今河南禹县一带）的刺史、县令，使王世充在荥、汴地区的统治全部瓦解，迫使王世充太子王玄应奔还洛阳。不久，李勣又受令略取武牢（即虎牢，今河南温县南）。王世充守将沈悦请为内应，李勣连夜出兵应接，城遂拔，当场俘虏王世充的悍将、他的侄子王行本。虎牢为黄河岸边的军事重镇，唐军掌握此要地，等于拦腰截断了当时窦建德和王世充的联盟。李世民曾正确分析说："世充兵摧食尽，上下离心，不烦力攻，可以坐克。建德新破（孟）海公，将骄卒惰。吾据武（虎）牢，扼其咽喉，彼若冒险争锋，吾取之甚易。若狐疑不战，旬月之战，世充自溃。城破兵强，气势自倍，一举两克，在此行矣。"果然不出所料，"将骄卒惰"的窦建德竟然"冒险争锋"，上了李世民的圈套。这天，李世民预先在虎牢东二十余里的两道旁，依次埋伏好李勣、程知节、秦叔宝等骁骑，自己只带尉迟敬德等四人到窦营故意挑衅，引得建德大军五六千骑出击，被李世民引入伏击圈内，李勣等出兵奋击，斩首达三百余级，窦建德两员大将殷秋、石瓒当场被俘。这一突袭，大伤窦军元气。到这年的夏天，窦建德军终于完全被唐军击溃，窦本人被俘于牛口渚（今河南荥阳西北），窦军降者五万人。几天后，王世充也被迫献孤城洛阳投降。投降的世充诸将中，有单雄信为李勣"誓同生死"的故交，按罪应判死刑。李勣向李世民力保，愿以自己的官爵来赎单雄信之罪。几经请求，没有获得李世民的许可。在单雄信临刑时，李勣与之哭别，并从自己臂上割下一块肉给单雄信吃下，对他说："使此肉随兄至地下，表示我不负旧誓罢了。"

东方平定后，李勣成为唐朝的大功臣。当李世民率师凯旋长安时，论功行赏，李世民为上将，李勣为下将。向太庙献俘告捷的那一天，李世民和李勣都身披黄金甲，后随铁骑万匹，前后鼓吹，浩浩荡荡的队伍，十分威武。

武德五年（622年），李勣又奉命讨平东方窦建德的余党刘黑闼和徐园朗部。平定刘黑闼战争中，李勣曾力战刘的主将高雅贤，使之受到重伤，不久亡毙。徐园朗之平，李勣受命为唐河南大总管，全权负责征讨，最后徐园朗军崩溃，逃至海外，为百姓所获。李勣振师而还。

李勣参加讨平江南辅公祏的战役，是在武德七年（624年）。当时辅公祏军威正盛，遣将冯慧亮等率舟师三万屯宣州当涂西南的博望山（今安徽当涂境内），又派大将陈正通等率步骑驻扎在当涂东南的青林山，同时以铁锁链封锁江面。唐军用宗室李孝恭和李靖、李勣为主将，水陆两路向辅公祏进攻。李勣负责陆路，率步骑一万，渡过淮水，克寿阳，军次硖石山（今安徽凤台西南），然后和李孝恭等的水军在当涂会师。这时孝恭等已攻破舒州（今安徽潜山、安庆一带），与李勣陆军合攻芜湖，胜后又连续向博望山及青林山进攻。辅公祏大将冯慧亮等坚壁不动。李靖建议用诱兵计引诱冯军出战，然后以大军伏击之，把冯慧亮打得大败，唐军乘胜追击，迅速攻克了博望和青林二山的敌军驻防，辅公祏军损失万人之多，其大将冯慧亮等遁走。又遇到李勣大军的邀击，最后只剩下十余骑奔走。此时，李靖军已先至丹阳，辅公祏大惊失色，慌乱中拥兵数万，弃城东走，途遇李勣追兵，数万人一时并溃，最后只剩下五百人逃到句容，南遁至武康（今浙江杭州北），为李勣部下骑兵所追斩。至此，江南悉平。

唐朝进行的统一战争，在当时是符合人民的愿望和历史发展要求的。李勣作为统一战争的重要战将，他的赫赫战功，也是对我国历史发展的一大贡献。

李勣为唐王朝的统一天下的战争，立下汗马功劳后，从武德八年（625年）以后，又率师北上，为捍卫唐王朝北部边境的安定，保卫北方人民生命财产的安全和取得正常的农业生产条件，而与突厥贵族的骑兵，进行艰巨的战斗。

北抗突厥的主将

突厥是我国北方境内的一个古老民族，从北朝时期强盛起来，隋末唐初，成为一支强悍的经常给农业生产区域带来祸患的武装力量。尤其是唐太宗统治后期，突厥颉利可汗对唐朝不断欺凌，勒索无厌，欲壑难以满足时，便继之以兵。从唐朝建国的第二年（619年）至唐太宗即位（626年）的八年间，突厥大举进犯唐朝，达到八次之多。每次南下，都给北方人民带来极大灾难，不但掠夺财物，而且还“俘虏其人”以做“赀口”（奴隶）。以致八九年间，“边州略无宁岁”。

唐王朝统一以后，有了反击突厥贵族南下骚扰的条件。因此唐太宗即位以后，一直积极做准备，一方面扩大府兵队伍，充足兵源，另一方面扶植中小地主出身的建有军功的下层将领，使对外战争和他们进阶升官紧密联系起来。另一方面，突厥方面却由于上层贵族的分裂和下层牧民的反抗，不断削弱。正是在这样双方都对唐朝十分有利的条件下，唐太宗发动了反击突厥的战争。

资治通鉴 卷一百九十一

……吾接位日淺，國家未安，百姓未富，且當靜以撫之。一與虜戰，所損甚多，虜結怨既深，懼而脩備，則吾未可以得志矣。故卷甲韜戈，啗以金帛，彼既得所欲，理當自退，志意驕惰，不復設備，然後養威伺釁，一舉可滅也。將欲取之，必固與之，此之謂矣。

→《资治通鉴》中有关唐朝攻灭突厥的记载

在这一战争中，李勣是唐太宗的主要将领之一，他和李靖，是平定东突厥的主要功臣。早在武德八年（625年），李勣就已被调到北部边境，任并州行军总管，反击突厥于太谷（今山西太谷）。贞观三年（629年），北伐突厥的战争，李勣又被任命为通汉道行军总管，李靖、李道宗、柴绍等各为定襄、灵州等道行军总管，共分五路军十余万人，皆受李勣节度。第二年，战役正式开始。李勣军出云中（今山西大同），与突厥颉利可汗遭遇，大战于白道（今内蒙古武川）。突厥战败，屯于碛口（今内蒙古苏尼特右旗西），遣使向唐求和。这时李勣与李靖共同商量后，决定施一缓兵计，麻痹颉利：先同意派使臣唐俭与之谈判，实际趁其不备，突然袭击，使之毫无防备。李靖派部将苏定方为前锋，突然出现在突厥大帐前，颉利仓促应战，狼狈败走，李靖大军继进，突厥大溃，李靖军斩敌达万余人，俘获十余万。这就是有名的定襄大捷。颉利率余众逃至碛口时，进一步遭到李勣的拦截，其大酋长等皆来降唐，李勣也俘获了将近五万余口。颉利在逃奔途中为唐大将张宝相所俘。这样，横暴一时的东突厥被唐朝征服了，免除了北部边境的威胁。唐王朝也扩大了版图，西起阴山，北至大漠的广袤地带皆成为唐帝国的疆域。战胜回师后，李靖和李勣功勋为最，李靖被唐太宗封为代国公，李勣以功授光禄大夫行并州大都督府长史。过了几年，唐太宗又封李勣为英国公，仍命他驻守并州（今山西太原）。李勣镇守北部边境共达十六年之久，到贞观十五年（641年）才召回任兵部尚书。他在并州任上，“令行禁止，号为称职”，受到边郡人民的爱戴。唐太宗夸赞说：

“隋炀帝不能精选贤良，安抚边境，只会修筑长城，以备突厥。朕今委任李勣镇守并州，突厥畏威，百姓安宁，岂不胜似远筑长城吗？”

贞观十五年（641年），薛延陀部落南侵已经投顺唐朝的突厥阿史那思摩部，李勣调中央还未起程，便又奉命率师北上，主持讨伐薛延陀部的战争。薛延陀本为北方民族铁勒的一个部落，隋及唐初，曾依附于突厥。唐太宗为拉拢薛延陀对付突厥，曾特封薛延陀首领夷男为真珠毗伽可汗。颉利可汗的突厥汗国亡国后，薛延陀乘机发展势力，把北方部落回纥、拔野古、同罗、仆固等都置于自己的统治之下，逐渐成为拥有精兵二十万的强大汗国。夷男乘唐太宗东征高丽之机，企图南下吞并大漠以南的突厥阿史那思摩政权。思摩抵御不住夷男二十万重兵的进攻，向唐朝求援。唐太宗立刻命令李勣进击。这次，李勣被任命为朔州道行军总管，率兵六万，抵御薛延陀的主力。另外，唐朝还派了营州都督张俭率东北各部落从东边向薛延陀施加压力，派李大亮为灵州（今宁夏灵武）道行军总管，从西边给李勣做应援，其他还有张士贵、李袭誉等共五路大军来对付薛延陀。大军临行前，唐太宗面授机宜说：“应当烧尽草原的牧草，逼得薛延陀部众‘粮糗日尽，野无所获’的情况下，再奋击进攻，一定会一举攻破。”李勣等按照唐太宗的战略部署，分路大举反击薛延陀军。李勣一支，率轻骑直追薛延陀军于大青山，斩其名王一人，俘获其首领和部众达五万余人。这次战争，薛延陀军大败，退至漠北时又遭大雪，人畜被冻死者十之八九，军事和经济实力都大大削弱。

↑ 突厥吊挂佩刀的束带

贞观十九年（645年），真珠毗伽可汗之子多弥可汗又一次乘唐太宗征辽之机，再次发动南攻。唐军早有充分准备，北境四路大军严阵以待，吓得多弥赶紧退兵。接着薛延陀内部发生内战，回纥和同罗、仆固诸部起兵反抗，多弥各首领之间也相互不和，发生内讧。唐太宗乘机派重兵再次北进，另一面命李勣联络回纥等九姓酋长共袭薛延陀可汗于其王庭郁督军山（今杭爱山），迫使其首领投降。李勣纵兵追袭北逃者，斩杀五千余人，俘获三万余部众，终于灭亡了薛延陀汗国。北方诸部落纷纷请求内附。这年秋天，当唐太宗来到泾阳（今陕西泾阳），召集回纥、拔野古、同罗、仆固等十一个部落使者会见时，诸使者皆说："薛延陀暴虐无道，自取败亡。我们愿归命天子，愿赐哀怜，收留部众。"唐太宗十分高兴，命令盛宴招待这些使者。铁勒诸部又相继遣使请求唐太宗做各部落的"天可汗"，成为天下之主。第二年，唐太宗命令在回纥等地区设立了六个都督府七个州，仍以原来各部酋长为都督和刺史。在今内蒙古五原设"受降城"和燕然都护府，统率六府七州。在回纥、突厥地区还开辟了一条驿道，号为"参天可汗道"，分设六十八个驿站，备有马匹和酒肉供给来往行人。通过薛延陀战争，唐王朝的势力远达到漠北广大地区。唐朝平定薛延陀的战争，李勣是主要将领之一。他又一次创立了重要功勋：薛延陀的主要指挥中心郁督军山是他攻破的，薛部的大首领梯真达官是他受降的，薛延陀可汗咄摩支的最后归顺，也是李勣命人从荒谷把他"招慰"回来，送到京师的。

征辽战争的统帅

隋末唐初的高丽，系指今我国辽东半岛和吉林省一部，以及朝鲜北部部分，因此当时隋、唐王朝对高丽的战争，又称征辽战争或辽东战争，是我国东北地区的一次边疆战争。

唐太宗击败东突厥后，在北方、西北边疆地区都取得了统一战争的胜利，所以到贞观中期，也想着手解决东北边疆的问题。贞观初年，他曾对部下表露意愿说："今天下大定，唯辽东未宾"，但当时许多大臣都表示反对，主要考虑到隋炀帝征辽战争的惨败，怕唐王朝也重蹈覆辙。唯独当时已任兵部尚书的李勣表示了对唐太宗的支持，他认为辽东战争早晚必定会发生，早打可避免祸患，显出他超越常人的远见。这时，唐太宗较为慎重，没有及时出兵战争，而是一方面等待时机，另一方面做充分准备。他命令将作大监阎立德到江西造大船，以备海战，又命太常卿韦挺为馈运使，准备充足的军粮。另外，派出兵部职方郎中（掌管地图和四方职贡的官）陈大德出使高丽，暗地调查高丽全境的山川风俗和地理险要之势。

贞观十六年（642年）以后，征辽条件逐渐成熟了。当时朝鲜半岛南部的新罗和百济，都希望和唐王朝友好相往，进行经济文化交流，而高丽却在北部称霸，阻挠朝鲜半岛和唐王朝的正常往来，使他们“闭其道路，不得入朝”。这种霸道行为，是违反当地人民利益的，也严重危及了辽东地区经济、文化的发展。新罗、百济对高丽十分不满，急切希望唐王朝能解除这一羁绊。另外，高丽统治阶级内部也发生了尖锐矛盾，其西部酋长泉盖苏文，强行霸道，擅杀高丽大臣一百多人，并杀害愿与唐朝保持友好关系的国王高建武。泉盖苏文擅政后，自称莫离支（宰相兼兵部尚书），在国内严刑峻法，虐待人民，又火烧仓库，弄得民怨沸腾。所以到644年，唐太宗为了解救与唐有密切关系的新罗等国的危难，同时也为了使辽东人民免遭暴政之苦以及扫除阻碍东北各族与唐联系的障碍，决定亲自挂帅，率兵攻打辽东。

唐太宗时辽东战争共进行了三次。第一次征辽开始在贞观十九年（645年）春，止于此年秋，共约半年有余。唐太宗这次征辽前，发了一个诏书，说明讨伐高丽，是因为“高丽盖苏文弑主虐民”，唐军征辽则为“以顺讨逆”“以治乘乱”“以逸待劳”“以悦当怨”，理当会取得人民拥护。为了扫除隋朝征辽给人民心中造成的阴影，在诏书中亦特加解释：“昔隋炀帝残暴其下，高丽王仁爱其民，以思乱之军，击安和之众，故不能成功”。而此次唐朝征辽，则名正言顺。这次征辽战争，唐太宗除御驾亲临外，任命了李勣和张亮为征辽主帅。李勣被任命为辽东道行军大总管，和李道宗共率步骑六万以及西北少数民族部众若干，从陆路出柳城（今辽宁义县），直趋高丽辽东城（今辽宁辽阳）；张亮为水军统帅，统领水军四万，战舰五百从莱州（今山东莱州）出海，直趋平壤。

贞观十九年（645年）春，李勣率唐军主力进攻辽东城，其副将李道宗、张俭等分两路向新城（今辽宁抚顺）、盖牟（今抚顺东）进军，以阻止高丽援兵。李勣这次攻打辽东，使用了迂回战术，并着重心理战。他首先虚张声势造成欲北攻怀远镇（今辽阳西北）的架势，实际暗中从甬道由通定镇（今辽阳北），出其不意，直抵玄菟（今辽宁新宾县西）城下，使高丽惊慌失措，吓得所有城邑皆关门自守，这一着使高丽锐气大丧。李勣围攻辽东城，昼夜不息达十二天。这是一场激烈的战争，唐军用抛石车、撞车猛攻，高丽则用木制战楼放置城头以挡飞石。后来唐太宗李世民亲临指挥，把辽东城围困至数百重，鼓噪声震天动地。唐太宗命健卒猛登冲竿，放火焚其西南城楼，大火延烧城中，屋宇皆尽。唐军乘势登城，高丽抵挡不住，终于被唐军攻克。唐军继进白岩城（今辽阳东）、乌骨城（今本溪南）。六月，李勣在唐太宗的配合下，围攻白岩城成功，迫使其城主投降。唐太宗在辽东置辽州，白岩置岩州，仍命原白岩城主孙代音为岩州刺史。更大的战争在同月的安市会战。安市城在今辽宁营口东北，历来为重要军事重镇。唐朝和高丽双方在此集中了大量兵力，高丽的南北大都督高延寿和高惠真皆来参战，率高丽、靺鞨十五万人与唐军交锋。唐军一方由唐太宗直接指挥，决定用计取胜。他命李勣将步骑四千，偃旗息鼓，埋伏在敌营北高峰之上，等待时机，突然出击。正面则由长孙无忌率少量军队引诱高丽出击，进入伏击圈后，唐军万马齐踊，鼓噪并进。这一出其不意的打击使高丽兵阵脚大乱，埋伏在山上的李勣乘势率长枪队勇猛追击。他的部下薛仁贵（后来成为名将）在这次战役中初露头角，为了争立奇功，他身着白盔白甲，大呼向前，使敌军望风披靡，唐军乘势而上，高丽大溃。这一战役，唐军获得大量辎重，其中包括战马五万匹，牛五万头，铁甲万领，高丽军伤亡达两万余人，另有三万余请降。紧接着这次战役的胜利，唐军乘势进攻安市城。李勣是这次攻城战的主帅，战争打了三个月，后来因为薛延陀多弥可汗向唐的攻袭，加上辽东地区早寒水冻，士马难以久留，唐太宗才决定暂时撤军。

从贞观二十一年（647年）至乾封三年（668年）的二十年间，唐王朝对高丽又曾发动第二次、第三次直到第五次战争。其中第二次和第五次，李勣仍被任命为陆路最高统帅，名义上都还是辽东道行军大总管。第二次征辽战争因唐太宗的病逝（649年）而中止。第五次征辽战争始于高宗乾封元年（666年），止于总章元年（668年）。

第五次征辽战争的导火线是由于高丽内部的权位之争。乾封元年（666年），高丽莫离支盖苏文卒，长子泉男生继其父相位，弟男建、男产不服，设计推翻了男生的统治，由男建自立为莫离支。男生逃奔于外，遣子向唐求救。唐高宗始命大将契苾何力等为征辽统帅，后为加强指挥，任命当时已经七十余岁的老将李勣为辽东道行军大总管，其他人皆为他的副手，并规定水陆诸军总管及运粮使等事宜一律受李勣节度。李勣在乾封二年（667年）渡过辽水，渡辽时对诸将说："新城（今抚顺）为高丽西部要害，若得此城，余城唾手可得。"他命令集中力量进攻此城，很快将城攻克。李勣留下契苾何力等留守，自己又引兵继续进军，先后攻克十六座城，然后率大军齐向金山（今辽宁海城），在此与高丽进行大规模会战。会战在薛仁贵等猛将的努力下，取得辉煌胜利，高丽军损失近五万人。高丽的战斗力基本丧失后，李勣命令继续向高丽都城平壤进军。总章元年（668年），李勣率大军至平壤城下，围困该城一月有余。平壤城内部发生了新的分裂，高丽王高藏和泉男产等九十八首领持白幡向李勣投降。最后平壤城内又有人请为内应，引唐兵入城，泉男建被擒，高丽乃平。

征辽战争胜利后，李勣作为主帅率领大军凯旋，他们整队进入长安城，和当年李世民平定东方胜利而还同样的隆重，向太庙献俘。第二年，李勣因劳苦功高，德高望重，被唐高宗尊为太子太师。

兢兢业业的辅佐老臣

李勣的一生，和唐太宗的事业是紧密相连的。他的忠诚，他的品德，也深深受到唐太宗的尊敬。如果说魏征是唐太宗文臣中最得力的助手，那么李勣就可以算得上是唐太宗最信得过的和他相处时间最长的武将。唐太宗在诸武将中对李勣评价最高，有一次，他曾从容对诸臣说："当今名将，唯李勣、（李）道宗、（薛）万彻三人而已。"他还把李勣比作边塞的不可战胜的"长城"（前面已说到）。平日他对李勣关怀备至。贞观十五年（641年），李勣在反击薛延陀的战争中，突遇暴疾，医生说可以用胡须的灰末治疗，唐太宗有一把美髯，为了给李勣治病，竟自动剪去自己的胡须，烧成灰，作为药引为之和药。李勣知道了这件事，感动得不得了，以至于"顿首泣血，泣以恳谢"，而唐太宗却说："我这不过是为国家着想罢了，不烦深谢。"唐太宗为表彰有功之臣，曾命人在宫内凌烟阁，将所有功臣的画像都挂上，留给子孙做永久纪念，教导他们不忘江山来之不易，李勣是其中重要的一员，唐太宗命人给他画像后，还亲自写了篇小序在像上。

因为唐太宗感到李勣待人真诚，对唐朝忠心，所以在他晚年以后，为他儿子李治（即后来的唐高宗）选择辅佐大臣，除了至亲长孙无忌（长孙皇后之兄，高宗之舅）和太宗晚年的心腹褚遂良外，武将中唯一看中的就是李勣。贞观十七年（643年）他任命李勣为宰相时，同时任命他为太子詹事兼左卫率，专职教育和辅弼皇太子的成长。唐太宗语重心长地对李勣说："我儿新登皇储之位，卿为旧人，现把太子东宫大事全交付给你了，请劳心吧。"又有一次在宫宴期间，太宗再一次把太子托付给李勣，亲切地对他说："我把幼儿托付给你，是因为思之再三没有更比你合适的人选。公往日不负李密，今天也一定不会辜负于我。"这些话使李勣深为感动，他咬指出血，表示决心要一心辅佐幼主把国家搞好。在这次宴会上，李勣喝得酩酊大醉，唐太宗见他沉睡了怕他受凉，竟把自己身着的御服脱下，给他盖上。可见唐太宗对李勣十分信任和关心。

唐太宗对李勣的信任，还表现在他让李勣参与了两次皇室内部的宫廷斗争。第一次在贞观十年（636年），唐太宗的第五子齐王李祐，在舅父阴弘直等的掇弄下，暗地网罗了一批不三不四的"剑士"，图谋不轨。唐太宗派去专司管教他的王府长史权万纪，是个生性耿直的人，见李祐屡为不法，常常犯颜切谏，甚至于严格到不许李祐随便出入，把他周围一批来历不明的人物一律驱出。这使得李祐更加反感，便派人把权万纪刺杀。然后在周围不法分子的支持下，阴谋起兵，反抗朝廷。他大开官库对周围亲信滥赏，又驱赶城内外十五岁以上男子悉数当兵，滥署官职，封为拓东王、拓西王等名号。唐太宗对李祐的为非作歹十分气愤而又痛心，一面写了一封词恳意切的信交给李祐，自称没有教育好儿子而"上惭皇天，下愧后土，叹惋之甚，知复何云？"另一方面派出李勣主持这次对亲生儿子的征讨。李勣大军压境，引起齐王李祐一伙的慌乱，所辖境内的青、淄诸州先不从命，其他各县也都一概不再听李祐的命令。李祐又准备逃跑到当年窦建德等聚义的豆子�中隐伏起来，被部下所捉获，擒送到长安处死。另一次是废太子李承乾事件。李承乾本为太宗长子，贞观初立为皇太子，后来在声色犬马的生活中，越来越奢侈腐化，史称他"漫游无度”“智足饰非”，而又为人非常虚伪，当面一套，背后一套，常常是“每临朝视事，必言忠孝之道，退朝后，便与群小亵狎”。后来又与唐太宗四子魏王泰互相钩心角斗，争权夺利，“各树朋党”，形同水火，搞得整个宫廷略无宁日。李承乾有一宠幸号曰“称心”，承乾日夜与之歌舞享乐，唐太宗派人把这个人杀掉，引起承乾对父亲的严重不满，“自此托疾不朝参者辄逾数月”，整天泡在宫中，“命户奴数十百人专习伎乐”，“剪彩为舞衣”，“昼夜不绝，鼓角之声，日闻于外”。承乾与太宗的矛盾越来越深，终至发展到勾结外臣谋反。当齐王李祐在山东起兵时，李承乾也蠢蠢欲动，对亲信纥干承基说：“我所居宫墙离皇帝所住仅仅二十来步，在这里动手，岂不比齐王大大方便吗？”太宗闻知了李承乾的谋逆行为，决心把这个不肖子废掉，另立太子。他派了长孙无忌和李勣等审理这个案件，事皆验明后，把承乾废为庶人。这次事件使唐太宗十分伤心，他把诸臣都遣出后，独对长孙无忌、李勣等悲戚地说：“我三子一弟（指太子承乾、齐王祐和魏王泰，以及汉王元昌），所为如是，我心诚无聊赖（觉得活着没有意思）。”气得甚至要在床上撞头，又要取佩剑自刎。长孙无忌和李勣等百般劝谕方止。征求他们的意见后，唐太宗决定另立晋王李治为太子，就是以后的唐高宗。

唐太宗于贞观二十三年（649年）病逝。死前，他曾故意把李勣从朝廷调出为叠州（今青海、甘肃交界处）都督，暗中对儿子李治说：“我之所以这样做，是因为你对李勣无恩。我死之后，你再把他调回来做宰相，他自然会对你感恩戴德，为你效力。”李勣得任命后立即上路，毫无犹疑。这里亦可看出唐太宗的良苦用心和李勣对唐朝的极度忠诚。高宗即位后，立即把李勣召回，任为“参掌机密”的宰辅大臣。高宗对这位辅弼老臣同他父亲一样倍加尊重，当李勣病时，他亲临慰问，有一次李勣乘马伤足，高宗不但亲自降问，而且还把自己的坐骑赠送给他。高宗的皇后还亲临李勣的故居，去探望和李勣长年友爱、忧患与共的姐姐，送给她衣服，封之为郡主。总章二年（669年），七十六岁的李勣病逝。唐高宗令全国为之举哀，辍朝七日，命令将他的遗体陪葬于唐太宗的昭陵。还按照汉朝卫青、霍去病的故事，在坟前筑起象征阴山、铁山和郁督军山的土丘，象征他征讨突厥、薛延陀的战绩。唐高宗在他出葬之日，登楼临送，一直遥望着李勣的柩车远去才回宫。

李勣之死，也受到满朝文武的追念。他平时对待部下十分体贴，常常归功于人，有些事明明是他为首谋，但当功成之后，都把功劳推给部下。李勣对人十分诚恳，只要听到别人有一点长处，都要给以鼓励。他知人善任，向唐太宗推荐了许多有用的人才，比如后来成为著名大将的张公谨，就是由李勣举荐而知名的。他在瓦岗军中时，他的营帐经常聚集一批有识之士，如魏征、高季辅、郭孝恪、杜正伦等，都曾受到他的礼敬提携，后来终成为有唐一朝的名臣。所以史称李勣“有知人之鉴”。李勣的军事才能，众口皆碑，《旧唐书》本传评论他：“每行军用师，颇任筹算，临敌应变，动合事机。”他成为一代名将，不是偶然的。

→李勣墓出土的铜帽

李勣还有一点值得后人称道的，是他对家庭关系的处理。他十分重感情，《资治通鉴》说他“闺门雍睦”，主要是指对他姐姐的友爱。他姐姐寡居多年，一直与李勣休戚与共，李勣对姐姐十分亲爱和尊重。当姐姐生病时，李勣已经身为当朝宰相，还亲自为姐姐煮粥，因为风大，炉火把须眉都烧掉了，姐姐很过意不去，对李勣说：“家里佣人很多，何必自苦如此？”李勣说：“我是想姐姐年老了，我也年老了，虽想给姐姐多煮几回粥，岂可得乎？”李勣对子孙要求很严，临终前他对弟弟李弼说：“我常见有些大臣辛辛苦苦，一辈子为儿孙后代积攒财富，总希望后代富裕幸福，但常常适得其反，儿孙们往往是败家子，弄得个倾家荡产。我也有儿孙，现在交给你，要严格要求他们，若见有不轨，操行不伦，交游不三不四者，你要急予打杀，千万别留后患。”这些话，对后世养儿孙者犹有重要的启迪作用。

臧嵘

作者臧嵘，毕业于北京大学历史系。人民教育出版社历史编辑室编审，兼任中国教育学会历史专业委员会学术研究会顾问。著有《历史教材纵横谈》《编外史谈》《东汉光武帝刘秀大传》《隋唐五代史论》《中国古代四位名人》等。1993年获国务院颁发政府特殊津贴。

再造唐朝的老将

郭子仪

郭子仪个人小档案

姓名：郭子仪

尊称：郭令公、郭汾阳

所处时代：唐朝

生卒年：697—781年

官职：太尉、中书令、关内河东副元帅

出生地：华州郑县（今陕西华县）

辅佐君王：唐玄宗、唐肃宗、唐代宗

军事成就：平定安史之乱、抗击吐蕃

轶事典故：诚感鱼朝恩、单骑退回纥

封爵：汾阳郡王

谥号：忠武

追赠：太师

最得意：平定安史之乱

最失意：父亲陵墓被盗

郭子仪

唐王朝自高祖至玄宗的百余年中，曾出现过“贞观之治”与“开元之治”，史称盛世。但到唐玄宗统治的后期，皇帝沉湎在花天酒地的生活里，不问朝政，宰相杨国忠专横跋扈，政治极为腐败。同时，节度使率重兵屯驻边镇，中央空虚，形成外重而内轻的政治局面。天宝末年，身兼三镇节度使的安禄山与其部下史思明乘机发动叛乱，史称“安史之乱”。叛乱持续了八年之久，叛军纵横大半个中国，曾攻陷两京洛阳（今河南洛阳）和长安（今陕西西安），几乎灭掉唐朝。幸赖一些文武大臣奋起抵抗，他们在全国人民的积极支持下，终于平定了叛乱，唐朝社稷才得以延续下去。在平叛的诸多将领中，以郭子仪、李光弼的贡献最为突出，他们功勋卓著，实为再造唐朝的两大功臣。

投身于讨伐安史叛军的战斗

郭子仪生于武则天万岁通天二年（697年），卒于建中二年（781年），华州郑县（今陕西渭南）人。出身于官僚家庭，父亲郭敬之，官至刺史。郭子仪体高貌秀，青年时以武举高等入仕，长期供职北部边陲，为军使[1]，过着戎马生活。天宝八载（749年），任横塞军（今内蒙古乌拉特中旗西北）使、左卫大将军。天宝十三载（754年），郭子仪已是五十八岁，近花甲之年，改任为天德军（今内蒙古五原）使，兼九原（今内蒙古五原境内）太守、朔方节度（治所在灵州，今宁夏灵武）右兵马使。

就在郭子仪担任天德军使，兼九原太守、朔方节度右兵马使的第二年即天宝十四载（755年）的十一月，身兼范阳（治所在今北京）、平卢（治所在今辽宁朝阳）、河东（治所在今山西太原）三镇节度使的安禄山，以讨伐杨国忠为名，于范阳发动叛乱。他留部将史思明镇守范阳，自己亲率所部兵众和东北方契丹等少数民族骑兵十五万，大举南下，企图以突然袭击的手段，攻取洛阳和长安。当时，唐朝内地承平日久，州县官吏长期不抓武备，库存的武器大都朽坏，不堪使用。安禄山的叛军所过之处，唐军望风瓦解，未敢抗拒，河北州县相继陷落。唐玄宗在安禄山起兵后，匆忙命令封常清率军镇守东都洛阳，高仙芝戍守陕州（今河南三门峡）。十二月，安禄山击败封常清，进入洛阳，并挥军西向。高仙芝与封常清被迫率兵退守潼关（今陕西潼关），据关扼守。但是，唐玄宗误听宦官边令诚的谗言，诛杀了封常清、高仙芝二将。而后起用卧病在家的大将哥舒翰，率兵八万东讨，与封常清、高仙芝旧部合兵号称二十万，进驻潼关。

→唐人《明皇幸蜀图》

① 唐朝前期戍边军队，大者称军，小者称守捉、城、镇。军、守捉、城、镇长官称使，军设使一人。

唐玄宗在命令封常清、高仙芝分别镇守洛阳、陕州的同时，还委派一些将领讨伐安禄山。这年的十一月，他任命郭子仪为卫尉卿、灵武郡太守、朔方节度使，由北路东进。十二月，郭子仪奉命率朔方军沿黄河东进，首先于振武军（今内蒙古托克托）击败叛军，乘胜收复静边军（今内蒙古和林格尔），南下进入长城之内，于河曲（今山西河曲）再度击败叛军，接着攻取云中（今山西大同）、马邑（今山西朔州）等地，向东进入东陉关（今山西代县西），如一把利剑直插叛军的后方。由于这一系列的胜利，郭子仪因功加御史大夫官衔。

天宝十五年（756年）正月，安禄山在洛阳自称大燕皇帝。唐玄宗命令郭子仪回朔方，招兵买马，以图收复洛阳。郭子仪推荐李光弼为河东节度使，领兵继续东讨河北，自己便返回朔方。他在朔方精选士卒，扩充队伍，然后率军前往代州（今山西代县）。二月，李光弼率军东出井陉（今河北井陉北），进入河北中部，收复常山（今河北正定）。史思明率两万骑争夺常山，激战四十余日，无法取胜。史思明断绝常山粮道，李光弼向郭子仪告急。四月，郭子仪遂率军出井陉，与李光弼合兵十余万，在常山西南九门县大败史思明，然后攻入赵郡（今河北赵县）。安禄山闻知史思明大败，派遣蔡希德率两万步骑以及范阳万余士卒增援史思明，史思明收集亡散士卒，与援军合兵五万。郭子仪与李光弼屯驻恒阳（今河北曲阳），面对强敌，深沟高垒，严阵以待，并采取了敌来则严守、敌去则追击的战略战术，白昼耀兵扬威，夜里偷袭敌营，使史思明将士无法休息。经过几天的对阵，叛军疲惫不堪。于是，郭子仪、李光弼率军出击，于恒阳境内嘉山再次大败史思明，杀敌四万，俘虏千余，史思明狼狈奔逃。郭子仪、李光弼率军乘胜追击，进围史思明于博陵（今河北定州）。唐军声名大震，河北中部十余郡的地方官和军民纷纷起来诛杀叛军官吏，归顺朝廷。

郭子仪与李光弼率领大军向河北胜利进军，加上河南、山东等地唐军的不断袭击，牵制了安禄山叛军的西进，切断了其前后方的联系，使战争的形势出现了有利于唐军的变化。郭子仪本想乘这个有利时机攻取叛军的老巢范阳，迫使安禄山北撤。而安禄山因为后方受到威胁，通往范阳的道路被断绝，军心动摇，一度也想放弃洛阳，走归范阳。但是，唐玄宗求胜心切，误听宰相杨国忠之言，连连遣使催促防守潼关的哥舒翰出关反攻，收复陕州、洛阳。哥舒翰当时虽然拥有近二十万的军队，但都是临时招募来的，没有战斗力。他认为叛军远来，利在速战，唐军凭借险要之地，利在坚守，主张在潼关据险坚守，以打破叛军的速决企图，待其兵力削弱，内部发生变乱时，再大举出击反攻，唐玄宗就是不听。哥舒翰只好在六月带兵出关，结果在灵宝（今河南灵宝）境内被打得大败，全军覆没，哥舒翰本人也被俘。叛军长驱直入潼关，攻占了长安。郭子仪、李光弼听说潼关失守，只好率军退入井陉，河北郡县又复为叛军所占。

收复两京

在长安陷落之后，唐玄宗带着太子李亨及杨贵妃、杨国忠和数千禁军仓皇出逃。在马嵬驿（今陕西兴平西），随行将士举行兵变，杀杨国忠，并迫唐玄宗缢杀杨贵妃。唐玄宗最后逃到成都，李亨转赴朔方。七月，李亨在灵武（今宁夏灵武）即帝位，是为唐肃宗，遥尊玄宗为上皇天帝。唐肃宗下诏令郭子仪从河北班师，然后以他所率领的五万军队为基础，逐步集中西北的边兵，调运江南的财富，充实灵武的力量。八月，唐肃宗任命郭子仪为兵部尚书、同中书门下平章事，仍为朔方节度使，并重新调整各地的军事部署，准备反击安史的叛军。

九月，叛军将领阿史那从礼率河曲等地各少数民族部落的数万骑兵西进，进抵经略军（今内蒙古杭锦旗南），企图从北线进攻灵武。唐肃宗命令郭子仪率军出击。十一月，郭子仪与阿史那从礼大战于榆林境内黄河北岸（今内蒙古托克托），歼敌三万，俘虏一万，获得全胜，保卫了灵武的安全。接着郭子仪率军南下，进驻洛交（今陕西富县）。至德二年（757年）正月，史思明又会同其他叛军合攻太原，企图夺取河东地区（今山西），进而长驱夺取朔方。李光弼在太原顽强坚守，歼灭大量叛军。正在太原之战紧张进行之际，安庆绪杀父安禄山，自立为帝。安庆绪控制着洛阳、长安一带。郭子仪认为，如果攻占居两京之间的河东（今山西永济西蒲州镇），即可进一步谋取收复两京。于是他首先派心腹潜入河东为内应，然后亲率大军由洛交渡过黄河，顺利地攻占了河东，从而为朝廷收复两京创造了有利条件。

唐肃宗看到安禄山已死，图谋大举讨伐叛军。四月，他任命郭子仪为司空、天下兵马副元帅，授以平定叛军、收复两京的重任。郭子仪率军辗转抵达凤翔行在，唐肃宗又以郭子仪为尚书左仆射。九月，唐肃宗命令天下兵马元帅广平王李俶（音chù）、副元帅郭子仪率领朔方等军以及回纥兵共十五万，号称二十万，由凤翔出发，向京城长安推进。在长安西，唐军与十几万叛军展开一场激战，歼敌六万余人，驻守长安的叛军首领张通儒丢弃城池东遁，被叛军占领一年零四个月的都城长安为唐军克复了。接着，郭子仪率军乘胜追击，克复潼关，歼敌五千，张通儒收余众退保陕州。安庆绪得知张通儒失败，长安、潼关相继失守，尽发洛阳士卒奔赴陕州，企图在陕州与唐军决一死战，阻止朝廷军队东进。集结到陕州的叛军很快就增加到十五万人。十月，郭子仪指挥各路军马夹击张通儒，叛军崩溃，张通儒等率残兵奔逃洛阳，陕州又被克复。安庆绪闻其主力战败溃散后，从洛阳渡河北上，退保邺城（今河南安阳），郭子仪不战而下洛阳。

京师长安收复后，唐肃宗率百官由凤翔回到长安，并迎太上皇唐玄宗回朝。十一月，广平王李俶、郭子仪自洛阳入朝，唐肃宗慰劳郭子仪，说："吾之家国，由卿再造。"唐肃宗在灵武即位后，所以能够迅速打败安史叛军，收复两京，主要是依靠郭子仪的朔方军；而收复两京的战争，虽然名义上由广平王李俶担任元帅而以郭子仪为副元帅，实际上担负起全军指挥职责的是郭子仪，李俶不过是挂名充数而已。所以唐肃宗把再造唐朝之功归于郭子仪，这是完全符合事实的。因此，郭子仪入朝后，唐肃宗即以郭子仪为司徒，封代国公。

功高受谗

唐军收复两京后，唐肃宗并没有及时组织大军追击叛军，而是忙于迎唐玄宗回朝，大封功臣。安庆绪便乘这个机会，收集各地的亡散士卒。黄河以南各路叛军相继渡过黄河，集结邺城，加上安庆绪在河北诸郡招募的新兵，十天之内，就聚集起了六万多人。安庆绪企图凭借这支兵力，固守邺城，以对抗唐军。

过了将近一年的时间，唐肃宗才决定出兵北攻安庆绪。乾元元年（758年）七月，他下诏以郭子仪为中书令。九月，命令郭子仪等七节度使及平卢兵马使董秦等率步骑二十万人为主攻部队，命令李光弼等两节度使率部为助攻部队，讨伐安庆绪。唐肃宗认为郭子仪、李光弼都是国家中兴元勋，难以相互统属，没有任命这次出征部队的元帅，而以宦官鱼朝恩为观军容宣慰使，负责节度诸军，鱼朝恩实际上就成为这支部队的最高统帅。

↑ **唐轻骑兵**

十月，郭子仪首先率兵渡过黄河，进至获嘉（今河南获嘉），击败安庆绪大将安太清，歼敌四千余人，然后围安太清于卫州（今河南卫辉）。安庆绪倾巢而出，率邺城兵七万分三路援救卫州。郭子仪将三千弓箭手埋伏于营垒之内，命令他们说：“我军退，贼军必追我，你们即登营垒，万箭齐发。”然后自己率领部分军队与安庆绪交战，佯装败退。安庆绪不知是计，率兵追击。待叛军追到营垒之下，伏兵顿起，矢如雨点，安庆绪被迫后退。郭子仪乘胜率部追击，擒杀其弟安庆和，克复卫州。安庆绪败逃邺城，郭子仪等率兵继续追击，各节度使也率所部赶到。安庆绪在邺城西收兵再战，又遭惨败。唐军前后歼敌三万余人，给予安庆绪以沉重的打击。安庆绪龟缩在邺城内，遭到唐军的包围，走投无路，只好求救于史思明。

史思明本来与安庆绪有矛盾，至德二年（757年）十二月，他在唐军反攻胜利的形势下，率所属十三郡、八万兵及据守大同的高秀岩部投降了唐朝，唐肃宗封他为归义王、范阳节度使。但是，史思明并非真心诚意要归唐。第二年六月，李光弼看出他“终当叛乱”，劝说唐肃宗以曾经劝史思明投降的乌承恩为范阳节度副使，密谋除掉史思明。史思明发觉这一计谋，又杀乌承恩反唐。他在范阳接到安庆绪的求救消息，即率领十三万大军南下，前锋军一万进驻釜阳（今河北磁县），与安庆绪遥相呼应。后又分兵三路南下，攻占了魏州（今河北大名北）。史思明在魏州自称大圣燕王，乾元二年（759年）二月，率兵突然进抵邺城下，并派遣部队伪装成唐军劫掠和焚毁唐军的运粮草船只。唐军十节度使由于指挥不统一，宦官鱼朝恩又从中掣肘，加以将士几个月来长途出征，十分劳累，粮食又缺，军心不稳，因而被史思明击败，遭到惨重的损失。各节度使于是相继退兵，郭子仪也被迫退保洛阳。史思明进入邺城，诱杀安庆绪，留子史朝义守邺城，自己率军返回范阳。后来，在范阳自称大燕皇帝。

郭子仪退保洛阳后，唐肃宗任命他为东畿、山东、河东诸道行营元帅，权知东都留守，图谋反攻。此时，担任观军容宣慰使、应对邺城之败负主要责任的鱼朝恩，却对唐肃宗进谗言，把邺城之败归罪于郭子仪。七月，唐肃宗把郭子仪召回京师，免去朔方节度使、诸道行营元帅之职，以李光弼代之。这位能征善战的帅才和已为朝廷立下大功的老将的罢免，充分反映了唐肃宗时期朝廷政治的腐败和黑暗。

郭子仪被罢官后，在京闲居了一年多时间。上元元年（760年）正月，因西北党项人入侵京畿地区，唐肃宗发布了任命郭子仪为邠宁（治所在邠州，今陕西彬县）、鄜坊（治所在鄜州，今陕西富县）两镇节度使的诏令，但仍然把郭子仪留在京师，只不过借其威名而已。当时，有的大臣认为郭子仪有大功于国，安史之乱尚未平息，不应该闲置不用。九月唐肃宗又令郭子仪率诸道兵七万，自朔方直取范阳，然后南下平定河北。命令下达了十天，由于鱼朝恩从中作梗，一直未能成行。

宝应元年（762年），因太原、绛州（今山西新绛）两地驻军屡有骚动，将杀帅，剽掠不法，朝廷深以为患。这一地区的驻军都是原属郭子仪统帅的朔方兵，唐肃宗担心另派其他的后起将领驾驭不住，才又起用德高望重的郭子仪为朔方、河中等节度使行营及兴平等军副元帅，晋封为汾阳郡王，出镇绛州。这一年，郭子仪已是六十六岁的高龄，但仍不避生死，毅然从命。离京赴任之前，他要求进见唐肃宗。唐肃宗当时正在生病，群臣皆不得见，郭子仪说："老臣受命，将死于外，不见陛下，死不瞑目。"唐肃宗这才召他进入卧内，并对他说；"河东之事，一以委卿。"随后，郭子仪即风尘仆仆地奔赴绛州就任。他果断地擒杀了四十几个首谋作乱的将士，河东地区局势马上稳定下来。八月，郭子仪处理完河东军务入朝。此时唐肃宗已死，唐代宗继立，他宠用宦官程元振。程元振极端嫉妒郭子仪功高任重，屡进谗言，诬告陷害郭子仪。郭子仪忐忑不安，上表请求解除节度使和副元帅的职务，唐代宗遂准其请，再次解除了他的兵权。

郭子仪虽被解除了兵权，但仍然屡遭宦官的谗言诽谤，他只得上书申诉，并把唐肃宗先后褒奖他的一千余件诏书上交给唐代宗。唐代宗看了这些诏书和郭子仪的申诉，对他说了一通安慰的话，表示："大臣忧疑，朕之过；朕甚自愧，公勿以为忧。"不久，唐代宗决定出兵进攻洛阳，讨伐杀父而立的安史叛军的最后一个首领史朝义，他任命雍王李适（音kuò）为天下兵马元帅，并准备重新起用郭子仪，任命郭子仪为副元帅。但是，又因遭到宦官程元振、鱼朝恩的反对而作罢。郭子仪仍然被留在京师闲居。

抗击吐蕃

郭子仪虽不得志，在京闲居多年，又年过花甲，但他依然时刻关注着国家的安危。安史之乱以来，西北边境的驻军东调，防务十分空虚，青藏高原的吐蕃趁机扩张势力，屡屡袭击唐朝边境。郭子仪多次上书，指出："吐蕃、党项不可忽视，宜早为之备。"但是，朝廷却置若罔闻，不予采纳。

宝应二年（763年）初，安史之乱刚刚被平定，河西、陇右之地（今甘肃中部、东部地区）已被吐蕃所占领。十月，吐蕃又攻入关中，占据奉天（今陕西乾县）、武功（今陕西武功），京师为之震动。唐代宗下令以郭子仪为关内副元帅，出镇咸阳，（今陕西咸阳）。郭子仪感到自己又有了为国立功的机会，心里十分高兴。但是，由于长期被废在家，部曲离散，当他出镇咸阳时，随行的人马仅有二十名而已。此时吐蕃拥有骑兵二十万，弥漫数十里，并已渡过渭水，进逼长安。郭子仪派人入奏，请求增派援军，遭到宦官程元振的阻挠，无法上达皇帝。吐蕃越过便桥（长安与咸阳之间渭水桥），唐代宗仓皇不知所措，东逃陕州，官吏鼠窜，禁军逃散，长安陷于一片混乱状态。郭子仪听到消息，忙由咸阳赶回长安，但等他到达长安，唐代宗已经出逃，他只好率三千骑兵南下，前往商州（今陕西商洛），收集逃散的禁军。吐蕃轻而易举进入长安，洗劫府库街市，焚烧房屋，弄得全城索然一空。

郭子仪在商州招集亡散士卒，又得四千人，军势始盛。他抚谕将士，号召共雪国耻，收复京城，将士一致表示，愿听从他的指挥，拼死为之效力。唐代宗到达陕州后，唯恐吐蕃东出潼关，命令郭子仪急赴行在。郭子仪没有从命，他上表解释说："臣不收复京城无以见陛下，我计划兵出蓝田关（今陕西蓝田境），那样吐蕃必定不敢东向。"唐代宗同意了他的作战计划。不久，郭子仪派长孙全绪为前锋，出蓝田趋商州，又令张知节率军继之。长孙全绪白天击鼓张旗，夜里烧燃起无数火把，以迷惑吐蕃。当地百姓告诉吐蕃军队说："郭元帅自商州率领大军前来，队伍多得无法计数！"吐蕃信以为真，撤出长安。唐代宗以郭子仪为西京留守，郭子仪自商州进入长安，京城这才安定下来。不久，唐代宗自陕州返回京师，慰劳郭子仪说："用卿不早，故及于此。"

广德二年（764年）正月，在平定安史之乱过程中立有大功的朔方节度使仆固怀恩与朝廷的矛盾公开化。仆固怀恩原是郭子仪的部下，长期在郭子仪麾下供职，战功累累，特别是在郭子仪收复两京的战役中，功勋卓著。后来郭子仪被夺兵柄，李光弼出镇临淮（今江苏盱眙），仆固怀恩出任朔方节度使。但是，功高位重，遭到佞臣的构陷，因而愤怨不平。平定安史之乱后，仆固怀恩率朔方兵数万屯汾州（今山西汾阳），准备发动叛乱。唐代宗考虑到郭子仪长期为朔方节度使，又以治军宽厚而深得人心，朔方将士如同子弟思念父母一样的思念郭子仪，仆固怀恩本人也是郭子仪的部将，对郭子仪有一定的感情，因此便任命郭子仪兼关内、河东副元帅及河中等节度使，出镇河中（今山西永济县西南蒲州镇），随后又任命他为朔方节度大使，用以镇抚仆固怀恩。诏令一下达，仆固怀恩的将士纷纷议论："我们跟着怀恩背叛朝廷，有何面目见汾阳王（即郭子仪）？"二月，郭子仪到达河中，河中的守将戍卒贪暴掳掠，他下令斩杀十四人，杖刑三十人，河中府的秩序马上安定下来。仆固怀恩的将士，听说郭子仪领兵前来，内部发生分化，互相攻杀。仆固怀恩束手无策，他的母亲长叹说："当初我说朝廷待你不错，让你别造反。现在众心既变，必将延祸于我，如何是好！"并提刀怒斥仆固怀恩说："我为国家杀此奸贼，取其心以谢三军！"仆固怀恩急忙率三百部众出逃，渡河北走。郭子仪到达汾州，仆固怀恩部众全部归顺。就这样，他兵不血刃而抚定一方，避免了一次大规模的叛乱。

↑ 敦煌壁画中唐武将

仆固怀恩逃到灵州，收合亡散士卒，军势复振，又勾结回纥、吐蕃，计十万众，扑向长安。唐代宗以郭子仪出镇奉天。十月，仆固怀恩与回纥、吐蕃兵进逼奉天，京师戒严。诸将纷纷请战，郭子仪认为："敌大军深入，利于速战；我坚避以待之，彼必以为我军虚弱，不加戒备，如此即可破敌。如果匆促出战，一旦不利，则众心离散矣。有再敢言战者斩！"郭子仪部署队伍，严阵以待。仆固怀恩认为郭子仪毫无戒备，企图掩袭，及至乾陵（在今陕西乾县），突然发现大量唐军，惊慌不已，不战而退。

永泰元年（765年）九月，仆固怀恩再次勾结回纥、吐蕃、党项、吐谷浑等，引兵数十万攻入关中。吐蕃自北道攻奉天，党项自东道攻同州（今陕西大荔），吐谷浑等自西道攻盩厔（今陕西周至），回纥与仆固怀恩相继于吐蕃之后。京师震恐，士民大骇。唐代宗急召郭子仪屯据泾阳（今陕西泾阳）。不久，回纥、吐蕃合兵围郭子仪于泾阳。大敌当前，郭子仪非常镇定，他派人上奏朝廷："敌军都是骑兵，其来如飞，不可轻视。请派诸道节度使各出兵扼守要冲。"唐代宗同意他的建议，但诸道节度使都按兵不动。这时，仆固怀恩在进兵途中得了重病，返回灵武死去，于是回纥、吐蕃将领互争雄长而失和。郭子仪抓住这个有利时机，不顾个人安危，率领几名轻骑出城前往回纥阵前，免胄解甲，与回纥议和，回纥酋长见郭子仪仅率数骑前来，大为吃惊，忙下马拜见。郭子仪谕之以理，希望与之联合对抗吐蕃。回纥在安史之乱时曾帮助朝廷收复两京，他们的酋长大帅深知郭子仪威名，答应了郭子仪的要求。吐蕃听说回纥与朝廷约和，连夜引兵逃遁。郭子仪于是派精骑同回纥兵一道追击，在灵台（今甘肃灵台）西大败吐蕃，再次解京师之危。

闰十月，郭子仪入朝，然后回镇河中。河中地处两京之间，自广德二年（764年）仆固怀恩叛乱，郭子仪再任朔方节度使，河中就成为朔方军的根据地。为了解决军粮问题，郭子仪组织士卒种地以自给。他以身作则，不顾年迈，亲自种了一百亩地。将校也各自耕种一定数量的土地。在将帅的带领下，士卒耕种的积极性大为高涨，河中地区的荒地全都得到开发，生产的粮食不仅足供军饷开支之用，还有剩余。

此后两年，每到秋季，吐蕃就率兵进入关中抢掠，但均被郭子仪率军击退。大历三年（768年），宰相元载认为，郭子仪率朔方兵镇河中，深居腹中无事之地，而吐蕃连岁入寇，守兵力不能拒，建议将他的朔方兵移镇邠州（今陕西彬县）。次年，郭子仪便奉命率朔方军前往屯驻邠州。此后，吐蕃虽然年年秋季入犯，但再也不敢进入关中的纵深地区骚扰了。

大历八年（773年），郭子仪已是七十七岁高龄。吐蕃十万余骑兵入掠邠州等地，郭子仪部将浑瑊（音jiān）抵御失败。郭子仪对诸将说："败军之罪在我，不在诸将。"然后与诸将商讨对敌之策，重新调整部署，终于击败了吐蕃。

郭子仪出镇邠州长达十余年之久，此时的朔方兵人数已不及天宝时的十分之一。全军的将士也不及吐蕃的四分之一，战马不及吐蕃百分之二。但是，吐蕃每年秋季入寇关中，都均被郭子仪击败。关中大多数地区因此免遭蹂躏，京师也得以安然无恙。

大历十四年（779年），唐代宗病死，遗诏命令郭子仪在三天的治丧期间代理朝政，郭子仪奉命入朝。唐德宗即位后，尊郭子仪为尚父，加太尉，兼中书令，余官皆罢。从此，他结束了戎马生涯，在朝廷担任宰相。过了两年，郭子仪病死，享年八十五岁。赠太师，陪葬建陵（唐肃宗陵）。按唐代制度，郭子仪坟高当为一丈八尺，葬时破格增加一丈，以表彰他的功劳。

军人的楷模

郭子仪的一生，基本上是在戎马征战之中度过的。自天宝十四载（755年）安禄山于范阳起兵，郭子仪即以朔方节度使的身份参与平叛战争，屡立战功。唐肃宗中兴，收复两京，主要是依靠郭子仪所率朔方军的力量。安史之乱被平定后，郭子仪以朔方节度使先后出镇河中、邠州，防御回纥、吐蕃，捍卫京师，虽兵弱将寡，仍屡败敌兵，使京师得保无虞，关中百姓免遭涂炭。所以，史书上说："天下以其身为安危殆三十年。"这是一点儿也不夸大的。

↑ 《郭子仪祝寿图》 （明）仇英

郭子仪治军宽厚，深得人心，朔方军将士都以父母事之，愿拼死为之效力。这是郭子仪在历次战争中所以能够打赢许多硬仗，屡次转危为安的一个重要原因。郭子仪功勋盖世，威震四方，敌人都很怕他，一听说他率领大军出战，皆望风而逃。节度使田承嗣对朝廷图谋不轨，专横跋扈，但是见到郭子仪派去的使者，即西向而拜，并指着自己的膝盖说："我这膝盖不屈于人已是很久了，今为拜郭公。"郭子仪还为朝廷培养了一大批人才，有六十余名部将，后来位至将相。

郭子仪功高望重，但他从不居功自傲。安史之乱后，许多节度使手握兵柄，为非作歹，对朝廷貌合神离，拒不听命。但郭子仪深得人心，功高望重，权重势大，他却从不以此为资本，要挟朝廷，谋取私利。相反，他始终忠于朝廷，别无二心，有诏即赴命，绝无半句怨言。

当时宦官专权，嫉妒功臣。为了避免招来麻烦，郭子仪有时还拒绝接受朝廷的高官厚位。唐代宗时，曾下令以郭子仪为尚书令。但他认为唐初太宗为秦王时做尚书令，唐太宗即位后，这个职位经常空缺，如果接受这项任命，就会破坏国家的法度；同时，安史之乱以来，以官赏功臣，已使国家法度遭到破坏，现今安史之乱已被平定，就应按照国家的制度来任免官员。因而他坚决推辞不受。有时，他甚至不惜忍让而牺牲个人利益。大历二年（767年），他父亲陵墓被盗，人们怀疑是鱼朝恩指使手下人干的，但官府没有捕获盗贼。祖坟被盗，这在封建社会是件极为严重的大事，因此事情发生后不久，郭子仪自奉天入朝，朝廷内外气氛便十分紧张，担心他不会善罢甘休，甚至可能发动政变。但当唐代宗对他提起这件事，他却流着泪说："我长期带兵，对士卒约束不严，有时就发生部众盗掘坟墓的事。如今我父亲的墓被盗，这是老天的报应，与谁都无关。"盗墓的事才不了了之，朝廷内外惶恐不安的气氛也消除了。因此，尽管鱼朝恩、程元振对郭子仪屡进谗言，横加诽谤。但由于他为人坦荡，居功不傲，忠于朝廷，没有什么把柄可抓，每次都化险为夷，得以常保功名，长寿而终。

史称郭子仪"功盖天下而主不疑，位极人臣而众不嫉"。郭子仪的确堪称是一位封建时代的军人楷模。

邱久荣

作者邱久荣，毕业于中央民族学院历史系，中央民族大学教授。主要著作有《中国统一多民族国家的形成》等。1993年获国务院颁发政府特殊津贴。

『杨无敌』

杨业

杨业个人小档案

姓名：杨业

别名：杨重贵、杨继业

尊称：杨令公

所处时代：五代、北宋

生卒年：932—986年

官职：右领军卫大将军、云州观察使

出生地：保德火山（今山西河曲）

辅佐君王：宋太宗

军事成就：驻守代州、北抗契丹

追赠：太尉、大同军节度使

最得意：雁门关大破辽军

最失意：被俘辽营、绝食而死

杨业

杨家将的故事在我国民间流传久远，深入人心。杨业就是杨家将故事中最主要的真实人物。

在烽火中成长

杨业原名杨崇贵，他的生年没有记载。《宋史·杨业传》上说，杨业入北汉时为弱冠之年。《礼记》上解释，男子满二十岁，举行冠礼，表示已经成年。弱冠是不足二十岁。杨业入北汉是乾祐四年（951年），向上推二十年，为五代的后唐长兴三年（932年），这一年大约就是杨业的生年。他的卒年是北宋雍熙三年（986年）。所以，杨业一生大约活了五十五岁。山西代县的杨业后裔说他享年五十九岁。若按此说，杨业则生于后唐天成三年（928年）。

杨业是哪里人，史传记载各不相同，大致可以归纳为三个地方：麟州新秦（今陕西神木县北）、并州太原（今山西太原）和保德火山（今山西河曲南）。一个人的籍贯怎么有三个地方，究竟哪里是杨业的故乡呢？清朝乾隆年间的《保德州志》上记载："杨业，旧志（指以前修的《保德州志》）谓即本州人。"旧的《保德州志》虽然不是杨业时修撰的，但保德人记载本州的名人，总不能把不是本州的人硬当做保德州人来写。而且，民间传说杨业的父亲杨信是“火山王”“火山刺史”“火山节度使”。火山是个地名，属于唐朝岚州宜芳县，紧靠黄河东岸，宋朝时曾设火山军、火山县。五代时候，契丹进扰到保德州，杨信就在家乡聚众结堡，当了一支武装力量的首领。“火山王”大约就是杨信的自号或是乡人对他的称呼。清初顾炎武在《天下郡国利病书》里，也讲到杨信起兵火山地区。还说他亲自去过这个地方，看到杨信屯兵的一座城堡遗址，当地居民称之为“杨家城”。至今，河曲旧城东数十里仍有“杨家城”“杨家寨”等村寨多处。又据清朝初年山西人康基田讲，在河曲附近的岢岚州（今山西岢岚县），出土了杨氏墓碣，上面写着杨业夫人折太君的事。还有，晚清人李慈铭的《荀爽斋日志》说：“今山西保德州折窝村，有大中祥符三年折太君碑，即杨业妻也。”大中祥符三年（1010年）是宋真宗统治的年代。所以，说杨业是保德人，不仅有文字记载，而且有出土文物可以为证。

说杨家是麟州新秦人，见于欧阳修的《杨琪墓志》，墓志中说“杨君琪，字宝臣，麟州新秦人也。”杨琪是杨信的重孙，杨业的侄孙。所以，后人根据这个墓志，就说杨家是麟州新秦人。还有，北宋曾巩著的《隆平集·杨业传》以及《资治通鉴》上也都说杨业是麟州人。那是因为杨信在后汉时担任过麟州刺史，当时全家迁居麟州。杨信后来死于麟州，由于长子杨业不在身边，麟州刺史一职就由次子杨崇训继承。杨琪是杨崇训的孙子。欧阳修称杨琪为麟州新秦人，也有一定道理，因为杨琪的曾祖父就已移居麟州了。当然如果论原籍，杨琪还应当说是保德人。

《宋史》上说杨业是并州太原人。杨业于后周初年，应北汉皇帝刘崇之召，赴太原任职。他在北汉供职二十九年，长期居住太原，所以《宋史》上说他是并州太原人。实际上，杨业无论祖籍，还是他自己的出生地，都是保德，说他是并州太原人就不太合理。

杨业出生的时代，中国正处在五代十国的动乱岁月。黄河流域先后由后梁、后唐、后晋、后汉、后周五个朝代统治着。南方各地和北方的山西，先后建立了前蜀、吴、闽、北汉等十个割据政权。五代十国时期，藩镇林立，混战不已。北方生活在辽河地区的少数民族契丹，逐步强大起来。契丹贵族耶律阿保机于神册元年（916年）建立契丹国。契丹贵族乘中原地区动乱，时常向今天山西、河北北部一带出兵，掳掠人口和牲畜。杨业的家乡保德州火山，正是契丹经常骚扰的地方。他率领当地百姓结成堡寨，组织“士兵”，抵抗契丹。到阿保机的儿子耶律德光统治的时候，后唐的藩镇石敬瑭想做皇帝，就以割地称臣为条件，乞求契丹出兵。唐后清泰三年（936年），辽太宗乘势率大军入山西，第二年立石敬瑭为“大晋皇帝”，出兵帮助石敬瑭灭亡了后唐。石敬瑭把幽云十六州（今北京和河北、山西北部一带）割给契丹，还向辽太宗自称儿皇帝。杨信对石敬瑭的卖国行为十分愤恨，就自树旗帜，起兵抗辽，转战于山西西北部。从石敬瑭手中攻取了保德、离石等地。他还同黄河西岸的府州（今府谷）折从阮、折德扆（音yǐ）父子结为同盟，共同抵御契丹。那时杨业大约只有五岁。

石敬瑭死了以后，他的侄子石重贵即位，对契丹不再那么恭顺。耶律德光以此为借口，于契丹会同九年（946年）大举出兵南下灭掉后晋。第二年耶律德光进入开封，改国号为辽。他纵兵大肆掳掠，中原人民纷纷武装反抗，耶律德光被迫退出开封北归，途中病死。杨信带领儿子杨业，在耶律德光攻入开封之时，联合府州的折氏父子，共渡黄河北上，攻克麟州（今陕西神木县北），自为州主。这时杨业已有十八九岁。

山西自古出良将，民间谚语说“山东出相，山西出将”。杨业出生在这样的地方，父辈又是地方武装力量的领袖，加之生长在烽火连天的时代，所以他自幼就善骑射，好打猎。每次出猎，他的猎获物总是比别人多。他还常对伙伴说：“我将来当了大将带兵，会像老鹰、猎犬追逐兔子一样。”十五六岁的时候，杨业已跟随父亲出入沙场了。

杨业同折德扆的女儿折太君结婚，折太君就是民间传说的“杨门女将”的主帅佘太君。折作为姓氏读shé，折、佘同音，以折为姓的极少见，所以民间就把折作佘，折太君也就变成了佘太君。

折氏世居今天的陕西府谷一带，是当地的豪族。折太君的高祖，是唐朝后期的地方武将。祖父折从阮在后梁时为府州刺史。后晋时，契丹入掠，他同杨信联合共同举兵抵抗。后来，他俩共同辅佐河东节度使刘知远做了后汉皇帝。折德扆是折从阮的长子，行伍出身，一直跟从父亲参加抗辽斗争，后汉时为府州团练使。折太君生长在军人家庭，经常耳闻战马嘶鸣，婚后的公公和丈夫也是久经沙场的战将。所以，她也“善骑射”，“尝佐业立战功”，连她的侍女、仆从也个个武艺过人。她和杨业的婚姻可以说是门当户对的美满姻缘。至今，山西临县、离石的人民还流传着杨业在当地的七星庙迎娶折太君的故事。

所向无敌的北汉将军

后周广顺元年（951年），后周灭后汉。后汉的河东留守刘崇据河东称帝，史称北汉。在麟州任刺史的杨信，应刘崇之召，派长子杨业到太原见刘崇，留在刘崇的军中任保卫指挥使。刘崇为表示对他的爱重，赐杨业姓刘，改名为继业。那时，他大约还不到二十岁。

就在杨业赴太原上任不久，折德扆一家就归附了后周。折德扆归附后周是因为父亲折从阮在后汉时移镇邓州（今河南邓州），郭威建后周，加折从阮同平章事（宰相地位）。周世宗即位，又把折从阮召到朝中。后周如此厚待折从阮，当时任府州团练使的折德扆，自然要归附后周了。杨信初时因儿子杨业在刘崇身边，也就依附北汉，当折氏父子归附后周以后，他就处于孤立的地位，不得不归附了后周。从此，杨家父子分属两国。杨信归附后周的第二年，即后周广顺二年（952年），病死麟州。长子杨业在北汉，次子杨崇训承袭了麟州刺史的职位。兄弟两人仍然分属两国。杨业的父亲、弟弟归后周以后，刘崇不但没有杀掉杨业，反而赐以刘姓，想通过杨业来争取杨信、杨崇训重新归附北汉。刘崇的做法的确没有落空，杨崇训因哥哥在北汉几次背周归汉。但由于北汉的国力日衰，杨崇训处在麟州，悬隔黄河，得不到北汉的援助，在周世宗柴荣的招抚下，最后只得又归附了后周。

北汉的皇帝刘崇，原是后汉开国皇帝刘知远的弟弟，后周夺了他家的皇位，他自然十分仇恨。刘崇一反过去抗辽的态度，转而投靠契丹，攻打后周。杨业是在抗辽斗争中长大的，对北汉向契丹纳贡称臣，当然很不满意，不过他作为臣下也无可奈何。由于北汉同契丹之间仍然存在着复杂的矛盾，契丹统治者不但逼北汉纳贡，而且还不时过境劫掠。北汉最高统治者虽然委曲求全，但在契丹进扰时，也不得不派人还击。到刘钧统治的时候，北汉同契丹的关系十分紧张，双方长期绝交，处于战争状态。杨业在北汉屡建战功，不断升迁，这时已任代州（今山西代县）的建雄军节度使。代州是北汉与契丹相接的北部边境。杨业常驻代州，在那儿修筑许多堡寨防御契丹。在双方交战的时候，杨业就是前线的总指挥。后周和北汉之间，后来的北宋和北汉之间，先后爆发了几十次战争，从史书的记载看，杨业在宋太祖开宝年间（968—975年），才在战场上出现。大约在这之前，他主要承担防御契丹的重任。《宋史》上说杨业在北汉，“屡立战功所向克捷，国人号为‘无敌’”。这里所说的“屡立战功”、“所向克捷”，主要应是指对契丹的战斗。“国人号为‘无敌’”，也主要指北汉人民表彰他防御契丹的骁勇和功绩。

赵匡胤于建隆元年（960年）夺了后周的皇位，建立宋朝。在北宋消灭各个割据政权统一南北的过程中，遇到的强劲对手，除契丹外，就要算北汉了。天会十二年（968年），北汉皇帝刘钧死，最高统治集团爆发了争夺皇位的斗争。赵匡胤决定乘机发兵，灭掉北汉。杨业参加了这次抵抗宋军的战争。他被任命为侍卫亲军都虞侯，就是兼统北汉的中央部队。杨业和将领冯进珂领兵扼守太原城南的团柏谷。宋军的先锋何继筠夺下汾河桥，直逼太原城下。杨业打败宋军，迫使宋军退走。第二年初，宋太祖亲征北汉。杨业和将领冯进珂仍驻屯团柏谷。由于北汉牙将陈廷山投降宋军，杨、冯二将苦战失利，损伤千余人，退入太原城。北汉主刘继元解除了杨业的兵权。三月，赵匡胤亲至太原城东南，在太原城外布下四个军寨。杨业率骑兵几百人从城内冲出，直攻宋军东寨。东寨主帅挺身抵挡，北汉兵出援，

↑ 《宋太祖蹴鞠图》

杨业最后拽着城墙上垂下来的绳子，才进入城中。五月宋军在围攻太原的同时，引汾水灌城，太原危急。北汉主命令杨业与司空郭无为等，领兵千余人乘夜出袭宋军。这天夜里正好下雨，汉军迷路，杨业马足受伤，只好中途返回城里。宋军久攻太原不下，其时正值暑天多雨，将士腹泻的很多，恰好辽的援军到来，赵匡胤只好下令班师。杨业和诸将乘势追击，获粮三十余万斛，茶绢以万计。这些东西对衰败的北汉政权，是一个不小的收获。宋军退去以后，辽军还在太原城下。一贯抗辽的杨业，劝北汉主刘继元说："契丹贪利不讲信用，将来必然会攻破北汉。这次来的援兵盛气凌人，但对我没有防备，我愿去袭击他们，不仅可以缴获几万匹马，还可以把辽军占领的河东之地要回来，使百姓免遭契丹的骚扰，您也可以从此长享富贵。"但北汉主没有听从他的劝告，反而在辽军北还时，送给一份厚礼。广运三年（976年）初，北汉主令杨业攻晋州（今山西临汾），杨业被宋军将领武守琦打败。这一年，赵匡胤已基本上统一南方，又决定进攻北汉。他派出五路大军围攻太原，又派兵分攻北汉其余各州。宋军在这次战争中，各路都取得战果，北汉的太原也即将攻下。辽又派兵出援北汉，恰好这时赵匡胤突然死去，宋军只得撤兵。

杨业在抗宋的战争中，从史书记载上看，大都打了败仗。宋军并不骁勇，只是数量上远远超过北汉的军队。杨业同契丹作战，多是"所向克捷"，唯独与宋军对仗处于失败地位。这固然是由于史书作者的正统观念很强，写进史书的大都是有利于宋朝的事，但同时也说明杨业抗宋的斗志远不如抗辽那么足。

宋太祖死后，他的弟弟赵匡义继位，就是宋太宗。赵匡义即位后，到太平兴国四年（979年），南方诸国都已削平，攻打北汉就成为完成统一的首要任务。这年二月，赵匡义集中兵力亲自伐汉。为了防止辽出兵救援北汉，赵匡义以一部分兵力先攻占太原以北的忻州（今山西忻州）石关岭一带。当契丹的几万援兵到了忻州，就被宋军击败。三月底，宋军包围了太原。至五月初，太原附属的小城羊马，被宋军占领。北汉的统兵将领都指挥使郭万超逾城投降，北汉军心瓦解。杨业对这次战争的形势是看得很清楚的。宋朝集中军事主力来对付北汉，而当时的北汉只剩下了十来个州的土地和三万五千多户居民，同宋朝的实力相差太大。所以，在宋军围攻太原时，杨业从北汉主的出路和河东百姓的利益出发，劝刘继元降宋。刘继元拒不接受投降。后来，北汉都指挥使投降宋军，刘继元的亲信大臣也都纷纷逃散，城中危急，刘继元走投无路，只好派人奉表出降，北汉至此灭亡。赵匡义早已听说杨业骁勇无敌，曾派人收买他，杨业不从。北汉主投降以后，赵匡义召见杨业。杨业在北汉二十九年，很受北汉主的重用，他为感激知遇之恩，向北叩拜，大哭一场，算是告别北汉，然后解甲来见赵匡义。赵匡义大喜，赏给他许多东西，让他恢复原来的姓氏，单名一个业字，在自己的身边担任散职，做右领军卫大将军。杨业降宋，立即受到封赏，这不仅是由于宋太宗赏识他，更重要的是因为他曾劝说北汉主降宋，宋太宗授予杨业官职时的诏令，即表彰他“定策乞降”。为宋朝立下了大功。一些史书记载，杨业在降宋之前，仍然据城苦战。那是因为，杨业虽然向北汉主提出了降宋的建议，但在这个主张实现以前。他认为必须继续忠于职守，这同他的建议并不矛盾。杨业从抗宋到降宋，表明他不仅骁勇善战，而且也是一个很有见识的将领。

威震雁门

北宋灭北汉时，击败了辽大将耶律沙的几万援军，斩杀了五员敌将和上万士卒。这就使宋太宗增长了伐辽的勇气。不过，宋军将士出征日久，加之在北汉掳掠许多财物，所以，人人思归，不想伐辽。太平兴国四年（979年）六月，宋太宗不顾将士的反对，率主力从太原向辽的南京（今北京）进发。契丹易州（今河北易县）刺史刘禹举州投降，涿州（今河北涿州）刺史刘厚德和范阳守军万余人也都投降，宋军连下数郡。辽军负责南京防务的北院大王耶律奚达和统军使萧讨古，合兵与宋军战于南京附近的沙河，为宋军所败，南京遭到宋军的包围。南京是辽的南面门户和军事重地。南京留守韩德让和大将耶律斜轸，见宋军已经兵临城下，就由耶律斜轸带万余骑兵出屯德胜口（今北京德胜门外）。宋军乘辽军立足未稳，就出兵攻打，耶律斜轸损失千余骑，退至清沙河（今清河镇一带）。南京附近的辽将和地方官相继降宋。辽景宗听到宋军入境，辽军战败的消息，准备放弃幽州。但他的妃子萧绰，就是后来著名的萧太后，接受大将耶律休哥的建议，动员强大的兵力，由耶律休哥统帅去救援南京。七月，宋太宗指挥将士攻城。耶律沙率辽的援军赶到城外，引诱宋军交战于高粱河，战败退走。宋太宗亲率军队追击，追至清沙河时已是黄昏，耶律休哥和耶律斜轸从左右两边冲入宋军。宋军大乱，指挥失灵，败散而逃，死亡万余人。宋太宗身中数箭，从清沙河连夜逃归南京城南的宝光寺大营。第二天，宋太宗又化装乘驴车南逃，辽军一直追到范阳（今北京城西南）才回去。这是杨业归宋以后北宋的第一次伐辽战争。

杨业参与了这次战争没有，史书几乎没有记载，只有《烬余录》上说太平兴国五年（980年），宋太宗在莫州（今河北任丘北）为契丹所困，“杨业及诸子奋勇救驾，始得脱归大名”。这书上所说的是太平兴国五年宋朝伐契丹的事。实际上，这一年，宋太宗只是准备亲自带兵伐契丹，来到了河北大名。由于大臣的劝谏，宋太宗根本没有到达莫州。而且，当时杨业已经去代州（今山西代县）上任了。但《烬余录》上所说的情况，有点像太平兴国四年（979年）宋太宗在清沙河大败的情景。那时杨业是宋太宗的侍卫官和军事顾问，在宋太宗身边的可能性极大。当宋太宗被辽兵追击时，杨业自然会奋勇救驾。由于史书上没有记载，这只能是一种推测，不能说确有其事。不过在这次战争结束，宋太宗还师之后，授杨业郑州防御使，防御使兼刺史之职，比一般刺史高。可见，杨业在宋太宗伐辽的战争中是立下战功的，否则不会在战后得到这个职位。

太平兴国四年（979年）九月，宋太宗班师南归之后的两个月，辽朝统治者为报南京围城之仇，出骑兵十万南伐；同时还派一支人马进犯雁门山南。这两路军都先后被宋军击败。但宋朝统治者由此更加认识到北部边防形势的紧张，所以，就在这年冬天，战争还没结束，宋太宗以杨业老于边事，熟悉敌情，任命他为代州刺史，兼领“三交驻泊兵马都部署”，派他和潘美一起戍守并州地区。宋太宗还给他很重的赏赐。三交是个地名，这里指太原以北的三交寨，即牧马河、汾河和滹沱河三条河谷通道的交岔口，地势重要。当时旧太原城已被宋太宗毁掉，新的太原城尚未建成，作为并州行营的最高军政长官潘美和杨业，只好先驻三交寨。所以他俩的官职也都冠以“三交”二字。潘美是领“三关行营都部署”，杨业作为他的副手，称“三交驻泊兵马都部署”。宋朝的禁军出京屯戍，称为“驻泊”。统兵官中地位高的就称“驻泊兵马都部署”，杨业以“三交驻泊兵马都部署”兼代州知州，具体来说，就是统辖并州路的禁军和代州的厢军（地方军），同时兼管代州民政。代州的重要性在于雁门关。代州北边四十里就是层峦叠嶂的雁门山。雁门山的断崖峭壁间，有条崎岖曲折的路，号称天险，它就是著名的雁门关。自古以来这儿都是兵家必争之地。出了雁门关就是辽国。代州称得上是宋朝的边防重地。宋太宗委任杨业担任这个职务，可以说是对他的极大信任。志在疆场的老将杨业，也很乐于担当起防守宋王朝北界的任务。杨业从宋朝中央领到的禁军，加上代州一州的厢军，不过几千人。而契丹从代州南下的军队，常有上万人，甚至十万人。杨业不畏艰难，在当地人民的支持下，以杰出的军事才能，丰富的作战经验，经常打败入犯的辽军。他虽然不知书，但作战勇敢，又有智谋，平时注意将士的攻战训练，能与士卒同甘苦。代北冬天寒冷，当地人大多穿着皮衣，杨业只穿絮有棉絮的衣服。他的衙门也不生火，侍从都冻得僵倒了，他却丝毫不感到寒冷。他从政简易，关心属下，所以士卒都愿为他出力。

杨业赴任不到三个月，在太平兴国五年（980年）三月，辽景宗就亲率十万大军进犯雁门关。杨业命部将董思愿守住雁门关峡谷南口，自己亲率数百骑从西陉（雁门关峡谷西支），绕道至雁门关峡谷北口，猛攻辽军，杀了辽朝的驸马侍中萧咄李，活捉马步军都指挥使李重海，缴获无数马匹、盔甲、武器。杨业因功升为云州观察使，仍为代州刺史，并兼郑州防御使。从此，辽军望见杨业的旌旗，就自动退去。

太平兴国七年（982年）四月，契丹分三路伐宋，中路三万人攻雁门。杨业在雁门关大败辽军，斩辽军将士三千，乘胜追逐到朔州（今山西朔州）、寰州（今山西朔州东）和应州（今山西应县）等地，攻破辽军营垒三十六座，俘获辽军一万多人，得到牛马羊五万多头。

在杨业驻守代州的七八年里，辽军从未攻入过雁门关，河东百姓过上了安宁的生活。为此，河东人民世代传诵他英勇战斗的事迹。

杨业的战功，也遭到同僚的妒忌。和他一起戍边的主将还上书宋太宗，诽谤杨业。宋太宗看后就把这些奏疏封起来送给杨业，表示对杨业的信任，以此换取杨业对他的忠诚。但另一方面，宋太宗明知这些奏疏纯属诬陷之词，对上书者却不加追究，实际上是鼓励他们继续陷害忠良。因为，他需要一些人向他提供边将的情况，以便于加以控制。

杨业之死

从宋太宗亲自率兵讨伐幽州（宋称辽的南京仍为幽州）以后，宋辽之间没有大的战争。太平兴国七年（982年），辽景宗死，长子隆绪即位，就是辽圣宗。圣宗即位时只有十二岁，国事主要由母亲萧太后主持。宋朝的边臣纷纷上书宋太宗，乘辽朝主幼、太后专权、国人不服的机会，收取幽云十六州。宋太宗自太平兴国征辽惨败之后，也一直耿耿于怀，想要灭亡辽国，挽回面子。因此，他同意臣下的意见，积极做北伐的准备。不过，当时的辽朝对边防并没有放松，辽圣宗即位的当年，萧太后就命耶律休哥为燕京留守，总领南面事务。在宋朝“筑城河北，聚粮边境”的同时，耶律休哥也在“劝农桑，修武备”，加强边境的防务。

经过几年的准备，雍熙三年（986年）三月，宋太宗出动三十万大军，向辽朝发动了大规模的进攻。这次宋太宗虽然没到前线，但一切军事行动都由他亲自指挥。宋军分三路出兵，东路由曹彬、米信率领宋军主力，从雄州（今河北雄县）出击；中路由田重进率领，出飞孤（今河北涞源北）；西路由潘美任主帅，杨业为副帅，出雁门。按照宋太宗的部署，计划以东路曹彬的军队攻打涿州（今河北涿州）吸引辽军主力，然后中路、西路绕道辽的南京北边，三路合围，攻取南京。

战争的初期，三路大军都捷报频传。曹彬的东路军取得固安、新城两县，然后攻克涿州，击败辽军。中路的田重进连克飞孤、灵丘和蔚州（今河北蔚县）。西路军的战果尤为辉煌。杨业率军从西陉北出，先在雁门谷北口击败辽军，然后追击至寰州。寰州的辽朝守将赵彦章举城投降。杨业的儿子杨延昭进围朔州。朔州的辽兵守将赵希赞抵抗失败，也开门纳降。杨业父子转攻应州，辽的守将艾正等投降。云州（今山西大同），也被杨业父子收复。他们又进兵浑源，同田重进在恒山之下会师。代北居民听说宋军到来，纷纷前来欢迎，见了杨业的队伍，热泪盈眶。他们热情支持宋军，有的充当向导，有的供应军需，有的乘夜斩辽军首级来献，还有的参加宋军打仗。杨业下令征募壮士，成百成千的人前来应征。

面对宋朝的全面进攻，辽朝忙调集各路军队，令耶律休哥抵御宋军主力曹彬的军队，派耶律斜轸抵御潘美、杨业。萧太后和辽圣宗亲至南京督战。宋军虽然取得了很大的胜利，但因兵力分散，相互间不能很好地配合，加之粮草供应不及时，给辽军的反击提供了条件。四月，曹彬在涿州遇到耶律休哥的军队，粮食不继，萧太后和辽圣宗的援军已到了涿州东。辽军两面夹击，曹彬从涿州败退。五月，曹彬和辽军在涿州西南四十里的歧沟关大战。宋军败退，夜渡拒马河，耶律休哥引精兵追击，宋军掉到河里淹死的不计其数。曹彬退到易州，在州东沙河驻营，听说耶律休哥领兵来了，宋军争渡沙河，死亡过半，史书上记载“沙河为之不流”。曹彬的主力军全部溃败。宋太宗得悉东路军溃败，伐辽的勇气一下子全没了，急忙下令让中路、西路兵马撤退：令田重进屯定州，潘美、杨业退守代州，徙云、应、朔、寰四州吏民入雁门关，分别安置在河东和京西。

那时候，辽大将耶律斜轸率十万大军直奔宋朝西路军而来，先攻陷蔚州，潘美率师去救，同辽军战于飞狐，宋军败。原来已为宋占领的浑源、应州守将都弃城而逃。六月底七月初，耶律斜轸乘胜进入寰州。杨业按照宋太宗的命令率兵护卫云、应、寰、朔四州的官吏百姓向内地迁徙。那时曹彬、田重进的两路宋军都已撤回，辽军集中近二十万人的兵力，攻击代北的宋军。在辽军的优势兵力面前，杨业向潘美建议，不要正面同辽军作战，可以领兵出大石路，向北奔应州，虚张声势，将辽军的主力引向应州的西边。同时派人密告云州、朔州等地的守将，等宋军离代州北上时，令云州的官吏、百姓先出来，这就不怕辽军前来追击了。而位于寰州的辽军怕被宋军切断后路，就会转向应州，这样在寰州西侧的朔州军民也可乘势南出石碣谷（今朔州城南之上、下石峡谷），避开辽军的袭击危险。再在谷口安排三千弓弩手，派骑兵在中路支援，这样三州的官吏、百姓可以万全，陷入敌后的宋军也能安全撤退。杨业的这个“示形于东，而务于西”的计策，在兵少而又要完成护卫几州百姓撤退任务的情况下，是切实可行的。但是，监军王侁竭力反对杨业的建议，

↑ 宋军弓弩三段发射战术

提出了一个不顾客观条件而蛮干的建议。他说："我们领数万精兵，怎能如此怯懦？"他主张沿着雁门大路，大张旗鼓地行军到马邑（当时是寰州城的所在地）。另一将领刘文裕赞成王侁的办法。杨业忙说："不可，这样势必大败。"王侁嘲笑杨业说："君素号'无敌'，今遇敌军不战，是不是另有什么打算（暗指杨业是否要去投靠辽朝）？"杨业听了这话十分气愤，他对潘美、王侁等人说："现在的形势对我军不利，按你们的主张去做，不是白白让士卒送命吗？你们说我怕死，我可以为你们打头阵。"当时作为西路军主帅的潘美，也要杨业执行王侁的方案。临行，杨业哭着对潘美说："这次去必然会失败。我原是北汉的降将，早就应当死的。太宗没有杀我，而且委为将帅，授予兵权。我并非纵敌不打，只是想等候时机，杀敌立功，报答国家的恩典。今天各位责备我避敌我当先去战死。"他说着用手指着陈家谷口（今朔州西南陈家沟）的方向说："诸位在谷口两侧，埋伏好步兵和弓弩手。等我转战到这里，就以步兵夹击相救，不然就会全军覆没。"杨业说完就率领儿子杨延玉和老将王贵等，自石碣谷奔向寰州前线。

辽军统帅耶律斜轸听说杨业领兵前来，命先锋萧达揽在路上埋下伏兵。第二天早上，杨业与耶律斜轸在朔州东边相遇，双方交战，耶律斜轸假装战败，且战且退。待杨业进入萧挞揽的埋伏圈，伏兵四起，耶律斜轸回师再战，把杨业包围起来。杨业率众突围，苦战到下午，箭尽力竭，拼力杀出重围，到达陈家谷口时天色已近黄昏。杨业见两边静悄悄的，连个人影也没有。原来潘美、王侁等在这儿等到上午，不见杨业到来。王侁以为辽兵败了，怕杨此独占功劳，就领兵离开了陈家谷口。潘美也沿交河西南走了二十里。一会儿，潘美听说杨业兵败，但没去接应，反而带兵逃走。杨业气得拍着胸口大哭，只好率领士卒力战。那时跟随他的将士只剩下百余人。杨业对他们说："你们都各有父母妻子，同我一起死在那里没什么好处，你们跑回去还可以报告天子。"将士都感动得泪流满面，谁也不肯离去。老将王贵杀死几十个辽兵，弓箭用完了自己也被杀死。其余士卒全部战死，没有一个生还。杨业的儿子杨延玉也战死沙场。剩下杨业一人，他身受几十处伤，还用刀砍杀了几百个辽兵。杨业的马也受了重伤，不能再行进。他躲到树林里，辽将耶律奚达望见他的袍影，射了一箭，杨业从马上摔下来，被捉住了。

杨业被俘后，送到辽军统帅耶律斜轸处。耶律斜轸责备杨业说："你同我国角胜三十多年，今天何面目同我相见！"不过，耶律斜轸对杨业的骁勇也很敬佩，想招降他，但是遭到了杨业的坚决拒绝。萧太后和辽圣宗事先下有密令，要耶律斜轸切勿用暗箭伤害杨业，务必活抓。辽将耶律奚达虽然捉住了杨业，但因他是用暗箭射伤再捉住的，而且又没能劝降杨业，萧太后非但没有嘉奖他，反而处分了他。由此可见辽朝统治者对杨业是何等的钦佩和重视。杨业一生抗辽，自然不肯降辽。他被俘后叹息说："宋太宗待我甚厚，我总盼望打败辽军，捍卫边疆以报国家。没想到却被奸臣嫉妒，逼着我去送死，落得全军覆没，还有什么脸活在世上呢？"他在辽营绝食三天，就去世了。杨业死时是雍熙三年（986年）七月。

造成杨业之死的原因，历来说法不一。多数认为潘美应负主要责任，因为他是西路军的统兵主帅。他不采纳杨业的正确建议，而听从王侁的错误主张，以致造成杨业兵败至陈家谷口；而潘、王又没有按事先的约定在那儿接应，却违约撤兵，这自然就导致杨业被俘。少数人认为，王侁和刘文裕应负主要责任，当时监军权力很大，潘美不敢不听他的。不过，持这种见解的人，也不否认潘美对杨业的死负有责任。即他没有坚决反对王侁的主张，又在关键时刻违约撤兵。总之，杨业的死是王佚、潘美等人造成的。

杨业一生抗辽，从北汉时起，就在雁门地区抵御辽兵南下，一直到归宋以后，前后三十多年。辽兵南下掳掠，对当时北汉和后来的宋朝百姓来说，都是个很大的威胁，所以杨业抗辽就受到宋朝和宋以后历代人民的称颂。宋代大文学家欧阳修说，杨业、杨延昭“父子皆为名将，其智勇号称无敌。至今天下之士。至于里儿野竖（乡里儿童村夫），皆能道之（都能讲出他们智勇无敌的事迹）”。杨家将故事的流传也就从此开始。北宋的杂剧中，就有杨家将的故事。南宋时，说书人也纷纷讲述杨家将的故事。据记载，那时说书人的话本里有《杨令公》《五郎为僧》等。元曲中的杨家将故事就更加多了。元曲大作家关汉卿，就写过杨家将的剧本，题为《孟良盗骨》。到了明代，已有了杨家将内容的长篇小说，题为《杨家府世代忠勇通俗演义》，有关杨家将的戏曲、小说一直流传到今天。宋朝人还为杨业修了几座祠庙，在山西代县有杨业的家庙；在苏州也有杨业家庙；在北京密云古北口有杨无敌庙，古北口的庙至今犹存。

王宏志

作者王宏志，毕业于北京大学历史系。先后担任人民教育出版社副总编辑、课程教材教法研究所副所长，兼中国教育学会历史教学研究会理事长、洪承畴学术研究会名誉会长等。主要著作有《洪承畴传》、《吴晗》、《吴晗传》（合著，获“东方杯”纪实文学奖，增订本获华东地区图书一等奖）。

狄青

士兵出身的大将

狄青个人小档案

姓名：狄青

字：汉臣

绰号：面涅将军

所处时代：北宋

生卒年：1008—1057年

官职：枢密使

出生地：汾州西河（今山西汾阳）

辅佐君王：宋仁宗

军事成就：夜袭昆仑关、平侬智高之乱

轶事典故：推功将佐、假痴不癫

谥号：武襄

追赠：中书令

最得意：夜袭昆仑关

最失意：功高遭谗

狄青

在实行重文轻武的北宋时期，武将的地位低下，士兵的社会地位就更微贱了。要想从士兵升迁为将官，是十分困难的。不是从科举考试进入仕途的人要爬到执政大臣的高位，更是比登天还难。然而，在宋仁宗时期，却有一个士兵因为战功卓著，不仅被擢升为将官，而且还升迁到地位同宰相相当的枢密使（主管军政的最高职务）这个执政大臣的高位。这位士兵出身的执政大臣，就是赫赫有名的狄青。

狄青生于大中祥符元年（1008年），卒于仁宗嘉祐二年（1057年），字汉臣，汾州西河（今山西汾阳）人。他自幼喜欢习武，有很突出的骑马射箭的本领，成年后流浪到京城开封，投身行伍，成为宋朝的宫廷卫兵。在宋朝，士兵脸上要像被处置黥刑的罪犯那样刺上字，以防止他们逃跑，士卒被称作“赤老”，被视为身份微贱的人。在狄青名隶军籍的那一天，正好宋朝科举考试发榜，得中进士的人从皇宫中出来，人们都围上去观看新中进士的风采。狄青和几个士卒刚好在大道边上，看到这种情景，那几个士卒不无感叹地说：“人家当上了状元，我们才当兵，潦倒与富贵命运的悬殊是多么大啊！”狄青却不以为然地说：“话不能这么说，还要看各人的才能怎么样呢？！”这句话在当时曾被人们当作笑料加以讥笑。但是，狄青却不以为然，决心用自己的才能，来改变人们认定的当了士卒就注定一辈子低贱的成见。

宋仁宗宝元二年（1039年），党项族在我国西北部（今天的陕西西北及宁夏、甘肃地区）建立了西夏政权，并在首领元昊的统领之下，势力逐步强盛起来。元昊撕毁了他的父亲德明在宋真宗景德三年（1006年）与宋朝订立的接受宋朝册封的和议，公开称帝，接着就不断向宋朝的陕西边境州郡发动进攻。宋朝因为军政腐败，接连吃了败仗，不得不大量增兵支援，一部分宫廷卫士也被派到陕西对西夏作战。狄青就在这时被派到延州（今陕西延安）担任指使，指挥一支大约有五百人的军队。

当时宋军因为屡战屡败，将士大都产生畏敌避战的消极心理。而狄青则与众不同，他每次临阵作战，都披散着头发，戴上铜面具，身先士卒，冲入西夏军中勇猛劈杀，而且所向披靡，被西夏兵称为“天使”。他在延州凡四年，前后共参加大小二十五次战斗，其中有八次中流矢负伤，但却坚持战斗。破金汤城，略宥州（今陕西靖边境），屠庞咩、岁香、毛奴、尚罗、庆七、家口等族，焚烧积聚数万，收其帐二千三百，生口五千七百。又建城桥子谷，筑招安、丰林、新砦、大郎等堡寨，都是控制西夏兵的要害。有一次与西夏兵大战于安远，狄青负了重伤，听说敌军又到了，立即挣扎挺起，骑马再次驰向战场，他的部下在他的拼死精神感染、激励之下，也都奋勇争先，终于击退来犯之敌。狄青治军，特别注重正部位、明赏罚，与士卒同饥寒、共劳苦，深得士卒的崇敬，士卒都乐于听他的指挥。所以，他能经常打胜仗。狄青勇猛顽强的战斗作风和带兵艺术，在当时宋朝的陕西战场上是异常突出的。他因此受到当时主持陕西对西夏防御战争的大臣们的赞赏。有一次，经略判官尹洙召见狄青，同狄青谈论兵事。狄青讲起带兵打仗头头是道，博得尹洙的好评。尹洙遂将他推荐给经略使韩琦和范仲

↑ 西夏敕牌，正中四个西夏文字意为“火急驰马”

淹。范仲淹一见大喜，说：“此良将材也。”并格外礼遇，特地送他一部《左氏春秋》，对他说：“当将领的如果不知道古今，不过是匹夫之勇而已。”劝他认真读书。狄青很受感动，从此利用战争间歇时间刻苦阅读古代史书，把秦、汉以来所有的将帅兵法都悉心研究，终于成为一个既能勇猛地冲锋陷阵，又精通兵法的将领。他的名气也越来越大。他本人也因为屡建战功，从一个下层军官（延州指使）逐步提升为西上阁门副使、秦州（今甘肃天水市）刺使、泾原路副都总管、经略招讨副使，成为宋朝一个方面军的副帅，后又加捧日天武四厢都指挥使、惠州团练使。

宋仁宗以狄青数有战功，想召见他问以方略，碰巧西夏兵进犯渭州（今甘肃平凉），遂命狄青绘制图形上奏，深受宋仁宗的喜爱。因为掌握了兵法要领，狄青领兵作战也更加巧妙。还是在他担任泾原路副都总管、经略招讨副使时，有一次西夏兵大举来犯，狄青所部迎敌的宋军数量较少，力量悬殊，处于劣势。但是，狄青并没有畏惧，他冷静地分析了敌众我寡的客观形势，认为只有出奇方可制胜。于是他下令全军将士尽弃弓弩，全部带上短兵器，又密令改变原来钲鼓的信号，规定听到钲鼓一鸣就停止前进，再鸣就严阵以待，然后又佯装退却，钲鼓一停，则立即大声呼喊着杀向敌军。当两军接触时，西夏兵见到宋军不是像以往那样闻钲而前，而是闻钲则止则退，以为是狄青和宋军胆怯了，都放声大笑，完全没有戒备。当宋军在钲鼓之声停止后突然杀声震天，奋勇向前杀来的时候，一时却慌了手脚，整个阵势顿时大乱，西夏兵自相践踏，死伤不计其数。狄青终于以奇兵取得以少胜多的辉煌战果。

后来，元昊向宋朝求和，双方达成协议。元昊向宋朝称臣，宋朝则每年赐银、绮、绢、茶二十五万五千给西夏。狄青被调任真定（今河北正定）路副都总管，历侍卫步军殿前都虞侯、眉州（今四川眉山）防御使、迁步军副都指挥使、保大、安远二军节度观察留后，又迁马军副都指挥使。

宋仁宗皇祐四年（1052年），广源州（在今广西与越南交界处）蛮人侬智高为了摆脱交趾（今越南北部）的控制，想依附宋朝，但遭到宋朝的拒绝，侬智高恼羞成怒，遂向宋朝两广地区大举进攻。宋朝由于长期武备失修，在侬智高的进犯面前，许多州郡官员都望风而逃，使得侬智高不仅很快攻陷邕州（今广西南宁市），而且沿邕江东下，一路势如破竹，接连攻陷宋朝邕江沿岸的九个州，并且一度包围宋朝最重要的海外贸易港——广州。侬智高的蛮兵所到之处，无不纵火杀掠，给广南人民带来了极大的灾难，宋朝岭南地区为之大震。宋仁宗先后派遣杨畋、孙沔、余靖等大臣前往广南负责讨伐，因为他们都是文官，不懂军事，指挥失当，均未能制止侬智高的凶焰。侬智高因为连败宋兵，气焰更加嚣张，竟然要宋朝册封他为邕桂节度使，承认他割据广南。宋仁宗一时束手无策，曾想答应侬智高的要求，把广南地区放弃给侬智高。有的大臣则主张联合交趾，借交趾的兵力消灭侬智高。

值此岭南危机的时刻，由于战功卓著而受到宋仁宗赏识刚刚升任枢密副使的狄青毅然挺身而出，要求宋仁宗让他重新披甲带兵出征。他满怀信心地对宋仁宗说："臣起于行伍，如果不从事战伐就无以报国。愿得蕃落骑兵（即陕西边境少数民族组成的骑兵）数百骑，再加一些禁兵，去岭南取贼首送来都城。"

宋仁宗这时正为派出去的大臣皆不中用，广南出师不利而苦恼，听到狄青的请求，格外高兴，立即委派他为宣徽南院使，宣抚荆湖南北路、经制广南盗贼事，让他率军讨伐侬智高。并在垂拱殿置酒宴为之壮行。同时，宋仁宗还接受宰相庞籍的建议，打破宋朝以往不专任武将掌兵、以文官牵制武将的惯例，没有给狄青配备副手，授予狄青统一指挥岭南宋军讨伐侬智高的全权，并下令岭南诸军将领都受狄青统辖节制。

在出师之前，狄青对此次用兵的方略及用人任将等大事都做了周密的考虑。他认为，以往宋军所以屡败，原因在于军制不立、赏罚不明。这次出征，必须立军制、明赏罚。针对侬智高的军队使用摽牌（用藤制作的盾牌）为掩护，作战时宋军难以破敌制胜的情况，认为摽牌兵就是步兵，用骑兵冲击即可取胜，从而制定了使用骑兵的战术。过去宋朝每次命帅出征作战，总是有一些本来没有什么本领，也根本不想在战场上流血牺牲，却又想趁机捞取功名的人，利用各种关系请托主帅，在军队中混得一官半职。这些人成事不足，败事有余。孙沔受命讨伐侬智高时，就受请托带了一批险薄无赖之徒在军中，所以不能成功。狄青一受命，也有人通过朝中权贵人物，想疏通狄青，跟随狄青去岭南。狄青总结了孙沔失败的教训，直接召见请托求行的人，对他说："君想跟随我狄青出师，这是我狄青求之不得的事，何必去请人说情呢？不过，侬智高是个小寇，却派我狄青出马，可见事变已经很危急啦！跟随我在军中的人，倘若能击贼有功，朝廷有厚赏，我狄青不敢不替他们请赏。如果从军到岭南又不能杀敌，则军中无戏言，军法如山，狄青不敢徇私。请君三思，果真愿往，即奏禀让你到军中来。不仅是你一人，你的亲戚及所交游的人，都希望你把我的这些话带给他们。如果真愿意跟我出征，在我是求之不得的。”这一席话，使得那个托人说情的人吓得面色如土。其他一些本来也想混进军中捞取功名的人听了这些话，都打消了请托的念头。狄青带在身边的人，都是那些平时很了解，知道他在战场上能发挥作用的人。例如，北宋抗辽名将杨业的孙子、杨延昭的第三子杨文广，就跟随狄青在南征的军中效命。人们从这一点看到狄青和以往将领不同的地方，树立了此行必胜的坚定信念。这样，在出师之前，狄青已经在他所统领的即将南下的宋军中树立了声威。

在一切准备就绪之后，狄青率领一支一万余人的队伍离开封南下。鉴于宋朝以往派出几支军队的将领都只顾驱赶士兵快速行军，不注意关心士兵的疾苦，不注意行伍纪律，宿营时不注意警卫，一战侬智高军队，又立即驱使疲惫的士兵作战，以致兵屡败，将被俘虏。狄青吸取了这些教训，队伍从开封出发后，每天行程不超过一驿站，凡到一州治所，必让士卒休息一天，使士卒保持旺盛的精力。到潭州（今湖南长沙）后，因为已经靠近前线，狄青就严申行伍纪律，使部队无论行军还是住宿，都做到行列整齐，粮食辎重及各种守备器材的运送都有条不紊。有个军人抢了过路人一把菜，狄青立即下令斩首示众。由于纪律严明，全军行动整肃，没有一个人敢出声喧哗，以至于一万余人的队伍在行军时竟悄然无声。在宿营时严密戒备，以防敌人偷袭。

当狄青率军到达广南时，前次负责讨伐事宜的余靖已经奏请朝廷批准，准备约交趾兵入境进攻侬智高。狄青一面毫不犹豫地下令余靖停止派使臣向交趾借兵，一面向宋仁宗申奏说：“假兵于外以除内寇，不是本朝之制。”他还指出交趾愿出兵的许诺不可信，“蛮夷贪得忘义”，请求宋仁宗取消向交趾借兵的计划。后来人们都佩服狄青的远见卓识。鉴于以往广南宋军将领屡败屡走，习以为常，视军法如儿戏，狄青决心从整顿军纪入手，改变这种恶习。皇祐五年（1053年）正月初，狄青所部宋军抵达宾州（今广西宾阳），同余靖、孔沔所部宋军会合。在这之前，他为扭转广南宋军轻敌致败、士气低落的局面，曾下令各支宋兵不得妄自出战，一切听从他新的军事部署。但是，广西宋将陈曙却一心想抢头功，趁狄青未到，擅自率兵出击，结果在昆仑关大败，部将袁用等人都狼狈逃遁。狄青对此十分生气，认为这次兵败是目无主帅，不听统一号令所造成的恶果，即所谓"令之不齐，兵所以败"。正月初八日清晨，他召集诸将，当场把陈曙、袁用等三十个对兵败负有直接责任的大小将官抓了起来，按败亡的军法论罪，然后一并推出军门处斩。这种为整肃军纪而采取的严厉处罚，连在座的余靖、孙沔等两个大臣都相顾失色，那些平时玩忽职守，视军法如儿戏的将官更是吓得发抖，不敢抬头，全军为之震动。宋军以往那种纪律涣散，将领议事时各执己见、争吵不休，战斗中各行其是的情况，为之一变，军士都有了拼死取胜的决心。宋朝在岭南危急的军事形势开始有了转机。

在诛杀陈曙等败军之将、整肃军纪之后，狄青并没有因为兵已可用，就立即轻率地向侬智高盘踞的邕州（今南宁市）进军。他知道，要进军邕州，宾州与邕州交界的险要隘口昆仑关是必经之地，如果侬智高派重兵把守，宋军的进军就有很大困难。于是他制定了一个奇兵巧夺昆仑关的计策。他先以粮运不继为借口，下令全军休整十天，筹备十天粮食，让侬智高派来侦察宋军动向的探子产生宋军不会马上行动的错觉。侬智高本来就因为以往作战都轻易取胜，不把宋朝官军放在眼里，听了探子的报告，认为宋军粮草接济不上，不会很快向邕州进攻，就更加麻痹大意，放松戒备，有人向他建议立即派重兵守卫昆仑关，他也不予接受，正月

↑ 昆仑关

十五日上元节夜里，居然还在邕州张灯高会饮乐。狄青则利用这种情况，于正月十五日这一天清晨下令全军迅速向昆仑关挺进，他亲自率领前军，让孙沔率次军，余靖率末军殿后，在当天晚上就全军抵达昆仑关下。这天夜里，风雨大作，狄青穿上普遍将士的戎装，率一支突击队冒雨进发，趁侬智高未派重兵守备，一举夺取了昆仑关。第二天清晨，当宋军营中整好队列旗鼓，各将领在帐前等待号令的时候，狄青已率军越过昆仑天险，下令后面诸将迅速率队跟上。宋军就这样巧越昆仑关，直扑侬智高的巢穴邕州。

侬智高听说宋军已向邕州扑来，一时乱了阵脚，慌忙派兵迎战。正月十七日，两军在邕州附近的归仁铺遭遇，狄青按照出帅前制定的方略，让步兵打头阵，而把带来的两千陕西蕃落骑兵藏在阵后。侬智高则以骁勇的军士持长枪居前打头阵，把羸弱的人放在后面。当两军接战时，侬智高军队为了挽回败局，疯狂向宋军反扑，战斗十分激烈。宋军前锋将官孙节英勇牺牲，但前锋士卒却个个奋勇，顽强作战，无一人退却。这时狄青登上高丘，手执五色旗，指挥骑兵分左右两翼迂回袭击侬智高的背后，把侬智高的蛮兵切成三段，然后加以袭击。侬智高蛮兵被杀得大败，作鸟兽散。侬智高见大势已去，不得不丢弃邕州，逃往大理（在今云南省地区）。后来被大理国杀死，首级被大理国送到宋朝京城开封。在广南肆横达一年之久，给广南人民带来巨大灾难的侬智高侵扰事件，由于狄青善于用兵，归仁铺一战而得以平息。

在平定侬智高这场侵扰的过程中，狄青不仅表现出卓越的军事指挥才能，还表现出不贪功冒功、能推功与下级的优良作风。邕州被收复时，曾发现一具穿着金龙衣的尸体，许多人都认为是侬智高之尸，主张呈报朝廷。狄青却说："怎么知道不是诈谋呢？宁可失去杀死侬智高之功，也不能贪功而欺骗朝廷啊！"在整个战役中，一切谋划都出自狄青一人，孙沔没有什么功绩。但是，侬智高一被消灭，狄青就把其余善后事项统统交给孙沔去处理，自己退在一边，让孙沔也有功可记。这种推功及人的作风，使孙沔对他的为人十分敬佩。

奇兵飞越昆仑关，一举扑灭侬智高的侵扰，这是狄青一生军事生涯中最精彩的篇章，也是他军事活动的顶点。从广南班师回朝以后，宋仁宗不顾一些大臣的反对，擢升他为枢密使。狄青的声望和地位也达到了顶峰。

狄青虽然当上了执政大臣，成了朝廷中掌握军政大权的最高长官，但是却没有忘记自己的行伍出身，脸上始终留着当士卒时刺下的字。宋仁宗让另一个大臣劝他用药除去脸上的刺字，狄青指着自己的脸说："陛下以功擢臣，不问门第，臣如果没有脸上这两行字，怎么能到达执政大臣这样的高位呢？臣绝不敢除去这些刺字，为的是使天下那些被视为贱儿的士卒，知道国家有执政大臣这样的名位在等待他们建功立业呢！"当时都城的士兵因为狄青当上了执政大臣，只要一见他外出，都不由得产生一种自豪感，连平时作为低贱和耻辱标志的脸上刺字也成了互相矜夸的东西。

但是，奇功、声望和高位，尤其是在士兵中的影响，在把防范武将夺权作为国策的宋朝，却给狄青带来了不幸。当时有的官员散布流言蜚语以中伤狄青。有人则以宋太祖曾为周世宗忠臣，终于夺权的事例，要求宋仁宗解除狄青的职务。种种无端的诬谤，终于使宋仁宗动摇了对狄青的信任，于至和三年（1056年）八月，罢了他的官，让他出镇陈州（今河南淮阳）。在狄青出镇陈州后，宋朝当权的宰相文彦博等人还不放过，每月从开封派两次使臣到陈州，名为抚问，实则监视狄青的行动。在这种精神压力下，狄青在陈州不到半年就因忧郁成疾，一病身亡，终年五十岁。一代名将就这样被重文轻武、猜忌有功武将的无形绳索绞杀了。狄青死后，宋仁宗为之发丧，赠中书令，谥武襄。狄青有两个儿子，一为狄谘、一为狄詠，并为閤门使。狄詠数有战功。

宋神宗熙宁元年（1068年），考次近世将帅，以狄青起自行伍而名动夷夏，深沉有谋略，能以畏慎保全终始，感慨万端，下令取狄青的画像入禁中，并亲自写了祭文，派使臣赍送猪羊到狄青家的祠堂中祭祀。

狄青死后，后代以狄青故事为题材的小说广泛流传，民间也有不少关于狄青智勇双全的传说，表明人们对于这位士兵出身的名将的深切怀念。

白 钢

作者白钢，毕业于南京大学历史系。1964年起在中国社会科学院历史研究所工作，1985年调至中国社会科学院政治学研究所，任政治理论研究室主任、研究生院政治学系主任、研究员、荣誉学部委员。主要著作有《中国皇帝》等。主编《中华文明大图集》（共8部24集，获中国图书奖）、《中国政治制度通史》（共10卷）。

抗金的民族英雄

岳飞

岳飞个人小档案

姓名：岳飞

字：鹏举

尊称：岳王爷

所处时代：两宋之际

生卒年：1103—1142年

官职：枢密副使

出生地：相州汤阴（今河南汤阴）

辅佐君王：宋高宗

军事成就：收复襄阳、北伐中原、取得郾城和颍昌大捷

代表作品：《武穆遗书》

轶事典故：精忠报国、勇冠三军、莫须有

封爵：武昌郡开国公

谥号：武穆、忠武

追赠：鄂王

最得意：郾城大捷

最失意： 未能收复失地

岳飞

岳飞是南宋初年的抗金名将，也是我国人民极为熟悉并为之景仰的民族英雄，在他近二十年的戎马生涯中，特别在抗击金军的战场上，组织和导演了无数次威武雄壮的活剧，为人民、为民族、为国家建立了卓越的功勋，但其最后，竟被秦桧、赵构之流的“莫须有”的罪名残酷杀害，这是多么刻骨铭心的历史悲剧。

屡次从军　立志报国

岳飞，字鹏举，宋徽宗崇宁二年（1103年）生于相州汤阴县（今河南汤阴）永和乡的一个村庄中。佃农家庭，父名和，种田为业，母亲姓姚。

岳飞的家境是比较贫寒的，在其童年时就要参加一些力所能及的劳动。成年以后，又到大户人家做过庄客。岳飞少时沉厚寡言，有志气。随汤阴县枪手陈广学“技击”，无所不精，成为一县无敌的人。后又随同乡人周同学骑射、研读《孙子兵法》，能挽三百斤的硬弓，且能左右射击。不久，金人入侵，岳飞的家乡遭到残酷的蹂躏，他目睹金军的洗劫及其铁骑践踏中原的惨状，遂立志从军，投身抗击金军侵扰的战场。这为他一生的抗金活动奠定了思想基础。

宋徽宗宣和四年（1122年），岳飞十九岁时，因生活所迫，应真定（今河北正定）宣抚使刘韐的招募当上一名“敢死战士”。刘韐端详了岳飞的身材，了解了他的武艺后，就指定他当一名小队长。岳飞从军后，参加了宋、金联合攻打燕京的战役。这次攻战，宋军越过卢沟河，攻入燕京城内，但在巷战时被辽军打得大败，岳飞也随败兵溃退。

金军从宋攻打燕京的战斗中，看出了宋军的极其虚弱的本质。于是在宣和七年（1125年）灭辽以后，立即掉头南下，乘胜发动对宋的大规模的军事侵犯。河北、河东之地的忠义民兵和抗金将领，自动组织起来，保卫家乡，顽强地抗击女真奴隶主军事贵族集团的野蛮侵犯。中原地区从此警笛长鸣，鼓角相闻。靖康元年（1126年）在家料理父亲丧事、闲居了四年的岳飞，又应枢密官员刘浩的招募，在相州（今河南安阳）参加赵构大元帅府的部队。但在第二年四月，他就因“越职上书”、力陈抗金、要求收复失地而获罪，离开了部队，并被“狼狈羁旅”于归德（今商丘南）府中。

靖康二年（1127年），金兵在占领开封四个月后，俘虏徽、钦二帝北去，北宋灭亡。宋朝的旧臣拥立徽宗的第九子康王为帝，是为高宗，建立南宋。就在这一年，岳飞在归德城中结识河北招抚使司的干办公事赵九龄，很佩服赵九龄的智谋和才干，赵九龄也很赏识他的军事知识和才能。经赵九龄的推荐，岳飞与河北招抚使张所做了一次晤谈，张所见他对兵法、军事形势、燕云的山川地理，了如指掌，倍加称赞，即用其为统领。

宋高宗赵构所建立的南宋王朝，是腐朽的北宋王朝的继续，他登位伊始，就不是以组织兵马、收复失地为使命，而是以南迁流亡、坐稳自己的皇帝屁股为己任。对金军南下的铁骑，更是怕得要死。面对金军的继续南侵，朝廷中很快就爆发了以李纲、宗泽为首的主战派和以赵构、黄潜善、汪伯彦为首的主和派之间的激烈斗争。主张抗金、光复旧疆的李纲，在做了七十五天的宰相后即被罢免；河北招抚使张所也被贬谪到岭南，不久病死。张所的部众王彦、岳飞等在新乡陷入金军的重围之中。岳飞和王彦，因为意见不合，遂各领一军，杀出重围。后来，又都辗转归附东京留守宗泽，来到开封城外。岳飞的三次从军和从军后的挫折与遭遇，一方面反映了他矢志从戎报国的强烈愿望，另一方面也暴露了南宋统治阶级中的主和派对坚决主张抗金的将领是极尽打击、诬陷之能事的。历史给予岳飞的考验，实在是严峻而又残酷。

以少敌众　建立奇功

岳飞之遇宗泽，犹“千里马”之遇伯乐，从此得到了施展自己政治抱负和军事才能的机会。宗泽十分赞赏岳飞的才能与勇敢，相识之初，就派岳飞为“踏白使”，率领五百骑兵去抵抗进犯汜水关（今河南汜水镇西）的敌人，并一再叮嘱他说：“我看你是一个很有作战本领的人，特地不追究你以前的罪过（指岳飞在新乡与王彦分道扬镳一事，这在当时意味着背叛上司，要被判处死刑），现今是你奋勇立功的时候了，但千万不要轻率从事。”汜水关地势险要，为东、西两面的重要交通咽喉，也是南侵的西路金军的必经关口。岳飞率领五百骑兵，兵员少，粮食更是不足。面对数倍于己的金军，宜速胜而不宜久持。岳飞随即命令三百士卒，每人携带两束交叉捆在一起的柴草，埋伏在前山脚下。等到半夜，他们点燃柴草四端，高高举起，照得满山通明，金军以为是宋朝的大量援军来到，慌忙弃营遁去。岳飞乘胜追击，金军大败，疑兵之计获得了完全的成功。岳飞凯旋之后，宗泽论功行赏，用作统领，继又提为统制。

↑ 南宋《中兴四将图》（刘光世、韩世忠、张俊、岳飞）

建炎二年（1128年），七月初一，抗金老将宗泽死于开封留守任上，临死之时，连呼“过河”。这一悲壮情景，使他的部下发聋振聩，岳飞更是义愤填膺，发誓要继承宗泽的遗志，北上收复宋朝江山。接替宗泽任开封留守的杜充，是一个刚愎、苛刻、喜欢残杀的无能之辈，根本无力约束和统率部下。集结在开封周围原归宗泽节制的各路军队与忠义民军，不战自乱，自相残杀。开封城外，一片鼓噪之声。杜充却带着岳飞等将官渡过淮水和长江南下。建炎四年（1130年）二月，开封落入了女真统治者手中。

建炎三年（1129年）秋，南下侵宋的女真兵马，在渡过淮水以后，取道滁州、和州，准备在渡江之后经江东而趋浙江。这时，担任建康行营留守的杜充，又不战而降。南宋的长江防线，如土崩瓦解。金军渡过长江天险，很快就攻下杭州、越州（今绍兴）、明州（今宁波）。高宗丧魂落魄，流亡到明州附近的海上，金兵仍在后面穷追不舍，企图捉拿赵构。面对将帅叛逃、士卒溃散、金军席卷而来、百姓惶惶呼救的局面，岳飞集合部队，刺血激励部下说：“我辈……当以忠义报国，立功名、书竹帛，死且不朽。若降而为虏，溃而为盗，偷生苟活，身死名灭，岂计之得矣？”士卒们被他慷慨陈词的爱国情怀所感动，都表示愿随他抗战到底。为使士兵不致剽掠、骚扰，岳飞严厉规定，不许侵掠百姓，所到之处，都要秋毫无犯。他先后移军驻屯于广德军、宜兴县，致力于安定地方的社会秩序，对窜入境内的散兵游勇，尽量加以收编，用军纪加以约束，不肯接受收编的或一向在县境内劫掠居民的，他就出动兵马去攻讨，并随时率领部队出外与金军作战。在很短的时间里，岳飞驻屯的宜兴县，竟成了百姓们躲避兵燹之灾的场所。岳家军形成的“冻死不拆屋，饿死不打掳”的良好军风，赢得了人们的广泛赞扬。他们建立起“主祠”，挂起岳飞的画像，纪念岳飞的恩德。人民有人民的选择与爱好，当地人民对岳飞的热爱与尊敬，这是对他的最高奖赏。

建炎四年（1130年）春，南侵的金军统帅兀术，因遭到南宋军民的抵抗，放弃了追袭赵构的计划、放弃已攻陷的江南州郡，声称“搜山检海”已毕，准备率部北撤。但分布在长江下游的南宋几位大将的几十万部队，全都拥兵自重、徘徊不前，坐失战机，眼睁睁地目送金军退回江北。只有岳飞，在金军北移之际，从宜兴出兵，打击了金军。

岳飞在探明金军的北撤计划之后，便率领部众主动出击，直趋静安，对金军予以拦腰猛击，并在建康附近的乡兵配合下，收复建康，就任通泰镇抚使。以后，岳飞又接受南宋王朝的一次次的“诏命”，平灭了李成、张用和曹成等军贼游寇。绍兴三年（1133年）由于岳飞在抗金斗争和各个战场所赢得的战功和声望，南宋政府就把东起江州（今江西九江）、西到荆州、北边包括长江北岸的一些州县，划为一个军区，由岳飞负责防守。岳飞此时俨然是一位能独当一面、独负一区之责的大将了。但是，祖国的山河破碎、大河南北的人民在金兵的铁蹄下的痛苦呻吟，以及满朝文武将官的腐化怯战，却使岳飞的心头涌起一阵阵悲痛，他始终念念不忘北伐中原，以便能收复故土。当有人感慨地问起：“天下纷纷，不知几时方可太平？”他便毫不迟疑地答道：“只要文官不爱钱，武臣不怕死，天下自然就会太平。”在他看来，只要朝廷能下决心北伐，文官武将不贪生怕死，不追求自己的荣华富贵，团结抗战，丢失的故土是不难恢复的。

收复襄阳　建立抗金基地

岳飞屡次向赵构上书，陈述收复中原的方略。他认为：“襄阳上流，襟带吴蜀，我若得之，则进可以蹙贼，退可以保境。”“襄阳六郡，地为险要，恢复中原，此为基本，臣今已厉兵饬士，惟俟报可，指期北向。伏乞睿断，速赐施行，庶几上流早见平定，中兴之功，次第而致，不胜天下之幸。”岳飞的这些愿望和战略计划，是建立在深思熟虑和精忠报国的基础上的，而且也是切实可行的。襄阳地处长江中游，越过汉水就可进入宛、洛之地打击金军；如果宋军的守淮部队从东面配合，金军就会陷于东、西不能兼顾的不利境地。但是他的战略计划，对赵构这位毫无复国之志的懦夫来讲，犹如对牛弹琴，始终不被采纳。

直到绍兴四年（1134年），金朝炮制的伪齐政权直接威胁到宋军的长江上游，并且威胁到下流安全的时候，岳飞才获得了率兵北上进攻伪齐的机会。

这一年三月，南宋政府下达了要岳家军进军收复襄阳等地的命令，但又规定，只许收“襄阳府、唐、邓、随、郢州、信阳军六郡土地，即不得辄出上件州军界分。所至州县，务在宣布德意，存恤百姓。如贼兵抗拒王师，自令攻讨，若遁出界，不须远追……不得张皇事势，或称提兵北伐，或言收复汴京（今河南开封）之类，却致招惹”。这是一道何等软弱的作战命令！岳飞的战略计划与雄心壮志因此受到种种限制与掣肘，但尽管如此，他总算有了部分实现自己平生志愿望的机会。岳飞接到命令后，立即从江州移军鄂州（武汉）又从鄂州渡江北上。这时，南宋朝廷将曾在河南地区与金军、伪齐军队多次作战的牛皋拨归了岳飞指挥。岳飞十分喜爱牛皋的忠勇与豪爽的性格，委派他为神武后军中部统领兼制置司中军统领，让他率领“踏白军”。牛皋熟悉河南一带的地形，在此后的战斗中发挥了很大的作用。

在鄂州城下，岳家军遇到了伪齐守将的顽强抵抗。岳飞亲自率众攻城，杀得敌军积尸成山，攻克了郢州。接着，他兵分两路，一路由他自己率领，攻打襄阳，另一路由部将张宪、徐庆率领，攻打随州（今湖北随县）。

↑ 身披重甲的宋朝武将

襄阳的敌将李成不战自溃；攻打随州的张宪、徐庆却受到了挫折。牛皋自告奋勇，驰援张宪、徐庆，很快攻下随州。岳云也参加了攻打随州的战役，并率先手舞双锤登上随州城墙，从此赢得了“勇冠三军、艺高胆大”的赞誉。

岳飞占领襄阳后，预料到逃亡的李成必然纠合金朝和伪齐的军事力量，卷土重来，一场恶仗仍然不可避免。他立即上奏南宋朝廷，报告自己在襄阳等地的防守部署，并提出在襄阳等地实行屯田，寓兵于农，以做长久打算的计划。同时，岳飞又加紧调遣兵将，准备迎击来犯的敌人。他派部将王贵分兵于横林，张宪取道于光化，分路出发，以便两面夹击；继又派骑兵往来策应，突袭于两军之间。在邓州城下，岳家军与李成的金、伪齐联军遭遇，李成经不住几路兵马的掩击，弃邓州而逃。六天以后，岳家军收复了唐州、信阳军。

岳飞按照预定的作战计划收复已失的州郡，这是南宋王朝建立以来的第一次。这实在是出乎朝廷君相们的意料之外，他们称赞岳飞“机权果达，谋成而动则有功；威信著明，师行而耕者不变。久宣劳于边圉，实捍难于邦家”。提升岳飞为靖远军节度使、湖北路荆襄潭州制置使。岳飞一面加紧襄阳等地抗金基地的军政建设，要求朝廷“速赐差官前来防守”，布列州郡、治山筑寨以为“久安之计”；另一面，他又派人结纳太行山一带的义军首领梁兴、李宝、赵云等人，准备实施酝酿已久的“连结河朔”，直捣中原的战略。

绍兴六年（1136年），岳飞再次从鄂州移军襄阳出师北伐。岳家军顺利地收复了伊（阳）、洛（阳）、商（州）、虢（州），继而围攻陈、蔡地区。黄河两岸人民，欢呼雀跃、奔走相告，纷纷与岳家军联系，准备一旦有实际军事行动，便配合岳家军作战。岳飞也兴奋地与部将相约：“直捣黄龙府，与诸君痛饮耳！”但是，这次北伐，虽然“五战五胜”，却因“钱粮不继而抽回干事军马未能成功”。岳家军驻扎在襄阳，距离南宋王朝所在地的临安（杭州）有数千里之遥，而且居于长江之中游，粮饷的运送常不及时，在平时即有“粮食不足”之忧。这次岳家军深入河南，朝廷措置粮草不力，以致留守在襄阳兵营中的士兵，竟有因饥饿而死的，处于前线浴血奋战的部队，也时时受到饥饿的威胁，这就严重地削弱了部队的战斗力。岳飞面临着这种极其困难的处境，只得抽回前线的“干事军马”而半途折回。已经克复的州县再度陷入伪齐的统治之下，当地的忠义军民又一次遭受了金兵和伪齐的屠杀，岳家军与人民为此付出了惨痛的代价。岳飞悲愤之极，他感到自己的壮志难酬！岳飞的满腔热血沸腾起来，他想到自己从戎报国、矢忠矢勇、风尘仆仆地转战在南北的各种各样的战场上，固然已得到了节度使的荣名和少保的官位，但是，与自己执着追求的收复失地、报仇雪耻的壮志宏图相比，个人的高官厚禄算得了什么？在一个雨过天晴的时刻，他凭栏远眺，放怀遐想，情不自禁地引吭高歌，写出了一首成为千古绝唱的爱国诗词——《满江红》：

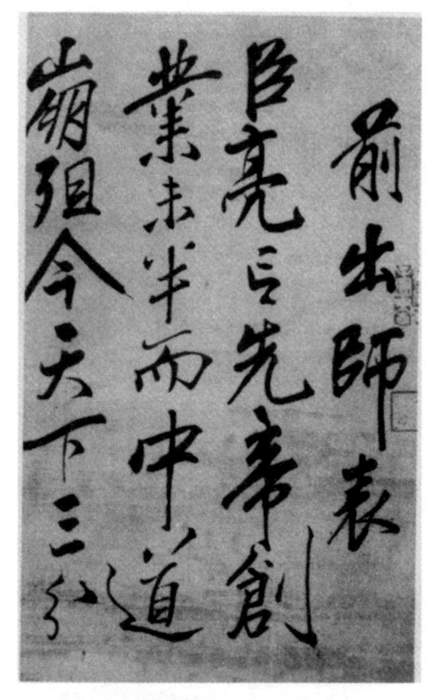

↑ 岳飞书诸葛亮《前出师表》

怒发冲冠，凭栏处，潇潇雨歇。
抬望眼，仰天长啸，壮怀激烈。
三十功名尘与土，八千里路云和月。
莫等闲，白了少年头，空悲切！
靖康耻，犹未雪。
臣子恨，何时灭？
驾长车，踏破贺兰山[①]阙！
壮志饥餐胡虏肉，笑谈渴饮匈奴血。
待从头，收拾旧山河，朝天阙！

廉洁奉公　礼贤下士

岳飞在战场上是一位运筹帷幄的大将，在日常生活与待人接物方面，也堪称典范，这里略举几例，以见一斑。

① 清顾祖禹在《读史方舆纪要》中指出，贺兰山有两处，一在宁夏中部，一在河北磁县。磁县古代设州。康熙《磁州志》载："贺兰山在州西北三十里。山非高峻而蜿蜒起伏亘二十里。宋贺兰真人隐居于此，因以得名。"此贺兰山在磁县西北二十里，为太行山余脉，地处官道要冲，历来为兵家必争之地，原称"西山"。宋真宗于景德二年（1005年）召见贺兰真人，继而将"西山"易名为"贺兰山"。岳飞抗金足迹从未到过宁夏贺兰山，其抗金活动区域在磁县贺兰山。因此，《满江红》中的贺兰山，指的是磁县贺兰山。

岳飞自己虽是一位农家子弟，文化不高。从军以后，尤其是成为大将以后，却特别喜欢和文士接近。在他的幕僚中，逐渐聚集了一大批有志于抗金事业的知识分子。岳飞经常与他们讨论历代兴亡的得失，切磋古往今来一些名将的兵法与谋略的高低。闲暇时，亦常与士大夫应酬往返、赋诗填词。古代的一些名将，是岳飞久慕并为之景仰的英雄，也是他行军打仗时效法的榜样。严州人朱梦说，是一个忧国忧民的失意知识分子，岳飞却聘他为自己的“宣抚使司”干办公事。后来被迫解雇他时，岳飞恋恋不舍地与他诀别，赠他一份很贵重的厚礼，以表达自己的惜别心情。

岳飞的个人生活是极其清苦的。他的日常饭菜大多是主食加一菜。有一次，岳飞吃到一种叫“酸馅”的食品，他觉得味道很好，尝了几个以后，就叫随从收起来留到下顿再吃，以免浪费。他在十六岁时娶的一位刘姓夫人，因他从军离家以后，家乡沦陷，生活无着，转嫁了他人。南渡以后娶的一位李姓夫人，也是一位贤惠的妇人，夫妻之间的感情甚笃。同列们曾出于对岳飞的尊敬，出钱买了一个年轻貌美的士族女子，送给他做姬妾。岳飞未曾见面就婉辞谢绝了。纳妾蓄姬，在封建社会里是司空见惯的普遍现象，岳飞能洁身自好，这是难能可贵的。与南宋时期士大夫们那种“姬妾成群”“西湖歌舞几时休，直把临安作汴京”的醉生梦死生活相比，真是清淡如水、廉洁如鉴。

岳飞治军极严，平素注重操练与教阅，与士兵们同甘共苦。打仗时，冲锋在前，自己担任“旗头”，成千上万的兵将的动止进退，唯“旗头”是瞻，勇往直前。宗泽称赞岳飞“勇智才艺，古良将不能过”，决非过誉。他曾与岳飞讨论阵法，对岳飞的每战不按“阵图”布阵作战的方法表示遗憾。岳飞却认为：“阵而后战，兵法之常。运用之妙，存乎一心。”岳飞作战，除勇猛外，讲究的是兵法中的“运用之妙”，难怪他总是战必胜、攻必克、守必固。这种在实战中总结出来的灵活运用的战略战术，当然要比儒生出身的死按“阵法”布阵的宗泽高明，所以他听了以后，想了一下，也“深然其说”。

岳飞对待部属，恩威并用，有功必赏，有过必罚，待千万人如待一人，真正地公正无私。有一位士兵，在严寒的冬天里仍然穿着很单薄的衣服，有位幕僚问他：“你衣着不暖，是否觉得有所不满？”这位士兵却说：“在别的大将的部队中，士兵应得的奉给，总被克扣一些。所余的部分还强迫他们做棉袄穿；独有岳宣抚这里不然，应给多少就实给多少，从不克扣一文，且又听任士兵自行支配，不强令去做这样那样的衣物。我的衣着太单薄，是由于家累太重，所得奉给用在家中老小身上的缘故，并非上层克扣的结果，我又有什么不满呢？”

杨再兴原是游寇曹成的悍将，打仗非常勇猛。岳飞在平曹成的战役中，杨再兴杀死了岳飞的弟弟岳翻。岳飞在击溃曹成军后，杨再兴自缚来见岳飞，岳飞不计杀弟之仇，把他收为部将，任用不疑。从此以后，杨再兴忠心耿耿地跟随岳飞征战，直至最后战死在小商桥。岳飞不计个人恩怨、待人以诚的作风，吸引了不少文人武士，他们纷纷慕名而来。有一个叫黄纵的文人，在岳飞的部下掌管机密文书。有一次，岳飞给部下分沉香，黄纵分到了最小的一块。岳飞看到分的不均，又拿出一袋再分，轮到黄纵时，又剩下最小的一块，一时不知如何是好，黄纵把这一切看在眼里，感动得不得了，表示分到多少并无所谓。岳飞屯军宜兴期间，有一次他外出作战，接到对他的舅舅姚某犯法的控告，准备按军法加以处罚，但因为他的母亲出面说情，勉强作罢。不料在一次行军中，岳飞的舅舅却突然向岳飞放箭，射中了他的马鞍。岳飞大怒，立即驰马追逐，将这个舅舅斩首处决。正是他的这种赏罚分明、待人以诚的作风感动了部属，所以岳家军的全体官兵，在平时都严守纪律，在战时都乐于效命，具有极强的战斗力。金兵的铁骑，多次以排山倒海的密集队形，企图冲垮岳家军的阵容，结果都没有成功。他们连声惊叹说：“撼山易，撼岳家军难！”

凛凛正气　反对和议

卑怯的宋高宗赵构，为了自己能坐稳偏安江左的皇帝宝座，是不惜出卖南宋的领土和军民的利益、向金国奴隶主贵族集团投降的。绍兴七年（1137年）十一月，金国废掉了傀儡皇帝刘豫，伪齐统治区的军民骚动起来，一部分将领逃归南宋，百姓面临着女真贵族的直接统治，更是盼望南宋能及早北伐，以便解除他们的苦难。从客观上分析，刘豫政权的被废，正是南宋政府北伐中原的大好时机，但赵构却认为这是求和的良机。第二年，他再次以秦桧为相，开始了与金国的议和谈判。

岳飞对这种屈辱的求和，不胜愤懑。他向赵构上书说："夷狄不可信，和好不可恃，相臣谋国不善，恐贻后世讥议。"但"和议"在赵构、秦桧等卖国君相的主持下，终于在绍兴九年（1139年）达成，这就是历史上的"绍兴和议"。双方议定以淮水为分界线，宋每岁向金朝贡纳银二十五万两、绢二十五万匹。对此，岳飞上了一道名为"贺表"、实为抗议书的《谢讲和赦表》。指出："夷虏不情，而犬羊无信，莫守金石之约，难充尊俎之术。"他一再恳请朝廷："臣愿定谋于全胜，期收地于两河。唾手燕云，终欲复仇而报国；誓心天地，当令稽颡以称藩。"这道谢表，声声泪、字字血，道出了岳飞多年来郁结在心头的积愤，也喊出了中原人民从心底里发出的呼声和愿望，激励了南宋军民抗金到底的决心和勇气。

岳飞除了以"贺表"的形式，凛然表示反对"和议"之外，还接连两次上书朝廷，自告奋勇地要求担任南宋"祇谒陵寝"使的护送将领，以图在"祇谒陵寝"时，可以"往观敌衅"，进一步取得关于敌情的第一手情报。南宋朝廷开始同意岳飞前往，但在了解到岳飞的意图以后，立即改变了主意，不让岳飞前往了。他们特地下了一道诏令给岳飞，只允许他"差将官一两员，部押壕寨人匠、军马共一千人"前往。至此，和议已成，北伐无望，岳飞再也抑制不住满腔的愤怒之火，毅然于绍兴九年（1139年）年初，连续上了两道《乞解军务札子》，坚决要求"解罢兵务、退处林泉"，以去职对朝廷表示自己的强烈抗议。

北伐中原　魂丧敌胆

绍兴九年（1139年），议和不到一年，金兀术就毁约南侵。金军分四路南下：以聂黎贝堇出山东，直奔江淮；李成犯河南；左监军撒离喝自河中（今山西永济）趋陕西；兀术自己率兵自黎阳（今河南浚县）直插汴京。金军来势汹汹，宋廷上下一片慌乱，又不得不派岳家军去抵御金军。绍兴十年（1140年）六月，岳飞再次从鄂州出兵北伐，主力进抵河南腹心地带，克复了颍昌（今河南许昌）、陈州（今河南淮阳）、郑州、洛阳等地。岳飞把司令部设在郾城，打算长期驻扎这里，作为继续向北进军的基地。但是，由于秦桧的阴谋、赵构的怯懦，宋军的东路部队却已奉旨撤退。金军便集中大部兵力，全力对付岳家军。兀术以最精锐的“铁甲浮屠”（铁甲骑兵）和“拐子马”（左、右翼骑兵）来犯，准备抄袭岳家军的大本营，进而消灭岳家军的主力。岳飞沉着应战，他派亲卫军和骑兵迎击，命令将士每人手持马扎刀、提刀和大斧三样武器，冲入敌阵后，上砍敌人、下砍马足，以摧毁金军的铁甲骑兵。金军的骑兵潮水般地涌来，形势十分危急。岳飞提枪跃马，冲进敌阵，部下挽住马头阻拦说：“相公为国之重臣，身系安危，奈何轻敌？”岳飞用马鞭抽打部下的手说：“非尔可知！”他在敌阵中左右开弓，往来杀贼，将士们见了勇气倍增。岳飞心爱的部将杨再兴也单骑在敌阵中左冲右突，猛不可挡。双方你冲我杀，战斗持续到天黑，金军招架不住，向临颍县方向败退。岳飞粉碎了金军合围的阴谋。

三天以后，岳家军的勇将杨再兴率三百骑兵在临颍县境内巡逻时，突然与金军的大队人马遭遇。杨再兴仓促指挥士卒应战，杀死几千名敌军，但终因众寡悬殊，未能突出重围，杨再兴当场牺牲。七月十四日，金兀术又集中金军的大量兵力，与岳家军在颍昌府展开了大决战。岳飞的部将董先、王贵、岳云等齐心协力，一同出城迎击。双方从早上杀到中午，岳家军将士无一人后退怯战。金军统军上将夏金吾（兀术之婿）被岳家军阵斩，于是全线崩溃。“铁浮屠”和“拐子马”不可战胜的神话从此被彻底粉碎，金兀术连声哀叹：“自海上起兵，皆以此胜，今已矣。”这时，为岳家军策动的河北等地忠义民兵，纷纷起而攻城夺地，声援岳家军，宋金战局为之改观。按当时的形势，只要宋朝的其他几路军队，在长江下游牵制住金的一部分兵力，岳家军的主力便可横扫中原，长驱直入河北，收复燕云之地。岳飞也认为，只要一鼓作气，多年来收复故土的夙愿便可一举实现，他吁请南宋王朝“速赐指挥，令诸路之兵火速并进”！

但是卖国求荣的赵构、秦桧却害怕了。他们既怕岳飞威望过重，“尾大不掉”；又怕迎回钦宗，帝位难保。在郾城大战的前夕，赵构就丧心病狂地下令各路军兵，“不可轻动，宜且班师”，撤退了防守淮河的张俊、杨沂中等人的部队，使岳飞陷于“孤军深入”“他将不相为援”的境地。但是，岳飞没有服从命令，继续发动进攻，终于取得郾城大捷的胜利。颍昌大战之时，赵构又给岳飞连发了十二道以“金字牌”递送的“班师诏”，“金字牌”抵达岳飞军营，岳飞抑制不住心头的悲愤，痛心疾首地高呼：“十年之功，毁于一旦！所得州郡，一朝全休！社稷江山，难以中兴！乾坤世界，无由再复！”岳飞炽热的爱国热情、忠贞报国的雄心壮志，终于被赵构、秦桧之流所扼杀了。

罢官归庐山　惊回千里梦

岳家军班师以后，岳飞就被削除了兵权，改任枢密副使。此时，一个陷害岳飞的阴谋正在加紧酝酿和策划之中。

绍兴十年（1140年）秋，兀术写信给秦桧：“尔朝夕以和请，而岳飞方为河北图，且杀吾婿。不可以不报，必杀岳飞而后和可成也。”提出杀岳飞为议和的条件。秦桧决定满意金朝的要求，用计除掉岳飞。

当时，岳飞、张俊与韩世忠，都是手握重兵、独当一面的大将。三人之中，张俊是一位勇于私斗、怯于公战的小人，秦桧先把他收买过去，让他一起参与陷害岳飞的阴谋。韩世忠与岳飞一样，坚持抗金的立场，秦桧决定把他除掉，以孤立岳飞，然后再对岳飞下毒手。因此，秦桧及其党羽决定解散韩世忠的队伍。绍兴十一年（1141年）三月，宋廷使命令张俊和岳飞前往淮东韩世忠的军队“视师”，让他们安排遣散韩家军的问题。六月，岳飞和张俊来到韩家军的大本营楚州。岳飞巡视城防，屹立在楚州城头，回想起自己当年驻军宜兴时在该地的征战，不禁心潮澎湃。他回首四望，看见韩世忠的部队旌旗鲜明、军马齐整、威武雄壮，脑海里又浮现了韩世忠在抗金战场上的飒爽英姿、对宋王朝的耿耿忠心，不禁对韩世忠更增添了几分敬意。因此，他坚决反对拆散韩家军，指出："目前，我们国家真正能带兵打仗的，只有三四人，若图恢复，也只有靠他们。现在把他的部属遣散了，万一将来用兵作战，韩枢密复出视事，我们将有何面目与他相见？"但是，尽管岳飞坚决反对，张俊还是秉承秦桧的意旨，肢解了韩家军。

岳飞气愤万分，又一次以辞职抗议。他的这些言行，使秦桧和赵构对他的忌恨与日俱增。七月初，岳飞回到临安，秦桧就指使右谏议大夫万俟卨（音mò qí xiè）和御史中丞何铸、殿中侍御史罗汝楫出面弹劾岳飞。他们的奏章给岳飞罗织了几大罪状：一、居功自傲。爵高禄厚，志满意得，平昔功名之念，日以颓惰。二、驰援舒、蕲，行动迟缓。三、与同列巡师淮东，散布流言，动摇民心。赵构接到这道奏章既不加任何分辨，也不许岳飞本人申诉。岳飞只好提请辞职。八月八日，朝廷免去了岳飞的枢密副使之职。在抗金战场上征战了近二十年的岳飞，于是脱下战袍，回到了庐山私邸中"俾就闲祠"。

庐山是天下名山之一。从前，岳飞在戎马倥偬之余，曾与庐山东林寺的慧海和尚结下深厚的友谊，他曾寄诗慧海：

溢浦庐山几度秋，长江万折向东流；
男儿立志扶王室，圣主专师灭虏酋。
功业要刊燕石上，归休终伴赤松游；
叮咛寄语东林老，莲社从今着力修。

（《金陀粹编》卷十五）

表明了自己在功成名就以后，立即会急流勇退、终老林泉的心迹。而今，虏酋未灭，中原未复，自己已经被迫上了庐山，岳飞的心情是无限惆怅的。九月的夜晚，庐山上秋风萧瑟，岳飞辗转不能成寐。窗外屋檐下不停的蟋蟀声与掠过山岭的阵阵松涛，惊醒了回首往事、转战千里的梦幻。岳飞再也不能入睡，他认识到“待从头收拾旧山河”的理想已经破灭。他披衣彷徨，顾影形单，更觉凄凉，信笔填了一阕《小重山》：

昨夜寒蛩不住鸣，惊回千里梦，已三更。起来独自绕阶行，人悄悄，帘外月胧明。

白首为功名，旧山松竹老，阻归程。欲将心事付瑶琴，知音少，弦断有谁听。

屈死风波　千古奇冤

一个月后，秦桧就指使岳飞的部下诬告岳飞谋反，将他逮捕下狱。在审讯时，岳飞愤怒地撕裂衣裳，露出了昔日刺在背上的、切入肤里的“尽忠报国”四个大字，以示对卖国贼的最后抗议。他自知已落入了国贼的手中，对赵构的所作

↑ 岳王墓

所为也已绝望，于是任凭严刑拷打，坚贞不屈。绍兴十一年（1141年）十二月二十九日，赵构在秦桧等的奏状上匆匆批道：“岳飞特赐死。张宪、岳云并依军法施行，令杨沂中监斩。”岳飞终于被南宋的卖国君相们毒死在临安大理寺的风波亭。临刑之前，这位在抗金战场上叱咤风云、经历大小两百余战，为国家、为人民“宣力半生”的民族英雄，无限痛心地向天空仰视了一阵，提笔在万俟卨等人炮制的“供状”上，写下了：“天日昭昭！天日昭昭！”八个大字。是年岳飞三十九岁，其子岳云二十三岁。

岳飞在中原地区遭受女真奴隶主军事贵族的铁骑践踏和蹂躏的岁月里，满怀复国的壮志，从戎投军，驰骋疆场，立下了辉煌的战绩。他坚持抗金、反对投降，代表了广大人民的愿望；他光明磊落、治军严肃，是中国古代历史上卓荦不群的军事家与战略家；他自奉菲薄、廉洁奉公，把中华民族的优秀传统发扬到一个光辉的高度。岳飞的爱国主义精神与抗金的光辉事迹，将永远受到世世代代人们的敬仰和纪念。

张秀平

作者张秀平，兰州大学历史系毕业，人民出版社编审。主编有《中国文化概览》《中国100系列》《世界100系列》等著作。享受国务院颁发的政府特殊津贴。

威震黄天荡的韩世忠

韩世忠个人小档案

姓名：韩世忠

字：良臣

绰号：泼韩五

所处时代：两宋之际

生卒年：1089—1151年

官职：太保、枢密使

出生地：延安（今陕西绥德）

辅佐君王：宋高宗

军事成就：黄天荡之战、抗击西夏和金国

轶事典故：擂鼓战金山

封爵：英国公、福国公

谥号：忠武

追赠：通义郡王、蕲王

最得意：黄天荡大败兀术

最失意：不能救岳飞父子

韩世忠

少年从军，首战西夏

岳飞死后不久，在杭州的西子湖上，人们经常看到有一个头戴角巾（带棱角的头巾，古代隐士所着用），怀揣酒瓶，骑着驴子游山玩水的人。他是谁呢？是隐士吗？是醉仙吗？都不是。原来这就是南宋时代和岳飞齐名的抗金英雄韩世忠。

韩世忠，生于哲宗元祐四年（1089年），卒于高宗绍兴二十一年（1151年），字良臣，陕西延安人。他出生在一个贫苦的农民家庭。他生得身材魁梧，很有风度，眼睛特别有神气。年轻时就勇猛过人。能骑没有驯服的马驹。有一个占卦的人说，从他的相貌上看，将来可能做到三公。韩世忠认为他有意侮辱自己，便打了占卦人一顿。那时候，韩世忠的家乡常受西夏的骚扰。为了抵抗西夏的进犯，韩世忠十七岁就应募参加了军队，苦练杀敌本领，能挽三百斤的强弓，经常手舞铁槊，奔驰在天郎山的峭壁间，非常勇敢。宋徽宗崇宁四年（1105年），西夏进犯宋朝的西北边境，宋政府派遣大军前去征讨，这一次韩世忠也随军前去了。宋军来到银川（今陕西米脂县西），西夏人把城门关得紧紧的，企图进行顽抗。韩世忠当时虽然只是一个小军官，可是他却有着杀敌报国的大志。在攻城战斗中，他奋不顾身，第一个攻入城内，杀死敌将，把首级扔到城外，宋军乘势攻入城内，夏军大败。过了不久，西夏又派来大队人马进犯，韩世忠率领一批敢死战士，拼死战斗，在阵上杀死敌人监军驸马兀啭哆，夏军仓皇溃散了。经略司把韩世忠的战功报告上去，当时正值奸臣童贯主持边事，怀疑报告不实，因此只给韩世忠提升一级，将士们都愤愤不平。

宣和二年（1120年），方腊在睦州起义，江、浙震动，韩世忠曾以偏将身份跟随王渊前往镇压，结果方腊被擒杀，这是他一生中极不光彩的事情。

打退金军进犯

宣和三年（1121年），北宋政府准备收复燕山，调集各路兵马，和金军交锋都失败了。韩世忠自告奋勇，与苏格等率五十名骑兵一同来到滹沱河，正巧同金国两千多名骑兵遭遇，苏格被优势敌军吓得不知所措。韩世忠却从容镇定地做了如下战略部署：他命令苏格等在高岗上列好队伍，不许乱动。同时嘱咐燕山溃退下来的军士集中在靠近河岸的船上，约好鼓噪以助声势。然后他亲自跃马冲向敌军，回旋如飞。金军分成两路占据高地，韩世忠以迅雷不及掩耳的凌厉气势，突击金人两名执旗官，乘势奋力冲杀，苏格也率兵夹攻，舟卒鼓噪呐喊，敌军大乱。世忠率军追杀，金兵死伤很多。

钦宗即位，韩世忠随同梁方平屯驻濬州。金兵压境，梁方平戒备不严，等金兵迫近，梁方平临阵脱逃，宋军数万人一下子溃散了。韩世忠被陷入重围中，他挥戈力战，才得突出重围。钦宗在便殿召见他，询问梁方平违反军律败军情况，他详细地向钦宗作了报告。钦宗授韩世忠为选锋统制。当时宋将张师正因军败，宣抚副使李弥大按军法把他斩首。张师正的部下李复鼓动军士叛乱，淄州、青州附和他的有数万人。李弥大檄令韩世忠率领所部人马去征讨李复。当时韩世忠的人马不足一千人，追到临淄河，世忠命军士为四队，布设铁蒺藜自塞归路，然后下令说：“进则胜，退则死，走者命后队剿杀。”于是士卒皆拼死战斗，没有敢回头看的。因而大破叛军，李复被杀，他的余党都奔溃了。韩世忠乘胜追至宿迁，叛军尚有万人，正在椎牛饮酒取乐。韩世忠单人独骑于夜里来到叛军营中，呼喊说：“大军到了，你们赶快收起兵器，卷起铠甲，我可以保全你们的生命！”叛军恐惧，跪着向韩世忠进奉牛酒，世忠下马解鞍，把酒和肉都吃光了。叛军看到韩世忠从容气魄，于是全部请求归降。韩世忠因抚定叛军有功，被授任为单州（今山东单县）团练使。

靖康元年（1126年）十月，金将宗望率领的东路南侵军攻下真定（今河北正定县）。当时韩世忠正率兵在滹沱河驻防，听到消息，立即率部赶往赵州（今河北赵县），准备在这里迎击由真定南下的敌军。宗望听说韩世忠在赵州，指挥部下加紧围攻。当时赵州城内由于长期坚守，再加上投降派下令禁止各地军队入援，城内已经粮尽援绝，部下都主张突围逃走，韩世忠不肯。这天夜里，韩世忠乘夜半雪下得正大的时候，亲率勇士三百名，直捣敌人营寨。金军没想到宋军敢来偷营，事前没有准备，黑夜间又分不清敌我，在惊乱之余，自相攻杀，死亡很多。到了天明，当金军知道主将被杀时，都慌忙逃散了。

平定苗刘叛乱

宋高宗在商丘做了皇帝后，韩世忠任光州（今河南潢川）观察使，曾建议高宗把都城移到长安，同时派兵收复两河失地，但是由于以高宗为首的投降派坚持要和敌人妥协，没有被采纳。后来，南宋小朝廷由商丘迁往扬州，又由扬州逃到杭州，韩世忠也由北方转战到江南。这时在朝野一致要求下，宋高宗被迫罢免了投降派汪伯彦、黄潜善，改任朱胜非为宰相，王渊掌管枢密院事，吕颐浩为江东安抚制置使。三月间，将官苗傅、刘正彦以“为民除害”为名，发动兵变，杀死王渊和高宗亲信宦官康履，逼迫高宗退位，让位给三岁的儿子赵旉（音fū），改元明受。吕颐浩和大臣张浚约集韩世忠、张俊、刘光世等起兵镇压。韩世忠自盐城（今江苏盐城）收集散卒，由海路来到常熟，张俊听到后高兴地说：“世忠来，大事可以成功了！”韩世忠得到张浚的书信，以酒洒在地上，表示决心说：“我誓不与此贼（指苗、刘）共戴天！”他来到平江后见到张浚，就要进兵。张浚说：“投鼠忌器，事不可急，急恐有他变。宜趋秀州（今浙江省嘉兴市），据粮道，以候大军之至。”韩世忠从平江出兵，到秀州后，诈称有病，就不再前进。他在这里制造云梯，大修战具。苗傅、刘正彦得知这一消息，非常害怕，想要把韩世忠的妻子梁红玉拘留起来作为人质。朱胜非诳骗苗、刘说：“依我看，不如派遣她去抚慰韩世忠来归，这样平江诸将就都安心了。”于是以太后名义封梁氏为安国夫人，让她去迎接韩世忠还朝。梁氏趁机出城，快马加鞭，一昼夜的时间，就来到秀州，见到韩世忠。不久，苗、刘以明受名义发诏书给韩世忠，任命他为定国军节度使。韩世忠见到诏书说：“我只知道有建炎，不知道有明受。”于是焚了诏书，斩了来使，下令进军临平（今浙江余杭东北）。苗翊、马柔吉负山阻水为阵，并在河的中流树起鹿角（障碍物）以阻止行船。韩世忠舍身力战，张俊、刘光世继其后，苗军稍稍后退。于是韩世忠又下马操戈向前，命令将士说：“今日当以死报国，谁要是身上不带箭伤就是不努力作战，就要按军令斩首！”因此士卒皆拼死冲杀。苗翊手持神臂弩拉满了弓弦待发，韩世忠面对这一情况，毫不畏怯，瞪起双眼，拿着大刀奋力向前，苗翊的士兵气夺，纷纷后退、败走。韩世忠的军队进入杭州北关，苗傅、刘正彦慌忙率领两千名精兵，从涌金门逃走了。

↑ 宋高宗赵构像

韩世忠来到宫中见宋高宗，高宗步行到宫门，握着韩世忠的手说：“中军统制吴湛是苗、刘的大帮凶，现在还留在我的身边，你能先把他诛掉吗？”韩世忠立即去见吴湛，同他握手谈话，一下子就把他的中指捏断了。然后把他与苗、刘的谋主王世修一同斩首于市。高宗授任韩世忠为武胜军节度使、御营左军都统制。五月，韩世忠建言："苗傅、刘正彦拥精兵，距浙、闽很近，倘成巢穴，就难办了。"于是高宗又命令他与刘光世去追讨苗傅、刘正彦。韩世忠从浙江衢州、信州进兵，追到浦城的鱼梁驲和苗、刘军相遇，韩世忠挺戈前行，苗、刘军望见，皆惊慌溃散，于是刘正彦及苗翊都被擒获，苗傅逃到建阳，被县人捕获，献给韩世忠。七月，苗傅、刘正彦等都被斩首。

黄天荡大败兀术

建炎三年（1129年）九月，金将兀术分兵两路渡江，连破建康（今南京市）等重要城镇，眼看就要打到杭州了。宋高宗又要逃跑，韩世忠对高宗说："国家已经失去了河北、山东等处地方，如果再把江、淮一带放弃，不知还有什么地方可以保守？"怯弱庸懦的宋高宗一心想要逃命，对于韩世忠的话根本听不进去，最后还是带领一群投降派官员逃到海上去了。在临行前，宋高宗任命韩世忠为浙西制置使，要他防守镇江。

同年底，金将兀术的军队先后攻破了杭州、越州（今绍兴市）和明州（今宁波市），因为骑兵不习舟船，无法下海去追袭宋高宗，而在浙水沿岸，又被严州（今浙江省建德市）的乡兵击败于桐庐县的牛山下，尤其是大江南北的民军纷纷兴起，使金兵到处受到威胁。因此兀术不敢在东南作长久逗留，便宣称"搜山检海"已毕，又在杭州等地大肆烧杀了一番，于建炎四年（1130年）春，由水路经秀州（今浙江嘉兴市）、平江（今江苏苏州市）退走。这时，韩世忠正驻军在松江、江湾、海口一带，听说金兵要渡江北逃，便连夜把部队八千人开到镇江，在焦山寺（在镇江东北九里）和其他险要地方驻扎下来。韩世忠对他的部将说："这里的形势，以金山（在镇江西北七里）的龙王庙为最好，敌军一定要登山，来观察我军的虚实，我们应当给敌人一个厉害看看。"于是他把一百名士兵分别埋伏在岸边和庙内，同时约定，听到鼓声，岸边伏兵首先杀入，庙兵随后出击，两面夹攻，捉拿敌人。宋军埋伏好了以后，果然有五个骑着马的金军闯进庙内。

埋伏在庙内的宋军看到一共只有五个人，心想要拿住他们还不容易！所以没等听到鼓声，就首先奋勇地冲了出来，立刻捉住了两名敌人，另外的三人见势不妙，回头就跑，其中一个身穿红袍，腰系玉带的将领，吓得从马身上跌了下来，立刻又跳上马背，打了几鞭子，飞也似的逃跑了。宋军随后追赶，差一点儿把他活捉。后来问到俘虏，才知道他就是金将兀术。

兀术回营以后，就派人到宋营去下战表，约定日期在江中进行会战。宋、金两军在江上会战多次。每次会战，韩世忠总是站在一艘艨艟大舰上，亲自指挥作战。他的夫人梁红玉也身穿铠甲，在同一只船上擂鼓助威，宋军士气异常高涨，军声大震。金军虽然多次拼命攻打，但是始终无法通过宋军的江上封锁线，被射死、俘虏的不知有多少，连兀术的女婿龙虎大王也被宋军活捉。兀术异常恐慌，只得派使臣表示愿意把掠夺的财物全部送还，请求假道过渡，韩世忠不答应；又想把名马献给韩世忠，买条生路，也被韩世忠严词拒绝了。

↑ 表现宋金战争场面的砖雕

兀术无计可施，急忙率领残兵败将向黄天荡（在今江苏省南京市）退去。黄天荡原是江中一条断港，只有进去的路，没有出去的路，兀术不明路径，指望可以从这里靠岸逃走。等他进去以后，才发觉这是一条死路，想要退出，又被韩世忠的军队封锁住了。兀术要进不能，要退不得，不禁叫苦连天。经过和部下反复商量，只有悬赏求计，或者能侥幸逃出荡外。在兀术的千金重赏之下，果然有一个无耻的汉奸前来献计说："在黄天荡北面十多里的地方，原有一条老鹳河，可以直通建康秦淮河（此河流经今南京市，又西北注入大江），只因年久淤塞，无人知晓。如果能够派人把它挖通，引水入内，那就有出路了。”兀术听后非常高兴，就用重金赏了这个汉奸，并立即下令，连夜挖通老鹳河。由于金兵个个都想逃命，连夜拼命地挖，不到一夜的工夫，就凿成了一条长达三十里的大渠，把黄天荡和秦淮河连接起来。兀术率部由新开的老鹳河向建康逃命，路过牛头山，又遭到岳飞军队的伏击，损失了不少兵马。岳飞军队乘胜收复了建康城。于是兀术只好又由原路退回黄天荡，仍然准备再从这里强行渡江北归。

为了彻底消灭敌人，韩世忠传令工匠，连夜打制铁索，并在它的一头装上大钩，分别授给壮士，一遇到敌船，便用铁钩搭住，把船拖着往水底沉。第二天，天刚蒙蒙亮，敌船果然从远处鼓噪前来，韩世忠命令士兵把海船分作两队，绕到敌船背后，用铁钩把它一个个钩翻。这时，兀术再没有什么计策可想了，只好请韩世忠答话，哀求放开一条活路。韩世忠回答说：“只要你肯把掳去的徽、钦二帝送回，同时归还侵占我国的全部土地，我就放你一条生路。”掠夺成性的兀术，自然不会同意这样的条件。可是他又想不出脱身之计，几天后又派人来祈求，韩世忠用箭把来人射了回去。兀术对部将们说：“南人使船好像使马一样，怎么得了！”于是他又想到悬赏求计的办法了。有一个居住在建康的福建人王某，应赏登上敌船，向兀术献了一条毒辣的奸计：他教兀术利用海风停息，宋军海船无风不能行驶时，用火箭射击宋军船舰的篷帆，篷帆一经射中，火就烧起来了。兀术照计实行。果然，使宋军的战船哔哔剥剥地燃烧起来。韩世忠率部力战，敌军矢下如雨，宋军防不胜防，救不胜救，一时之间，江面上烟焰蔽天，宋军被烧死、淹死的很多，韩世忠收集残兵回到镇江，兀术趁机逃出了黄天荡。

这次战争，韩世忠以八千孤军抗击兀术十万人马，虽然没有全歼敌军，但是宋军以寡敌众，使金军在荡内狼奔豕突达四十八天，给敌人以沉重的打击和教训；尤其是配合岳飞军收复了建康，使金兵从此不敢再渡长江。韩世忠和他夫人的英勇抗敌事迹，将永远为人们所歌颂。清代历史学家兼诗人赵翼在他那首题名《黄天荡怀古》的诗中，曾对韩世忠夫妇这场不可磨灭的战功，给予高度的评价和讴歌：

打岸狂涛卷白银，似闻桴鼓震江津。
归师独遏当强寇，兵气能扬到妇人。
有火谁教戎箭射，无风何意海舟沦。
建炎第一功终属，太息西湖竞角巾。

大仪之战

金军北归以后，韩世忠等抗金将领积极训练部队，准备收复中原。但是，以宋高宗为首的南宋小朝廷，苟安于富饶秀丽的江南，对金国的进攻采取妥协退让的政策。绍兴四年（1134年）秋天，金兵联合伪齐刘豫的军队，又分兵南下，向淮南进犯。南侵军总共七十多万，骑兵自泗州（今安徽盱眙北）攻滁州（今安徽滁州）；步兵自楚州（今江苏淮安）攻承州（今江苏高邮）。南宋小朝廷吓得胆战心惊，急忙派出使者魏良臣等到金国去求和，同时急令韩世忠筹划战守。那时候，韩世忠正驻守在镇江，接到朝廷命令后，立刻进行了如下的军事部署：派部将解元防守承州，抵挡敌人的步兵；他亲自率领骑兵驻屯大仪，迎击敌人的骑兵。为了表示必胜的决心，他命令士兵伐木为栅，以截断后退的通路。当魏良臣等走到扬州时，韩世忠故意下令让军队撤去炊灶，诳骗魏良臣说："有诏退屯守江。"等到魏良臣去远了，韩世忠立即上马指挥战士迅速北上。他率领军队进驻大仪，布下五个阵式，还设了二十多处埋伏，与军士们约定好，听到鼓声，立刻出击。金将聂儿孛堇听魏良臣说宋廷已命各将退兵，不禁喜出望外，立即派别将挞孛也（也作挞不野）率领铁骑兵直奔扬州，准备袭击宋军。当金兵来到江口距大仪五里的时候，韩世忠传令击鼓，事先埋伏在四下的宋军听到鼓声，一齐杀出，金兵知道中计，慌忙逃命。韩世忠命"背嵬军"（即卫队）各持长斧，上砍人胸，下劈马足，穿着铠甲的金国骑兵，纷纷从马身上掉了下来。宋朝骑兵四面围攻，活捉敌酋挞孛也以下两百多人。解元在承州，和敌人相持不下，韩世忠派部将成闵率领骑兵前去增援，经过激烈的战斗，也把敌人打退，俘获很多。韩世忠另外派遣的一名部将董旼也在天长县（今安徽滁州）的鵶口，把敌人打败，俘获金军四十多名。韩世忠亲自率兵追击敌人，到达淮河岸边，敌军惊溃，自相践踏，掉到河中淹死的不知有多少。韩世忠在大仪的伏击战，阻止了金军的南进，取得了完全的胜利。南宋朝廷听到捷报，主张抵抗的大臣和将领们又抬了头。有一个叫沈与求的大臣说："自从建炎以来，将士未尝与金人迎敌一战，今天韩世忠接连打败金兵，挫伤敌人的锐气，这个功劳可是不小啊！"宋高宗也不得不表示要给韩世忠以重赏。当时朝臣们都认为韩世忠的战功卓著，韩世忠从而赢得了南宋"武功第一"的光荣称号。

力反和议，指斥秦桧

金兵的进犯，虽然被韩世忠等爱国将领击退，可是南宋的朝政，在投降派的主持下，还是主张向金国屈辱求和。先前，韩世忠驻兵山阳（今山东金乡西）时，曾派人去联络山东的义军，约定互相支援，宿州的马秦以及太行山的义军首领，都表示愿意听从他的指挥。绍兴七年（1137年），金兵废掉刘豫，中原局势动荡不定。韩世忠认为，这正是北伐的大好时机，他向朝廷提出恢复中原的大计。可是，这时正值投降派秦桧用事，他力主和议，命韩世忠移驻镇江。韩世忠坚决反对和议，请求率领所部留在前方，以作为江淮的屏障，并表示愿意竭尽死力，率先迎击敌人。他先后给宋高宗上了十几道表章，言辞慷慨激切，并请求单骑到临安去面见高宗，陈述他的恢复主张。可是昏聩懦弱的宋高宗却没有批准他的请求。绍兴十年（1140年），金国破坏盟约，金将兀术率撒离喝、李成等分道南侵。八月，韩世忠领兵包围了被金军占领的淮阳，大败金国援军于泇口镇。同时分别派遣部将解元、刘宝等出击敌人，都取得了胜利。韩世忠因功进位太保，封英国公，兼河南、北诸路招讨使。

绍兴十一年（1141年），秦桧收三大将（韩世忠、张俊、岳飞）的兵权。四月，韩世忠被召回临安，拜枢密使，实际上是明升暗降。韩世忠把他在外征战所积储的军费钱百万贯，米九十万石，酒库十五个都交还给朝廷。但他仍然坚决反对和议，上书指斥秦桧的误国罪行，一点儿也不留情面，因此被秦桧所忌恨。有人认为他这样做太危险，韩世忠说："我今天如果为了个人利益附和奸人，死后岂不要遭受太祖（指赵匡胤）铁杖的责罚吗？"秦桧陷害爱国将领岳飞，把他逮捕下狱，满朝文武官员都不敢吭声。韩世忠心怀不平，亲自去见秦桧质问道："岳飞究竟犯了什么罪？为什么要把他扣押起来？"秦桧理屈回答不出来，竟以"飞子云与张宪书（诬蔑岳云与张宪谋反）虽不明，其事体莫须有"。韩世忠愤慨地说："'莫须有'三字怎能使天下人心服呢？"从此，秦桧更恨韩世忠了。秦桧唆使他的亲信，在皇帝面前弹劾韩世忠。韩世忠知道不能再有什么作为，想来想去，只好采取消极行动，于是一连给高宗上了好几次奏疏，请求辞去"枢密使"的官职。从此他闭门谢客，绝口不谈军事，有时骑着驴子，带领一二小童，在游览西湖风光，借以排遣自己内心的苦闷。绍兴二十一年（1151年）八月，这位抗金民族英雄竟在长期忧愤下死去了。

生活作风一斑

作为一个爱国名将、民族英雄来说，韩世忠除了坚决站在民族立场，南征北战，狠狠打击敌人外，在日常生活和作风上，他也具有不少优点：他性情憨直，轻财好义，上级每有赏赐，总是全部分给部下。皇帝赐给他的田地，也和老百姓一样按时向国家输纳田租。他很重视军事训练，平时经常教育士兵骑马跳涧，演习射击、并且自己精心研究作战武器，像克敌弓、连锁甲、狻猊鍪（头盔），就是他发明出来的。他知人善用，如成闵、解元、刘宝、岳超等许多部将，都是他从行伍中提拔起来的。韩世忠约束部下很严格，不许士兵扰害百姓，他的部队有"韩家军"的称号，在人民中间，和岳飞的"岳家军"同样留下良好的印象。他在楚州驻防十多年，常常身披草衣，和战士们一起参加劳动。在今天江苏省长江南岸的大港镇北边，有一座韩桥，据说就是当年韩世忠和战士们一起修造的。这

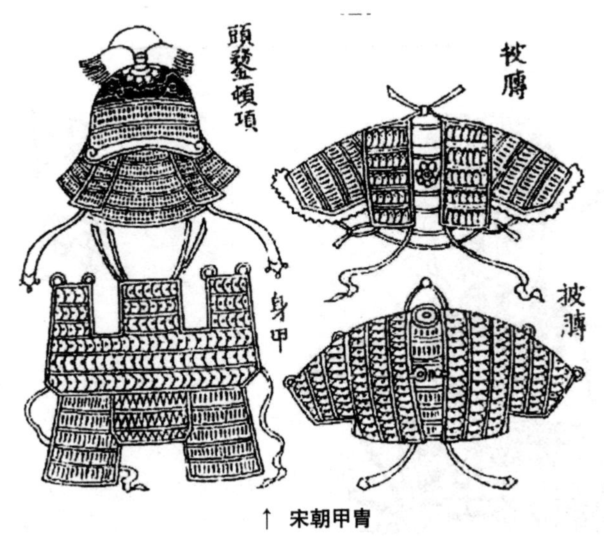

↑ 宋朝甲胄

座桥原名“韩渡桥”，是通往镇江的必经之路。说起这段桥名，其中还有一段故事呢。据当地老年人说，南宋的时候，这里的河面很宽，都没有桥可通。往来的行人、货物，全靠用小船来摆渡。有一天，韩世忠骑着马率领军队去抗击金军。他来到河边，发现渡口围了一大群人、车和牲口，等候渡船。他想，军贵神速，这么多的军队要等小船摆渡，岂不误了大事！而且，老百姓平日来往也太不方便了。于是他跳下马来，下命令说：“就地立刻搭桥！”说毕，他亲自同将士们一起运石、填土，由于全军的共同努力，桥很快就造成了。当地人为了纪念并感激他的恩泽，就称这座桥为“韩渡桥”。韩世忠不仅他自己和将士们同甘共苦，就连他的夫人梁红玉也亲自编织苇箔，帮助军队盖房子。受到士兵们的热烈拥戴。韩世忠和他的夫人的爱国精神及艰苦朴素的作风，将永远受到人们的尊敬和称赞。

张习孔

作者张习孔，毕业于辅仁大学，北京教育学院教授。著有《史可法》等。已故。

常胜的八字军将领

刘锜

刘锜个人小档案

姓名：刘锜

字：信叔

尊称：刘太尉

所处时代：两宋之际

生卒年：1098—1162年

官职：太尉、威武军节度使

出生地：德顺军（今甘肃静宁）

辅佐君王：宋高宗

军事成就：抗金伐夏、顺昌大捷

轶事典故：虫王、鹧鸪天

谥号：武穆（一说武忠）

追赠：开府仪同三司、吴王、太子太保

最得意：顺昌大捷

最失意：被罢兵权二十年

刘锜

刘锜，生于北宋哲宗元符元年（1098年），卒于南宋高宗绍兴三十二年（1162年），字信叔，德顺军（今甘肃静宁）人。他是北宋末年泸川军（今四川泸州）节度使刘仲武第九子。刘锜长得仪表堂堂，十分漂亮，声如洪钟，善于骑马射箭。北宋末年他就跟随父亲在军队中经受过战争的锻炼。有一次，军帐前大旗下的水斛里水满向外溢，刘锜拔箭射之，多余的水随着箭头指示的方向射出，水斛里的水遂停止向外溢。在场观看的人惊得目瞪口呆，无不佩服他的精湛射技。宋徽宗宣和年间（1119—1125年），由于高俅的推荐，特授他为阁门祗侯。

南宋高宗即位，录用刘仲武的后人，刘锜得以被召见。宋高宗一见刘锜十分英俊，非常满意，便授他为阁门宣赞舍人，派他知岷州（今甘肃岷县），为陇右都护。曾多次与西夏兵作战。由于刘锜威武勇猛，西夏人十分惧怕他，甚至西夏人的孩子啼哭，大人为了吓唬孩子不让孩子哭，常常说："刘都护来了，快别哭！"后来，宋高宗任命大将张浚为陕西宣抚使，见到刘锜，十分赞赏他的才干，便让刘锜担任泾原经略使兼知渭州（今甘肃平凉）。当时，张浚合五路军与来犯的金兵大战于富平（今陕西富平），失利。慕洧在庆阳（今甘肃庆阳）叛变降金，转而进攻环州（今甘肃环县），张浚命令刘锜前去救援，留别将守卫渭州，不久，金兵攻打渭州，刘锜留李彦琪抵御慕洧，亲自率领精锐还军救渭州，已经迟了一步，渭州失守，刘锜进退两难，不得不率军撤到德顺军，而李彦琪临阵脱逃，跑回渭州投降了金人。刘锜因以得祸，被降职贬到绵州（今四川绵阳）为知州事，兼沿边安抚。

绍兴三年（1133年），刘锜复官，为宣抚司统制。金人攻拔和尚原（今陕西宝鸡西南），南宋当局派兵分守陕、蜀之地。适巧，有使者从四川回朝，听说刘锜的威名，便报告宋高宗。宋高宗召刘锜还朝，并以自己用的兵器送给刘锜，接着便任命他为江东路副总管。绍兴六年（1136年），宋高宗又召刘锜回朝，任命他为宿卫亲军的将领。当时宋高宗驻在平江（今江苏苏州），解潜与王彦两军交斗，均被撤职，两军悉归刘锜指挥。刘锜奏请改编前护副军（即王彦的八字军）及马军，编成前、后、左、右、中军及游奕，共六军，每军千人置两名将官，共十二将。于是刘锜成了南宋独立成军的将领，护驾赴金陵（今江苏南京市）。绍兴七年（1137年）帅合肥；绍兴八年（1138年）戍京口（今江苏镇江）。绍兴九年（1139年）提升为果州（今四川南充市北）团练使、龙神卫四厢都指挥使，主管侍卫马军司。

王彦统率的前护副军，前身就是曾经在太行山奋勇抗金的“八字军”。这支军队在太行山抗金时，脸上都刺了“赤心报国、誓杀金贼”八个字。后来转移到南宋境内，被编为行营五个副军中的一军。在刘锜成为“八字军”新的主帅不久，宋金战争的形势发生了重大变化。金朝掌握军政大权的挞懒、蒲卢虎集团为了打破宋金战争的僵局，废掉原先扶植起来的刘豫伪齐政权，把原属伪齐管辖的河南、陕西地区归还给南宋，同南宋议和，企图把南宋军队从江淮及蜀口引到金骑兵能发挥优势的中原及关陕地区加以歼灭。宋高宗及秦桧不顾许多抗战派官员的反对，同金朝订立了和议，并于绍兴十年（1140年）四月，委任刘锜到刚从金人手中接管不久的开封去当“东京副留守”，让他带领马军司所辖的八字军及一部分殿前司兵去驻守开封。这支军队的家属，则准备安置在顺昌府（今安徽阜阳）。刘锜率领八字军又开赴抗金斗争的前线。

就在刘锜赴任途中，在金朝内部争权斗争中得势的兀术撕毁了挞懒主持同南宋订立的和议，并兵分四道向南宋大举进犯。刘锜在率一万八千名“八字军”乘船北上快到顺昌的时候，听到了兀术大举进犯的消息，立即下令全军舍舟上岸，急速从陆路挺进。当他率军于五月十七日赶到顺昌府的时候，兀术重新占领开封的消息也已经传到顺昌。翌日清晨，又有金兵骑兵已经到达距顺昌府仅三百里的陈州（今河南淮阳）的急报传来。

接二连三的急报，使顺昌居民都十分惊恐。刚随刘锜赴任来到顺昌的宋军将官也有许多人慑于金兵的凶焰，主张赶快乘船掉头向江南撤退。这时刘锜却异常镇静。他一到顺昌，就向知顺昌府的陈规了解顺昌的粮食储备情况。当他知道顺昌还存有数万斛米粮，还存放许多伪齐时留下的毒药时，就认为顺昌城可以坚守。他在召集将官们讨论战守之计时，对主张逃跑的给予严厉的训斥。他慷慨激昂地说："我本是到东京赴任的。今东京虽失，所幸全军到达此地，有城可以坚守，为何反要丢弃呢？我已下定决心坚守，谁敢再说要撤离，就立即斩首。"部将中有绰号叫"夜叉"的许清接着说："太尉（指刘锜）奉命副守开封，军士扶老携幼而来，今若逃走容易，然欲抛弃父母妻子则不忍；欲与他（她）们偕行，则金兵从侧翼来攻，无法逃脱，不如大家努力与金兵决一死战，兴许可以死里求生呢！"许清的意见与刘锜不谋而合，刘锜更坚定了死守顺昌的决心。刘锜在进行紧急防御部署的同时，下令将全军北上时所乘的船只全部凿沉，以杜绝一些将士想乘船南逃的念头。他把自己的家属安置在一座佛寺中，把柴薪堆在门口，命令守卫的士兵说："如果战况不利，你们就放火烧死我的家属，不要让她们受敌人污辱。"这种誓与顺昌城共存亡的决心，使八字军的广大将士和随军家属深受感动。全军精神振奋，男的准备战斗，妇女帮助磨刀剑，互相激励说："平时人家欺侮我们八字军，今天应当为国杀敌立功。"

为了坚守顺昌，痛击金兵，刘锜在陈规的帮助下，对顺昌城的守备做了认真的部署。他命令诸将分守诸门，每个将官都有负责守卫某一城门的明确责任。在金兵向顺昌进犯的途中，他派人暗中侦察，随时报告金兵进犯的动向和敌情。鉴于顺昌过去是个不设防的小城，没有什么守备设施可以利用，刘锜就亲自在城上督促军民加紧施工，修筑城壁。他下令把伪齐时制造的蚩尤车搬到城上，把车轮埋在新筑的城墙里，拆民户的门板，围在战车周围。在城外接近壕沟的地方，又建一道称为羊马垣的小隔城，筑起厚六尺、高五尺的城墙，在这道隔城城墙上留下许多门洞。在顺昌城四周郊外，则紧急把民户都迁入城中，拆毁可供金兵居留的任何房舍，实行坚壁清野。经过六天的抢修，顺昌城的防御设施终于粗具规模。金兵的先头小部队也已经渡过颍河到达顺昌城下。顺昌保卫战就此拉开了序幕。

因为刘锜事先派人侦察金兵的动向，在金兵游骑到达顺昌城下之前，已经在城外设好埋伏。金兵游骑一到，就被打得措手不及，活捉千户阿黑等二人。刘锜从抓获的两个俘虏口中得知韩常率一支金兵驻扎在离顺昌三十里的白沙涡，就连夜派兵奔袭，歼灭许多金兵。当金兵大批人马在葛王完颜褒指挥下，于五月底扑向顺昌，把顺昌城包围起来的时候，刘锜一面派兵固守羊马垣，一面下令大开城门。金兵见此情景，反而不敢上前，只在城外远处向顺昌城射箭攻击。金兵射来的箭大都被羊马垣挡住。刘锜指挥宋军，利用城墙和羊马垣为掩护，用强弓、劲弩向金兵射击。金兵在顺昌城外没有屏障遮拦，在宋军乱箭射击面前，伤亡很大，不得不退却。刘锜则趁金兵退却的时机，派步兵出击，把许多仓促退却的金兵赶入颍河中淹死，歼灭了金朝数千骑兵。

金兵首次攻城未能得逞，就把大营移到距离顺昌二十里的李村，凭借不断增加的兵力，继续包围顺昌。六月初二日，是顺昌被围第四天。这天晚上，刘锜派一员骁将阎充率领由五百个壮士组成的敢死队，利用雷雨来临前的闪电之光，夜袭金营，专杀留着辫发的金兵，迫使金兵后退十五里。刘锜看到五百壮士偷袭得手，又派出一百个勇士，让他们砍竹做成像小孩玩耍的那种𠯈（音jiào，一种乐器），人手一把，作为信号，趁金兵退却时的混乱潜入金营，雷电光一闪奋起杀敌，电光一止就隐藏起来不动声息，搅得金兵大乱，整整自相残杀了一个晚上，死尸布满金营附近的田野。金兵遭到了严重损失，只好一面暂时解除对顺昌的包围，一面向驻在开封的金朝元帅兀术求援。

兀术听到金兵在顺昌失利的消息，立即率领十万大军兼程而行，气势汹汹地向顺昌城扑来。这时顺昌面临着金兵主力更大规模的围攻，顺昌守军同金兵力量对比也更加悬殊。在刘锜会合诸将商量对策时，宋将中有人又主张趁金兵刚被击败后退之机，准备舟船全军沿颍河开回江南。刘锜却斩钉截铁地说：“朝廷养兵十五年，正准备危急的时候来用，况且今日已挫败敌军锋芒，我军士气正高，虽然兵力多寡悬殊，但今天只得进，不能退，现在敌营距顺昌只三十里，又有兀术来援，我军一动，一旦被敌人追到，老少先乱，必然狼狈溃散，无异前功尽弃，如果敌军乘势入侵两淮，震惊江浙，那时平生报国之志，就会变成误国之罪。不如背城一战，从死中求生！”刘锜的部将听了这一席话，皆感动思奋，齐声说：“唯太尉之命是从。”

↑ 金“元帅府印”

接着，刘锜挑选部将曹成等二人，让他们随一小队骑兵在大路上走，碰到金兵就假装惊恐落马让金兵俘虏。在被押去见金兵主帅时就说：“刘锜是个太平边帅的公子哥，平日喜欢寻欢作乐，这次要去东京任职，是因为他认为朝廷同金朝讲和，贪图享乐而来的。”曹成等二人按刘锜的吩咐去做，兀术听了，果然得意忘形，认为刘锜不是将才，顺昌城很容易攻破，就决定不带原先准备用来攻城的鹅车炮具，率领轻兵直扑顺昌城下。同时，兀术还把曹成等两个俘虏缚送到顺昌城下，在他们身上捆着给刘锜的文书，企图对刘锜施加压力，并在守城宋军中制造混乱，瓦解宋军的斗志。

刘锜用绳索把曹成等二人接上城来，兀术让他们带来的文书，他连看都不看，就当众烧毁，再次表明不受任何威逼利诱、坚决抗战的决心。他从这两个部属的归来，知道兀术已经中了计，滋长了轻敌情绪，就于六月初八日派部将耿训去向兀术下战书。兀术见自己轻视的刘锜居然敢下战书，不禁勃然大怒道：“刘锜怎么敢同我打仗？以我的兵力破城，用靴尖就能把城踢倒！”耿训却说：“太尉（刘锜）不但请太子（兀术，他是金太祖阿骨打的第四子）会战，而且认为太子一定不敢过河，准备献五座浮桥，等太子过河再会战。”兀术听说刘锜如此藐视自己，更是十分光火，立即答应第二天同刘锜会战，还下令金兵第二天一早就进攻顺昌，等攻下顺昌后再在顺昌府衙门会合吃早饭。兀术还宣布：“攻破顺昌后允许金兵尽情杀掠，把顺昌城中成年男子全部杀死，抢掠子女、玉帛归各人享用。”兀术这是企图用纵容杀掠的办法激励金兵努力作战，把顺昌置于血泊之中。

当天夜里，顺昌城西北连亘十五里的金兵营中，像往常一样鼓声震动山谷，数十万金兵在营中终夜不得休息。兀术的帐前甲兵环列，烛光通明，将士都轮流在马背上不敢睡觉，整个金营一片紧张备战气氛。刘锜却以逸待劳，命令全军好好休息。金军派人悄悄到城下偷听动静，发现整个城中竟十分寂静，连鸡犬的叫声都没有。像往常一样，刘锜让宋兵严阵以待的同时，轮流安静地休息，以养精蓄锐，准备同金兵会战。

六月初九日凌晨，刘锜果然在颍河上架好了五座浮桥，引诱金兵过河会战。同时，他下令悄悄在颍河上游及战场周围的草丛中撒放毒药，严令宋军即使渴死也不许饮颍河水，如有犯者灭族。兀术以其有绝对优势的兵力，有恃无恐，根本不考虑刘锜会设下什么圈套，一清早就率军踏着刘锜为他们准备好的浮桥来攻顺昌城。由于兀术事先中了刘锜的计谋，没有带来攻城有威力的鹅车炮具，在顺昌城的重叠防守和强弓劲弩面前无可奈何。金兵对顺昌东、西两门的进攻都被宋兵击退。要等刘锜按战书的约定出城会战，刘锜在早晨天气凉爽时却按兵不动，让将士们在羊马垣下吃饭休息。当时正是骄阳似火的六月天气，早晨过后，天气逐渐炎热。金兵因为连日来都昼夜不解甲，人马都未得到休息，早晨又都没有吃饭，经逐渐升高的烈日暴晒，人马都又饥又渴。人去喝颍河的水，马吃水草，都中毒生病，人马更加疲乏。快到中午时分，刘锜看到金兵已经力疲气索，战斗力大大降低，忽派数百人开西门出战，以迷惑金兵。过了一会儿，又以数千精兵开南门，直扑金兀术大营。

刘锜选择兀术大营作为主攻方向，是有周密考虑的。当时围攻顺昌城的金兵有十多万人，刘锜所部八字军虽然将近两万，但除了随军家属及担任守城的将士以外，能担任出击任务的只有五千人。这五千人如果分散全面出击，无异于以卵击石，毫无成功的把握。只有集中起来向一个方向出击才能成功。宋将在讨论出击方向时，许多人都主张选择薄弱环节，先攻韩常率领的金兵。刘锜却说：“虽然击退韩将军，兀术精兵依然锐不可当，应当先击兀术。兀术一败，其余金兵就无能为力了。”刘锜提出的战略原则，得到了部将们的支持，于是就把兀术大营作为集中打击的目标。

↑ 重骑兵——铁浮屠

出南门的数千精兵，都拿着锐斧。刘锜戒令勿喊，直扑敌营。将士人人奋勇争先，统制官赵撙直至身中数箭，仍然不肯退下，士卒们殊死斗，入敌阵，刀斧乱下，兀术身穿白色战袍，骑在用铁甲武装起来的战马上，率领三千牙兵督战。这些牙兵都头戴铁盔，满身重铠武装，称为“铁浮图”。作战时，三人为一组，用皮索连在一起，每进一步，就用“拒马”（一种木架上插着长枪的防守器具）

顶在后头，只能前进，不能退却，所以在战斗中都拼死向前，锐不可当。刘锜率领的八字军却针对兀术这支亲兵行动不便的弱点，先用长枪挑掉他们头上戴的铁盔铁罩，然后用大斧砍他们的手臂和脑袋，把兀术的这支精锐亲兵歼灭。在战斗最激烈时，兀术又指挥被称为“拐子马”的铁甲轻骑兵，分左右两翼向宋军冲杀过来。这支“拐子马”在以往的战斗中，都同“铁浮图”相配合。“铁浮图”的重铠骑兵正面冲击，“拐子马”则在战斗最激烈时从左右两翼快速包抄，自对宋作战以来，所向披靡，称为“长胜军”。在会战开始以前，一些被裹胁在金兵中的北方汉人曾偷偷送信给宋军，说他们都不想帮女真人打仗，让宋兵专杀由一色女真人组成的两翼“拐子马”。为了对付“拐子马”，刘锜让出战将士每人带一把大刀，一个装满豆子的竹筒。当“拐子马”出现时，就乱抛竹筒，把竹筒里的豆子撒满了战场。“拐子马”骑兵的马匹到这时已经都饿了，一见满地的豆子，都低头只顾吃地上的豆子，遍地竹筒也限制了马匹的行动。宋兵则用大刀专砍马腿。马一倒，金兵的骑兵也就束手就擒了。这场激烈的战斗，从午前一直持续到午后三四时，金兵中一向无敌的“拐子马”也遭到了被歼的命运，弃尸毙马，血肉枕藉，车旗器甲，积如山阜。兀术见损失惨重，不得不暂时退却。

在金兵暂时退却时，刘锜根据宋军兵力少，没有后备力量的情况，没有让疲劳的将士连续作战，而是利用这个时机，一面在城上继续鸣鼓不绝，摆出继续出击的姿态，一面用“拒马”筑起临时防线，让将士稍事休息，吃饱饭。金兵因为摸不清宋军的意图，不敢重新靠近宋军。刘锜等将士都吃饱了饭，又下令撤除“拒马”，指挥宋军重新杀入敌阵。已经遭受沉重打击，而又饥又渴的金兵，被经过休整用饭、力气倍增的宋军杀得丢盔弃甲，人仰马翻，狼狈溃退。五千名八字军将士在刘锜的指挥下，英勇奋战，获得了以少胜多的重大胜利。

激烈的战斗结束后，兀术把大营移到顺昌城西掘壕自守，准备长期围困顺昌。当晚正好下起大雨，顺昌城周围低洼地带积水数尺。刘锜就利用雨天泥泞金朝骑兵无法行动的机会，不断派兵在夜间前去劫营，搅得金兵不得安宁。这时，南宋朝廷内部的秦桧串通了宋高宗，给刘锜下达了立即班师回朝的叛卖性诏令。刘锜压下诏令拒不执行，继续不断地袭击金兵。兀术在顺昌城下无法立足，终于在六月十二日用竹筏架起浮桥渡过颍河，率军撤退。刘锜又乘势追击，歼灭一万多金兵。兀术在这次战役中，损失了十分之七八，被迫龟缩到开封。这场历时半月的顺昌之战，以金兵的彻底失败而告终。

刘锜指挥八字军所进行的顺昌保卫战的胜利，不仅使金兵将士产生了“南朝用兵，非昔之比”的印象，不敢再轻视南宋军队，也使许多原来骄横不可一世的女真贵族丧魂落魄，担心宋兵会乘胜进军开封。据说当时金朝曾作了放弃燕京以南地区以避宋朝兵锋的准备。然而，由于南宋高宗和秦桧的出卖，顺昌一役的胜利果实，也同以后不久岳飞在郾城的大捷一样，不仅未能扩大战果，反而成了宋高宗、秦桧一伙投降派向金朝乞降求和的筹码，但是刘锜从此却由一个名气不大的普通将官，变成一位威震敌胆的抗金名将。

绍兴十一年（1141年）二月，兀术引兵进犯淮西。宋军在柘皋（今安徽巢湖东北）大败金兵，刘锜所部参加了这次战役。当金兵望见刘锜的旗帜时，都惊恐地说：“这是顺昌的旗帜啊！”旋即退却。

在柘皋之役获胜后，因为刘锜不肯附和投降派，遭到了和秦桧相勾结的大将张俊的排斥，被罢去兵权。从绍兴十一年（1141年）年十一月，宋金订立绍兴和议后，刘锜这位抗金名将一直被冷落，在湖南当个地方行政长官。直到绍兴三十一年（1161年）秋，金主完颜亮撕毁和议，再次大举向南宋进犯，宋高宗才又想起这位当年曾经威震敌胆的名将，起用他为江淮浙西制置使，让他屯兵扬州，抗击金兵。这时刘锜虽然余威尚存，完颜亮在出师前，问帐前的将领谁敢抵挡刘锜，竟没有一个人敢回答。为了怕动摇军心影响士兵的情绪，完颜亮居然下令军中，凡有说到刘锜姓名者都要治罪。但是，被冷落长达二十年之久的刘锜，毕竟老了。他在扬州树起大将旗之后，虽然军容整肃，同金兵打了几仗也都获胜，但不久就因重病，无法在江北指挥抗金，只好撤回江南岸的镇江。他因为未能再建功勋而悲愤万分。当在采石指挥宋兵获得大捷的虞允文到镇江来看望他时，他感慨万端地说：“朝廷养兵三十年，不能施一技，而大功却出在一个儒生手中，我们这些武将惭愧死了！”绍兴三十二年（1162年）闰二月，这位足智多谋的抗金名将终于呕血而死，终年六十五岁。

白 钢

作者白钢，毕业于南京大学历史系。1964年起在中国社会科学院历史研究所工作，1985年调至中国社会科学院政治学研究所，任政治理论研究室主任、研究生院政治学系主任、研究员、荣誉学部委员。主要著作有《中国皇帝》等。主编《中华文明大图集》（共8部24集，获中国图书奖）、《中国政治制度通史》（共10卷）。

明朝开国名将

徐达

徐达个人小档案

姓名：徐达

字：天德

所处时代：元末明初

生卒年：1332—1385年

官职：右丞相

出生地：濠州钟离（今安徽凤阳）

辅佐君王：明太祖

军事成就：灭汉平吴、统兵北伐、推翻元朝

封爵：魏国公

谥号：武宁

追赠：中山王

最得意：覆灭元朝

最失意：因轻敌冒进而败于杭爱岭北

徐达

明初洪武年间，根据明太祖朱元璋的命令，在南京的鸡鸣山下，建造了一座庄严肃穆的功臣庙，供奉着几十位开国功臣的塑像。摆放在最显要位置的，是一位身材魁梧、刚毅勇武的大将的塑像，他就是被朱元璋誉为“开国功臣第一”的徐达。

从贫苦农民到左相国

徐达，生于元至顺三年（1332年），卒于明洪武十八年（1385年），字天德，濠州（今安徽凤阳）钟离永年乡人，出生在一个世代种田的农民家庭。元顺帝至正十一年（1351年），农民领袖刘福通在颍州（今安徽阜阳）发动农民起义，组织红巾军，反抗元朝的黑暗统治。第二年，郭子兴在濠州起义响应，元朝政府慌忙派兵镇压。这些官军腐败透顶，他们不敢与红巾军对阵，整天四出烧杀掳掠，捉拿无辜百姓，冒充红巾军俘虏，押到官府去报功领赏，搞得民无宁日，怨声载道。徐达祖祖辈辈深受官府和地主压迫剥削之苦，心里早就愤恨不平，如今又目睹官军的种种暴行，更激起满腔的怒火，他暗暗下定参加起义、推翻元朝的决心。至正十三年（1353年）六月，参加了郭子兴队伍并已担任亲兵九夫长的朱元璋，回到家乡募兵，徐达听到消息，立即“仗剑往从”，前去投奔。他同朱元璋的出身、境遇和志向大体相同，两人一见面就谈得十分投契，朱元璋决定把他留在身边，做自己的助手。从此，他便成为一名红巾军的战士。

不久，朱元璋带领二十四名贴心的将士南略定远，徐达随同前往。他们在定远收编几支地主武装，依靠这些力量，迅速攻占了滁州（今安徽滁州）、和州（今安徽和县）等地。徐达在这些战役中，不仅作战勇敢，而且“时时以王霸之略进”，对朱元璋提供了不少很好的计策，开始崭露出他出色的军事才能。朱元璋为他向郭子兴请功，说他的智虑和材略皆在众人之上，建议把他提拔做军官，郭子兴便任命他为镇抚。当时朱元璋不过是郭子兴手下的一名小头领，“诸将多太祖等夷，莫肯为下”，徐达与汤和等人“奉约束甚谨”，帮助他逐步树立威信，确立领导地位。后来，郭子兴同另一起义首领孙德崖在和州发生冲突，郭子兴在城里拘捕孙德崖，孙德崖的部众也在城外捉住朱元璋。郭子兴提出以孙德崖交换朱元璋，但双方谁也不肯先放，怕对方不守信用。为了报答知遇之恩，徐达挺身而出，冒着被杀的危险，到孙德崖的军中去做人质，换回朱元璋。待朱元璋回到城里，郭子兴再放回孙德崖，孙德崖回到营地，才把徐达释放回城。朱元璋感激不尽，对徐达也就更加信任和器重了。

徐达没有辜负朱元璋的信任。至正十五年（1355年）三月，朱元璋接替病逝的郭子兴执掌起义军的领导权，决定渡江夺取集庆（今江苏南京）。徐达与常遇春率领前锋部队，乘风举帆，冒着敌人雨点般的利箭，强登牛渚矶，使后续部队得以顺利渡过长江，攻占采石和太平（今安徽当涂）。元朝军队不甘心太平之失，妄图重新夺回太平。元将蛮子海牙和阿鲁灰等用巨舟横截采石江面，封锁姑孰口，地主武装头目陈埜先及其部将康茂才又从水陆两路，分兵进逼太平城下。朱元璋在城中督兵防守，徐达则与邓愈以奇兵绕到敌后，在襄阳桥埋伏起来。陈埜先率众来攻，中伏被擒。蛮子海牙见陈埜先被俘，不敢恋战，忙从采石撤兵，退守裕溪口，太平终于转危为安。接着，徐达独自率领数千精锐，往东攻占溧水、溧阳，从南面包抄集庆，切断集庆守敌与南面敌军的联系。然后会同诸路水陆大军，在第二年的三月攻占了集庆。

↑ 明太祖朱元璋像

朱元璋改集庆路为应天府，着手建设和发展以应天为中心的江南根据地。当时的应天，除了南面有几股零星的元军和地主武装，北面是韩林儿、刘福通，西面是徐寿辉、陈友谅，东面是张士诚，他们都是反元的起义队伍，正好构成三面屏障，把元军挡在外面。根据这一形势，朱元璋决定集中主要兵力夺取东南一线的元军据点，并抓紧时机，积粮训兵，发展和巩固他的根据地。但是，此时朱元璋地狭粮少，东面的张士诚自恃地富粮足，西面的陈友谅又仗着兵强地广，根本不把他放在眼里，时刻都想兼并他的地盘。因此，建立巩固的东、西防线，以抵挡张士诚和陈友谅的进攻，就成为建设和发展江南根据地的一个先决条件。徐达又毅然挑起了这副重担。

占领应天不久，朱元璋任命徐达为大将，他即率领几位将领，带兵浮江东下，攻占东面的军事要地镇江，然后分兵略取金坛、丹阳等县，被晋升为淮兴翼统军元帅。当时，张士诚已据有常州，朱元璋派遣使者与之通好，希望双方能“睦邻守国，保境息民”。张士诚断然拒绝他的要求，扣留他的使者，并出兵攻夺镇江。镇江如果落到张士诚手里，他便可顺流直捣应天，应天也就危险了。徐达马上出兵还击，打败张士诚的水军，乘胜进围常州。张士诚急忙派兵驰援常州。徐达见敌军来势汹汹，锐不可当，决定用计智取。他先在距城十八里的地方埋下一支伏兵，再派赵均用率领精锐骑兵横冲敌阵。敌军阵势大乱，慌忙撤退，结果中了埋伏，折损了两员战将。张士诚这才感到朱元璋的力量不可小看，派人求和。朱元璋要他归还使者，并每年交纳五十万石粮食。他没有答应，朱元璋下令继续进攻。至正十七年（1357年），徐达攻克常州，又晋升为枢密院佥事，其他将领也先后攻拔长兴、江阴等地。接着，徐达与常遇春在朱元璋的亲自指挥下，攻占宁国（今安徽宣城），作为朱元璋主力出击皖南和浙东的前哨基地，然后他又回师攻占常熟，一举活捉了张士诚的弟弟张士德。张士德善战有谋，为张士诚攻夺江南的大片土地出了大力，他的被俘，使张士诚受到沉重打击。至正十八年（1358年）十月，徐达与邵荣又联兵攻夺宜兴。宜兴西通太湖，城池虽小但城防坚固，不易攻克。徐达派兵封锁太湖口，切断城内守军的粮食供应，再指挥将士并力急攻，终于破城而入，占领这个城镇。至此，太湖以西的地区已尽入朱元璋版图，一条北起江阴沿太湖南到长兴的防线建立起来了，张士诚西犯的门路也就被堵死了。

东部防线建立起来后，徐达又奉命来到西部战场，加强西线的防御。至正十八年（1358年），陈友谅与徐寿辉部将赵普胜联兵袭破安庆，接着赵普胜又顺长江而下，在枞阳建立水寨，进占池州。池州是长江南岸的军事要地，上可进窥安庆，下可进窥太平，直捣应天。为了确保应天的安全，第二年四月，徐达会同俞通海等出兵迎击，大败赵普胜，缴获敌船数百艘，克复池州。当时朱元璋正在经营浙东，担心赵普胜抄袭他的后方，听到徐达的捷报非常高兴，立即提拔他为奉国上将军。八月，徐达又自无为登陆，攻克潜山，从西北方向迂回围攻安庆。赵普胜骁勇善战，拼死抵抗，安庆一时未能攻克。朱元璋使用反间计，以重金收买赵普胜的门客，派他到陈友谅处去说赵普胜的坏话，陈友谅一生气，把赵普胜杀掉了。赵普胜死后，枞阳水寨不攻自破，在至正二十年（1360年）四月被徐达占领。枞阳水寨一破，安庆就很难守住，陈友谅只好亲率大军驰援。徐达与常遇春在池州南面的九华山设伏以待，一举击败了陈友谅，歼敌万余人，生俘三千人。陈友谅对西线的进攻被粉碎了。

徐达东征西讨，与其他将领互相配合，巩固了东、西两道防线，确保了应天的安全，并为朱元璋积粮训兵，出击东南，发展和巩固江南根据地创造了有利的条件。经过几年的努力，朱元璋的力量迅速壮大，兵强粮足，已经可以同其他几支势力相匹敌了。至正二十年（1360年）五月，陈友谅出兵攻占太平，杀徐寿辉，自称皇帝，引兵东下，进犯应天，并派人约张士诚出兵，准备东西夹击，共同瓜分朱元璋的地盘。朱元璋决定实行战略转移，把主力从东南调回，与陈友谅、张士诚一决雌雄。他命令诸将各自领兵埋伏在应天内外各险要地点，然后派人诈降，把陈友谅引到埋伏圈里来打。徐达带领一支精兵埋伏在南门外，等陈友谅来到江边的渡口龙湾，即冲杀出来，会同诸路伏兵，内外夹击，一举击溃陈友谅，歼灭了大批敌军，生俘七千余人，还缴获几百艘战船。陈友谅乘船逃跑，徐达紧追不舍，收复了太平，攻占了安庆。张士诚见陈友谅吃了败仗，未敢轻举妄动。

过了三年，徐达随朱元璋带兵渡江，北上安丰（今安徽寿县），驰援遭到张士诚进攻的韩林儿、刘福通，陈友谅乘机对朱元璋发动大规模进攻，进围洪都（今江西南昌）。七月，朱元璋亲自带兵迎击，双方在鄱阳湖展开了一场激战。战斗开始，陈友谅在兵力和财力上占着明显的优势，他拥有兵力六十万，巨舰数十艘，朱元璋只有二十万人，用的都是小船。第一天接战，徐达身先诸将，指挥将士勇敢拼杀，一举击溃陈友谅的前锋部队，歼敌一千五百人，缴获巨舰一艘，使军威大振。陈友谅的军队拼死抵抗，徐达的战船着火焚烧起来，他奋不顾身地扑灭了熊熊大火，继续坚持战斗。后来，朱元璋派船救援，徐达顽强冲杀，终于击退敌军，从险境之中摆脱了出来。经过这一天的战斗，朱元璋看到自己的部队上下一心，士气高涨，完全有打败陈友谅的把握，但担心张士诚乘机偷袭他的后

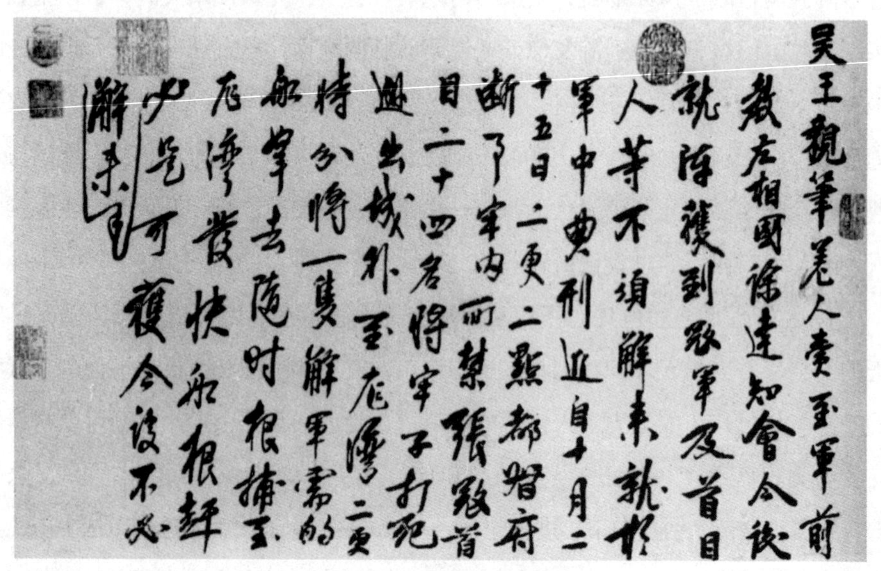
吴王親筆差人賫至軍前
教左相國徐達知會今後
就陣獲到張軍及首目
人等不須解來就於
軍中典刑近自十月二
十五日二更二點都督府
斷了牢內所禁張軍首
目二十四名將牢子打死
逃出城外至龍灣二更
時分將一隻解軍需的
船掌去隨時根捕至
龍灣賞快船根尋
止是可獲今後不必
解來

↑ 朱元璋为吴王时的一道军令

方，于是便命令徐达还守应天。徐达回到应天后，戒饬士卒，严加防守，使张士诚不敢妄动，朱元璋因此得以解除后顾之忧，全力对付陈友谅，取得了鄱阳湖战役的胜利，全部歼灭陈友谅的六十万大军。鄱阳湖战役结束后，徐达返回西线，追歼陈友谅的残余势力，占领了湖广的大片地区。

至正二十四年（1364年），在战胜陈友谅的凯歌声中，朱元璋在应天称吴王，置百官，战功卓绝的徐达被任命为左相国，成为朱元璋政权的两名最高行政长官之一。

率师东征　灭张士诚

击败陈友谅后，朱元璋的下一个目标就是消灭张士诚。徐达受命为前线的总指挥官，又肩负起这个重要任务。

张士诚的占领区自绍兴至济宁，南北两千余里，以长江为界分成南北两个部分。江南的浙西物产富饶，人口众多，防守也比较坚固，江北的淮东地区防守则相对薄弱。至正二十五年（1365年）秋，徐达被任命为总兵官。他统率常遇春、胡美、冯胜诸将，带领骑兵、步兵和水军，首先渡江北上，向淮东地区发动进攻，以剪除张士诚的肘翼。徐达很快攻下泰州，然后分兵攻取兴化，自己则带兵进围高邮。张士诚为了牵制徐达，出兵进攻江南的宜兴。徐达得到消息，按照朱元璋的指示，命冯胜围攻高邮，常遇春驻守海安，自己统率一支精兵，渡江还击张士诚，解除了宜兴之围。但不久，冯胜误中高邮守敌的诈降之计，派人带兵入城，全部被杀。至正二十六年（1366年）三月，徐达又奉朱元璋之命，回师高邮，歼灭城中守敌，缴获大批马匹和粮食。接着，移师北攻淮安，袭破张士诚部将徐义的水军，淮安守将梅思祖开城迎降，并献出所辖的四个州。徐达乘胜进兵兴化，转攻安丰，俘获元将忻都。元军见安丰失陷，出兵进攻徐州，徐达带兵迎击，俘斩万余人，元军大败而逃。至此，淮东诸地悉被攻克，张士诚的势力已被压缩到江南的浙西地区了。

朱元璋见淮东诸地全部平定，召集军事会议，研究下一步的行动方案。会上，右相国李善长提出“俟隙而动”的主张，他说：“张士诚罪行累累，早就应该讨伐。不过，以愚臣的观察，他虽然屡吃败仗，但兵力尚未衰竭，土地肥沃，百姓富足，储积了不少钱粮，一时恐怕很难被攻破。我们应该先按兵不动，等到时局发生变化，有机可乘，再发动进攻。”徐达坚决反对这种保守的意见，他驳斥说：“张士诚骄横残暴，奢侈腐化，灭亡的时刻已经到来。他重用的一帮骄将如李伯昇、吕珍之流，都是龌龊的小人，只知道依靠手下的将士追求升官发财，而执掌政务的黄敬夭、叶德新、蔡彦文三个参军，又都是迂阔书生，根本不懂得取天下之大计。臣愿奉主上威德，率领精锐，出师讨伐，浙西可计日而定！”朱元璋听了连连点头，高兴地对徐达说：“别人的看法都局限于个人所见，只有你的主张符合我的心意。我想就按你的意见去办，大事必定能够成功。”于是，他任命徐达为大将军，常遇春为副将军，统率二十万大军，攻取浙西地区。

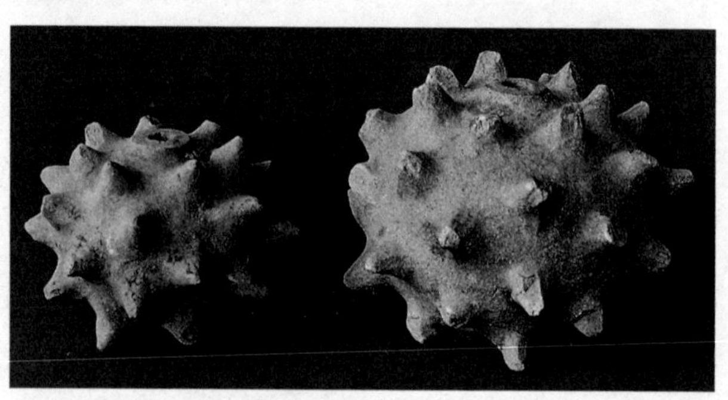
↑ 明军作战时使用的陶蒺藜

八月，进攻浙西的军队集结待命，朱元璋又召见徐达和常遇春，商定具体的作战方案。常遇春主张先打平江（今江苏苏州），他认为平江是张士诚的统治中心，只要占领平江，其余诸郡便可不劳而下。朱元璋否定了这个冒险计划，指出：“张士诚是私盐贩出身，此人与驻守湖州（今浙江湖州）的张天骐、驻守杭州的潘元明都是不怕死的亡命徒，如果马上出兵攻打平江，一旦张士诚支持不住，张天骐等人必然全力救援，到时援兵四合，平江就很难攻下来。”根据浙西地区的形势，他主张先打湖州，使敌人疲于奔命，剪其羽翼，再移师去攻打平江。据此，朱元璋提出了一个“先分其势”的作战方案，命令徐达、常遇春率领主力去打湖州，同时派李文忠、华云龙分别带兵攻取杭州和嘉兴，牵制湖州以南的敌军。徐达与常遇春统率二十万水军出太湖，直趋湖州。张天骐分兵三路出战，徐达分三路军队迎击，败其南路，另外两路敌军慌忙退回城内。张士诚见湖州危急，派李伯昇赴援，他由城东的荻港偷偷入城，与张天骐一道闭门拒守。徐达指挥将士把湖州紧紧围困起来，对着四座城门昼夜强攻。张士诚又派吕珍、朱暹及养子张虬等率兵六万驰援，他们屯聚在城东四十里的旧馆，筑起了五个寨堡。这时，朱元璋派来增援的汤和正好赶到，他会同徐达、常遇春，在城东东阡镇南的姑嫂桥筑起十座堡垒，扼守旧馆与湖州的通道。张士诚见吕珍等人无法接近湖州，亲自带兵驰援，又在皂林（在今浙江桐乡北八里）为徐达所败，被俘三千人。张士诚再派徐志坚以轻舟来援，他企图偷袭姑嫂桥，又被击败活捉。张士诚惊恐不已，忙派徐义到旧馆来打探军情。徐义一到旧馆即被切断归路，只好暗中派人请在太湖的张士诚之弟张士信出兵，与吕珍等人拼死力战，张士诚又派赤龙船亲兵前来支援，他才脱出重围。接着，他又联合潘元绍率领赤龙船兵屯聚平望（在今江苏苏州），再乘小船偷偷潜入湖州东南的乌镇，准备救援旧馆。常遇春领兵追袭，攻占平望，放火烧掉赤龙船，敌军四散溃逃。旧馆守敌的外援自此断绝，粮饷匮乏，纷纷出降。徐达乘胜挥师出击，追袭徐义、潘元绍，进攻湖州东面二十一里的升山水寨。张虬带兵来援，惨遭失败。张虬、朱暹、吕珍等眼看势孤援绝，只好投降，旧馆被攻克了。十一月，徐达将吕珍等人押到湖州城下示众，张天骐、李伯昇也缴械投降了。就在这个月，李文忠进兵杭州城下，潘元明投降，绍兴、嘉兴也不战而克。

徐达攻占湖州后，引兵北上，会合诸将，进围平江。在这以前，宁海（今山东烟台）人叶兑曾上书朱元璋，建议用“锁城法”攻取平江，即在平江城外矢石不到之处，构筑长围，分别派将士在四面立营，屯田固守，使张士诚坐困空城，不战自溃。徐达采用这个计策，自己屯驻葑门，命令常遇春屯驻虎丘，郭兴屯驻娄门，华云龙屯驻胥门，汤和屯驻阊门，耿炳文屯驻城东北，仇成屯驻城西南，何文辉屯驻城西北，四面筑起长围，把平江紧紧围困起来。并在城外筑起三层的木塔，监视城中的活动，每层架设弓弩火铳，轮番施放；又设置襄阳炮，日夜向城中轰击。不久，无锡守敌莫天祐派部将杨茂潜入平江了解情况，准备声援张士诚。徐达的巡卒在阊门水栅把他捉住，缚送徐达。徐达知道此人善于泅水，就将

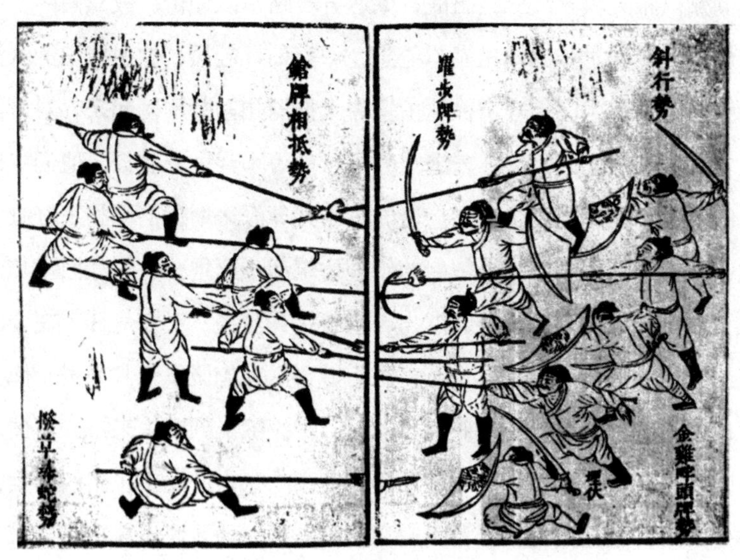

↑ 明军练兵书上的长枪牌刀对练图

他释放了，让他继续为莫天祐与张士诚传递消息，而将所得消息暗中送给徐达。徐达因此尽知无锡与平江守敌的虚实，有针对性采取一些相应措施，使围攻平江的作战计划更加完备。

朱元璋原先打算用长期围困的办法，迫使张士诚力尽而降。至正二十七年（1367年）二月，他见经过几个月的围攻，张士诚已经损失了很多兵力，便写信劝降，答应按照东汉接受窦融投降、北宋接受钱俶投降的事例，使其全身保族。但是，张士诚顽固拒降，继续闭门抵抗。后来，两次带兵突围，都被击退。他又接受熊天瑞的建议，拼命制作飞炮，发射矢石，轰击城外围攻的部队，妄图阻挡他们攻城。徐达命令将士架设木屋，上面盖上竹笆，叫士兵藏在下面，载以攻城，挡住了矢石的轰击。到九月，平江城中粮食匮乏，连老鼠和枯草都用来充饥，一只老鼠竟价值百钱；祠庙和百姓的房屋都被拆去充作炮具，木石为之俱尽，张士诚已经陷入了绝境。徐达下令发动强攻，锣鼓齐鸣，万炮齐发，将士高声喊“杀”，像潮水般冲向各座城门。经过一场激战，徐达带领士卒首先攻破葑门，常遇春接着也攻入阊门，进薄平江城下。张士诚令唐杰登上内城拒战，自己则督师城内，令谢节、周仁立栅以补外城。徐达指挥将士奋勇冲杀，唐杰支持不住，率众投降，周仁等人见大势已去，也相继归降。徐达命令将士蚁附登城，冲进城里。张士诚收集残兵败将两三万人，在街巷里进行顽强抵抗，最后力尽被俘，押送应天。城中二十万军民，全部向徐达投诚。徐达与常遇春分别带兵驻守城市的左、右两个部分，安抚归附的军民。由于在入城之时，徐达派人传令全军将士，宣布严格的纪律："掳掠民财者，处死；拆毁民屋者，处死；离营二十里者，也处死！"全军将士没有发生烧杀掳掠的现象，居民很快安定下来，恢复了正常的生活。

徐达出色地完成了消灭张士诚的任务后，率领诸将回到应天。朱元璋亲御戟门，颁发敕书加以表彰，敕书说："张士诚兵强积富，现在业已就擒，若非诸位将帅指挥有方，拼死力战，哪有这样的战果？"他论功行赏，晋封徐达为信国公，并赏赐绮帛十端。

统兵北伐　推翻元朝

消灭了张士诚的势力，朱元璋占有全国经济最发达的江浙地区，实力进一步壮大。这时候，元朝的统治基础已在各支起义军的打击下趋于瓦解，统治集团内部派系林立，倾轧不已，各地武装势力互抢地盘，混战不休。朱元璋决定抓紧有利时机，派兵北伐，夺取中原，推翻元朝的黑暗统治。

统率大军北伐的艰巨任务，又落到了徐达的身上。当时，徐达与常遇春才勇相当，都是朱元璋最器重的战将。究竟由谁来担任北伐的最高统帅合适呢？朱元璋反复比较了两位大将的长处和短处，看到常遇春剽悍勇猛，敢于深入敌境，而徐达尤善于用计，谋略过人；常遇春攻下城邑，总不免出现滥加诛杀的现象，而徐达所到之处，则从不骚扰百姓，俘获敌军，也以恩义感化，使他们反过来为自己效力，百姓乐于归附，敌军也愿向他投诚。于是，便任命徐达为北伐军的大将军，常遇春为副将军，并对徐达、常遇春和其他北伐将领说："军队打仗，是为了平息祸乱，所以任命将帅，必须选择得当的人。现在你们诸位，不是不能打仗，但是办事稳重，纪律严明，具备统率全军战胜攻取指挥才能的，谁也比不上徐达。”要求他们听从徐达的指挥调遣。还叮嘱诸将说：“这次北伐，如果碰上强敌，常遇春要率领前锋，和参将冯胜分左、右翼，各自统率精锐，奋勇冲击。薛显、傅友德勇冠全军，可带领一军，独当一面。徐达作为大将军，应当专主中军，策励群帅，运筹决胜，不可轻举妄动。”

而可以勝也都城既克有破竹之勢乘勝長驅餘可建瓴而下
矣　上曰元建都百年城守必固若如卿言懸師深入不能即
破頓于堅城之下餽餉不繼援兵四集進不得戰退無所據非
我利也吾欲先取山東撤其屏蔽旋師河南斷其羽翼拔潼關
而守之據其戶檻天下形勢入我掌握然後進兵元都則彼勢
孤援絕不戰可克既克其都鼓行而西雲中太原以及關隴可
席卷而下諸將皆曰善　上顧謂信國公徐達曰兵法以廟算
勝者得算多也卿其識之○癸亥定樂舞之制樂生用道童如
故舞生以軍民俊秀子弟為之文武各六十四人文生唐帽紫
大袖袍執羽籥武生唐帽絳大袖袍執干戚俱革帶皂靴舞伎
用幞頭緋紫袍靴帶仍舊○甲子命中書右丞相信國公徐達
為征虜大將軍中書平章掌軍國重事鄂國公常遇春為征虜

↑ 《明太祖实录》所载北伐灭元战略

北伐大军出发之前，朱元璋经过与徐达、常遇春诸将的研究，拟定了作战计划：“先取山东，撤除大都（今北京）的屏障；再回师河南，剪除它的羽翼；夺取潼关，占据它的户槛。天下形势为我掌握，然后进兵大都，元都势孤援绝，可不战而克。拿下大都，再挥师西进，山西、陕西和甘肃，便可席卷而下。”至正二十七年（1367年）十月，徐达与常遇春统率二十五万大军，从淮安出发，按照朱元璋的部署，进入山东，攻克沂州（今山东临沂）。接着，徐达命令韩政分兵扼守黄河，以断山东援兵，又命张兴祖攻取济宁，而自率大军攻拔益都，迭克潍、胶诸州县。十二月，元将朵儿只以济南城降，徐达分兵攻取登州（今山东蓬莱）、莱州。不久，山东诸地全部平定。

洪武元年（1368年）正月，在北伐军迭克山东诸地的捷报声中，朱元璋登上皇帝位，建立明朝，以应天为京师，任命徐达为右丞相。明王朝的建立，激励着明军加速北伐战争的步伐。二月，徐达指挥明军沿黄河西进，攻入河南，迅速攻占永城、归德、许州（今河南许昌），汴梁（今河南开封）守将左君弼献城归降。接着，徐达又引兵自虎牢关（在今河南荥阳汜水镇）进至塔儿湾（今河南偃师境内），元将脱因脱木儿带领五万军队迎战，在洛水北岸布阵。常遇春单骑冲入敌阵，击毙敌军的前锋，徐达指挥全军将士往前冲杀，元兵惨败西逃。明军进据洛阳北门。洛阳守将李克彝逃往陕西，梁王阿鲁温开门迎降。明军乘胜西进，相继攻占陕州（今河南三门峡）、潼关，元将李思齐、张良弼失势西奔。至此，明朝军队已顺利地完成攻占山东、河南和潼关的任务，撤除了大都的屏障，剪掉大都的羽翼，并控制关中元军出援大都必经的门户，从而对大都形成了三面包围之势。

明军的下一步行动，便是攻取大都。洪武元年（1368年）五月，朱元璋来到汴梁，慰问徐达、常遇春等北伐诸将，同他们进一步商定攻取大都的具体方案。徐达说："我军平定山东、河南，扩廓帖木儿逡巡太原，观望不进。如今潼关又为我攻占，张良弼、李思齐狼狈西奔，元都的声援已被断绝。我军乘势直捣这座孤城，可不战而克。"徐达对形势的透彻分析和必胜的信心，深得朱元璋的赞赏，他连声夸奖："好，好！"并叮嘱说："北方土地平旷，利于蒙古骑兵作战，对此不能没有防备。你应挑选副将带领先锋部队在前开路，自己督率大军殿后，用山东的粮食作为军饷，进攻河北，夺取临清，北上直捣元都，大都外援不及，内自惊溃，就可不战而下。"徐达遂与诸将会师东昌（今山东聊城），分兵规取河北，连下卫辉、彰德（今河南安阳）、广平（今河南安阳），攻占了临清。闰七月，徐达在临清会合诸将后，命傅友德开辟陆道以通步兵、骑兵，派顾时疏浚运河以通水军，北攻德州、长芦（今河北沧州）、直沽（今天津）。据守直沽的元丞相也速从海口逃走，大都震动。明军沿运河西进，在河西务（今天津市武清东北北运河西岸），大败元军，擒敌三百余人，再进兵通州，乘大雾用伏兵击败元朝守军，歼敌数千人。元顺帝听到通州失陷，知道大都已无法守住，哀叹说："今日岂可重蹈宋徽宗、宋钦帝的覆辙，做明朝的俘虏，看来只有北撤一条路走了。"闰七月二十七日深夜，他慌忙带着后妃太子，从建德门出城，经居庸关逃往上都开平（今内蒙古多伦西北）。八月初二，徐达率领明军到达齐化门外，填平壕沟，进入大都，受到市民的热烈欢迎。留守大都的元朝宗室淮王和左、右丞相等少数死硬分子拒不投降，被徐达处死，其他元朝大臣和将士纷纷归降，受到宽大的处理。徐达下令查封元朝的仓库、图籍、宝物和故宫殿门，派兵看守。所有将士，一律在营房住宿，不许外出骚扰百姓。大都的社会秩序很快安定下来，街市的营业也很快恢复起来了。

捷报传到南京，朱元璋下令把大都改为北平府，由孙兴祖、华云龙驻守，徐达与常遇春带领明军攻取山西、陕西。常遇春为前锋，徐达殿后，由河北越过太行山进入山西南部。据守太原的扩廓帖木儿，分兵南下争夺泽州（今山西晋城），截击徐达，自己则引兵出雁门关，妄图从居庸关偷袭北平。徐达闻讯，召集部将商议对策，他提议用批亢捣虚之策以解北平之围，说："扩廓帖木儿带兵远出，他的老窝太原必定空虚。北平有孙兴祖领兵戍守，可以挡住他的进攻。我们应该乘敌不备，直捣太原，使之进不得战，退无所守。如果扩廓帖木儿回师还救太原，进退失利，必然就擒。"部将一致赞同他的主张。于是，他便引兵北上，直捣太原。扩廓帖木儿领兵进至保安（今河北涿鹿），听到消息，果然回救太原。十二月，扩廓帖木儿的前锋万名骑兵匆匆赶到太原城下，被傅友德、薛显率领的几十名骑兵击退。扩廓帖木儿下令在城西扎营，压着明军布阵。徐达的部将郭英登高眺望，见元军虽然兵多但军容不整，营垒虽大但无防备，建议在夜里进行偷袭。这时，刚好扩廓帖占木儿的部将豁鼻马暗中派人请降，表示愿做内应，徐达便把这个建议付诸行动。他先派五十名骑兵埋伏在城东十里之处，约以举火鸣枪为号。待到半夜，敌军已进入梦乡之时，即由郭英带领十几名骑兵偷偷

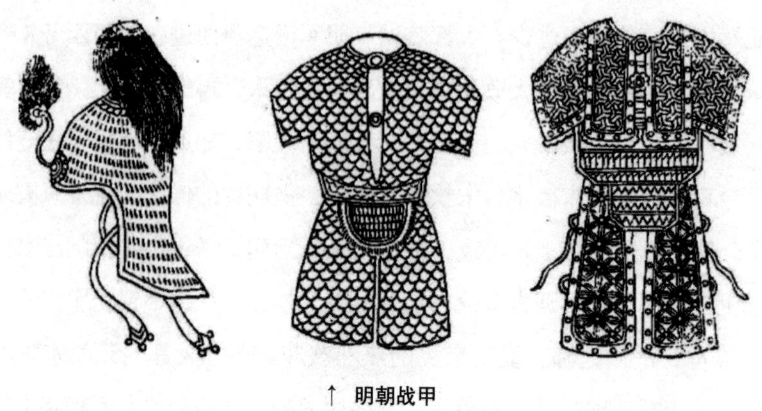

↑ 明朝战甲

摸进敌营，举火鸣枪。埋伏的骑兵得到信号，立即冲杀过来，常遇春也率领大队人马赶到，击鼓呐喊，遥相呼应。正在酣睡的敌军被鼓噪声惊醒，不知出了什么事，乱成一团，不战而溃。扩廓帖木儿正在营帐里秉烛读书，仓皇不知所措，赶快穿靴，怎么也穿不上，光着一只脚跑到营帐后面，找到一匹瘦弱的马，就跟着十八名骑兵，往大同方向逃遁。豁鼻马带领四万名将士和四万多匹马，向徐达投降。常遇春带兵追击扩廓帖木儿，扩廓帖木儿又逃奔甘肃。明军乘势攻占大同，分兵攻占未下州县，山西诸地很快被平定了。

洪武二年（1369年）二月，徐达率领明军渡过黄河，进攻陕西，占领奉元路，改名为西安府，元将李思齐逃奔凤翔，张思道逃往庆阳。四月，徐达统兵攻克凤翔，李思齐又逃至临洮。徐达会集诸将，讨论进兵方向，诸将认为张思道的军事才干不如李思齐，庆阳也比临洮好打，主张先攻庆阳。但徐达却主张先打临洮，说："庆阳城防险固，守敌剽悍，一时很难攻拔。临洮北界黄河、湟水，西通番戎（指少数民族地区），拿下这个地方，有人员可以补充兵力，有物产可以补充军储。我们大军压上，李思齐如果不向西逃窜，就会束手就擒。临洮一攻克，其他地方便可不战而下。"诸将觉得他的看法高人一筹，一致表示同意。明军遂移师西进，连克陇州（今陕西陇县）、秦州（今甘肃天水）、巩昌（今甘肃陇西），然后分兵两路，一路由顾时指挥，攻占兰州，另一路由冯宗异统率，进逼临洮，李思齐举城投降。张思道听说李思齐投降，异常恐慌，逃奔宁夏，为扩廓帖木儿所执。其弟张良臣守庆阳，见徐达率兵攻陷平凉，献城投降，不久复叛。徐达派傅友德、俞通源、陈德、顾时分别从东、西、南、北四个方向攻占庆阳的外围地区，切断张良臣与外界的联系，自己督率诸路大军进逼城下，把这座城镇紧紧包围起来。经过三个多月的围攻，张良臣内外音信不通，粮饷断绝，他的部将姚晖等人开门迎降。徐达领兵自北门入城，擒斩张良臣父子。庆阳之战，不但消灭了张良臣的势力，而且使明军控制了陕甘地区的形势，进一步缩小了元朝势力的活动范围。

陕西平定以后，朱元璋下诏令徐达班师回朝，赐给他大批白银、绮帛，并准备对北伐将领论功封赏。扩廓帖木儿在甘肃听说明军南还，统兵进围兰州。洪武三年（1370年）正月，朱元璋再次任命徐达为大将军，而以李文忠取代已经病故的常遇春为副将军，率师征讨。考虑到元顺帝尚在蒙古草原，朱元璋决定兵分两路，令李文忠领东路军出居庸关，深入蒙古草原，追击元顺帝，徐达统西路军出潼关，直捣定西，攻打扩廓帖木儿，使他们彼此自顾不暇，无法互相应援。四月，徐达率领西路明军出定西，扩廓帖木儿自兰州撤围还救，两军相拒于沈儿峪，隔着一条深沟扎营布阵，于是发生了一场数十万人的激战。扩廓帖木儿先以精兵千余人，由小道穿过深沟东边的山岭，偷袭徐达东南部的营垒，守营的将领胡德济惊慌失措，士卒溃散。徐达忙带亲兵出击，打退偷袭的敌军，然后将胡德济押送应天，交朱元璋治罪，并处斩了几名守营的将校。第二天，徐达整顿队伍，又挥师出击。将士个个奋勇争先，在深沟北边的乱坟堆大败敌军，擒获元朝的宗室、官吏一千八百六十五人，俘虏敌军将士八万四千五百余人，并缴获了一万五千多匹战马和大批牲口。扩廓帖木儿的精兵悍将丧失殆尽，仅与几个妻子夺路而逃，由黄河经宁夏逃奔和林（今蒙古国哈尔和林）。与此同时，李文忠率领的东路明军攻至应昌（今内蒙古达里诺尔西南），当时元顺帝已死，继位的皇太子爱猷识理答腊北逃和林，明军俘获其子买的里八剌及后、妃、宫人、诸王、将相、官属数百人。经过两路明军的沉重打击，元朝的残余势力更加衰弱，洪武八年（1375年）扩廓帖木儿死后，便不再对明朝发动大规模的进攻。

定西大捷后，徐达奉命带兵返回京师。朱元璋亲至龙江迎接，并下诏大封功臣，改封徐达为魏国公。洪武四年（1371年），为了防御元朝残余势力的骚扰，又派徐达镇守北平。此后，徐达除了三次带兵出征塞北，其余时间都在北平镇守。他统率部将修缮城防，操练军马，设备屯田，严为守备，使元朝的残余势力不敢轻易南下骚扰，对稳定北方的形势起了重大的作用，被朱元璋誉为“万里长城”。

治军严明　功成不骄

徐达自担任将帅以来，统率百万大军，南征北战，几乎是所向披靡，攻无不克的，从而受到朱元璋的器重和信任，被誉为“开国功臣第一”。在朱元璋的手下，人才济济，猛将如云。为什么徐达能够脱颖而出，立下如此显赫的战功，而位列功臣之首呢？这同他优异的个人品德有着很大的关系。

贫苦农民出身的徐达，虽然从小没有机会上学读书，但他具有求知好学的精神。他的求知欲望非常强烈，带兵出征，常“延礼儒士，说古兵法”。归朝之日，又“单车就舍，延礼儒生，谈论终日”。由于勤奋好学，虚心求教，因而熟知古代兵书，掌握了丰富的军事知识。他还善于通过战争学习战争，在实践中不断积累作战经验，锻炼自己的军事才能。因此，他具有驾驭整个战争发展变化的能力和高超的指挥才能，不仅作战勇敢，而且“尤长于谋略”。如洪武元年攻占大都，朱元璋下令改名为北平府，命孙兴祖留守，徐达与常遇春攻取山西。北逃的元顺帝令扩廓帖木儿自太原北上，出雁门关，入居庸以攻北平。徐达闻讯，没有率兵返回北平拦截扩廓帖木儿而是使用批亢捣虚之策，引兵直趋太原，迫使扩廓帖木儿回师还救太原，结果遭到徐达的夜袭，逃奔宁夏。又如第二年，徐达向陕西进军，攻克奉元路，元守将李思齐逃奔凤翔再逃临洮，张思道逃往庆阳。诸将认为张思道的军事才能不如李思齐，庆阳也比临洮好打，都主张先打庆阳。但徐达考虑再三，觉得庆阳城险而兵悍，不是一下就能攻克，而临洮之地西通番戎，北界河湟,如果攻克，可用其人补充兵力，用其物产补充军储，决定先攻临洮。他的看法显然高过诸将一等，最终得到诸将的赞同，结果临洮一被攻克，旁郡便不攻自下。

↑ **明皇城校尉铜牌**

徐达治军极为严明。他深知，军队没有严格的纪律，不能做到令行禁止，就会失去民心的支持，也不可能有强大的战斗力。当时，元朝的官军极端腐败，毫无纪律，到处烧杀掳掠，抢劫民女，有些农民军也常发生违反纪律、侵犯百姓的现象。为了严肃军纪，在攻占应天之后，朱元璋决定搞个苦肉计，找徐达商量，准备让他受一下委屈，他欣然同意。于是，他忍辱让朱元璋当着许多将领的面，指责他“纵容士卒，违反军纪”，把他捆绑起来下令按军法处刑。然后由李善长出面说情，让他保证今后不再违犯，请求免于处死。朱元璋才下令给他松绑，让他带兵攻打镇江，立功赎罪，并宣布说：“我自起兵以来，从不妄杀无辜。现在你们这些将领带兵去打镇江，一定要严格约束士卒。城下之日，不许焚烧民房，不许抢劫财物，不许杀戮无辜。有谁违反命令的，军法从事；将官纵容不管的，必罚无赦！”诸将连声回答：“是，是！”结果，徐达统率诸将带兵攻占镇江，号令严肃，没有发生烧杀掳掠的现象，城里的秩序非常稳定。附近的老百姓听到消息，都盼着这支队伍能早一天攻取他们所在的地区。后来，徐达治军更加严厉，每攻下一个城镇，都要颁布命令，禁止烧杀掳掠的行为，凡是违反军令的，即砍头示众。因此他的队伍纪律严明，不仅极具战斗力，而且深得群众的支持。徐达还注意优待俘虏，以分化瓦解敌人。凡是俘获敌军将士和间谍密探，他都“结以恩义，俾为己用”。龙凤六年（1360年）五月，徐达与常遇春在池州南面的九华山与陈友谅展开激战，生俘三千人。常遇春主张全部杀掉，徐达坚决反对，常遇春就是不听，他立即报告朱元璋，朱元璋下令释放没有被杀的俘虏，这才避免产生严重的后果。正是由于徐达坚持优待俘虏的政策，所以他带兵出征，特别是在北伐战争中，经常出现“大军勘定者扰少，先声归命者更多”的局面。

徐达领兵作战，一向是战无不胜、攻无不克的，唯一的败仗发生在洪武五年。在此前的洪武三年，退往漠北草原的元顺帝病死，其子继位，称必力克图汗。他重用能征善战的扩廓帖木儿为中书右丞相，不时出兵南下骚扰，力图重建大元帝国的统治。一些滞留内地、坚守山寨、拒不降明的北元宗王、官吏纷纷出动，骚扰邻近州县。一些暂时归明的蒙古宗王、军民，也时有反水，与之呼应。北方形势日趋紧张，诸将产生了急躁情绪。洪武五年正月，朱元璋召集诸将讨论北部边防问题，徐达遂建议出征漠北，认为有十万兵力便足以肃清沙漠。朱元璋于是决定出动十五万军队，兵分三路。令徐达、李文忠与冯胜分别统率北征。由于轻敌冒进，徐达所率的中路军挺进到杭爱岭北，“徲（音jí，疲倦）而心易虏”，既疲惫又轻敌，遭到扩廓帖木儿及其骁将贺宗哲的围攻，“死者万余人”

（王世贞：《弇州史料》前集卷十九，《徐中山世家》）。李文忠所率的东路军也损失惨重，只有冯胜所率的西路军攻至兰州，全师而还。好在徐达能吸收这次轻敌冒进的惨重教训，此后他镇守北平，洪武六年率诸将行边，破敌于答剌海，十四年复率汤和等讨伐乃儿不花，均未再犯此类错误，从而保障了北部边境的安全。

徐达不仅具有优异的军事才能，而且具有许多优秀的品德。他严于律己，能与士卒同甘苦。当时在元朝官军和某些农民军里，许多人一当上将官，就胡作非为，拼命抢占财宝和美女。徐达与他们不同。他严格要求自己，不贪女色，不好财宝。攻占平江和大都，“封姑苏之府库，置胡宫（指元朝宫殿）之美人财货无所取，妇女无所爱”。出征之时，他与士卒同甘共苦。有时军粮供应不上，士卒挨饿，他也不饮不食，不进营帐休息。发现士卒有伤残疾病，他亲自去看望慰问，给药治疗。所以，将士们对他既尊敬又感激，都乐于听从他的命令，服从他的指挥，打起仗来奋勇争先，以一当百，拼死杀敌。

徐达为人正直，疾视奸邪，不拉帮结派。定远人胡惟庸阴险狠毒，洪武六年（1373年）起任中书省丞相，利用乡土宗族观念拉帮结派，结党营私，排斥异己，独揽生杀黜陟大权，朝廷大事常常不待奏请皇帝批准，即独断专行。臣民的奏章，他私自拆阅，看到对自己不利的，就藏匿不报。朝中大臣，有谁触犯了他的利益，便加以陷害打击，置之于死地。朱元璋的重要谋士刘基，在胡惟庸做丞相以前，曾对朱元璋谈论他的缺点，说：“胡惟庸是头难以驯服的小犊，将来如果让他拉犁，他会翻倒犁辕，把犁摔破的。”胡惟庸一直把这件事记在心里，耿耿于怀。后来刘基得病，他派医生前去探病，就下毒药把他毒死。因此，朝廷内外，谁都怕他三分。一些势利之徒，则纷纷投靠到他的门下，竞相向他赠送金银财宝，名马器玩。但是，徐达却非常鄙视他，敢于同他进行斗争。开始，胡惟庸看徐达功劳大，威信高，想借他的声望来壮大自己的势力，拼命同他拉关系，表示愿意同他结好。他不仅不予理睬，而且向朱元璋揭发了胡惟庸的罪行。后来，胡惟庸见软的不行，就来硬的，收买徐达的看门人福寿，企图陷害他。福寿不为所动，揭发了胡惟庸的阴谋。徐达便对朱元璋说，胡惟庸心术不正，为人奸贪，不适合做丞相。过了几年，胡惟庸因谋反被杀，朱元璋想起徐达的话，对他也就更加器重。

更加难能可贵的是，徐达为人谦虚，虽然战功累累，却从不居功自傲。他"廓江汉，清淮楚，电扫西浙，席卷中原，声威所震，直连塞外，其间降王缚将，不可胜数"，对削平群雄、推翻元朝、统一全国做出了重大贡献。但他功成不骄，每年春天挂帅出征，暮冬还朝，交还将印，便回到居室湫隘的家里过着俭朴的生活。朱元璋见了过意不去，曾对他说："徐达兄打了几十年仗，建立盖世奇功，从来没有好好休息过，我把过去住的旧宅邸赐给你，让你享几年福吧。"朱元璋的这所旧宅邸，是他当吴王时居住的府邸，徐达坚决推辞，拒不接受。朱元璋便请他到这所府邸饮酒，把他灌醉，蒙上被子，抬到床上去睡，想用这个办法强迫他接受这所宅邸。徐达酒醒之后，大吃一惊，连忙跳下床，走下台阶，俯伏在地，磕头呼喊："死罪，死罪！"朱元璋见他这样谦恭，也不勉强他，就下令在这所府邸的前面，另外给徐达建造了一所宅第，宅第的前边还立了一座高高的牌坊，刻着"大功坊"三个字。

↑ 南京徐达墓

徐达的许多优秀品德，都很受朱元璋的赞赏，朱元璋对左右大臣称赞说："受命出征，成功凯旋，不骄不傲，女色无所爱，财宝无所取，公正无私，像日月一样光明正大的，唯大将军一人而已！"洪武十八年（1385年）二月，徐达在南京病逝。朱元璋追封他为中山王，赐葬于南京钟山之北，并把他的塑像摆放在功臣庙里，以表彰他为明朝所建立的卓越功勋。

陈梧桐

作者陈梧桐，毕业于厦门大学历史系。北京师范大学历史学院"985工程"特聘教授、中央民族大学历史文化学院教授、原系主任，兼任中国明史学会顾问、朱元璋研究会顾问。主要著作有《朱元璋研究》、《洪武皇帝大传》（获北京市第三届哲学社会科学优秀成果奖二等奖）及其增订本《洪武大帝朱元璋传》、《自从出了朱皇帝》、《黄河传》（第一作者，获第十三届国家图书奖）、《崇祯往事》、《明史十讲》（第一作者）、《中国军事通史·西汉军事史》（第一作者）、《中国文化通史·明代卷》（主编）等。1992年获国务院颁发政府特殊津贴。

明代抗击瓦剌的名将

于谦

于谦个人小档案

姓名：于谦

字：廷益

号：节庵

尊称：于少保

所处时代：明朝

生卒年：1398—1457年

官职：少保、兵部尚书

出生地：杭州钱塘（今浙江杭州）

辅佐君王：明宣宗、明英宗、明代宗

军事成就：组织北京保卫战、改革兵制

代表作品：《节庵诗文稿》

成语典故：两袖清风

谥号：肃愍，后改忠肃

追赠：特进光禄大夫、柱国、太傅

最得意：取得北京保卫战的顺利

最失意：被诬谋逆

于谦

关心边防

明朝推翻元朝在中原地区的统治后，元朝的残余势力向北撤退到蒙古高原一带，历史上称为“北元”。以后，“北元”分裂为鞑靼和瓦剌两部分，到15世纪中叶，瓦剌逐步强大起来，成了明朝北方的一大劲敌。

明初北方的边防线，在大同镇所统辖的范围内，东北方面最远在龙门、万全、宣府等卫所（今河北张家口、龙关一带），西北方向最远在东胜、云川等卫所（今内蒙古凉城、和林格尔一带），但永乐之后，迫于北方的压力，防线逐步内迁，原来处于防线第二线的大同、宣府，成为第一线的要塞。在于谦任山西、河南巡抚时，他就注意到了大同在边防上的重要性，但由于自己管辖的事情太多，难以专心加强大同的边务，就向朝廷建议，设立宣府、大同的专任巡抚，全力筹划当地的边防。他的这一建议被采纳后，就支持新任命的宣大巡抚罗亨信，恢复官兵的屯田，充实粮饷，加强边防城堡的建设，以抗击瓦剌的侵扰。

于谦从小就有献身报国的大志。他青年时期就非常赞叹文天祥那种殉国忘身、舍生取义的爱国精神。永乐十九年（1421年），于谦二十四岁时中进士，被任命为山西道监察御史。后来奉命巡按陕西，就曾上书朝廷，弹劾山西、陕西的边镇官军，随意扰民，破坏了边防前线的安定。皇帝派人去调查，逮捕法办了一些违法军官。由于于谦的刚直和处处以国事为重，因而得罪了一批当权的权贵，特别是太监王振对于谦更是恨之入骨。正统十一年（1446年），于谦以山西、河南巡抚的身份到北京奏事，荐举参政王来、孙原贞暂时代理自己的职务。王振便借机指使通政使李锡诬告他这是因为“长期得不到升官，所以任意推举他人自代，以发泄自己的不满”。于谦因此坐了三个月的牢。后来，山西和河南的百姓和官吏纷纷联名上书保释，王振被迫释放于谦，把他降为大理寺少卿，后来由于山西、河南官民的请求，才又恢复其原职。正统十三年（1448年），迫于瓦剌的不断南侵，朝廷下令召于谦入京，任命为兵部左侍郎，直接参加了边务的筹划工作。

土木之变

王振是明英宗的亲信太监，他与瓦剌每年派到北京的贡使勾结，私下进行军火贸易。瓦剌的贡使由于有利可图，每年派到北京的人数由明初的不过五十人，到英宗时增至两千人。正统十四年（1449年）春，两千瓦剌贡使诈称三千来到北京，王振想显示一下自己的威风，一反过去对瓦剌有求必应的常态，下令核实瓦剌的实际贡使人数，又削减贡马价的五分之四，结果引起瓦剌的不满。七月，瓦剌的太师淮王也先分兵四路进攻明朝的边境，也先亲率主力进攻大同。大同的守军和朝廷派出的四万援军，相继战败。

边境战败吃紧的消息传到北京，王振乘机鼓动英宗御驾亲征，自己想借机浑水摸鱼，冒滥边功。兵部尚书邝埜和左侍郎于谦，力谏不可轻易出征，都不被采纳。王振急于求功，匆促准备了两天，就命英宗的弟弟郕王朱祁钰留守北京，于谦代理兵部事，协助郕王卫戍北京，自己随英宗于七月十五日率领号称五十万大军和一百多名文武大臣，匆匆从北京出发了。

由于军事组织的不健全，后勤供应的困难，明军在行进过程中多次惊扰不定，经过半个月，才到达边防重镇大同。将士看到大同城外明军，战死的士卒尸体漫山遍野，惊恐不已，加上宣府和山海关外失败的战报又陆续到达，更是胆战心惊。英宗和王振看到形势不妙，在大同停了两天，就秘密决定退兵。王振的家乡在蔚州，他想退兵时顺便让皇帝去他家乡的府邸小住，以显示威风，因而下令向南往紫荆关（今河北易县西北）方向撤退。但部队走了四十里后，王振突然想到几十万大军路过自己的家乡，必然会踩坏他的庄稼，因而又改变主意，下令军队往东撤退，改道宣府回京。

也先率领瓦剌军，在英宗的军队进入大同时，为了诱使明军深入，主动北撤。当他看到明军不战而退时，就日夜兼程，尾追不舍。如果明军直接往北京撤退，本来有从容的时间，现在经过王振的迂回周折，就延误了时间，在宣府被瓦剌军追上。明军殿后的军队一再力战拒敌，均战败溃散。英宗和王振匆匆逃出宣府，到了离怀来县城二十里的土木堡时，因为等候辎重，留驻土木堡狼山上。土木堡地势高，无水源，被瓦剌军围困后，人马饥渴。瓦剌军乘明军移营就水，阵势动摇之机，突然袭击，明军阵势大乱。英宗率亲兵突围未成，为瓦剌军队俘虏，王振被痛恨他的明军部将所杀。号称五十万的明军，在两万瓦剌军追袭下，全军覆没，二十多万匹骡马和无数的衣甲器械，全部成为瓦剌的战利品。这就是明朝历史上所谓的“土木之变”。

北京的战守辩论

明英宗是八月十五日被俘的，十六日深夜三更，他被俘的消息第一次送进北京的皇宫。这是英宗让和他一起被俘的锦衣卫校尉袁彬写的，送给怀来县守臣的一封信。信中谈到他被俘的情况，并希望用金钱把他赎回来。皇太后孙氏和皇后钱氏接到此信，秘密把宫中的金宝文绮装上八匹马的背驮，派太监给瓦剌送去。十七日早晨，上朝的大臣们听到皇帝被俘、全军覆没的消息，大家一片恐慌，只是号啕大哭。

当时，北京只剩下不满十万的老弱残兵，更缺少战马盔甲。整个京城，笼罩着一片惶恐的气氛。一些富户士绅，认为北京难守，纷纷携带家珍，向南逃亡。为了稳定政局，皇太后十八日下诏立英宗年仅两岁的长子朱见深为太子，命郕王监国，总理国政。

郕王朱祁钰召集大臣商量战守对策。翰林院侍讲徐珵（后改名有贞）高声说："我夜里观察天象，荧惑星曾入侵南斗，这说明天命已去，只有南迁才能保证国家的安全。"他是个失败主义者，在这之前，他已经将自己的妻子儿女送归苏州老家，妻子不愿走，他威胁说："你是不愿做中国人的老婆了！"徐珵的话立即遭到礼部尚书胡濙和太监金英的反对，接着，于谦声色俱厉地斥责了徐珵的逃跑主义主张，他说："京师是天下的根本，一动根本就不可收拾了，宋朝的南渡就是一大教训！现在应当立刻调天下四面八方的兵马支援首都，誓死守卫京师。谁要再说南迁的话，就是动摇军心，应立即斩首。"他的意见得到了皇太后和郕王的支持，金英把散布逃跑主义的徐珵轰了出去。朝野上下，决心守卫北京。

处决王振死党

"土木之变"失败的主要罪魁祸首是王振，他虽然已经被乱军所杀，但他的余党在朝廷中仍有势力，要守卫北京，刷新内政，必须清算王振祸国殃民的罪恶，肃清其余党，以激励士气。有一次郕王在午门处理朝政时，右都御史陈镒等乘机向郕王哭奏说："王振的罪恶造成国家现在的危机，使皇帝成了瓦剌的俘虏，应当把王振的全家都杀了，没收他们的财产，这样才能平抑民愤，安定人心。"郕王深知王振党羽的势力，下不了这个决心，犹豫没有答复。王振的党羽锦衣卫指挥马顺，乘郕王态度不明朗，就上前大骂群臣，并下令让太监把大臣们轰出午门。给事中王竑、曹凯上前捉住马顺的头发，狠狠地咬下他肩臂上的两块肉，大骂马顺说："你过去仗着王振作威作恶，现在你还敢这么放肆？"其他的大臣也一拥而上，揪住马顺一阵乱打，当场就把他打死了。大家还要找王振的另外两个死党毛贵和王长随算账，另一个太监金英对王振也不满，乘机把他们两个人从宫中推出来，让群臣把他们打死了。马顺等三人的尸体，放在东安门外示众，以平民愤。这时，有人又主动把王振的侄子王山捉来，群臣又纷纷上前唾骂，群情振奋，一片混乱。郕王见此形势，非常害怕，他想借机逃避，被于谦发现，他上前制止郕王离去，要他明确宣布："马顺等罪当死，其他人不再论处！"这样才将混乱的局面安定下来。于谦的袍袖，在混乱中竟被撕裂，可见当时局面的紧张。

这一场群臣自发惩办王振余党的乱局，由于于谦处理得法，达到了既处决了王振死党，平息了民愤，又争取到郕王的支持，恰到好处地将混乱局面制止下来。当事情了结，于谦退出左掖门时，吏部尚书王直握着于谦的手说："今后国家大事全靠你了。今天的事即使有一百个王直，又有什么用处呢？"

郕王表态支持清除王振余党的斗争后，群臣除将王振的侄子王山缚赴刑场处死外，还将王振的家族不分男女老少，一概斩首，并抄没了其全部家产。王振在京城内外有私人住宅多处，从其家中共抄出金银六十余库，玉盘百余面，珊瑚高六七尺者二十余株，其他珠宝币帛不计其数。王振的另外两个死党郭敬、彭德清后来从大同逃回北京，也被监禁起来，并被抄了家。经过这一场斗争，王振的势力受到打击，朝廷暂时摆脱宦官的控制，从而为于谦集中力量加强北京防御创造了条件。

加强北京防卫的措施

瓦剌击溃明朝的大军并俘虏了英宗后，没有马上进军北京。但明朝的精锐部队已被消灭，北部的防线也已解体，瓦剌进军北京只是一个时间问题。摆在明朝最高统治阶级面前的首要任务，就是整顿北京的防务，准备迎接瓦剌的进攻。郕王监国之后，晋升于谦为兵部尚书，命他全权筹划北京的防务。于谦毅然担当起社稷安危的重任，全力以赴地加强北京的防御工作。

征调各地的精锐军队前来守卫北京，这是当务之急。于谦首先抽调南北两京、河南备操军士、山东及南直隶沿海备倭军士、江北及北京诸府运粮军士，紧急集中北京，以应守卫之急。然后，他又调靖远伯王骥的湖广兵、宁阳侯陈懋的浙江兵，北上京师充实首都的防御力量。还调辽东提督王翱、河南巡抚王来等率精兵增援北京。另外，他还在京城和北直隶、山东、河南、山西等地，招募壮士入伍，进行军事训练，以备调遣。经过这一系列的调迁后，于谦就在北京组织起二十二万人的守卫大军。

当时在北京的郊区通州有官府的一大粮仓，存粮数百万斤，可充京军的一年饷粮。有人怕这些粮食落入敌人之手，建议加以焚毁。应天巡抚周忱认为，焚毁可惜，而且守卫北京也急需粮食，不如下令让京官和军队自己去领取粮食搬运进城，由官府支付运费。于谦赞同他的意见，立刻下令文武京官都预支本年九月到明年五月的俸粮，士兵预支半年饷，各自前往通州粮仓领取。同时号召百姓都去运粮进城，能运粮二十石交给京仓者，奖给一两银子的运费。余下的粮食，征用顺天府大车五百辆，日夜搬运进京。这样，就为北京保卫战提供了粮饷的保障。

于谦还撤换了一批腐败无能、贪生怕死的将领，将一批作战勇敢、奋发有为的将领，提拔到重要的岗位上来。大同总兵广宁伯刘安，出城到瓦剌军营朝拜被俘的英宗，并送给瓦剌库银两万多两。他在进京奏报敌情时，还宣扬瓦剌愿与明朝结亲的轻敌麻痹思想。于谦将他撤职禁锢，而提拔大同副总兵郭登为大同总兵。郭登上任后，积极加强大同的防卫，使之成为保卫北京的前线堡垒。右都御史陈镒对王振死党的斗争坚决，于谦让他负责安抚京畿内外军民，管理通州粮食的运京工作，对稳定京师民心和军心发挥了极大的作用。原军事重镇宣府的将领杨洪、罗亨信等人，在抗击瓦剌进攻中表现勇敢，坚守宣府而未被瓦剌攻破，于谦仍让他们镇守宣府，并给以赐谕嘉奖。忻城伯赵荣主管三千营的训练，他不亲自带兵操练，军队纪律松散混乱，于谦奏报郕王将他下狱禁锢。于谦还破格提拔了一批年轻有为的将领如卫颖、张軏、张仪、雷通等操练士兵，分守各个城门。经过于谦的整顿，军队的战斗素质大为提高，北京军民的战斗精神空前高涨。

↑ 于谦手迹

英宗被俘以后，成为瓦剌手中的一具傀儡。瓦剌常借他的名义来要挟明朝的守将。为了从政治上打击瓦剌，抵消英宗在瓦剌手中的作用，明朝必须尽快再立一个皇帝，以与瓦剌相对抗。在清除王振余党后，文武百官就联名上书皇太后，请立郕王做皇帝。皇太后表示同意，但郕王是个胆小鬼，不敢在危难的局势下挑起君主的重担，竟然躲在郕王府不见群臣，说：“有皇太子（朱见深当时只有两岁）在，我怎么敢当皇帝！”于谦严正地对他指出：“我们都是从国家的利益出发才请你出来当皇帝，并不是为了个人的私利。”郕王这才同意登基即位，改明年为景泰元年，他也因此被称为景泰帝。为了给英宗留点面子，遥尊他为太上皇。

北京保卫战

正统十四年（1449年）十月，就在土木之变后仅仅三个月，也先经过充分准备，亲率大军，挟持英宗，在太监喜宁的引导下，扬言送英宗回京，南下进抵大同城下，要求大同守将去瓦剌军营朝见明朝皇帝英宗。也先的如意算盘是用英宗做招牌，胁迫边防守将出见，乘机将其扣留，迫使边关守军不战而降。

大同总兵早已识破其阴谋，派人告知也先“明朝已有国君”，使也先无计可施。也先在大同诈骗不成，未敢强攻大同，就率军从大同城东门外南下，分兵两路，一路攻陷居庸关西南的白羊口，另一路攻破紫荆关。两路瓦剌军队，兵锋直指北京。

于谦接到大同总兵关于瓦剌入侵的战报后，就积极进行北京保卫战的准备。明廷下令各地的宗室诸王，急率精兵来京勤王，并任命于谦提督各营兵马，都指挥以下不听从于谦命令者，可以先斩后奏。又赦王安、王通等出狱，要他们协助守卫京城，戴罪立功。同时还宣布了分奇功、头功、齐力的三等赏功办法，鼓励将士卫国杀敌。

如何才能守卫北京？当时朝野上下议论纷纷。兵马司建议，拆毁城门外民房，以便屯驻军队，利于战守；都督王通主张，发动军民在城外挖深壕据守；总兵石亨认为，军队全部撤入城内，坚壁据守。于谦都不同意这些意见。他认为：“瓦剌现在非常嚣张，据守不战，表示我们害怕他们，更会助长敌人的气焰。”因而主张列阵城外，坚决迎战敌人。他分别将二十多万明军，列阵北京的九个城门外面，具体的部署是：于谦自己和石亨及副总兵范广、武兴等率主力列阵德胜门外，都督陶瑾在安定门外，广安伯刘安在东直门外，武进伯朱瑛在朝阳门外，都督刘聚在西直门外，副总兵顾兴祖在阜成门外，都指挥李瑞在正阳门外，都督刘德新在崇文门外，都指挥汤节在宣武门外。部署到位后，关闭九个城门，以示断绝退路决一死战的决心。

十月十一日，瓦剌的大军进抵北京城下。也先率主力列阵西直门外，而让英宗前往德胜门。英宗在瓦剌的指使下，给皇太后、景泰帝和文武大臣各写了一封劝降信。瓦剌把英宗拥到德胜门外的土城上，要明朝派大臣“迎驾”。明廷临时升通政司参议王复做礼部侍郎、中书舍人赵荣做鸿胪寺卿，派他们二人出城去见英宗。瓦剌为了夸耀自己的武力，在接见明朝这两个使者时，大摆兵仗，杀气腾腾，并借口这两个人的官职小，不与他们谈判，要明朝派于谦、石亨、胡濙、王直前来谈判，并开出大量金帛的价码。

这时，景泰帝和一些朝臣，畏于瓦剌的军势，想派大臣去与瓦剌进行和谈。他们派人去问于谦的意见，于谦果断地回答说：“现在我只知道抗击瓦剌，和谈的事我不愿听到。”大家见于谦没有商量的余地，也就再没有人敢提和谈的动议了。

于谦密切注意瓦剌军队的动向，寻机加以袭击。瓦剌军抵达北京城外的当天，于谦就派副总兵高礼、毛福寿等率军至彰仪门北进行迎击，斩其前锋数百人。明军首战获胜，士气大振。接着，于谦又在夜间派兵偷袭瓦剌军营，也取得小胜。十三日，瓦剌军和明军在德胜门外展开决战。于谦先派石亨率军埋伏在道旁的空房内，然后派骑兵诱使数千敌骑进入埋伏圈内，伏兵发射火炮火铳，敌军死伤无数，连号称铁颈元帅的也先弟弟孛罗，也被火炮击毙。瓦剌的主力转攻西直门。南北的明朝援军赶到，与驻守的明军三面夹击，当地百姓也升屋呼号助战，投掷砖石击敌。瓦剌军不支，向西南退去。围攻居庸关的瓦剌铁骑五万，由于明朝守军汲水灌城，水结成冰，他们根本无法接近城垣。也先见瓦剌军在明军的顽强抗击之下，屡战不利，手中的英宗失去诱降作用，又听说各路援军即将到达北京，担心后路被切断，只得下令退兵。十五日夜间，瓦剌军偷偷拔营，带着英宗，经过良乡西，向北退去。于谦得知瓦剌撤退的消息，立即派石亨率各路军发火炮袭击敌营，并乘机追击，杀伤瓦剌军一万余人。

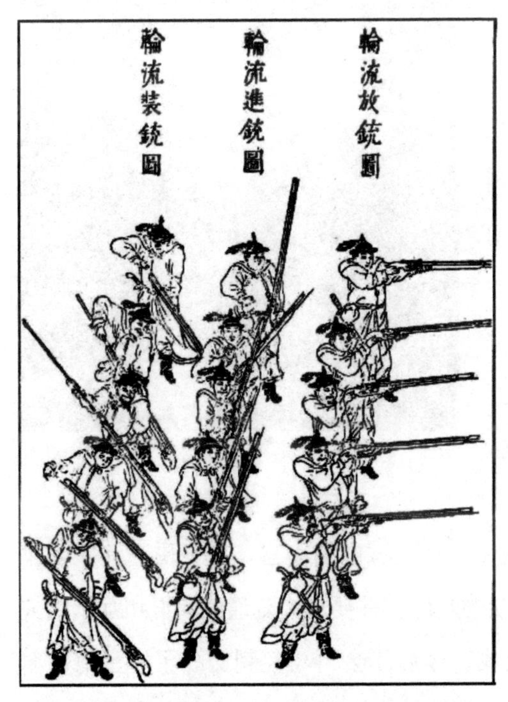

↑ 明朝火枪兵三段循环射击式

至此，北京保卫战取得了决定性的胜利。战后，明廷论功行赏，晋升于谦为少保，总督军务。于谦辞让说：“边境还有敌人的营垒，这是我们做大臣的耻辱，还有什么脸得到国家的赏赐呢！”表明他保卫国家的赤诚之心。

英宗复辟

瓦剌从北京退兵后，于谦抓紧时机，进一步加强北京的防卫力量。他调镇守宣府多年的名将杨洪和镇守居庸关有功的将领罗通入京，负责训练北京的守军。推荐善战的左都督朱谦去镇守宣府，佥都御史王竑镇守居庸关。瓦剌军屡犯宁夏、大同、宣府等地，都被当地的守军击退。对于瓦剌派来的间谍如小田儿、喜宁等，于谦都主张明正典刑，坚决镇压，以除后患。对于想和瓦剌议和，对敌人存在侥幸心理的将领，他都谕之以理，坚决予以斥责。

明朝的边防在于谦的整顿下，日益严密，瓦剌攻不能取胜，诱降、反间等政治计谋也都遭到失败。英宗在瓦剌手中，已失去任何利用价值，也先决定把他送归明朝。景泰帝不愿接英宗回来，怕影响自己的皇位。于谦认为，英宗在瓦剌手中，毕竟对明朝不利，如果瓦剌送英宗回来不是诡计，迎回英宗对明朝有利。于谦对景泰帝做工作说："你的皇位已经确定，英宗回来也不会影响你的地位。如果瓦剌要送英宗回来，我们不去迎接，自己就理亏了。"景泰帝被迫同意，派人去接回英宗。

↑ 明英宗像

英宗回到北京后，以太上皇的名义住在皇城内的南宫。瓦剌借送英宗回来的机会，不断派使臣前来，表示与明朝的友好，并要求恢复通使朝贡和互市的关系。一些大臣认为，与瓦剌的和局已成，今后不会再与瓦剌交战了。于谦针对这种和平麻痹的思想，向朝廷提出"英宗虽然已经回国，但土木之变战败的国耻未雪，要继续提高警惕”的劝告。他继续在北京周围的军事要地修缮加固城堡，增加防守人数，惩办贪官，募民屯田。他还改革京营的军制，加强战术训练，研究改进兵器。在于谦的积极筹划整顿下，明朝的军队素质和边防力量，都日趋加强了。

在于谦积极整顿国防的同时，在明朝的宫廷中却在酝酿着一场争夺皇位的宫廷政变。英宗回到北京后，景泰帝为了提防他复辟，把他软禁在南宫，切断他与外边的联系。他还废黜太子朱见深，立自己的儿子朱见济为太子。但朱见济不久死去，于是再建皇储就又成为斗争的焦点。但是景泰帝只有朱见济一个儿子，他死后再没有儿子可立为太子。有人建议恢复朱见深的太子地位，触犯景泰帝的心病，遭到了残酷的拷问。景泰八年（1457年）正月，景泰帝病重不能临朝，石亨、徐有贞勾结太监曹吉祥等，在夜里秘密将英宗拥上皇位，早朝时向大臣宣布：“太上皇现在已复辟，大家快快祝贺！”英宗复辟成功后，废景泰帝为郕王，没有几天他就死在西宫。这个事件在历史上称为“夺门之变”。

惨遭杀害

英宗复辟后，当即在殿上传旨逮捕于谦和大学士王文于朝班内，其他坚决支持于谦抗击瓦剌的大学士陈循、肖镃、商辂，尚书俞士悦、江渊，都督范广，太监王诚、舒良等，也都被捕下狱。

英宗复辟以后为什么要马上就逮捕于谦呢？根本原因是于谦组织了坚决抗击瓦剌的斗争。英宗被俘以后，他希望明朝和瓦剌讲和，能把自己赎回来。于谦坚决进行抗击瓦剌的斗争，对英宗的要求一概置之不理，使他在瓦剌军中吃了不少苦头。他对于谦恨之入骨，这当然是意料中的事。但是他复辟之后马上就把于谦逮捕起来，这和复辟的主谋人徐有贞和石亨也有关系。

徐有贞就是当年主张迁都的徐珵。他当时受到于谦的斥责，心里当然不高兴，后来他想当国子监祭酒，也没有得到于谦的支持，所以对于谦一直怀恨在心。石亨在北京的保卫战中立了功，被封为侯，他觉得于谦比自己功大，就推荐于谦的儿子于冕为千户，于谦不但没有感激他，反而认为这不是一员大将所应做的事，上书对他进行斥责。石亨认为他出于善意，于谦太不给他面子，所以心里对于谦也很不满。

英宗复辟以后，徐有贞、石亨因为助其复辟有功，都得到英宗的信任，掌了大权。他们首先诬陷于谦等人谋迎襄王朱瞻墡的儿子当皇帝。迎藩王入继大统，这在明朝的法律中是叛逆大罪。在审问于谦等人时，徐有贞指使手下人对他们痛加拷打，王文当面质问徐有贞："召亲王入京须有金牌相符，遣人必有马牌，你们可到兵部查验是否动用过？"于谦知道这只是陷害他们的借口，笑着对王文说："这都是石亨他们的意思，你辩白有什么用呢？"徐有贞一伙于是就以"虽无行动，但有那个思想"为根据，以谋逆罪判处于谦死刑。在行刑时，英宗因于谦有功，怕杀了他对自己的名声不利，有点犹豫。徐有贞怂恿说："不杀于谦，复辟就没有理由了。"英宗于是下定决心，斩于谦于市。

于谦被害后，他的家属被发配边疆充军。被抄家时，除了一些书籍之外，没有发现什么值钱的东西。这说明于谦一生为官清廉，他把自己一生的精力，都花在保卫国家的事业上，不屑于捞取什么钱财。

于谦是在景泰八年（1457年）正月二十二日被害的，他死的时候已经是六十岁的白发老人了。他被害的消息传出后，天下妇孺，无不为之哭泣，认为这是一桩冤案。北京很快流传一首怀念于谦的童谣："京都老米贵，那里得饭广（指范广）；鹭鸶水上走，何处觅鱼嗛（指于谦）。"指挥同知陈逵感于于谦的忠义爱国，不顾个人的安危，收殡了于谦的遗骸。过了两年，于谦的女婿朱骥把他的灵柩运回家乡杭州，葬于西湖三台山麓。

于谦被害的同时，王文和抗击瓦剌有大功的都督范广也被杀，其他抵抗派的人物如陈循、江渊、俞士悦等被充军铁岭，商辂、肖镃、王伟等被革职。凡是于谦推荐和重用过的文武官员，都以"于谦党"而榜示天下，一一遭到迫害。于谦的长子于冕，被充军龙门，他的少子于广被人秘密藏匿于河南考城县的民间，才免于被害。

于谦死后，一批贪生怕死的小人掌握了朝政，他们只知贪赃枉法、争权夺利，因而国防又陷废弛。瓦剌不断地侵扰边境，在军事上明朝又陷入处处被动挨打的局面。杀害于谦的凶手英宗也不得不叹息说："如果于谦还在，瓦剌就不会这样猖狂了！"

海 草

作者海草，李桂海笔名。

抗倭英雄

戚继光

戚继光个人小档案

姓名：戚继光

字：元敬

号：南塘、孟诸

尊称：戚少保

所处时代：明朝

生卒年：1528—1587年

官职：登州卫指挥佥事、蓟州总兵

出生地：山东济宁

辅佐君王：明世宗、明穆宗、明神宗

军事成就：组建戚家军、南平倭寇、北御蒙古

代表作品：《纪效新书》《练兵实纪》《止止堂集》

轶事典故：鸳鸯阵

谥号：武毅

最得意：平息倭患

最失意： 晚年遭受排挤

戚继光

戚继光，字元敬，原号南塘，后来又改号为孟诸。明嘉靖七年（1528年）十月初一，生于山东济宁县南的鲁桥镇。据说他出生时正是夜半，晴朗的天空，繁星熠熠闪光。第二天的清晨，旭日初升，朝霞映罩着鲁桥，房前的红枫和苍松，构成一幅五彩缤纷的图画。戚继光的父亲戚景通这时年已五十六岁，老来得子，格外高兴，便把自然界的景色和刚出生的男孩的前途联系起来，起名为继光，希望这个儿子长大以后对先祖业绩能继承光大。戚继光果然不负父望，长大以后，成为一代名将，为捍卫东南沿海各省人民的生命财产安全与倭寇展开坚决斗争，成为一位杰出的爱国主义将领和民族英雄。

严格的家教

戚继光的祖辈都是驰骋疆场的将领。元朝末年，其六世祖戚祥参加郭子兴领导的起义军，朱元璋当了皇帝以后，仍在明军中服役，在攻打云南时阵亡，明廷念其战功，授予其子戚斌为明威将军，世袭登州卫（今山东蓬莱）指挥佥事。戚景通时是戚祥的第六代孙子，仍然袭登州卫指挥佥事。

戚景通治军严明，精通武艺，熟读兵书，有丰富的军事知识。袭职之后，他曾被提升为都指挥和大宁府都指挥使等职。但他的家境却很清贫。景通为官清廉，从不收受额外之费，更不对权贵阿谀奉承。有一次，他升任江南运粮把总，是个肥缺。他第一次运粮进太仓时，按照陈规，运粮把总都要先给仓官送礼，以免受其刁难。戚景通却坚决不干，宁可受刁难也不行贿，结果丢掉了运粮把总的官职。他回到登州卫所，过着清贫的生活，当时总督山东备倭军事的戚勋，是景通的上司，听说景通拒绝行贿而丢掉把总官职，对景通的人品很是敬重，就来和他认本家，但戚景通却说他的先祖姓倪不姓戚，谢绝了戚勋的好意。

当然，戚景通廉洁为官的事例还很多。表现在个人生活中的俭朴、孝顺，也是很有名的。对刚懂事的孩子戚继光，戚景通施以严格的教育。为了使儿子成材，他从小就教儿子读书、识字、习武，还经常教导儿子，长大以后为国家尽力。生活上对戚继光要求也很严格，有一次，工匠来替戚家修缮房屋，景通交代在两楹之间装四扇雕花门户。但按规定，将门家可装十二扇雕花门户，工匠向十二岁的戚继光说了此事。戚继光就去找父亲，说可装十二个门户。戚景通狠狠地批评了戚继光，要他以后不要有虚荣心，更不应讲排场。又一次，戚继光穿了一双很讲究的丝履，被父亲看到，又是一顿训斥，说他小小年纪就穿这么好的鞋，将来还了得，并说这样下去，将来当了军官，岂不侵吞士兵粮饷。后来虽然弄清了鞋是外祖父送

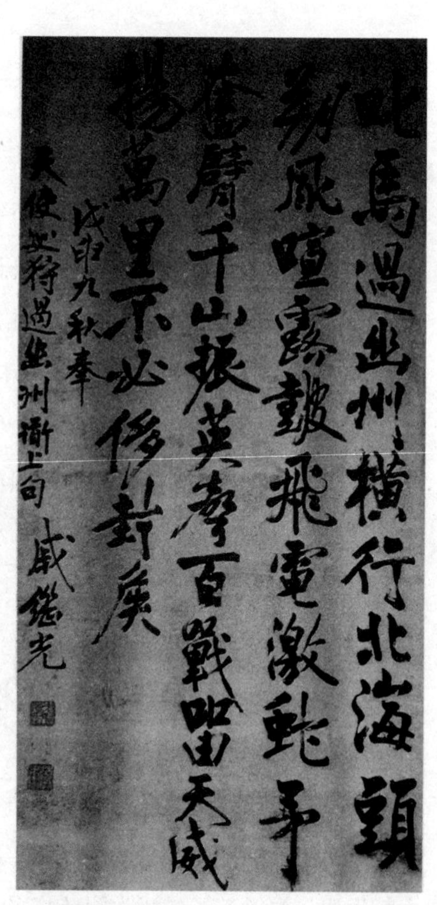

↑ 戚继光手迹

的，母亲王氏叫他穿的，但景通还是命令他脱了。

严格的家教，使戚继光从小养成良好的习惯。据说，他从小就喜欢和小伙伴做军事游戏，他们以泥土碎石为垒，以纸旗为号，列队操练，进退有方。戚继光从小喜欢读书，通经史大义。一次，有个朋友，见到戚家生活困苦，就对戚景通说："你为官廉洁，是大家都承认的，可是你用什么东西留给子孙后代呢？"景通把继光叫到面前说："我留给你的就是国家的土地，你应好好保卫它！"戚继光明白父亲的意思，便说："大人所留给的，儿当誓死保卫。"

青少年时代，戚继光并非是在安逸中度过的。十岁那年，生母王氏去世了，家庭生活更加拮据。十七岁那年的夏天，年逾古稀的戚景通得了重病，他知道自己的时日无多，就让儿子到北京办理袭职。临走时，他谆谆告诫，要儿子忠心为国，保卫国土。秋天，戚景通去世了，生活的重担便落在戚继光的身上，年老的嫡母和未成年的弟妹，要靠他来抚养。为了有人照顾家庭，第二年冬天戚继光便结婚了。

戚继光承袭登州指挥佥事后，便开始他的军事生涯。不过，当时山东比较平静，指挥佥事这一职务并不太忙。戚继光除了应办的公务之外，就是练兵、读书。他希望趁年轻，血气方刚时，干出一番事业来。他曾经在一篇文稿中这样写道："自觉二十岁上下，务必做好官，猛于进取，而他利害劳顿，皆不屑计也。"他在一本兵书的空白处，写了一首《韬钤深处》的诗：

小筑暂高枕，忧时旧有盟。
呼樽来揖客，挥麈坐谈兵。
云护牙签满，星含宝剑横。
封侯非我意，但愿海波平。

这首诗表达了戚继光的抱负，说明他对倭寇侵扰的担忧。他既然祈望"海波平"，就决心要在保卫海疆方面做出自己的贡献。

嘉靖二十七年（1548年），明王朝为抵御蒙古鞑靼部南袭京城，把蓟州列为边镇，由山东、河南抽调官兵戍防。那时的蓟州负责山海关到居庸关一线的防务，戚继光每年春季要率本部人马来到这一带驻防。连续五年，戚继光每年奔走于登州和蓟州之间。这期间，戚继光曾到北京参加会试。当时正值鞑靼俺答汗率兵攻入密云、顺义、通州，京城大震，明廷调兵遣将保卫北京。应武举试的戚继光积极参加了京城的保卫工作，并两次上书，献备敌方略。明廷中一些主持军务的官员对戚继光的胆识很是赞赏，兵部主事计士元在一封推荐书里说，戚继光“留心韬略，奋迹武闱。管屯而俗弊悉除，奉职而操持不苟”。他认为戚继光将来“可望干城之寄”。

五年的蓟门戍防，使戚继光熟悉了边疆的形势，坚定了保卫边疆的责任心。这一点，有他所写的《马上作》一诗可以说明。诗是这样写的：

南北驱驰报主情，江花边月笑平生。

一年三百六十日，多是横戈马上行。

初踏抗倭征途

倭害起自元末明初，到嘉靖年间最为猖獗。14世纪末，日本北朝的足利氏征服南朝，结束了长期分裂的局面。南朝失败后一批武士流亡海岛，他们勾结一批商人和破产农民，来到中国沿海，名义上是做生意，实则走私、剽掠，杀人放火，无所不为。到了16世纪中叶，倭寇之害十分严重。嘉靖二年（1523年）日本足利氏的管领细川氏以及西海路诸侯大内氏各遣贡使瑞佐、宋素卿和宗设分道来宁波。大内船先达，细川船后至，按照宁波市舶司规定，货物上岸应以入港先后为序。但是，后至的细川氏宋素卿买通市舶司太监，先办理手续。宴会时又以细川船的瑞佐居上座，大内船的宗设居次座。宗设大怒，和瑞佐发生械斗，追杀瑞佐到绍兴，沿途烧杀抢掠。这就是当时震动浙中的所谓“争贡之役”。明朝政府处理善后也有不当，罢了市舶司，断绝与日本的贸易。通商的禁止，便招致日本商人大量走私，内地的奸商、流氓、海盗和倭寇互相勾结，坐地分赃。倭寇于是随意登陆，肆行抢劫、掠夺，滥杀中国居民。

正当倭患严重的时刻，嘉靖三十二年（1553年），戚继光被擢升为主管山东防倭军务的都指挥佥事，统辖三营二十四卫所。他的防线包括从江苏、山东交界处一直到山东半岛的北端。这样辽阔的海防线，如何设防？戚继光毕竟是将门之后，加上有防戍蓟州和登州的经验，他到任以后，先摸清倭寇的活动规律，得知当时海船行驶要依仗风力，船只在什么地方靠岸与风向有很大关系。一般倭寇最猖狂的时候是在三、四、五月或九、十月间。戚继光便按时按地段设防。但当时山东防务空虚，兵不满额，纪律松弛，征战不力。戚继光重新整顿军容，严肃纪律，对营伍、卫所进行认真整肃。有些资格老的军官，多少有点瞧不起这个年轻的将领，尤其是军中有个军官，是戚继光的舅父，恃长辈身份，不听戚继光号令。戚继光开初很头痛，对处分舅父很感为难。后经再三考虑，他以上司身份，当众严厉处分了这个舅父。事后，他又以外甥的身份，把舅父找来，向他赔礼道歉。这位老资格的长辈被戚继光光明磊落的行为所感动，当即以下级军官身份跪下，保证今后不再违抗命令。处分舅父，警戒了全军，一些倚老卖老的军官，也就规矩多了。军纪很快得到整肃，山东海防也较过去巩固了。

当时的倭患以江浙最为严重。明廷朝政腐败，明世宗朱厚熜十余年不临朝，大权落在内阁首辅严嵩手中。严嵩贪污受贿，户部每年边饷就有十分之六要送给严嵩，因此边防废弛。浙江倭患严重时，明廷只好从各省调兵来援，但因客兵不熟悉当地地形与倭寇的活动规律，很难收到效果。而积极抗倭的巡抚王忬、总督张经，又遭到严嵩及其死党赵文华等人的排挤打击，无法施展才干。因而倭患日益加剧，人民遭受的灾难日益深重。在这种情况下，嘉靖三十四年（1555年）秋，明廷晋升戚继光为参将，由山东调到浙江，镇守宁波、绍兴、台州三府，那是倭寇活动的中心地带。

嘉靖三十六年（1557年），浙江总督胡宗宪命令戚继光随抗倭名将俞大猷去进攻倭寇据守的岑港（今浙江舟山）。但围攻日久，却未能克，戚继光被撤去参将之职，“戴罪办贼”。第二年攻克岑港，才又恢复原职。这是他到浙江后参加的一次较大的战役。初战不利的原因，戚继光认为是：“驱福广之水兵而使之陆战，用流寄之杂卒而责其即戎，且号令未明，士心未附。”通过这个战役，戚继光认为原来的部队战斗力不强，主张训练新兵。原先他曾两次上书胡宗宪主张训练浙兵。胡宗宪把将兵佥事曹天右所部三千人交戚继光训练，但这支部队多出身市井，军容虽然整齐，作战却很懦怯，不能打硬战。他决心训练一支以农民为主体的抗倭劲旅，认为只有建立一支英勇善战的部队，才能彻底打败倭寇。

戚家军的建立

如上所述，戚继光到浙江后，曾向胡宗宪提出练兵的建议。他说：“守不忘战，将之任也；训练有备，兵之事也。”而当时的军队，却存在明显的弱点，即“军书警报，将士忧惶。徒将流寄杂兵（客兵）应敌，更取福广舟师驱而陆战。兵无节制，卒鲜经练，士心不附，军令不知”。他主张自行招募士兵，严加训练，认为“十室之邑，必有忠信，堂堂全浙，岂无材勇？诚得浙士三千，亲行训练，比及三年，足堪御敌”。戚继光的建议没有受到胡宗宪的重视，但他还是决心要训练出一支能听指挥、勇敢、能战斗的部队。

嘉靖三十七年（1558年），义乌发生矿夫和乡团的大规模械斗。当时浙江处州，有许多银矿，聚居大批农民出身的矿夫。这一年，处州的矿夫流徙到义乌县南保山开矿，和义乌势家大族陈大成为首的乡团发生武装冲突。械斗进行了三次，规模越来越大，所聚人员各有数千人之多。双方伤亡的人，不计其数。戚继光从这场械斗中看到，即使乡团作战也比官军勇猛，他提出要到义乌招募农民和矿夫为新兵，加以训练，让他们把自相火并的力量用到消灭倭寇的斗争中去。恰在这时，义乌县令赵大河也上书要求戚继光亲自到义乌招集争斗双方的农民和矿夫参军，以抗击倭寇。于是，戚继光决定亲自到义乌招募新兵。消息一传开，议论纷纷，不少人认为乡团和矿夫都是“罪人”，招募“罪人”参军无异于“丧心病狂”。但是，当时任台州知尉的谭纶却支持戚继光的设想。后来戚继光在一首《蓟门述》的诗里透露了这件事：“檄募婺越士，知交苦相留。当日主此盟，惟有谭郡侯。”

戚继光于第二年，即嘉靖三十八年（1559年）来到义乌募兵。但是，募兵也不顺利，他贴了一份布告，题为《谕以君父水土之恩》，号召农民、矿夫丢掉前隙，共同起来保卫家乡，抗御倭寇。布告贴出之后，没有人前来应募。后来了解，双方的头目和农民、矿夫都在观望。戚继光一面向他们说明在这里募兵的原委，一面晓以爱国的民族大义。乡团首领陈大成和矿夫首领王如龙部都对这位抗倭将领抱有敬佩之心，听戚继光陈明募兵原委以后，都各自率领乡亲和矿夫前去应募。两支相为仇敌的队伍此后都成为戚家军的骨干，为抗倭事业做出了杰出的贡献。

戚继光从应募的人员中挑选了四千多名，带回绍兴，进行两个月的严格训练。戚继光首先教育新战士，建立这支队伍是为了保卫家乡的安全。他对新战士说：“沿海卫所初建置，本以保障民生，捍卫地方。故民出膏脂以供馈饷，今积承平二百年来，一旦被有倭患，其民社供馈军饷且如旧矣，而军不惟不能保民，无益内地，且每事急，又请民兵以为伊城守，是供军者民也，杀贼者又民也，保民者民也，保军者又民也。”军队不能保民，反要民来保护军队，这种事体颠倒，说明军队的腐败。因此，新成立的戚家军，就必须是一支能杀贼保民的军队。他指出：“兵是用来杀贼的，贼是要杀老百姓的，百姓们当然希望你们勇敢杀贼。如果你们既能杀贼又守军法，不扰害百姓，百姓怎能不奉承你们呢？”

戚继光的练兵思想，是纪律和武艺教育并重。纪律训练的目的，在于克服农民、矿夫原来的自由散漫思想，用严明的纪律把他们组织起来，使他们能服从命令，听从指挥，不损害百姓的利益；而武艺的训练，是让士兵掌握杀敌的本领。他曾经启发部下，武艺训练，并不是“应官差的公事”，而是立功、杀贼、救命的“本身上的贴骨的勾当”。因为，你有高强的武艺，就能杀了贼，贼如何又会杀你呢？如果你武艺不高，不如敌人，那么，贼“决杀了你”。戚继光训练士兵的另一个思想，是军官以身作则。他认为，军官凡事要身先士卒，这不仅是指临阵作战时要身先士卒，即平时训练时也要身先士卒。只有军官带头，士兵才能刻苦训练，奋勇作战。

戚继光除了对士兵进行纪律和武艺的训练之外，还根据和倭寇作战大多在薮泽之处的特点，对原来明代的兵制进行了改造。按明军制：每五人为伍，设伍长一人；每二十五人为甲，设甲长一人；每一百二十五人为队，设队长一人；每六百二十五人为哨，设一哨总和左右哨长。戚继光认为这种队列，不利于在江南水乡作战。他对这种阵列进行改革，创造了有利于江南水乡作战的鸳鸯阵。鸳鸯阵的基本阵法是以十二人为一队，最前面的一人是队长，次两人持牌，一持长牌，一持圆牌。长牌、圆牌面积大，可防敌人的倭刀、重矢，并掩护后面的队伍继续前进。再次两人持狼筅（用竹做的一种武器），再次四人持长枪，再次二人持短兵器，最后一人为火兵即炊事兵。这个阵法在作战时“二牌并列，狼筅各跟一牌，长枪每二支，各分管一牌一筅。短兵防长枪进的老了，即便杀上。筅以救牌，长枪救筅，短兵救长枪”。这种阵法，不但行动灵活，并有较大的杀伤力。鸳鸯阵队列的根据，是按士兵的体质不同，编成一个战斗小组。如力气大有胆识的可以持牌，身体健壮的可以持狼筅，按士兵各自的特长，持不同的兵器，这样可以充分发挥士兵的战斗力。这种阵法，还可以因时变化，一队可以分成两队，叫两仪阵，人分成两队，兵器

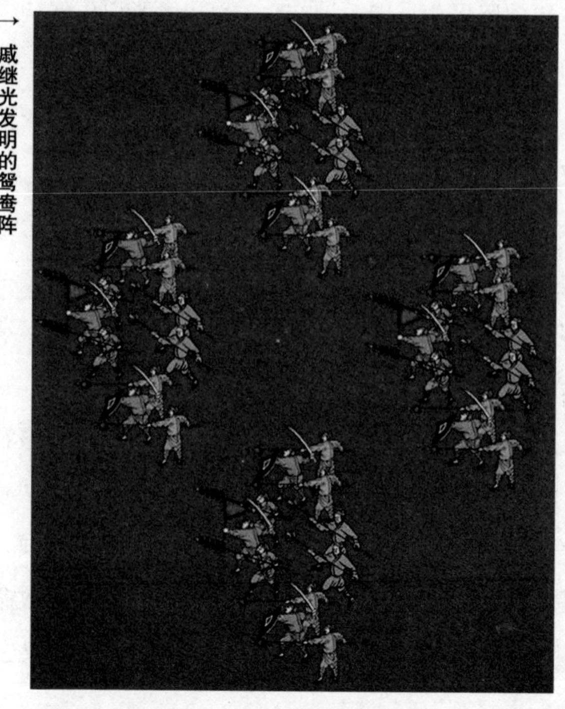
→戚继光发明的鸳鸯阵

也随人各分成两队。还可以由两仪阵再变成“三才阵”，队长居中，两边配以两狼筅、两短兵，左右两翼各有一牌、二长枪。这样一个队列，就是把纵队变化成横队，十二个人同时在一条战线上展开。

鸳鸯阵后来又配上鸟铳手、弓弩手、火箭手，组成步兵大营，下分前、后、左、中、右五营，如遇敌人的大部队，前营正面出击，左右两营由两侧配合，中营居中指挥，后营是预备部队，或作伏兵，或作支援、策应。

经过上面的训练和改革，戚继光组建了一支纪律严明而且熟悉作战阵法的戚家军。后来，根据形势需要，戚继光除了训练陆师之外，又亲自督造战船，建立水师。到嘉靖四十年（1561年）他督造战船达到四十多艘，建成一支素质很好的水师。

平息浙江倭寇

嘉靖四十年（1561年）五月，倭寇一万余人，大举侵掠浙东沿海台州府属的圻头、桃渚，以及温州海边等地，一面准备进攻台州，一面以主力进攻宁海。戚继光闻警即以一部分兵力镇守台州，然后亲率主力赶到宁海。戚继光的新兵很有朝气，兵行迅速。主力部队到达宁海时，正在桃渚焚掠的倭寇被扼住去路。戚家军迫使敌人在龙山地方进行一场决战，把倭寇打得大败，残敌逃到雁门岭，戚继光乘胜追击。雁门岭在温州西面，地势险要。五年前倭寇曾经在这个地方击败明军，这次他们仍然抄袭旧谱，凭险而守，和戚家军对峙，希望寻机反击。戚继光的部队不但训练有素，而且士气高涨，经过一场激烈的战斗，终于攻下了雁门岭。但是，就在这时，另一支倭寇却乘戚继光主力进攻雁门岭之际，去进攻台州府城。当时台州守军不多，且城墙不固，处境危急。戚继光闻报后，立即挥军来救台州。戚家军一到台州城下，先是用火器进攻敌阵，接着以大队人马进击。戚继光亲临火线激励士卒，宣布如能杀倭巨魁者，给予重赏。矿夫出身的战士朱珏，奋勇当先，持铳直冲向前，杀死了倭首及倭寇多人。其他战士一见，也奋勇冲上。倭寇诡计多端，将抢劫来的金银故意散落地上，想引诱戚家军前去捡拾，然后杀回马枪。但是，戚家军纪律严明，任何人都不在战斗中抢掠银两，总是等战斗结束后再平分战利品，使倭寇枉费了心机。戚家军愈战愈勇，奋勇冲杀，倭寇溃不成军，陈大成、王如龙等乘胜追杀到瓜陵江，悉数歼灭这股倭寇。

这一战打得很漂亮，主要是戚家军士气高昂，指挥机动灵活。敌兵在战败时，突然改变阵容，以左哨敌戚家军右哨，以右哨敌戚家军左哨。戚家军也旗鼓突变，伏兵配合正兵一齐杀出，敌军措手不及，遂大败。同时，戚家军兵行迅速，出击时火兵刚开始做饭，全胜收兵之后，饭才刚刚做熟。这一战，获倭寇首级三百零八级，生擒巨魁两人，其余倭寇悉数淹死江中。戚家军损失很少，只有哨长陈文清和两名战士阵亡。

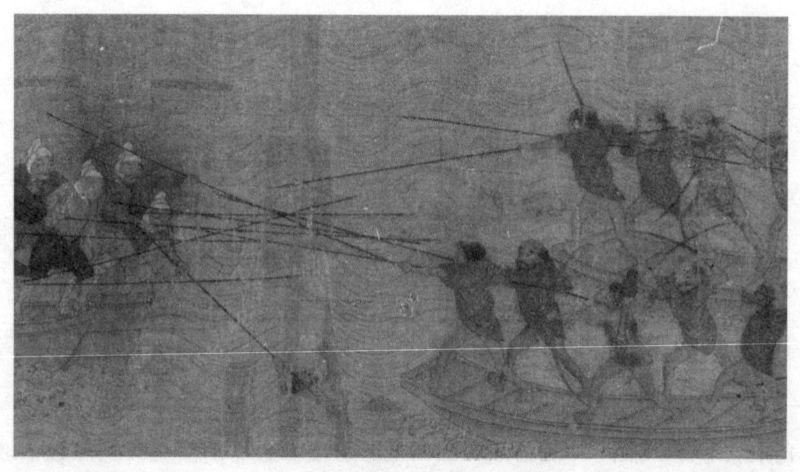

↑ 明军使用长枪与倭寇厮杀

当时倭寇在浙江很猖獗，戚家军消灭这股倭寇之后的第四天，又一股倭寇从圻头来袭击台州，屯扎在城东的大田。戚继光立即集合部队，进行认真部署。其时，戚家军三千余人，一半以上留在卫所，随时作为机动的只有一千五百人。戚继光率领这些部队进击大田的倭寇。但倭寇坚壁不出，又逢大雨，未能交锋。后来，倭寇看到台州有备，加上另一支倭寇刚刚在台州被歼，不敢轻举妄动再去进攻台州，便于戚家军到达后的第三天，抄小路走仙居，准备进攻处州。戚继光预料倭寇一定取道上峰岭，便派一支部队在上峰岭设伏，然后派一支小部队尾随倭寇。戚继光为避免伏兵暴露，令士兵每人手执松枝一束，遮蔽身体。倭寇头目首先登上上峰岭，见四面尽是苍松，不见有兵，便下令过岭。等到倭寇队伍过去一半，炮声一响，戚家军奋勇进击。戚继光令陈大成为前锋，正面进攻，王如龙、陈子銮为左右翼，拼命冲杀，铳声、喊杀声震撼山谷。倭寇措手不及，恐慌万状，死伤不计其数。有一部分倭寇见势不妙，逃上一座小山顽抗。敌人掌握了制高点，戚继光认为如果拼命冲上去，也能消灭敌人，但损失要大些。于是，他把一面白旗竖在山下，然后命令部下向山上的敌人喊话，说明凡是被胁从的中国百姓，只要空手投奔旗下，即可免杀，悉数放回家乡。话音一落，投奔到白旗下的即达数百人。剩下的倭寇见势不妙，又逃往上峰岭。戚家军一鼓作气，冲了上去，倭寇抵挡不住，狼狈逃命，摔死摔伤大半。余下少数的倭寇逃到山下，藏在百姓家。当地百姓协助戚家军，群起而攻之，顷刻之间，把这些倭寇也悉数消灭了。

经过这几次战斗，倭寇在浙江的主力基本上就歼，被杀死及摔死、溺水而死的达五六千人之多，其余倭寇闻风丧胆，纷纷逃散。戚家军胜利返回台州，台州人民出城欢迎，人群长达二十多里，欢声雷动，共颂戚家军卫国保民，功绩无边。

台州战役之后，浙东倭患大大减轻。是年九月，一股倭寇进犯温州，被总兵卢镗击败。第二年五月，又有一股倭寇进犯台州、温州，也被戚继光消灭。至此，浙东倭患即告平息。

台州战役之后，戚继光以军功晋升为都指挥使。根据海防需要，他又在义乌招募两千人，把戚家军扩大到六千人左右。在这前后，即嘉靖三十九年（1560年）至四十年

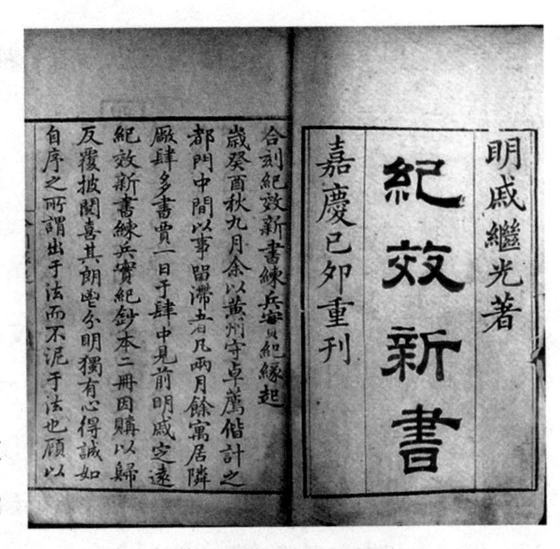
明戚繼光著
紀效新書
嘉慶己卯重刊

合刻紀效新書練兵實紀緣起
歲癸酉秋九月余以黃州守卓薦偕計之
都門中間以事留滯五旬凡兩月餘寓居隣
厰肆多書賈一日于肆中見前明戚定遠
紀效新書練兵實紀鈔本二冊因購以歸
反覆披閱喜其朗晰分明獨有心得誠如
自序之所謂出于法而不泥于法也顧以

↑《纪效新书》（书影）

（1561年）之间，他完成了重要的军事著作《纪效新书》。这是他统军以来，尤其是和倭寇斗争以来的经验总结，对练兵的一套方法及阵列都作了详细记述，成为我国第一部以训练为主的兵书。戚继光在《纪效新书》的“自序”里写道：“数年间，予承乏浙东，乃知孙武之法，纲领精微莫加矣，第于下手详细节目，则无一及焉。犹禅家所谓上乘之教也，下学者何由以措？于是乃集所练士卒条目，自选畎敏民丁以至号令、战法、行营、武艺、守哨，水战，间择其实用有效者分别教练，先后次第之，各为一卷，以海诸三军俾习焉。”可知他写《纪效新书》是受《孙子兵法》的影响，吸收其中有益的精华部分，同时又根据新的历史条件，兵器的变化，而有所创造发展。这本军事著作之所以取名《纪效新书》，作者在“自序”作了这样交代：“夫曰‘纪效’，明非口耳空言；曰‘新书’，所以明其出于法而非泥于法，合时措之宜也。”《纪效新书》共十八卷，其中四卷是台州战役后，根据实战经验补充进去的。还有一篇《纪效或问》和两篇文章《任临观请创立兵营公移》《新任台金严请任事公移》，放在卷首。《纪效新书》是一部重要的军事著作，对后人颇有影响。太平天国名将李秀成攻取杭州后，桌上就放着《纪效新书》。

两度入闽剿倭

戚继光在浙江大败倭寇时，一部分倭寇为避戚家军兵锋逃往福建，加上浙江总督胡宗宪急于平息浙东倭患，不让戚家军追击逃亡的倭寇。于是，浙东倭患平息之后，福建倭患又猖獗起来，嘉靖三十七年（1558年）倭寇攻陷福清，第二年又陷福安、福宁。嘉靖四十年（1561年）又攻陷永宁。在宁德县城外的海中有个横屿岛，倭寇在此扎营，作为大本营。福建沿海，“自福宁至漳泉，千里尽贼窟”。福建的明军，惧怕倭寇，不敢进剿。倭寇越来越多，兴化（今福建莆田）城外也扎有倭寇，四处抢掠，为害极大。福建巡抚只好向朝廷告急，明廷令浙江派兵援闽，胡宗宪即调戚继光到福建剿倭。

嘉靖四十一年（1562年）七月，戚继光率所部六千人由温州起航到平阳，又从平阳间道入闽。戚继光到福建后，对倭寇在福建的分布，以及大本营所在地横屿进行了解、分析，迅速制定了剿倭战略：先破横屿，乘胜破福清的牛田，最后再歼灭兴化的倭寇。横屿四面是海，离岸十多里，和大陆之间隔着浅滩，潮来成海，潮退成泥。水师进击怕搁浅，陆师进剿难行泥路。戚继光首先进攻横屿对面的张湾，对敌人进行分化瓦解。许多胁从的倭寇，听说戚家军要来进剿，几天之内就有一千多人投诚。戚继光攻下张湾之后，就挥师进击横屿岛。八月初八这一天，潮水早落午涨。戚继光大清早就命令士兵，每人带好草束，在海滩行军时将草束铺在泥滩上，匍匐前进。尽管倭寇在这个岛上已盘踞三年，营垒坚固，戒备又极其森严。但是，倭寇还是对戚家军的骁勇善战估计不足，他们以为戚家军进剿只能在水涨时用水师来攻，没有想到戚继光却用陆师来攻岛。一见戚家军抢渡滩涂，他们连忙摆开阵势，企图顽抗。但戚家军一登陆，戚继光即命令士卒进击敌营，以部将吴惟忠攻打木城，陈大成包抄敌营背后。战斗正在激烈进行之际，王如龙又从对岸来援，于是戚家军声势大振。吴惟忠一马当先攻克木城，顿时火光四起，硝烟弥漫。戚家军各队见吴惟忠攻破木城，对各个据点发动总攻，战斗进行了三个小时，共斩敌人首级三百余，残寇向海上逃命，落水淹死者六百余人，戚家军解救被掳男妇八百余人。戚家军入闽首战告捷。第二天，戚继光率领部将回宁德休整。几天之后已是中秋佳节，戚继光和他的部下共度中秋节。他写了一首祝捷歌让战士们吟咏，歌词是这样写的：

万众一心兮，群山可撼。
惟忠与义兮，气冲斗牛！
主将亲我兮，胜如父母。
干犯军法兮，身不自由。
号令明兮，赏罚信。
赴水火兮，敢迟留？
上报天子兮，下救黔首。

杀尽倭奴兮，觅个封侯！

中秋节的第二天，戚家军便向南开拔。十天之后，大军到达福清。当时福清城外的杞店、上萍、西林、木岭、新塘等地，以牛田为中心，倭营星罗棋布，连营三十余里。其中尤以牛田倭寇最多，此地离县城三十里，离海很近，便于进守。戚继光为打好这一战，他把原来驻扎在福清的明军将领邀集在一起，要他们共同歃血为誓，誓词是“凡不同心戮力，恃势争级取财与观望妒忌者，有如此血”。接着，戚继光进行军事部署，决定在第二天晚上采取军事行动，进剿牛田倭寇大营。戚继光知道有不少倭寇奸细在探听戚军虚实，就故意声言：“我兵远来，须养锐待时而动，非朝暮可计也。”倭寇信以为真，没有防备。当天晚上，戚家军从锦屏山出发，直奔杞店，杀死哨兵之后，把总王如龙奉命组织勇士朱珏等人越墙而入，打开寨门，然后四周放火，士兵奋力冲击。杞店倭寇没有准备，顷刻瓦解，除一小部分逃跑之外，其余全部就歼，偷袭成功。之后，戚继光把队伍撤回锦屏山休息，这时有探子来报，说发现一队倭寇朝锦屏山开来。戚继光认为这是倭寇前来偷营，便将计就计，不动声色地把部队撤出营地，在空营周围埋伏弓箭手、鸟铳手。五更时刻，七百多倭寇果然前来偷营，他们看到戚营毫无动

↑ 鸟铳的装填火药到发射过程

静，以为得手，迅步进入了伏击圈。于是，号声一响，弓箭、鸟铳齐发。一阵射击之后，伏兵奋起冲击。当倭寇知道中了埋伏时，戚家军已经掩杀过来，七百多倭寇死的死，降的降，全部被消灭。

戚家军乘胜直捣牛田，把总王如龙居中猛攻，接连打破牛田、上薛、闻读等地。这时戴冲霄带领的由仓下进剿的一路明军也赶到了，两军夹攻，倭寇一败而不可收拾，戚家军一直追到新塘。由于另一路扼守田原岭的明军防备不周，西林、木岭的一部分倭寇乘势逃窜到兴化。不过，这一战胜利是巨大的，几千名胁从分子（大多是沿海的中国海盗）投诚，六百多名倭寇被杀，救回被掳男妇近一千人。经过这次战斗，福清境内的倭寇基本肃清。戚继光率领部队回到福清城，福建巡抚游震得亲自带领百姓出城欢迎，沿途锣鼓喧天。戚家军抬着战利品，浩浩荡荡地进入福清县城。福清人民对戚继光感恩戴德，文人学士纷纷作诗写文颂扬戚家军。戚继光的威名和业绩，从此在福建广泛传布。

戚继光在福清并没有停留多久。他善于捕捉战机，乘胜进剿。在牛田战役之后，他又挥师南下，进剿兴化倭寇。当时兴化倭寇主要盘踞在林墩。九月中旬，戚家军偃旗息鼓，从间道进入兴化府城。当天晚上，戚家军就对林墩之敌采取行动。夜深，当第一道铃声响时，士兵们立即整装吃饭，当第二遍铃声响时，士兵已经聚集到武场上。他们轻装衔枚出城，向林墩进发。由于引路的向导通敌，把队伍引到西洪。由西洪到林墩，溪水纵横，尽是迂回小路，阵列不好摆开。但是戚家军已到林墩，没有其他选择，他们只有用士气和勇敢去战胜敌人。战斗开始后，倭寇尽管事先没有思想准备，却利用有利地形，进行顽抗。戚家军初攻不利，前哨官和几个战士当即牺牲。一部分倭寇利用熟悉地形绕道到戚家军阵后，前后夹击。戚家军被打个措手不及，后队数百人阵势动摇，纷纷退却。戚继光见状不妙，亲自堵住路口，杀掉退缩哨长刘武等十四人，士兵才又重新振作起来，奋力反击。经过一场短兵相接的肉搏战，敌人招架不住，开始溃退。戚家军乘胜冲杀，倭寇四散奔逃，被杀九百多人，一千多人落水淹死。当戚家军鸣金收兵时，天才刚亮。兴化百姓得知林墩倭寇已被剿灭，欢欣鼓舞，杀牛载酒，出城十余里迎接戚家军，准备隆重犒赏剿倭将士。但戚继光却谢绝了，他说：“士卒伤亡，我何忍受贺！”于是他身穿素服哭祭阵亡士卒，慰问阵亡士卒的家属。

戚家军入闽两个月，先后进行了横屿、牛田、林墩三次战役，给倭寇以沉重打击。十一月间，戚家军从福建班师回浙。这时严嵩已被罢官，浙督胡宗宪也被弹劾罢职。戚继光因军功被提升为副总兵，分守温、台、福（州）、兴、福（宁）等处。

福建的倭寇知道戚继光回浙，竞相庆贺说：“戚老虎去，吾又何惧！”他们重新集结，分四路进犯宁德、兴化、同安、南安、诏安等地，福建沿海又一次受到倭寇荼毒。嘉靖四十一年（1562年）冬，倭寇六千多人攻入兴化府城，占领两个月，奸淫烧杀，抢掠财物，无恶不作。自倭寇侵扰以来，攻陷府城还是第一次，明廷震动，任命抗倭名将俞大猷任福建总兵，调戚继光所部入闽会剿倭寇。为补充兵源，戚继光又从义乌一带招募一部分新兵，边行军边训练。嘉靖四十二年（1563年）二月，兴化的倭寇退出，驻扎在平海卫。新任福建总兵俞大猷，先于戚继光到达兴化，并和广东总兵刘显所部会合。俞大猷驻秀山，刘显驻明山，等待戚家军到来。五月十日，戚继光率兵来到兴化府东南的东亭，立即和俞大猷、刘显取得联系，十一日，福建巡抚谭纶也来到渚林，和戚、俞、刘共同安排作战计划，决定第二天发兵进剿，以戚家军为中路军，对敌人作正面进攻，刘显为左翼，俞大猷为右翼，分头进击。十二日深夜，戚继光命哨总胡守仁为前锋，自己督后，士兵在月光下衔枚前进，一直到黎明才开战。明军三路顺利合围，戚家军奋勇直前，进攻倭营；倭寇大队分道拥出，仓皇应战。戚家军用火器射击，敌军战马受惊，到处乱窜，戚家军奋勇掩杀，双方展开恶斗。俞、刘所部乘势进击，三路明军大破倭寇，攻下平海卫。残余的倭寇逃到许家大巢，明军把敌巢重重包围起来，采用火攻，倭寇或被烧死，或被杀死，狼狈逃窜者也落水而死，少有逃生的。这是戚继光第二次入闽后取得的第一次大胜利。

但是，倭寇在福建仍然有相当势力，加上旧倭和新倭结合，又纠集了数万人，在福清、兴化、泉州、漳州等地登陆，一次更大的倭患在福建沿海漫延。戚家军分成数支和倭寇作战，虽然接连获捷，但由于战线长，兵力分散，加上士兵连续作战得不到休息，又闹痢疾，部队伤亡过半。戚继光要浙、赣、粤三个邻省

↑ 明朝为防倭寇侵扰而在福建构筑的崇武城

派兵来援，各省出于地域观念，迟迟不肯发兵。在这种情况下，戚继光只好请求明廷给他以“统一浙福之责”，并给他以“节制调度之权”。与此同时，谭纶也上书，希望明廷对戚继光委以重任。嘉靖四十二年（1563年）冬，戚继光被升为总兵，镇守福建全省和浙江金华、温州二府兵事。

戚继光任总兵后，倭寇两万多人正在围攻仙游。戚继光立即统兵来救，他担心福宁倭寇乘戚军救仙游之时，偷袭省城，又派兵一支北上配合监军汪道昆守福州城。经过严密的部署之后，便集中力量救援仙游。仙游被围一月多，守城明军同心协力，挡住倭寇几次登城进攻。攻城的倭寇主要有四个大营，分扎在东、南、西、北四个城门之外。戚继光经过认真调查研究，决定先攻南巢，然后再扫荡西、北、东三巢。他以守备王如龙和代理守备胡守仁分别率中左和中右两路军进剿南巢，其他三巢也都派了牵制之兵。嘉靖四十三年（1564年）一月初九，倭寇正用吕公车攻城，此车高出城墙一丈多，每车可容一百余人，攻城时用车上特备飞桥搭在城墙上，可以通过飞桥上城。战事正紧张，仙游城处在危急之中，明军从东、南两路及时赶到。王如龙所部中左路直冲南巢，倭寇只好暂停攻城，布阵迎战。中右路配合中左路，一起猛攻。倭寇大败入巢，明军奋勇冲入，举火焚巢，很快就将南巢攻破。残敌逃入东巢。戚继光命令中右军进攻东巢，士兵奋力进剿，攻破东巢。与此同时，进攻南巢的中左路已挥军进剿西巢，并力破之。这样四巢之中便只有北巢未破，戚继光命部队再接再厉，攻陷北巢。仙游之围全解。

这次战役以少胜多，指挥得当，筹计周密，显示出戚继光优异的军事指挥才能。谭纶在上疏请赏仙游获捷之军时说，这个战役是“用寡击众，一呼而辄解重围；以正为奇，三战而悉收全捷”。他指出：“盖东南用兵以来，军威未有如此之震，军功未有如此之奇者。”对这个战役给予了很高的评价。

仙游解围之后，戚继光即挥师到闽南，在同安、漳浦等地大败倭寇，福建境内倭患暂平。

镇守蓟州

嘉靖四十五年（1566年）嘉靖皇帝朱厚熜去世，朱载垕继位，是为穆宗，改元隆庆。这时北方边患严重。在隆庆元年（1567年），俺答汗率鞑靼右翼进攻山西，而鞑靼左翼则入寇蓟州。明廷决定调抗倭名将谭纶和戚继光镇守长城一线，以消弭边患。十二月，戚继光动身北上，在他戎马生涯中揭开了新的一页。戚继光年轻时曾经五年在这里戍守，对这一地带很是熟悉。他知道调他来镇北，任务更重，但他还是下定决心要干出一番大事业。他曾经对他的朋友汪道昆说过，如果明廷允许，他可仿照义乌招兵，在北方边疆各县训练十万新军，只要三年时间，就可以训练出一支车、骑、步都非常精锐的部队。然后出击塞外，给鞑靼军以沉重的打击。戚继光充满信心，希望在北方做出一番轰轰烈烈的事业。正如抗倭名将俞大猷在《与戚南塘书》中所说的，戚继光来北方将“与千古之豪杰争品色”。

然而，事情并不那么顺利。戚继光到北京后，向朝廷上《清兵破虏四事疏》，希望明廷授权让他募兵和练兵。一些守旧老臣，却对戚继光的主张纷纷提出责难，甚至对他进行诽谤，结果他只被授以神机营副将，根本无从施展才干。第二年，由于蓟辽保定总督谭纶的极力推荐，明廷才任命戚继光节制蓟州、昌平、辽东、保定军务，权力相当于总督。他再次提出练兵计划，但仍未能实现，他只好在力所能及的范围内，采取一些加强边防的措施。首先，是在边墙修筑敌台。紧要地区数十步或一百步筑一台，较次要地区一百四五十步或两百步筑一台。台高一般三四丈，分为三层，中间虚空，四面有箭窗，上层有垛口。遇有敌人来攻，即举烽火报警。每个敌台可驻兵三至五十人，敌台下面还有驻屯军队，和台上守军互相配合。其次，在修筑敌台时，他又托老部下余杭参将胡守仁调募三千鸟铳手来蓟北听用，并加紧整顿哨所，进行练兵。

自戚继光来蓟州镇守以后，由于设备稳固，兵又精练，鞑靼没敢轻易来犯，形势比较平静。隆庆六年（1572年），征得明廷的同意，戚继光在汤泉举行一次大规模的军事检阅，兵部右侍郎汪道昆、蓟辽总督刘应节（谭纶此时已升兵部尚书）、顺天巡抚杨兆等官员都来观看，他们看到这次检阅行动迅速，战士“作战”勇敢，一切井井有条，都很满意。

万历元年（1573年），蒙古朵颜部酋长董狐狸和他的侄子长昂到明边墙附近骚扰、抢掠，被戚继光击败。三年后，长昂又和董狐狸逼长秃（董狐狸的弟弟）进攻明军阵地董家口关城，被戚继光所擒。为赎出长秃，董狐狸和长昂率部来降，经过谈判，双方重开互市，关系缓和下来。又过四年之后，即万历七年（1579年），在辽东的图们汗带兵四万进犯辽东镇，戚继光奉命率兵往援，在山海关外的狗儿河、石河墩和图们汗所部进行两次战斗，不但击败其部，还追赶数百里地才撤回蓟州。

戚继光在塞上的十多年间，除了勤于边事之外，还根据他在北方练兵和对鞑靼作战的实践经验，写成一部新的军事著作《练兵实纪》。北方边事，在戚继光镇守以前常不安宁，虽曾屡换大将，但一直没能阻止鞑靼的骚扰。戚继光镇守蓟州一带之后，北部的边境才逐渐安定下来。戚继光因守边有功，官升至太子太保、左都督，在援辽东一战之后，又加封太子少保。经

← 戚继光佩刀

过几十年的戎马生活，这位饱经战场烽火的老将，已是鬓发苍苍。他回首往事，犹存雄心未已的豪壮气概，但是看到自己年事已高，又不免感慨万千。他在一首《登盘山绝顶》中这样写道：

霜角一声草木衰，云头对起石门开。
朔风边酒不成醉，落叶归鸦无数来。
但使雕戈销杀气，未妨白发老边才。
勒名峰上吾谁与？故李将军舞剑台。

难以告慰的晚年

确实，正如有些著作里所说的，在明代的名将里，戚继光算是幸运的。在任期间，直接上司胡宗宪、谭纶、刘应节、梁梦龙等都很支持他，而朝中执政的徐阶、高拱、张居正也对他很信任。尽管戚继光还不能按照自己的愿望来施展抱负，但不论剿倭和镇北都做出了重要的成绩。可是到了晚年，他的生活历程却日渐坎坷。

万历十年（1582年），首辅大臣张居正去世。一些因循的朝臣在张居正任内受到贬抑，这时纷纷起来攻击张居正。有些居心叵测的人也借机攻击戚继光。此时，戚继光有一个部将叫杨四畏，企图取代戚继光的官职，便到处散布流言蜚语。在这种情况下，有人上疏说戚继光“先在闽浙，战多克捷；今来蓟镇未效功能，乞改南，以便其材”。明廷就根据这种似是而非的理由，于万历十一年（1583年）改派戚继光去镇守广东。这个调任，对一贯忠于职守的老将戚继光来说并不是什么意外，但毕竟是一个严重的打击。因为当时广东沿海倭乱已平，实无太多事情好干。但他只好从命，告别了共处十多年的蓟州父老军民。

在到广东就任的途中，戚继光回到阔别多年的老家。对故乡的眷恋和对前程的忧虑，使得这位老英雄萌发了退居林泉的念头。这时，他写下了这样的诗句：

“日月不知双鬓改，乾坤尚许留此身。从今复起乡关梦，一片云飞天际头。”（《放舟蓬莱阁下》）这年夏天，戚继光来到广东。广东局势比较平静，倭寇早已不敢大举进犯，他实在是没有多少事情可做。万历十三年（1585年）春，因为久劳成疾，肺病复发，他再度上书请退，明廷终于批准了他的要求。

戚继光抱着一种“兔死狗烹，鸟尽弓藏”的心情回到了故乡。他的心情很不好，有时也发发牢骚。在最后的年月，他只好用修立家庙、整理公文函牍、捐修蓬莱阁这些琐事，来排遣自己的寂寞。万历十五年（1587年），戚继光病死于老家，这位驰骋南北，为明廷立下不朽战功的老将，就这样默默地离开人世。明廷疏远他，但在他征战过的地方，百姓却为他立庙祭祀，世代怀念他。

戚继光一生中重要的军事著作《纪效新书》和《练兵实纪》是明代的重要军事著作，而他自己的诗著则收集在《止止堂集》中，这些著作都成为中华民族重要历史遗产的一部分，也是研究戚继光的重要资料。

苏双碧

作者苏双碧，毕业于北京大学历史系。《求是》杂志副总编辑、编审。兼任中国史学学会理事、中国孔子基金会理事、北京太平天国历史研究会会长、中国纪实文学研究会副会长等。出版著作32种，主要有《吴晗传》（合著，获“东方杯”纪实文学奖，增订本获华东地区图书一等奖）、《洪秀全传》、《洪秀全》（获国家图书奖）、《太平天国史综论》（获国家图书奖）等。主编或参与主编《中国史学家评传》、《建国以来中国近代史若干问题讨论举要》等。获国务院颁发政府特殊津贴。

抗清名将

袁崇焕

袁崇焕个人小档案

姓名：袁崇焕

字：自如、元素

尊称：袁督师

所处时代：明末

生卒年：1584—1630年

官职：兵部尚书兼右副都御史

出生地：广东东莞

辅佐君王：明熹宗、明思宗

军事成就：宁远大捷、宁锦大捷、京城保卫战

轶事典故：单骑阅塞、计斩岛帅

谥号：襄愍

最得意：宁远大捷

最失意：被诬通敌谋逆

袁崇焕

在广西东部，有个美丽的藤县，滔滔东去的西江与自北而下的蒙江在这里汇合。从县城溯清澈的蒙江而上几十里，就到了太平乡的白马圩。在这里，四百年前诞生了一位叱咤于明末辽东战场的民族英雄、杰出的军事家——袁崇焕。

初露锋芒

袁崇焕，生于明万历十二年（1584年），卒于崇祯三年（1630年），字自如，又字元素，祖籍广东东莞市。祖父袁西堂经商西迁，定居于蒙江岸边的白马圩。父亲袁子鹏，生三子，长崇灿，次崇焕，季崇煜。袁崇焕自幼勤奋学习，好谈兵事。他生就一副热心肠，喜欢结交朋友。十四岁时应藤县试，补弟子员。万历三十四年（1606年），他赴乡试来到桂林，在瞻仰独秀山雄姿时，曾吟诗曰：

玉笋瑶簪里，兹山独出群。
南天撑一柱，其上有青云。

即有作“南天一柱”，报效国家的青云之志。

在袁崇焕生活的明朝末年，国事确有可虞。世代繁衍生息在辽东苏克素浒河流域的建州女真部，这时，在其领袖努尔哈赤的领导下正在崛起。努尔哈赤是女真首领猛哥帖木儿的后裔，其祖、父都被明辽东总兵李成梁所杀。努尔哈赤为了洗雪杀祖戕父之仇，反抗明王朝分而治之的民族压迫政策，于万历十一年（1583年），以“遗甲十三副”起兵，攻打明廷扶植的建州女真苏克素浒部的首领尼堪外兰。继而挥戈董鄂部、浑河部、哲陈部、完颜部，到万历十六年（1588年），斩杀了世仇尼堪外兰，完成了建州女真的统一，称王于费阿拉。

接着，努尔哈赤挥师哈达、辉发、乌拉、叶赫诸部，于万历四十七年（1619年）统一了海西女真；并以“征抚并用，以抚为主”的政策收服了“野人”女真。至此，生活在东北广袤地域上的女真民族摆脱了多年分裂割据相互倾轧的局面，统一在努尔哈赤的旗帜之下。

努尔哈赤不仅是杰出的军事家，同时又是一位杰出的政治家。他创建了八旗制度，使原来各自为政、松散如沙的女真各部，形成有严密组织，兵民合一，军政合一的整体，极大地增强了战斗力。他还主持创制老满文，发展生产，立法治民……仅仅三十年，女真民族从分散、落后的奴隶制社会迅速迈进到封建社会，成为能与明王朝抗衡逐鹿的一支强大的武装力量。万历四十四年（1616年），努尔哈赤称汗于赫图阿拉，建元天命，国号曰金，即史称的“后金”。

万历四十六年（1618年），努尔哈赤自觉羽翼业已丰满，即将八旗锋芒指向明王朝。四月十三日，他以“七大恨”告天，誓师起兵，接连轻取抚顺、清河，公开打出叛明的旗号。

然而与此同时，貌似庞大的明王朝却无可挽救地一天天衰败下去。最高统治者神宗朱翊钧，在位长达四十八年，成为明代在位最久的君主。然而他的荒怠，他的贪婪，也开创了历史的纪录。

从万历二十年（1592年）起，神宗就不视朝政，不祭郊庙。朝臣空缺而未补，内阁只叶向高一人，六卿中赵焕兼领吏、兵二部。都察院长达八年无正官，十三道皆以一人领数职。在外巡按常任职十余年而无人替换，郡守空缺达十分之三。万历四十七年（1619年），边警告急，大学士方从哲率群臣伏文华门外，请皇上阅视奏章，增兵发饷，终不被理睬。两个月后，方从哲再求神宗召见廷臣，面商战守方略。吏部尚书赵焕又率诸臣伏文华门，坚请皇上临朝议政，可是又白白地等了一整天。赵焕气愤地上疏说：“有朝一日敌人铁骑临郊，陛下能藏在深宫里，称病退敌吗？”

↑ 《饥民图说》 刑科右给事中杨东明编绘

国家大事可以一二十年不闻不问，搜刮挥霍民脂民膏却不曾有一日停止。从万历二十四年（1596年）始兴矿税，太监陈增、梁永、陈奉、高淮等穷凶极恶、横征暴敛，杀人莫敢问，天下生灵涂炭。各地灾祸频仍，而京师兴修不止。神宗之爱子常洵封于洛阳称福王，其婚费即达三十万两，营建洛阳邸第又二十八万两，十倍于常制。这已经侵占了九边军饷。神宗更提出福王就藩需庄田二十万顷，中州沃土不够，以山东、湖广补足，同时又赐以四川盐榷茶银及淮盐一千三百引，进一步鲸吞了国家岁入，边饷自此更是日绌一日。因此，于万历四十六年（1618年）至四十八年（1620年）连续加派天下田赋. 称之为“辽饷”，共增九厘，总计白银五百二十万两，百姓卖儿鬻女，怨声载道。

天子荒怠贪婪，群臣文嬉武恬，辽东边防兵不练，饷不核，更是千疮百孔。自丧失抚顺、清河之后，明廷调集四方大兵，以兵部侍郎杨镐为辽东经略，以总兵刘綎、李如柏、杜松、马林分东南西北四路，领兵二十万，加之叶赫、朝鲜援军数万，号称四十七万。明军于万历四十七年（1619年）二月誓师辽阳，企图合围赫图阿拉，犁庭扫穴，彻底摧毁后金势力。然而明军兵力分散，人生地疏，各路将领中杜松轻敌冒进，马林临阵先逃，刘𬘩误中埋伏，李如柏闻风鼠窜，数十万大军仅仅一个月间便丢盔卸甲，一败涂地。萨尔浒战役充分暴露了明军的腐败，也给明朝一切有识之士敲响了警钟。

就在这一年，三十五岁的袁崇焕第二次进京会试，考中进士第三甲第四十名。袁崇焕踌躇满志，兴奋地赋诗曰：

战罢文场笔阵收，客途不觉遇中秋。
月明银汉三千里，歌碎金风十二楼。
竹叶喜添豪士志，桂花香插少年头。
嫦娥必定知人意，不钥蟾宫任我游。

踏入仕途的袁崇焕最初在工部任职，不久便授福建省邵武县知县。他为官清廉，明于决案，尽心民事，申雪冤屈。有一次发生火灾，他亲自上房救火，矫捷有力，如履平地，受到百姓的尊敬和爱戴。

东北边防接连告紧，袁崇焕身在南国，也不得不忧。他结识了一些曾经卫戍过辽东的老校退卒，日日和他们谈论塞上的地理人情。他自认为有领兵打仗的才能，向往着有朝一日投笔从戎，立功于千里之外。

万历四十八年（1620年）七月，明神宗驾崩，短命的光宗才做了一个月皇帝也死了，年幼的朱由校被扶上皇位，称为熹宗，改元天启。后金努尔哈赤趁明朝易主之隙，连连发动攻势。天启元年（1621年）三月，迭克名城沈阳、辽阳，经略袁应泰自焚而死。第二年正月，又破西平、取广宁，辽抚王化贞落荒而逃，与经略熊廷弼一起撤入山海关。自此关外尽失，明廷朝野惶惶。

这时，袁崇焕正在京城履行例行的官吏考核，成绩优等。御史侯恂慧眼识英雄，上疏说："广宁不守则山海关震撼，山海关不固则京师动摇。现在保卫山海关，就是保卫京师的门户，戡祸定乱必须借助于谋臣猛将。目前在京朝觐的邵武知县袁崇焕，英风伟略，不妨破格留用。”于是袁崇焕被授予兵部职方司主事。这一年他正值三十八岁。

监军关外

然而一心渴望着立功封疆的袁崇焕，对兵部这一远离前线的职务仍觉不合心意。上任不久，他未经请示上司，又没告诉家人，即单骑出阅关内外，察看地理人情。回京后，便声言：“只要给我军马钱粮，我一人就能扼守山海关！”在明军连告败绩，官吏们谈虎色变，榆关唯恐难保的时刻，袁崇焕的这番言行确实需要有非凡的胆识和勇气。但是他过于自信，有时言过其实，这也是他一个很大的缺点。

天启二年（1622年）二月，兵部给事中蔡思允上疏曰：“山海一关，只有残兵五万，皆敝衣垢面，一带城垣，低薄塌圮。溃卒、难民聚集此如斗之城，互煽互惊，立见乌合兽散之势。”为了整顿榆关防务，他说：“访得原任辽东兵备阎鸣泰、新升兵部主事袁崇焕，皆饶有才略，宜勒令分任榆关。”圣旨一下，于是袁崇焕升任山东按察司佥事，山海监军。

↑ 山海关

从偏僻八闽之区的七品知县，未经两个月，即升为五品佥事，这一提拔确属破格，但更令袁崇焕兴奋的是，他那马革裹尸、燕然勒名的壮志能够得以实现了。他在《擢佥事监军奏方略疏》中，对朝廷保证道：“誓不以身蒙速进之耻”，“不但巩固山海，即已失之封疆，行将复之。”他自诩说：“谋定而战，臣有微长也。”

辞朝出关之前，袁崇焕谒见了前辽东经略熊廷弼。熊廷弼曾于万历三十六年（1608年）巡按辽东，杨镐丧师后又出任经略。他有胆知兵，主张防边以守为上。他督军士们修造战车，练治火器，浚壕缮城，分置士马，祭死恤伤，曾使战局一度转危为安，深受辽民爱戴。但由于逆党弹劾，于天启元年（1621年）罢去。袁应泰失沈阳后，熊廷弼再任经略，又因手握重兵的辽抚王化贞不听调度，先是贸然出击而后仓皇逃窜，以致尽失关外土地。这时熊廷弼正在京师听候处置。袁崇焕特意登门求教，熊廷弼问道：“操何策以往？”袁崇焕回答：“主守而后战。”二人不谋而合，熊廷弼很高兴，将从辽东到宣府一带的关壑隘口画成地图，标明戍守重点及注意事项。二人斟酌商讨战守机宜，谈得十分投机，直至日暮方散。

继熊廷弼之后任辽东经略的是原兵部侍郎王在晋。袁崇焕一出关就烧了三把火，公开申明“我不惜命”，深得王在晋的倚重。第一把火：由于军令不严，一部分兵士酝酿结阵而逃，王在晋令袁崇焕查问，他亲自追截，立斩数人乃定。第二把火：当时明军仅驻榆关，前屯城郭不完，居舍未备，粮糗告绌，甲仗全无，十分艰难。王在晋令袁崇焕赴前屯安置辽之难民。他夜行荆棘虎豹中，四更入城，将士莫不壮其胆。他还主动要求领兵镇守前屯卫。第三把火：天启二年（1622年）八月，蒙古察哈尔部首领就款，阎鸣泰与袁崇焕受命出关歃盟，出色地完成了任务。王在晋对他的评价是：“胆魄称雄”“志力并矫”，且“澡涤之襟”“光明之心”“迥迥逸群”“职心重之爱之”。

但是，袁崇焕对于王在晋这位只求守关、不图恢复的上级却十分不以为然，在两件事上与王在晋公开争执起来。

其一是援救十三山难民。自明军广宁溃败，后金大掠辽西，奸淫烧杀，义州人民奋起反抗，义侠杨三、毕麻子聚众数万于十三山，虽遭围困，但誓不投降。他们多次派人到关内求援，而王在晋却置若罔闻。袁崇焕对此极为不满，他要求带兵五千，出戍榆关以东二百里之宁远城，策应十三山义民，进而派兵援救。王在晋终不理睬，十三山遂陷，逃归者仅六千余人。

其二是议筑关外重镇。当时熊廷弼、王化贞撤兵入关，后金并未尾随，关外唯有蒙古部驻牧。诸将遂议关外筑一重镇，以护关门。王在晋胆小朒缩，欲定此镇于距关门仅八里远之八里铺，并得到逃将邢慎言等人的支持。袁崇焕等人坚决反对，提出应筑城宁远。王在晋不听，袁崇焕等即接连两次报告当时的首辅叶向高。叶向高闻后说："这不能凭想当然做决定。"这时同为阁臣的孙承宗便要求出关阅视，相机而行。

孙承宗，字稚绳，万历三十二年（1604年）考中进士。天启初曾充当熹宗的讲官。广宁溃败后，擢为兵部尚书兼东阁大学士。孙承宗亲自勘察了关外的山川关隘，驳斥了筑镇八里铺的种种理由，支持了袁崇焕等人的主张。他回朝后力奏王在晋不足任，并自请出关督师。天启二年（1622年）八月，熹宗命孙承宗督理山海关及蓟、辽等处军务。于是便开创了辽西战线的大好局面。

孙承宗清正廉洁，满腹韬略，他在任督师的四年里，大刀阔斧地整顿了关外防务。他汰冗兵逃将，招募辽人操练为兵；广开屯种，减少天下转运之苦；营筑宁远，节节东进收复失地。后金蛰伏不敢贸然西向。这期间孙承宗一方面放手使用袁崇焕，常委以重任，使其聪明才智得到了充分的发挥，一方面又常常帮助指导他。用孙承宗的话来说就是："崇焕英发贴实，绰有担当"，"臣取其志，尚欲练其气。"

天启三年（1623年）九月，孙承宗命袁崇焕偕满桂前往宁远，督促祖大寿筑城。宁远（即今辽宁兴城）距关两百里，进可攻退可守。背靠首山，面临大海，中扼大路。觉华岛峙立海中，与之如左右腋，得展明军之用水，亦能充海路运输之中转。真是天设重关以护神京。守关不可不守宁远，东进不可不进宁远。袁崇焕着眼于百年大计，制定了筑城的规格：城高三丈二尺，雉高六尺，墙基宽三丈。苦心经营一年乃成，宁远遂成为辽西防线中坚。史载：袁崇焕勤于职守，誓与城共存亡，又善于团结将士，将士乐为其尽力，加上满桂的辅佐，宁远城百姓安居，商旅繁忙，远近视之为乐土。袁崇焕积极备战，他曾夸口说："我在宁远，长安可高枕而卧也。"

这期间，袁崇焕结识了祖大寿。祖大寿世居辽东，系名将祖逖之后，勇悍于军。孙承宗决守宁远，先遣祖大寿筑城。他度明军未必有坚守之心，进展缓慢，质量低劣。孙承宗欲斩之，赖袁崇焕力救而免，遂成为袁崇焕最得力的心腹之一。

天启四年（1624年）九月，袁崇焕偕同大将马世龙等率水陆马步军一万两千人东巡广宁。这是明军经过两年操练，业已众志成城的一次战略行动，虽然未与后金合马交锋，但锻炼了胆志，摸清了大凌河、三岔河（今辽河）以及海州（今辽宁海城）、盖州一带的水陆机宜，兵马虚实，为恢复辽西乃至辽东失地作了准备。东巡期间，袁崇焕建议重建锦州、右屯诸防卫。翌年夏，孙承宗接受了他的主张，派兵遣将分赴锦州、右屯及大小凌河诸战略要地，修缮城郭，练兵屯粮。于是明军的边防从宁远又向前推进了两百里，天启初年的失地已尽数恢复。

然而这时的明廷内部，以魏忠贤为首的阉党与东林党之间的矛盾空前激化。熹宗热衷于引绳削墨，做木匠活，大权旁落于魏忠贤。魏忠贤等的倒行逆施，激起了东林党一派正直官吏的不满。天启四年（1624年）九月，左副都御史杨涟首劾魏二十四大罪，左光斗等东林志士群起响应。魏忠贤大兴党狱，将杨、左诸君相继迫害致死，其他东林重臣赵南星、高攀龙、韩爌、叶向高等亦纷纷罢去，于是阉党横行宫闱，炙手可热。孙承宗也是东林干将之一，魏忠贤等早就视其为眼中钉。在前线的粮饷、器械等供应上曾多方掣肘。天启五年（1625年）九月，孙承宗麾下大将马世龙贸然出师，遭到一次小小的挫折，阉党便抓住不放，交章论劾，迫使孙承宗不得不解甲归田。

袁崇焕虽未列名东林榜内，但在其座主韩爌、提拔他重用他的侯恂以及孙承宗的影响下，又目睹了阉党种种祸国殃民的罪行，他的同情是在东林一方的。天启四年（1624年）秋，朝廷大兴党狱之时，袁崇焕正值东巡，他写道："边衅久开终是定，室戈方操几时休。"流露出"战守逶迤不自由"的苦闷，表达了对朝中党派争斗的担忧。孙承宗的挂冠归去，对袁崇焕等几年来奔走风霜，驰驱险隘的边将无疑都是极大的打击。是年秋，袁崇焕父丧丁忧。他曾三次上疏乞求给假襄葬守制都未获准。此时，他再乞回乡，表示出对阉党的不满。

两战奏捷

孙承宗告归之后，魏忠贤党羽高弟出任辽东经略。他比王在晋还怕死，坚持关外必不可守，下令从锦州、右屯以及榆关以东所有的城堡撤防，移关外将士统统入关。袁崇焕对此坚决反对，他进谏说：“诸城已复，怎能轻撤？锦、右动摇则宁、前震惊，关门也失去保障。现在只须择良将守土，必无他虑。”高弟不听，于是崇焕斩钉截铁地说：“我是宁前守将，当与宁远共存亡。如撤宁远守军入关，我绝不入，独卧孤城以当后金！”高弟无奈，乃撤宁远以东的兵民入关，丢弃了军粮马料十余万石，死亡载途，军威丧尽。

后金努尔哈赤见明军经略易人，高弟仓皇退去，只留宁远一座孤城，两万孤军，认为伐明时机成熟。天启六年（1626年）正月，努尔哈赤亲率八旗健卒十三万杀向辽西，将宁远围得水泄不通。

↑ 《满洲实录·太祖率兵攻宁远》

袁崇焕早已探明后金动向，积极做好各项战前准备。一是坚壁清野，分兵把守。他令城外几处守军撤回，尽焚城外民舍。城西南五里龙官寺原为屯粮之地，此时将好米运走，烂米烧毁。命满桂、祖大寿等分守四门，各负其责。二是战前动员，赏罚分明。袁崇焕歃血为誓，向全军申明："我誓与城共存亡，望将士与本官共存亡。"他亲自椎牛、杀马慰劳将士。袁崇焕还将城中全部库存白银置于城上，声言："有能打退敌兵，不避艰险者，当即赏银一锭。如临阵退缩，则立斩于军前。"他还通知前屯及山海关守将，不准放过一个逃兵入关。三是察捕奸细，全民参战。袁崇焕命人沿街巡逻，不放过一个可疑之人。命通判金启倧编派民夫，供给将士饮食。四是启用大炮，准备火器。城中存有仿西洋新造的所谓"红夷大炮"，从未用过，此时也架上城头。各类火器一应准备齐全，金启倧还将火药匀筛于席或被子上卷起，实战时抛至城下，射火药引燃，号称"万人敌"，专治城根大炮死角之敌。

待森严壁垒，一切准备就绪之后，袁崇焕命城中偃旗息鼓，静若无人。二十四日，袁崇焕与朝鲜使者同坐战楼，谈古论今，颇有诸葛武侯的儒将风度。忽然一声炮响，后金开始攻城，八旗兵丁漫山遍野而来，先扑西南城角，再攻南城，万箭上城如雨。八旗兵把裹着生牛皮的战车推到城根，车中健卒奋力凿城穿穴，竟凿开两丈宽的大洞三四处，城墙险些堕倒。袁崇焕亲自挑石堵口，不幸受伤。将士们劝他养伤，他说："苟且偷生，活着有什么意思！"扯下战袍，包扎好伤口，继续挑石。将士们个个争先，堵住缺口。他们从城堞间推出数个大木柜，一半在城头上，一半露在外，甲士们藏在柜中，将柴草、棉花、黍秸浇上油脂，点燃投下，加上金启倧的"万人敌"，使后金损失惨重。对远处敌人，崇焕命发"红夷大炮"。炮一发，只见数里之外敌人狂奔不止，上百人毙命。双方鏖战直至深夜二更，后金方才退兵。袁崇焕又选健丁五十名，从城头坠下，将遗弃在城下的钩梯、战车全部焚毁。

第二天，八旗兵继续攻城，又被打退。两天中损失兵丁近千，头目数人，连努尔哈赤也受了伤。努尔哈赤自二十五岁征伐以来，战无不胜，攻无不克，唯有宁远一城不下，只得悻悻而归，不久便去世了。

↑ 八旗军旗和甲胄

明军方面也伤亡惨重，后金兵攻城不下便踏冰席卷觉华岛，岛上数万军民全部遇难，船只粮刍亦尽被焚毁。金启倧也在守城时误被火药烧死。但是，经过这一场恶战之后，宁远城仍岿然屹立，后金“辫子兵”不可战胜的神话终于被打破了，朝廷内外为之欢欣鼓舞，袁崇焕一举成为中外瞩目的名将。

宁远之战以后，高弟革职，改王之臣任经略，袁崇焕因功升为辽东巡抚。不久，朝廷又召回王之臣，停经略不设，以关内外防务尽属袁崇焕。袁崇焕为了休整军队，修葺城垣，便趁为努尔哈赤吊丧之机，派使者、喇嘛赴沈阳和谈。后金方面努尔哈赤之四子皇太极接任后金汗。他为了巩固自己的地位，调整皇族内部的关系，也需要一段时间的休战。于是明与后金进行了一年左右的谈判。然而双方实力相当，立场各异，对和谈都没有诚意，都在利用这段时间积极备战。

后金对宁远一挫，始终耿耿于怀。他们丢弃了威力不大的攻城器具，新造一种板厚二寸，外裹皮革的战车，同时拆毁房屋，制作舟楫。妇女日日磨砺箭头、甲叶。男丁专门休整操练，喂马等活儿都由妇女们干，全民都处于战前准备之中。但是，对于明军凭坚城用大炮一着，皇太极还没有有效的对策，战略上未有新的突破。

这一期间，袁崇焕认真总结了明与后金交锋中数年屡败和宁远一胜的经验教训，集中了前任统帅熊廷弼、孙承宗等人及广大将士的聪明智慧，提出了一系列正确的作战思想。比如，在兵员和粮饷上实行用辽人守辽土，以辽土养辽人的方针；在战略上，守关外以捍关内，抚西（蒙古诸部）以拒东（后金）；在战术上主张坚壁清野，乘间击惰，且守且战、且筑且屯，凭坚城用大炮，以守为主；等等。他在《条陈东西情况疏》《辽事治标治本疏》《辽地屯田疏》《酌度主客军兵疏》《凭坚城用大炮疏》等奏折中对上述战略战术都进行了系统精详的论述。

在正确的战略战术的指导下，辽西明军的各项战备搞得积极而有条不紊。

第一，修葺城垣。袁崇焕督派专事修筑的“班军”，陆续重修了山海关、前屯、中后、中右以及松山等地扼要城池。天启六年（1626年）十二月，四城鼎新，重关累塞。第二年四月，锦州、中左、大凌三城又相继动工，且调红夷大炮入锦州。为固军民必胜之心，袁崇焕还将母亲、妻子接往前沿。

第二，款抚西部。袁崇焕多次派人与蒙古察哈尔等部联络，并亲自会见、赏赐该部头领。他嘱咐各部不要单独与后金野战交锋，而应与明军声势相倚，配合作战。双方建立了互信互利的同盟关系。

第三，编练辽兵。袁崇焕向朝廷建议将内地客兵逐步调回，而招募辽民中志愿保家卫国之勇士入伍，关外定员共六万人，既减少了兵员的人数，又提高了军队的素质。军中分为战兵与守兵。战兵有步营、骑营、水营、火营等，守兵有屯守、马援、台烽。职责明确，奖惩有致。袁崇焕奏请关外只设两总兵，一驻前屯为后劲，一驻宁远为前锋。然后更迭向前，以前屯挺进锦州，又改后劲为前锋。这就叫作战则一城援一城，守则一节顶一节。他千方百计地多备火器，添买马匹，筹粮措饷，进一步提高了这支以辽人为主体的军队的战斗力。

第四，计开屯田。为了赢得这场持久战争的最后胜利，袁崇焕积极筹划屯田，天启六年（1626年）十一月，他奏请皇上预支明年军粮折色十万两白银，购备耕牛、农具，待来春在锦、宁一带广开屯种，以资军需。可惜这一建议被朝廷否决了，因此屯种未能大举，只在小范围零星地进行。

天启七年（1627年）正月，正当关外明军力筑金汤之际，后金汗皇太极命大贝勒阿敏等统大军往征朝鲜，以解对明战争的后顾之忧。明廷得信后，屡促袁崇焕遣师援救。轻出捣巢，人地两疏，这是违背袁崇焕以守为主的方针的。但无奈朝廷三令五申，袁崇焕遂派连珠三营，以总兵赵率教、左辅率领逼进三岔河；又命山海关总兵满桂简精骑三千，进驻前屯、宁远策应；别遣水军一支直发三岔河，期以水陆夹击，挫后金征朝鲜之志。没料到朝鲜不支，牵制之师未抵三岔而东征之八旗已奏捷班师了。

朝鲜既服，后金解除了两面作战之忧，出师大捷又巩固了皇太极的宝座，于是于天启七年（1627年）五月初六日，皇太极仅留二贝勒居守沈阳，倾巢而征明。明方锦州刚刚修缮完毕，总兵赵率教以三万兵镇守。大凌城未完，守兵闻敌弃城而撤。十一日，后金大军围锦州。十二日午刻攻城，西面城垣眼看将破，其他三面守兵及时来援，滚木礌石、箭矢大炮齐发。后金无奈，只好鸣锣退五里而营，皇太极遣人飞驰沈阳再调援兵。

锦州被兵，和谈彻底破裂。明廷张皇失措，急命袁崇焕发兵援锦。袁崇焕清醒地看到，宁远系山海关屏障，很可能就是后金的第二个目标，绝不能倾城东援而舍宁。他命尤世禄、祖大寿率四千精兵抄道敌后击之，命舟师一旅东出牵制，又令王喇嘛召蒙古察哈尔部从北入援，自己坐守宁远以待敌。他又奏请朝廷调蓟镇、保定、昌平、宣府、大同各路守军趋山海关支援。

果不出崇焕所料，皇太极见锦州难下，就留下一军围城，于五月二十七日亲率主力进薄宁远。此时宁远城头的大炮早就严阵以待，总兵满桂列阵于城南，尤世禄、祖大寿援锦之兵也回师安营城外，构成犄角。二十八日，皇太极率大军逼临城下，正欲挥师交战，三大贝勒劝他不要轻举。皇太极大怒，说：“前日皇父太祖攻宁远未克，这次攻锦州又未克，像这样野战之兵尚不能胜，还怎么张我国威？”说罢亲率近卫护军疾驰进击，诸贝勒督大军随后。明军骑兵不当，步兵亦败，袁崇焕凭堞大呼，指挥城上大炮迭发，城下满桂身中数箭，仍奋勇杀敌。一场恶战，双方死伤都很惨重，但宁

↑ 皇太极调兵信牌

远城仍岿然不动。

两天后，皇太极又回师锦州，数万兵勇齐扑南城，从清早一直战到傍晚，无奈锦州壕深炮猛，死伤两三千人，仍未破城。这时正值暑热，北人不适，斗志大减。六月初五日，皇太极命毁大、小凌河二城，班师东去。一场搏杀于宁远、锦州的苦战终于以明军的胜利而告结束，史称宁锦大捷。

督师辽东

宁锦之战打胜了，紫禁宫里封官赏爵，弹冠相庆，然而功劳最大的前线指挥员袁崇焕却没得到应有的升赏。魏忠贤权倾庙堂，朝廷腐败而又昏庸，他们看不到明军在和谈中争取到了重建锦州防务的最宝贵的时间，愚蠢地认为宁锦被兵即是和谈的失策。这些纸上谈兵的阉党分子纷纷弹劾袁崇焕“假吊修款，设策太奇”，又“不救锦州，暮气难鼓”。天启七年（1627年）七月，袁崇焕只得告病乞休，握别了同生死共患难的战友，卸职回籍了。

“功名劳十载，心迹渐已违。忍说还山是，难言出塞非。”南还路上，袁崇焕百感交集，当年请缨出塞，何等壮心？六载奔波，一生危险，敌战于外，谗构于中，到头来落得这般下场，实在寒彻壮士之心。

袁崇焕归游东莞老家时，募修罗浮诸名胜，撰写三界庙诗文，大有超脱尘世，遁入空门之念。

可是就在这时，明廷政局发生了巨大的变化。天启七年（1627年）八月，熹宗驾崩，其弟朱由检即位，改元崇祯。血气方刚的朱由检机智果断地清除魏忠贤及其党羽，起复东林诸君入阁。崇祯元年（1628年）二月，命袁崇焕为兵部尚书兼右副都御史，总督蓟、辽、天津、登莱等处军务，驻关门，催促袁崇焕即刻起家，星驰入京，赴平台召对。

“耳边金鼓梦犹惊，又荷丹书圣主情。草野喜逢新雨露，河山重忆旧功名。”崇祯皇帝的破格起用，重新燃起袁崇焕心中报国保民之火。朋友们为他饯别咏诗，预祝他早奏战功。

崇祯元年（1628年）七月十四，思宗由检召见袁崇焕，嘱其早日克敌，以纾四海苍生之困，解天下倒悬之苦。袁崇焕为皇上拊髀宵旰的精神所感动，头脑一热，承诺了一个考虑不周的保证：五年之内，东事可平，全辽可复。思宗闻之大喜。兵科给事中许誉卿问袁崇焕五年如何恢复全辽？他回答说："圣心焦劳，聊以是相慰耳！"许誉卿提醒他说："上英明，安可漫对！异日按期责效，奈何？"于是袁崇焕又对思宗提出，钱粮、器马、任人、调兵"须中外事事相应，方克有济"。思宗谕户部、工部、吏部、兵部事事照办，并立授尚方宝剑，专一事权。

袁崇焕于天启七年（1627年）七月归里，崇祯元年（1628年）七月复职，相隔整整一年。然而关内外敌我友三方形势却急剧逆转。

首先明军方面。袁崇焕离职，辽东将士为之气夺，继任督抚调度乖张，锦州等城不战而弃。一年来，积欠饷银达七十四万金，军粮四月不发。将吏贪冒，兵士屡变。崇祯元年（1628年）七月，宁远兵哗，绑架了巡抚毕自肃、总兵官朱梅，接着锦州又发生哗变。缺粮断饷，军心涣散，更谈不上有什么战斗力。

关门一线如此，蓟门一线（包括龙井关、大安口、蓟州、遵化等）更不待言。长期以来，依仗蒙古部护边，蓟镇城垣颓堕，兵少，饷缺。遵化、蓟镇相继发生兵变，巡抚王应豸被执身死。防守形同虚设，不堪一击。

其次是后金方面。皇太极即位以来，重视调整满汉关系，逐步改变了天命年间将汉兵、汉民沦为满人奴隶的政策，对归降的汉人不杀不辱，分配土地，妥善安置。放宽了努尔哈赤制订的汉人逃亡统统处死的"逃人法"。他还严肃立法，对劫掠降民财物，草菅降民性命的满人给予重罚。皇太极启用汉族文人，参照汉制设立国家各级机构，学习汉族统治经验，要求臣下凡事都照《大明会典》去办，改变了他父亲单纯依靠马上打天下的做法。这一切都加速了后金社会的封建化，缓和了满汉之间的矛盾，巩固了政权，发展了经济，增强了八旗兵的战斗力。

最后是蒙古方面。天启末年，袁崇焕实行款西拒东的方针，蒙古各部与明军配合得较好。自他去职，明军失去得力的将领，与蒙古各部的联络中断。蒙古内部也彼此倾轧，其中较强的察哈尔部用兵于素有仇隙的喀喇沁等部，同时为了躲避后金的压力，倾巢西向，并在宣、大地区骚扰。宣、大明军诱杀了察哈尔部使者，崇祯登基伊始又革除了蒙古各部的赏额。因而明廷与察哈尔部剑拔弩张。而喀喇沁等部因受察哈尔部的欺凌，又相继投靠后金皇太极。于是蓟门一线藩篱尽撤，京师北面的门户暴露无余。

总之，袁崇焕再次督师辽东时，形势是异常严峻的。

崇祯元年（1628年）八月初六，袁崇焕抵达关门，正值宁远兵哗。第二天，他单骑出关赴宁远，未入官署即驰入军营，安抚军心，发饷金二十万。接着将兵变为首者枭首示众，惩治了将吏贪虐者，并宣布："今首恶已正法，此外不杀一人。"诸营遂平。他调整了关内外防务，调蓟镇总兵赵率教驻关门为劲后，以祖大寿驻锦州为锋先，中军何可纲驻宁远居中，以此三千将为核心，重整了马、步、车、舟各路兵马。辽兵素来仰重袁崇焕，他复职后，一经调理，关门一线重又巩固。

对于蒙古诸部，袁崇焕极为重视。他向思宗皇帝建议起用王象乾专责察哈尔部抚赏，思宗即从。崇祯二年（1629年）四月，察哈尔部与明重归于好，届时该部迁徙宣、大边外，虽然起不到蓟门藩篱的作用了，但起码使明军摆脱了两面作战的困境。

对于喀喇沁部，崇焕深知其穿连辽、蓟，经道惯熟，若导后金入犯，则东自宁前，西至喜峰，处处可虞。当时该部旱荒，要求明朝重开米市遭到拒绝。袁崇焕允许开市，将明军自己都告缺的粮食接济喀喇沁部，并且亲自劝告该部首领，不要背明投金。该部首领指天为誓，以妻儿为质，保证不做后金向导。

可是后来喀喇沁部竟背叛了自己的誓言，这是袁崇焕所没有料想到的。智者千虑，必有一失，袁崇焕此处出关确也有失策之举。

首先，袁崇焕对其敌手皇太极的智谋和胆略估计不足。他曾说，努尔哈赤不过是个狡猾的强盗，皇太极不过是个剽悍的强盗，没有真本事，得辽土而不肯据，得辽人而不得用，比不上历史上阿骨打、刘聪、石勒等人。只要按以往方针行事，五年复辽就能实现。其实，如上所述，皇太极已经逐渐改变了其父与辽人为敌的政策，在军事上也吸取了两次败于坚城大炮的教训，探索着对明战争的新的战略战术。

其次，由于轻信了喀喇沁部的诺言，袁崇焕便没有着力经营蓟门一线的防务。袁崇焕将原任蓟镇总兵赵率教调到关门，这对蓟门防务无疑是个削弱。当关内外防线整顿有绪之后，有暇也理应西顾的时候，袁崇焕却不适时地起事东江，杀了总兵毛文龙。

毛文龙原系辽东明军将领，辽东失陷时撤到濒临朝鲜的一个海岛——皮岛上，招募辽民，择壮为兵，曾几次袭击金国后方。后金屡屡征讨，但因不习舟船，未能奏效，因而就不能放心西向。可是毛文龙又非常跋扈，为非作歹，虚功冒饷，在朝中投靠魏忠贤，战场上也常常失败，牵制十分不力。思宗即位后，东林内阁执政，就对毛文龙不满。袁崇焕再任督师时，曾与当时的阁臣钱龙锡商讨过解决毛文龙的办法。崇祯二年（1629年）六月，袁崇焕亲诣海岛，宣布“十二大罪状”，擒杀毛文龙，改编了东江的兵马。然而毛文龙坐镇皮岛多年，岛帅被斩，军心遂散。此举在客观上为皇太极解除了一个后顾之忧。

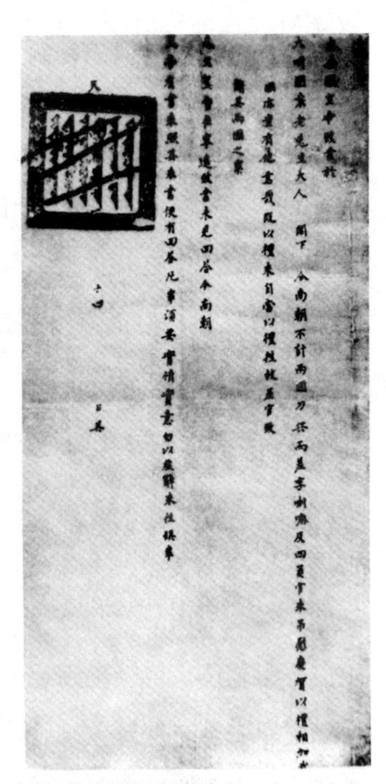

↑ **皇太极致袁崇焕书**

袁崇焕出关后，皇太极与之互有使者、信件来往。这次持续半年多的和谈系皇太极主动。这期间后金将注意力主要放在蒙古诸部方面，一则对察哈尔部兴师征讨，一则对喀喇沁等部从容笼络。这体现了皇太极欲越关、宁而伐明的战略意图。袁崇焕一方，由于重整防务的需要，也确实无力主动进攻，因此也想以和谈缓兵。但他曾请示阁臣钱龙锡及兵部尚书王洽，未获准允。所以袁崇焕对和谈只是被动应酬，抓紧时间，积极备战。

己巳之变

崇祯二年（1629年）十月，皇太极亲自统率大军攻明。他遣使告谕已归顺后金的蒙古各部率兵来会，并以熟悉路径的喀喇沁部为向导，分两路向龙井关、大安口进发。十月二十六日、二十七日，两关连克，左右两翼大军会师于遵化城下，明廷始得消息，京师全城戒严。

早在同年九月，袁崇焕即得到后金将要渡辽河西犯的情报，他曾派部将谢尚政领兵一支援蓟，却被蓟州巡抚以消息不确为由遣其回师。十月二十九日，袁崇焕正在宁远与关门之间的中后所，闻敌越关、宁而攻入，心胆俱裂。他立即命赵率教领兵驰援遵化，并于十一月初四日亲率祖大寿、何可纲简精骑入山海关，星驰入卫。路经永平、迁安、丰润、玉田、昌平、密云等处，皆分兵助守。辽军六天疾行五百里，于初十日先敌抵蓟州。不料遵化已于初三日陷落，巡抚王元雅自经、赵率教殒命。十一日，后金自遵化向京师进发，袁崇焕率辽兵与之遭遇于离蓟二十里之马伸桥，一战挫之，颇有斩获。袁崇焕欲与后金在此决战，阻敌于蓟州以东。然而皇太极却不恋战，率军越蓟西进。袁崇焕再督将士追赶，期以先敌于城下，背护神京。部将们担心，军队没有朝廷的命令而直趋京城，会遭到猜忌。袁崇焕说："皇上有急，还顾得了那么多，如能解难，虽死无憾。"一路上，他严令战士秋毫无犯，有一卒擅进民宅索饼，袁崇焕立斩其首枭示，以安民心。

十七日晚，辽军抵左安门，袁崇焕下令，不许一兵一卒私入民家，连野外树木也不得损伤。崇祯皇帝已将兵部尚书王洽下狱，正为京城防守而焦急，闻袁崇焕率辽军先至，深感欣慰，十八、十九日，先后两次发刍豆粮米，羊、酒、银饷犒师，并命各路勤王之军统归袁崇焕调度。

二十日，后金八旗大军始达京师东、北两面。这时，大同总兵满桂、宣府总兵侯世禄率援军列营德胜门，袁崇焕、祖大寿列营广渠门。皇太极驻营于城北土城之东，命大贝勒代善等领右翼军趋德胜门，大贝勒莽古尔泰等领左翼军趋广渠门。两场剑与血的鏖战几乎同时打响了。

袁崇焕在广渠门外布阵，以祖大寿为南面，王承胤列西北，自己率兵扎正西，以品字形队列迎击来自东北的八旗兵。两军交锋，短兵相接，奋力殊死。一敌抡刀险些砍着袁崇焕，幸赖将士袁升高用刀架隔，刀刃相对而折。敌人万箭齐发，袁崇焕两肋中箭，若刺猬然，只因身披重甲才未被刺透。他身先士卒，辽军将士越战越勇。以往军士杀敌论功，每凭首级，而常以争割首级而误战。袁崇焕深以为鉴，战前即令：不许割级，惟尽歼为期。故将士此时一意剿杀。明军三路夹击，八旗锋芒始却。明军乘胜砍杀，追至运河，敌兵淹死无数，自午时至酉时，两军血战六七个钟头，八旗兵被歼数以千计，明军亦伤亡数百。袁崇焕连夜慰劳负伤将士，直至东方欲晓。

而在德胜门战场的明军却告败绩。侯世禄兵先行溃败，满桂孤军搏战，城上守兵发炮配合，但误伤明军甚多，满桂负伤，带残兵避入城中。

思宗闻广渠门报奏，甚喜，二十三日召见袁崇焕、祖大寿、满桂等于平台，赐貂裘、银甲等，并发酒肉、麦饼劳军。袁崇焕千里入卫，只带九千精骑，自是士不传餐、马不再秣已值两旬，想率军入城，稍事休整，待步兵赶到再与敌决战，可是遭到崇祯皇帝的拒绝。

皇太极以左翼军失利于广渠门，处罚了贝勒阿巴泰等七名满、蒙高级将领，并放弃攻城，率军驻南海子。这是后金第三次败在袁崇焕及辽军阵前。皇太极叹息曰：“十五年来未尝有此劲敌也！”攻坚不能克，野战不能胜，皇太极便授计部将鲍承先等，期以智取。鲍承先等故意在被俘明太监前交谈，说：“今日撤兵是计策。我看见皇上（皇太极）单骑向敌，敌阵中有二人与皇上说了好久才去。意思是袁经略有密约，此事马上就能成功。”愚蠢的太监如《三国演义》中的蒋干，信以为真。他被纵还，将此言传至崇祯耳中。十二月一日，袁崇焕被捕入狱。

敌兵压城，明军失帅，战局急速恶化。奉命代袁崇焕总理各路援军的满桂，与后金大战永定门外。满桂与孙祖寿战殁，黑云龙、麻登云被执。而辽军祖大寿等闻主帅遭难，又惊又恐，遂拥众东溃趋关，势如崩山决河，京师大震。思宗急忙诏起孙承宗料理京师城防，又从大学士成基命之请，讨袁崇焕手札，以招大寿。身陷囹圄的袁崇焕以国家百姓为重，修书一封。祖大寿接到他的手书，下马捧泣，全军皆哭。孙承宗归劝祖大寿立功以赎督师。祖大寿遂率辽军投孙承宗麾下，成了驱八旗出关，收复遵化等四镇的劲旅。

袁崇焕的被捕下狱，皇太极的反间计不过是个导火线，其中更有其深刻的社会原因。崇祯皇帝即位后锐意中兴，诛魏阉、定逆案，颇有一番新政。然而在他面前仍摆着两个最棘手的难题：一个是农民起义。崇祯元年（1628年）十一月，陕西因连年大饥、官吏横暴，王二首举义旗，闯王高迎祥等相继起事。另一个就是辽东问题。而这两者又是互相关联的。辽事不结束，加派不止，民不得不反；民变迭起，官军不能一意东向，辽事更不易了结。思宗皇帝将辽事委于袁崇焕，袁崇焕许以五年平辽，思宗似有摆脱困境的希望。“己巳之变”后金铁骑震撼京师，“五年平辽”已成画饼，预示了“新政”棋局将全盘皆输。加之自嘉靖二十九年（1550年）以来，京畿八十年来首罹兵祸，星布于北直隶的中贵庄田被劫掠，黎民百姓三教九流受蹂躏，激起了朝野各界的普遍不满。这一切对崇祯新政的打击是沉重的，对朱由检的威望及心理的打击也是极其巨大的。因此身为蓟辽总督的袁崇焕以及兵部尚书王洽等，是难逃其直接责任的。阉党失败后，其残余分子朝夕思图东山再起，他们抓住“己巳之变”作为颠覆东林内阁的口实，因而全力攻讦被东林倚为长城的袁崇焕“擅主和议”“擅杀大帅”“西部市米”等，交章弹劾，推波助澜，怂恿思宗早日处死袁崇焕。综上所述，造成英雄悲剧的不仅是崇祯皇帝和逆阉党羽，同时也是阶级矛盾和民族矛盾都尖锐得无法克服的腐朽荒唐的明王朝。

崇祯三年（1630年）八月十六日，袁崇焕被绑赴刑场。刑前他口占一绝：

一生事业总成空，半世功名在梦中。

死后不愁无勇将，忠魂依旧守辽东。

表达了这位足令八旗铁军胆寒的名将最后的遗憾和眷恋。

明袁督師廟記

嗟夫明清之際關於中國亦大矣非止繫一朝之興亡也觀夫袁督師之雄才大略武棱蓋世遂見忌於敵以讒間死雖曰天命豈非人事哉夫國非才不立有國者臨觴聞鼓莫不思才而用之然才愈奇志愈大人主未必竟其用即能倚畀信用而內移於權奸女謁外怵於敵國外患左右讒慝之口交搆而並作卒自壞長城而國亦殄滅嗚呼古今殆同一揆豈獨袁督師吾十二歲侍先祖連州公讀督師傳至其緯繣邊事登長城察形勢奏思宗期五年破敵而壯之連州公曰是敵畏而用間殺之者也後登長城想公之雄風門人東莞張伯楨為公表微刻公集復築公祠於京師令後之愛中國者思將才慕公英靈武烈猶懍懍也孔子二千四百六十八年丁巳九月

南海後學康有為撰并書

↑ 《袁督师庙记》拓片（康有为撰书，1917年刻）

袁崇焕这一冤案，直到清代撰修《明史》时，披露了皇太极设反间计一事之后，才算是真相大白。几百年来，袁崇焕“仗策只因图雪耻，横戈原不为封侯”的爱国主义精神，教育、鼓舞和激励了无数爱国志士。人们在北京龙潭湖附近和广东会馆修建了袁督师祠，以表达对他的景仰和怀念。

余三乐

作者余三乐，北京行政学院研究人员，广东肇庆学院“西江学者”讲座教授，中国明史学会理事，中国对外关系史学会理事，主要著作有《孙承宗传》、《袁崇焕资料辑录》（合作）、《寻访利玛窦足迹》，并翻译出版两部外国汉学名著《一代巨人》和《南怀仁的〈欧洲天文学〉》等。

收复台湾的民族英雄

郑成功

郑成功个人小档案

姓名：郑成功

字：明俨

号：大木

别名：福松、郑森，

尊称：国姓爷

所处时代：明末清初

生卒年：1624—1662年

官职：总统御营军务、招讨大将军

出生地：日本肥前平户（今长崎平户）

辅佐君王：南明隆武帝、南明永历帝

军事成就：东南抗清、驱荷复台

代表作品：《延平王集》

轶事典故：高山族献金

封爵：延平郡王

追谥：潮武王

最得意：收复台湾

最失意：未能取得抗清胜利

郑成功

郑成功是我国明末清初一位杰出的爱国名将，收复台湾的民族英雄。清顺治十八年，南明永历十五年（1661年），他以惊人的胆略与气魄，挥师东征，驱逐了盘踞台湾三十八年的荷兰殖民者，收复了我们伟大祖国的神圣领土台湾，为中华民族反侵略斗争的历史谱写了光辉灿烂的一页。

勤学苦练　立志报国

郑成功，生于天启四年（1624年），卒于康熙元年（1662年），本名森，字明俨，号大木，福建南安县石井镇人。天启四年（1624年），他出生在日本长崎平户岛千里滨。传说，郑成功的母亲田川氏（其父翁翌皇为泉州人）游海滨时在一块海石上生下了他，这块海石被日本人称为郑公石（亦作诞儿石），至今尚存，成为平户的名胜古迹之一。郑成功出生后，他的母亲望子成材，给他取了个乳名叫福松。他懂事后，母亲就教他认识汉字，还给他讲中国大地的山川风物，使他从小就向往着美丽可爱的祖国。

郑成功的父亲郑芝龙，小名一官，字飞黄。他早年跟随一个商人做生意，来到日本贩卖货物。当时，日本是德川幕府主政，政治腐败。郑芝龙与另一名中国商人颜思齐等密谋起事，反抗德川幕府的暴政，事机泄露，遭幕吏搜捕。郑芝龙、颜思齐等各驾船而逃，漂流到台湾，登陆筑寨定居。他们推举颜思齐为首领，联合当地高山族人，分部耕种渔猎。郑芝龙的弟弟芝虎、芝彪、芝豹和郑氏族人都从泉州入台，漳、泉一带的贫苦人民也纷纷而至，一时聚众达数万人。他们与高山族人民一起，披荆斩棘，历尽艰辛，把台湾西部平原开发成丰饶富庶的家园。天启五年（1625年），颜思齐病死于台湾，众推郑芝龙继任首领。郑芝龙积极发展海上贸易，并控制通往日本和南洋群岛的航道，向往来的商船征收税银。明王朝当时把他们看成“海盗”。他们屡次与明朝官军发生冲突。崇祯元年（1628年），郑芝龙接受明朝招抚，他不但控制了北港为中心的一带地区，而且控制着整个台湾海峡，成为“威权震七闽”的一个显赫人物。郑芝龙为维持沿海治安、攻打“海盗”和荷兰殖民者的走私商船，屡次建功，受到明廷的重用和提拔，做到总兵官。这时，他怀念留在日本的妻儿。就在郑成功七岁那年，郑芝龙派弟弟郑芝燕把妻儿从日本接回了故乡。

郑成功“风仪整秀，俶傥有大志”。他眉高眼长，声音洪亮，长得神采飘逸，聪慧健美，富有凝重威严的气质。郑芝龙一见到自己这个阔别七年的头生子，心情格外喜悦和欣慰。他把儿子视为“国之栋梁”，给他改名为森。因感于自己起于行伍，未读诗书，便让儿子住在安平镇（今晋江安海），以重金聘请一位很有名望的私塾先生教他读书。在那兵荒马乱的年月，老师常给他讲述古代英雄豪杰的故事，以及屈原、岳飞、文天祥的诗词，使他少年的心头，受到了爱国主义的启蒙教育。郑成功读书颖敏，才思过人。他不但勤奋攻读诗书，还刻苦练习驰射武艺。在老师的启迪之下，由于他勤学苦练，学业大有长进，十一岁时就写得一手好诗文。有一回，老师出了一道作文题，命题是：《洒扫应对》，郑成功立即挥笔写下了“汤武之征诛，一洒扫也；尧舜之揖让，一进退应对也”的警句。大意是说，王师征诛邪恶，犹如荡涤扫除；尧舜贤明谦让，犹如进退应对，从而道出了修身治国平天下的大道理。老师阅后，“惊其用意新奇”，不禁拍案叫绝，称赞郑成功是“少年奇才”。

郑成功性喜《春秋》，尤爱孙、吴兵法。他关心天下兴亡与民生疾苦，立志成为一个具有文韬武略的爱国志士。传说有一次，郑成功在《孙子兵法》书上走笔题写了“挥尘谈兵效古之英豪，究心天下封侯非所愿”，他的叔父郑鸿逵看到后大喜，连声称赞他：“有志气，有出息！”说他将来必定是一匹驰骋天下的千里驹。

十五岁时，郑成功中了秀才，考取南安县学生员。二十一岁进入南京太学，成为国子监生员。当时著名学者钱谦益把郑成功纳为弟子，对他颇为器重，特地给他取了个“大木”的别号。先辈王观光一见郑成功，就对郑芝龙说：“你的儿子是个英武之才，绝非你所能比的。”南京有识之士见了郑成功，也都惊叹说：“这是位奇男子，骨相非凡也！”他们一致赞扬郑成功是济世雄才，非只科场中人。

就在郑成功二十一岁这一年，即崇祯十七年（1644年）明王朝最终在农民大起义的沉重打击下彻底崩溃。三月，李自成统率大顺军攻入北京，明朝灭亡。五月，清兵入关，占领北京，九月迎顺治帝福临进京。从此，满族统治者便在窃取明末农民革命胜利果实的基础上，建立起我国历史上最后一个封建王朝——清朝。

↑ **湖北通山县的李自成陵园**

当明王朝被李自成为首的农民军推翻后，明朝的一些文臣武将和地主绅士即聚集江南，为恢复他们昔日的地位而继续顽抗。他们先后拥戴朱家皇室的藩王，建立起南京福王政权、浙江鲁王政权、福建唐王政权和湖广、西南地区的桂王政权，史称这几个政权为南明政权。

清顺治二年，南明隆武元年（1645年），唐王朱聿键在福州即位，改元隆武，史称隆武皇帝。郑芝龙因为手下有十几万军队，并积极拥立朱聿键，被封为“平国公”。郑成功随父亲一起上朝，隆武帝见他少年英俊，器宇非凡，非常高兴，特赐他以国姓朱，改名成功，号明俨，封忠孝伯，为御营中军都督，赐尚方宝剑，以驸马一样的礼仪待他。从此，民间都尊称他为“国姓爷”。

郑成功对隆武帝的恩宠与器重感恩不尽，忠心不二。当隆武帝敕谕宣布要统率大师，御驾亲征时，郑成功向他发誓道：“臣受国恩，义无反顾，臣当以死报陛下。”后来，他父亲郑芝龙为了保住自己的地位和财产，与汉奸洪承畴相勾结，想投降清朝，郑成功发现这一情况，又立即向隆武帝奏告：“陛下当自为计。”隆武帝看到郑芝龙已不可靠，便对郑成功寄予希望，委以重任，于顺治三年（1646年）命辅臣傅冠及郑成功督兵守永定关，以拒清兵；后又敕命郑成功佩招讨大将军印，镇守仙霞关；建昌告急时，又命郑成功速发精兵两千进驻铅山，以为声援；三月，为防清兵进入南昌，催郑成功等速出分水关，以复江西省；四月，铅山告急，又命郑成功、傅冠速约各镇鼓锐前进，以巩固崇关。此外，隆武帝还依靠郑成功筹措兵饷器甲，并于这一年的六月，授予他全权，回漳、泉招募兵将。

清顺治三年，南明隆武二年（1646年）二月，清廷命贝勒博洛为征南大将军，率师往征福建、浙江。七月，清兵大举进攻福建，郑芝龙拥兵数十万，“舳舻塞海，粮饷充足”，却不进行抵抗。八月，唐王逃往汀州被俘杀，九月，清兵攻入福州。郑芝龙已退据安海（即安平镇），尚有楼船五百多艘，但他已决意投降清朝。郑成功哭谏力阻，他就是不听，独自北上降清。郑成功的母亲田川氏，在清兵突至安平时不幸被辱，登上城楼，投河自尽。清将贝勒博洛迫郑芝龙致书郑成功，劝其投降。郑成功正在南安丰州潘山看士兵操练，接到父亲诱降的来信，愤慨不已，立即回信说：“从来父教子以忠，未闻教子以贰，今吾父不听儿言，后倘有不测，儿只有缟素而已。”

郑成功愤父降清，痛母惨死，又值隆武覆亡，他俯仰身世，悲愤交集，决心弃文就武，矢志抗清，以图力挽狂澜，恢复明朝。他携所着儒巾蓝衫，跑到南安孔庙，哭焚儒衣，以敬谢先师，并跪地四拜仰天道：“（成功）昔为儒子，今为孤臣，向背去留，各有作用，惟先师昭鉴之。”从此，他自认为是明朝臣子，自称“罪臣朱成功”，怀孤臣孽子之痛，起兵南澳，进据金、厦，用招讨大将军印，以桂王永历为年号，遥奉明正朔，在东南沿海展开抗清斗争。

转战东南　坚持抗清

清顺治三年，南明隆武二年（1646年）十二月，郑成功为了表示抗清决心，大会文武群臣于烈屿（小金门），设高皇帝神位，定盟恢复，树起“背父救国”的旗帜，起兵抗清。第二年，他移师于广东南澳，招募旧部将士，远近前来投奔的达数千人，一时军声颇震。

顺治四年至顺治六年（1647—1649年），郑成功率领海上义师，连破福建的同安、海澄、漳浦，并攻克泉州和闽南沿海一带地方，进据金门、厦门。然后以金门、厦门为抗清基地，积极发展自己的军事、政治力量。

在军事方面，郑成功建立水陆军师一百多镇营，分为亲军、陆师、水师三部。亲军有五卫，即左武卫镇、右武卫镇、左虎卫镇、右虎卫镇和銮仪卫，其中銮仪卫是郑成功的侍卫军，包括前后左右中五营。亲军以外，有前后左右中五军，是作战的主力部队，郑成功自为中军元帅。军以下为镇，镇以下为协，每镇设前后左右中五协。这种五五编制法，组织十分严密，它保证了军队的集中指挥和战斗力的发挥。在东南沿海地区，军队要打胜仗，没有船舰武器是不行的。郑成功起兵后，就积极督造船械，到厦门后，又命冯澄世设局大造各式武器。郑成功还特别注重部队的训练，先后建厦门演武场、澳仔演武亭，亲自检阅各兵操练，并制定操练章法，印发全军遵行。此外，还进行必要的考核，凡武艺超群、成绩优异者，立予奖励和提拔。郑成功号令严明，他的军队进退均凭号令行事。对于临阵退缩官兵，严惩不贷，对于违令者虽取胜仍予处罚，奉令者虽犯有错误仍加奖励。一次，郑成功因驰马进马信兵营，班长陈勇因事先没有接到通行命令，立予阻止，而且刀伤郑成功以致流血。马信闻知后，把陈勇押送到郑成功面前认罪，郑成功却当面释缚，给予表扬和奖赏。即使对至亲骨肉，郑成功也执法无私。在清将马得功袭击厦门时，他的叔父郑芝莞闻报后，席卷珍宝，弃城下船，不战而遁。郑成功率舟师回到厦门，立即将郑芝莞按失机论罪，依法处斩。所以，郑成功全军上下，无不恪遵军令。

在政治方面，郑成功上疏奏请南明永历朝廷下诏，“许其军前所设六部主事秩比行在侍郎，都事秩比郎中，都吏秩比员外”。六部即礼、户、吏、兵、刑、工。所设六官遂成为郑成功辖下分理庶政的主管。厦门是重要的军事战略要地，郑成功占领后，为了把它建设成为巩固的抗清根据地，除了在军事上采取一系列措施外，还着手建立政权机构，把明朝所称的中左所改为思明州，任命郑擎柱为知州。

此外，郑成功还注意发展贸易，筹措粮饷。当时，每年从厦门一带前往日本、南洋各地的商船有七八十艘，贸易额达二百五十万两左右，其中大部分由郑氏“官商”经营。并在国内京师、苏杭、山东各地经营财贸，以济其用。派出征饷官督征泉、漳、福、兴沿海地方的钱粮，以充军饷。

郑成功采取这些措施，建立以金、厦为中心的比较巩固的根据地后，便率师南征北战，转战于东南各地，取得了一系列辉煌战绩。

清顺治八年，南明永历五年（1651年），张献忠的余部大西军与南明的桂王政权联合抗清，第二年，大西军出师北伐，掀起了抗清高潮。郑成功乘机出击闽南各地，与之遥相呼应。五月，郑成功进军海澄磁灶地方，漳浦清军总镇王邦俊率马步兵数千来援。郑成功用设伏诱敌的计策，打败清军，缴获大量马匹辎重。九月，郑军乘胜进攻漳浦，王邦俊等又调集马兵数千、步兵数千与之对垒。郑成功兵分三路，一路埋伏待敌，一路抄袭敌后，一路正面迎敌，杀得清军狼狈逃窜，缴获清军大批马匹甲胄。王邦俊两次败绩后，驰报求援，清廷派遣杨名皋带马步兵数千入援。郑成功率部由九都登岸，亲自率领戎旗镇驻扎漳浦小盈岭上，将其余各镇分为四股择地埋伏岭下。待清军进入伏击圈，戎旗镇督同援剿右镇迎击清军中股，援剿右镇等击其左，左先锋等击其右，使清军难以招架，溃败而退，几乎全军覆没。闽南漳属各县清军残余势力，或僭逃投郑，或献城归降，仅在十二月，郑军就先后克取了漳浦、云霄、诏安、海澄、平和等县，巩固和扩大了以金、厦为中心的抗清基地。

第二年正月初，郑成功乘胜率师扬帆入海澄港，下令各镇官兵攻打长泰县。三月初，清浙闽总督陈锦督马步数万前来救援，妄图一举消灭郑军。郑成功遣将屯扎诏安、南靖、平和、海澄等县，分路拒敌，然后自统大师屯扎漳州九龙江东岸口江东桥附近待敌。十三日中午，陈锦尽率马步兵由东南山埠而来，郑成功下令迎击，各营兵士蜂拥而出，仅用了不到一天的时间，即将清军击溃，并攻入牛蹄山清军老营。陈锦逃到同安港口，被侍卫人员刺死，割下首级，献给郑成功。江东桥之战，歼灭了驻闽清军的主力，进一步巩固了以厦门为中心的抗清根据地。

四月，郑成功督师进攻漳州府城，清守将王邦俊撄城固守，上书请援。五月，清援兵到达漳州，会同王邦俊督兵由东门出战，被郑军杀退，退守城中，不敢复出。清军援兵被杀退后，转而调集舟师数百只进攻厦门，以图解漳州之围。郑成功令陈辉为总督，率水师百余艘战船迎敌，将清军舟师击败于崇武海面，夺得清军大船十余只而回。

郑成功倾其全力围困漳州，达五个多月之久，仍累攻不下，以致师老粮匮。九月，清调总兵金砺统领浙、直满汉马骑万匹星夜入闽赴援，郑军迎战累败，只好解漳州围，退驻江东桥，最后又退守海澄。

清顺治十年，南明永历七年（1653年）五月，金砺调集清军水陆精锐数万进攻海澄。海澄是厦门的门户，关系郑氏成败，是郑军必守之地。郑成功下令出击，清军用大小铳炮数百日夜连击，无瞬息停。郑成功收军固守。清军又连续炮击两日，郑军营垒整而又坏，将士损伤很多。郑成功指挥自若，虽城坏百余丈，立雉堞防御，他仍毅然登敌台观望，张盖而坐，与诸将饮于敌楼。诸将见敌人炮火密集，劝他躲避，他说："死生有命在天，敌人的大炮又能把我怎么样？"清兵见是郑成功，立即炮火齐发，甘辉赶紧将郑成功挤下台，原座随之即被炮击碎。郑成功激动地说：“天佑孤臣，诸将平安无事矣！”全军将士无不振奋，斗志昂扬。这时，清军营中火药钱粮已供应不上，郑成功估计敌人必然拼死决战，命令将士挖掘地窝藏身，并命令戎旗镇、神器镇在晚上把火药全部埋在河沟旁边，准备对付清军的进攻。初六夜晚，清兵果然发炮猛轰，一夜不绝。五鼓之时，以炮兵为头锋，绿旗兵继后，并营逼进，填壕攀栅而上。郑军拼死拒敌，用大斧砍杀，三退三进，杀伤相当。天色渐明，清军已大半过河，郑成功下令点燃埋伏河沟边的地炮，把刚过河的清军全部炸死。郑军乘势冲出，未过河的清军狼狈奔逃，被郑军擒杀无遗，金砺侥幸脱逃。

↑ 军用“国姓瓶”，此瓶是郑成功军队使用过的火药弹

清顺治十一年，南明永历八年（1654年）十一月，漳州协守清将刘国轩献城降郑，郑成功授刘国轩都督佥事。十二月，郑成功令诸镇将分兵进取同安、南安、惠安等县，其余各县俱闻风归降。至此，漳州及漳泉属邑均被郑军克复，郑军遂移师到兴化地方。

第二年，清廷命郑亲王世子济度统领清军赴闽，以图一举消灭郑军。郑成功采用冯澄世所献良策，将泉漳诸邑城全部拆毁，派郝文兴统其所部坚守海澄，而将全军撤回厦门，坚守各岛，养精蓄锐，以待清军。清顺治十三年，南明永历十年（1656年）四月，济度命韩尚亮为先锋，进攻厦门，与郑军对峙于围头。正遇一场暴风雨，清军士兵大多晕船，无法作战，又不能靠岸，转而进攻金门，遭到郑军水师的阻击，双方会战于泉州湾。清军惨遭大败，死伤无数，韩尚亮首先毙命，其余清兵大多被俘。郑军取得了泉州湾战役的胜利，但在六月发生了海澄守将黄梧据城背叛降清的事件。海澄失守后，郑成功只好改变进攻方向，别图进取。

七月，郑成功乘济度与总督正提师驻扎漳州，福州省城空虚之际，派水师直抵闽安。闽安告捷后，郑成功又亲率水师前往闽安，命大队舟师驻扎南台，进围福州。为防南北清军援兵，又分兵把守乌龙江及连江北岭，然后将东南隅一带房屋拆毁，竖栅安置炮台，日夜轰击福州城。经过激战，郑军曾一度攻入城内，占据了乌楼，后来因中清军伏兵，又在八月中旬撤出福州。济度得知郑成功攻克闽安包围福州的消息后，急忙派阿格商统领骁骑驰赴救援，并命马得功带兵出云霄八尺门，渡江袭取铜山，以图仿效“击魏救韩”之法。九月初，马得功领兵至八尺门，进攻铜山，但遭到郑军的反击，伤亡惨重，被迫撤回。十二月，郑成功又督师进取罗源、宁德等邑。清军援兵阿格商等率马步数千尾追。郑成功令甘辉、周全斌等断其后，然后节节示弱诱敌。阿格商见郑军退走，放心追赶，至护国岭遭到郑军的伏击，死伤惨重，阿格商当场毙命。

郑成功分兵进取转战福建各地的同时，为了接应大西军李定国进军广西，曾于清顺治十年，南明永历七年（1653年）派水师南下至潮州，并与鲁王旧臣张名振合师北上，攻入长江。顺治十五年（1658年），清军大举进攻西南地区的大西军，郑成功为解救西南的急局，又派兵进攻浙江沿海，不幸遇到飓风，被迫撤退。此后，郑成功便一直在福建沿海作战，屡败清军，期待着和李定国一起北伐。张名振死后，余部由张煌言率领，郑成功也和他密切合作。他们转战于闽、粤、浙等山区海岛，互为应援，遥相呼应。

郑成功在东南沿海转战十余年，深感徒费时日，不如与清军一决雌雄，经过长期准备，他决定再度北伐。清顺治十四年，南明永历十一年（1657年）九月，永历帝（即桂王）下诏封郑成功为延平郡王。这一年，他开始检查军备，储备粮食，操练铁军，部署兵力，进行北伐准备。在做了充分准备之后，清顺治十六年，南明永历十三年（1659年）五月，郑成功自任招讨大元帅，以原隆武宰相张煌言监军，率十七万水陆大军，两千三百只战船，大举北伐江南。北伐大军五月在崇明岛登陆，六月直捣瓜州，水师进泊镇江南岸七里港，二十日登岸扎营，与清军咫尺对峙。郑成功见银山逼近镇江府，离清军营地不到三里，便于二十二日下令各路大军迅速迂回到银山脚下，与清军展开激战。郑军奋勇死战，无不以一当百，所向披靡，杀得清兵溃不成军，横尸遍野，其余清兵惊慌四散，鼠窜而逃。郑成功一面传令进兵围城，一面派人进城招降。镇江府守将高谦与知府戴可进等献城，赴银山军前投降。二十五日，郑成功巡视镇江城，严令官兵，不许擅入民家，骚扰百姓，违者从重究处。在郑成功抚慰政策感召下，附近的仪真、浦口、滁县、六合等处归附者接踵而至。

七月，郑成功率师进围南京城。荆州、扬州、芜湖、丹阳、宁国、池州、安庆等府州县，纷纷投诚归郑。不到半个月时间，北伐军即占据四府三州二十四县，使清廷大为震惊，顺治帝甚至准备亲自带兵镇压。但是，郑成功未能接受张煌言等人建立据点、断清粮运、集中兵力攻打南京的建议，加上兵力分散而又轻敌，最后遭到清将梁化凤的突然偷袭，惨败于南京城下。郑成功不得不率兵撤出长江，返回金、厦。清军尾随而下，企图一鼓作气彻底消灭郑军。

清廷任命达素为安南大将军，率领四五万八旗军入闽，同时又命明安达理率军自南京出发，由海道会攻厦门。郑成功经过半年的休整和补充，集中全部兵力于厦门海面，决心同清军作殊死战。清顺治十七年，南明永历十四年（1660年）五月初十日凌晨，两军会战于漳州海门港。清军利用有利的风向，向郑军发起猛攻，击毁郑军很多战船，但郑成功一直站在他的船头，神情自若地指挥作战，将士深受鼓舞，奋勇击杀。中午，风向改变，波涛顿起，郑成功即刻命令全军发炮反攻，清军乱作一团，郑军将士踏浪如飞，乘势猛击，俘获大批清军船只和官兵，达素狼狈逃窜，羞愤自杀于福州。

进围厦门惨遭失败后，清廷为了对付这支抗清力量，清顺治十八年，南明永历十五年（1661年）发布“迁界令”，强令从山东到广东沿海的居民内迁三十里，严禁船只出海，企图把郑成功围困在东南一隅之地，防止他再次率师北伐。面对这一形势，郑成功决定跨海东征，收复被荷兰殖民者占领的台湾，作为积蓄力量、继续抗清的根据地。

挥师东征　驱荷复台

台湾与福建隔海相望，自古以来就是中国的神圣领土。17世纪初，荷兰殖民主义向东方扩张，在其亚洲殖民基地巴达维亚（今印尼雅加达）建立了东印度公司，就开始对我国的东南沿海地区进行侵略。明万历二十九年（1601年），荷兰殖民者的一武装商船来到广州，对我国人民进行武装挑衅。第二年，荷兰东印度公司派遣两艘军舰进攻澳门，与葡萄牙争夺澳门未逞，转而于明万历三十一年（1603年）七月侵占澎湖，后在泉州都司沈有容义正词严的警告下，被迫撤退。但荷兰殖民者贼心不死，明天启二年（1622年）四月派遣两艘军舰攻打澳门，被葡萄牙打败后，又转而于七月再一次侵占澎湖。第二年，明朝政府派福建总兵俞咨皋领兵规复澎湖，大败荷兰入侵者。荷兰入侵者被逐出澎湖后，又于明天启四年（1624年）转而在台南附近的台江登陆，侵占了台南地区。先后在一鲲身[①]筑台湾城（荷兰人叫热兰遮城），在今台南地方筑赤嵌城（荷兰人叫普鲁文查城）和赤嵌楼。在荷兰殖民者侵占台南地区以后，明天启六年（1626年），西班牙殖民者窜入台湾北部，侵占了基隆和淡水。明崇祯十五年（1642年），荷兰殖民者在台湾北部击败西班牙殖民军，独霸了台湾。

↑ 荷兰人入侵台湾时建造的赤嵌城楼

① 一鲲身，后改名安平。自北往南有沙丘七座，状如大鱼，分称一至七鲲身。

荷兰侵略者侵占台湾后，不但破坏了我国领土的完整，而且由于它的掠夺和骚扰活动，已经严重影响到郑成功的海上贸易和粮饷之源，因而对郑成功的抗清复明斗争也构成了严重威胁，所以郑成功早在誓师抗清复明不久，就有意要收复台湾，并对荷兰殖民者展开斗争。清顺治十二年，南明永历九年（1655年），郑成功曾“传示各港澳并东西夷国州府，不准到台湾通商”，由此而禁绝两年，船只不通，使台湾物价飞涨，不少殖民者染上了疫病。两年后，荷兰总督揆一不得不派通事何廷斌往厦门请求通商，愿“年输饷五千两，箭柸十万支，硫磺千担”。郑成功为了抗清复明斗争的需要，暂时答应恢复通商。早在顺治九年（1652年），有一位耶稣会的教士，从中国到巴达维亚，就曾秘密地向荷兰东印度公司提供了郑成功打算攻台的情报，东印度公司马上致书台湾荷兰殖民军头目，让其“谨慎提防”。实际上，郑成功据东南沿海进行抗清复明斗争时，已把台湾视为自己的后方，在驱荷复台前就曾把犯人幽置台湾，而且还委托何廷斌在台湾预收船只入厦的进口税，作为郑军的财源之一。

清顺治十六年，南明永历十三年（1659年），郑成功率师北伐南京失败退守金、厦一带后，每以厦门地狭为忧，自觉“地蹙军孤”“乃稍稍议迁”“方谋所向”。为了继续他的抗清复明事业，他决心要驱逐荷兰殖民者，收复台湾，以为抗清根据地。这一年四月，正当郑成功计划收复台湾的时候，何廷斌因不堪荷兰殖民者的欺辱，从台湾来到厦门求见郑成功。何廷斌是福建南安人，原系郑成功父亲郑芝龙的部下，后来在台湾给荷兰人当翻译，对台湾的情况十分熟悉。他向郑成功献策说，台湾“田园万顷，沃野千里，饷税数十万，造船利器，吾民鳞集，所优为者，近为红夷占据，城中夷伙不上千人，攻之可垂手得者”，并献上台湾地图。十二月，郑成功接受何廷斌的建议，召集诸将议决：“遣前提督黄廷、户官郑泰督率援剿前镇（即戴捷）、仁武镇（即康邦彦）往平台湾，安顿将领官兵家眷。”第二年正月，郑成功即派黄廷、郑泰、康邦彦出征台湾。康邦彦已到达澎湖，后来因清军进攻厦门，只得暂时停止出征台湾的行动。此后，郑成功又多次研究收复台湾和留兵防守金门、厦门事宜。

清顺治十八年，南明永历十五年（1661年）正月，李定国战败，桂王永历帝朱由榔逃往缅甸，大陆各省基本被清军占领，收复台湾已不容踌躇。郑成功召集诸将再次讨论进军台湾问题。他对诸将说：“去年虽胜达虏一阵，伪朝未必遽肯悔战，则我之南北征驰，眷属未免劳顿。前年何廷斌所进台湾一图，田园万顷……攻之可垂手得者。我欲平克台湾，以为根本之地，安顿将领家眷，然后东征西讨，无内顾之忧。”接着，便在厦门积极筹集粮饷、物资，操练军伍，并传令大修船只，听候出师，准备进军台湾。

郑成功基本完成战前准备工作后，从厦门移师驻扎金门。他命令其子郑经及部分将领留守金、厦，以防清军乘虚袭取，自己亲率大军进取台湾。征台大军分为两个梯队：郑成功自率两万官兵，数百艘大小战船为第一梯队，先期出发；由黄安等指挥六千官兵，二十余艘战船为第二梯队，以为后援。郑成功根据台湾的地形和敌情，做出了先取澎湖，然后乘涨潮时机，航渡鹿耳门，登陆禾寮港，切断台湾城、赤嵌楼两地荷军联系，分别各个击破，最后收复台湾全岛的战略决策。

三月初一日，郑成功在金门举行隆重的誓师仪式。初十日，传令移师驻金门料罗湾听令开船。二十三日中午，郑成功征台大军自料罗湾出发。但见帆樯蔽日，旌旗如云，数百船舰，首尾鱼贯，浩浩荡荡向东南挺进。第二天，各船齐集澎湖后，郑成功驻峙内屿，其他分驻各屿，“候风开驾”。二十七日，进军柑桔屿，遇风折回，仍停泊澎湖各岛屿。由于风阻粮乏，只得就地征集。岛上的老百姓听说是郑成功的军队，便带着鱼虾猪羊前来慰问，并自愿做先锋船的向导。在这风阻粮乏的严峻时刻，为赶上四月初二日鹿耳门涨潮之机，航渡鹿耳门，登陆禾寮港，郑成功当机立断，毅然于三月三十日晚传令开船进军。他说：“冰坚可度，天意有在。天意若付我平定台湾，今晚开驾后，自然风恬浪静矣。不然，官兵岂堪坐困断岛受饿也。”直到当天晚上一更过后，依然波浪未息，惊险殊甚。而三更一过，却已云收雨散，天气晴朗。出征船舰顺风驶离澎湖，在四月初二日黎明赶至鹿耳门港外，候潮应风而进。

台湾海岸线很长，可以登陆的地点很多，郑成功选择鹿耳门登陆台湾，是一个正确的战略决策。鹿耳门接近台南，位于赤嵌城、台湾城附近，是用武必争的要害之地。一入鹿耳门，就可以控制赤嵌城及其港口，断敌出海之路。

但鹿耳门形势非常险阻，从鹿耳门附近登陆，只有南、北两个航道。南航道在北线尾岛和一鲲身之间，通过南航道将在赤嵌附近登陆。然而，在一鲲身沙洲上，荷兰人的热兰遮城堡以重炮控制了航道，在赤嵌的普鲁文查城堡也是荷兰的主要火力点，要想突破这条航道，必须付出很大代价。北航道在北线尾岛的北部，通过北航道，将在北线尾岛北部和赤嵌西北的禾寮港登陆。这条航道迂回曲折，水浅沙胶，是荷兰殖民者疏于防范的一条航道。在北线尾岛北端，原有一座热堡炮台，后因暴风雨袭击而坠毁，荷兰人只在鹿耳门口沉塞夹板船，以为这样大船无从出入，就可以高枕无忧了，在北线尾岛仅派一名班长和六名士兵驻守。郑成功详细审察了何廷斌所献地图，了解到水路并不从敌人炮台前经过，而且何廷斌派小通事郭平实地勘察已探明一条在沙泥中的港路，这条港路从赤嵌直下鹿耳门，涨潮时水深可达四尺有余，最大的船也可以顺利通过。因此，他决定把主攻方向选在北航道。四月初二日中午，鹿耳门海潮大涨，郑成功亲自带领船队，由坐在船头的何廷斌充当向导，按图迂回，顺着污泥中的港路，徐徐驶入海湾，将舰船分布在台江之中。荷兰侵略者大惊，以为郑军自天而降，顿时束手无策。当晚，郑军突破海面荷兰夹板船和赤嵌楼炮台火力的拦阻，只用不到两个小时的时间，就顺利通过了这条险阻的航道，在赤嵌西北约十里地的禾寮港登陆。台湾各族人民闻讯接踵而至，“男妇壶浆，迎者塞道”，争先恐后用货车和其他工具帮助祖国大军登陆，表现了台湾各族人民殷切盼望和热烈欢迎祖国大军收复台湾的热情。

郑成功大军在台湾登陆后，立即扎下营寨，准备从侧后进攻赤嵌楼。荷兰殖民者陷入进退维谷的困境。赤嵌城和台湾城之间的海道也已被郑军封锁，使两地的殖民者无法互相援助。当时，荷兰侵略军头目揆一据守在台湾城（即热兰遮城堡），城中只有荷兰侵略军一千一百多人。据守赤嵌城（即普鲁文查城堡）的是荷兰侵略军司令官描难实叮，城中荷兰官兵也只有三四百人。此外，在台湾城附近停泊的荷兰船仅仅只有两艘战舰、两艘小艇和一些帆船。荷兰侵略者妄图凭借这些船炮和城堡，乘郑军立足未稳之际，打退郑军。四月初三，荷兰侵略军从海陆两路出击。在海上，荷兰殖民者以其主力舰赫克托号企图阻挡郑军战船。郑成功以众敌寡，集中六十艘最强的战船将它团团包围，用猛烈的炮火，把赫克托号击沉。接着，其他三艘荷兰船也被击溃，其中一只缩回台湾城下，一只逃往巴达维亚。在陆上，当郑成功大军从北航道登陆禾寮港时，荷兰殖民者派汤马斯·贝德尔上尉带领二百四十名士兵企图阻止。这个贝德尔上尉，就是绰号叫“拔鬼仔”的，他竟狂妄地说什么只消一阵排枪就可把中国军队打散。郑成功命令部将率领七百多名战士，从侧翼绕过小山，向敌人后面抄袭，大军主要以弓箭从正面迎敌。在郑成功四千大军的围攻下，荷兰侵略军腹背受敌，当场被击毙一百一十八人，贝德尔本人也随之一命呜呼。与此同时，荷兰殖民者又派阿尔多普上尉率领二百名士兵，乘舢板到赤嵌附近，企图阻挡郑军的登陆。结果遭到郑军优势兵力的攻击，大败而归。赤嵌城守将描难实叮，见郑军登陆，一面发炮，一面向台湾城呼救。揆一便命令阿尔多普乘船转往赤嵌城增援，但在郑军战船的阻击下，只有六十名士兵侥幸登陆，阿尔多普和其余士兵慌忙掉转船头逃回台湾城。

郑成功大败荷兰侵略军后，便以一万两千人的兵力围困赤嵌城。赤嵌城即普鲁文查堡，周围四十五丈，高三丈六尺，城墙上有四座炮楼。守城的荷兰殖民者为争取喘息时间，派人同郑成功“谈判”，表示愿向郑成功“年输口税若千万，并土产□□货随意听从，年年照例纳贡。……送劳师银十万两”。郑成功断然拒绝，他严正指出，台湾“一向是属于中国的。……现在中国人需要这块土地，……自应当把它归还原主，这是理所当然的事”。正当郑成功以重兵重炮围攻赤嵌城时，当地人民向郑成功献计说，赤嵌城中无井泉，城外高山有水自上而下，绕于城壕，贯城而过，这是城中的唯一水源，若将其堵塞，城中的荷兰军要不了三天就会自动投降。郑成功采纳这个计策，终于迫使荷兰守将描难实叮于四月初六在城头树起了白旗。

郑成功收复赤嵌城后的第二天，又指挥大军分水陆两路围攻台湾城。台湾城即热兰遮堡，周方二百七十七丈六尺，高三丈多，分三层，下层深入地下一丈多，城垣坚固，四隅向外突出，置炮二十尊，南北还各置千斤巨炮十尊。守城荷军以密集火炮远射，封锁了周围每条道路。郑成功以正面进攻和侧翼迂回，水陆协同作战的战术，对台湾城进行围困。先派三四千人占据台湾城外市区，在市区平野架设二十八门大炮；然后派杨祥等率兵前往七鲲身，从左翼侧逼近台湾城。荷军一部行至七鲲身，还没来得及列阵对垒，即被杨祥率领的盾牌军冲垮，死伤过半，其余荷军狼狈退回台湾城。郑成功亲自指挥将士渡海移扎一鲲身，从南端进攻台湾城。在郑军进逼下，台湾城内的荷兰侵略者一片混乱。这时困守在城内的侵略军只有八百七十人，退据堡垒继续顽抗。郑成功一面准备攻城，一面敦促龟缩在热兰遮堡的荷兰殖民者出降。揆一执迷不悟，继续负隅顽抗。四月二十九日，郑成功下令向台湾城发动猛攻，炮击达四小时之久，摧毁台湾城的大部胸墙，击伤许多荷军。揆一拼命在城上列炮还击，迫使郑军向后撤退。荷军乘势从城中冲出，妄图夺取郑军大炮，被郑军将领马信、刘国轩所率弓箭手击退。为尽量避免过多的杀伤，郑成功决定改变速决战为持久战。他一方面派提督马信率领精锐部队驻扎台湾城外市区进行围困，另一方面又派六千兵力逼近台湾城南，与马信互为呼应，配合行动。五月初二，郑军第二梯队黄安等六镇六千人，乘坐二十艘

↑ **荷兰殖民者向郑成功投降图**

船只，抵达台湾城，从南面逼近该城城堡。郑军兵力得到加强，供给得到补充后，从五月初五日开始，在所有通向城堡的街道都筑起防栅，并且挖了一条很宽的壕沟，加强对荷军的围困。

在郑军的围困之下，台湾城内的荷兰殖民者由于疲惫和饥饿，兵士患血痢、坏血症、水肿，每天都有死亡。九个月内，饿死加上战死的达一千六百余人，最后仅剩下四百名健壮的士兵。

巴达维亚城的荷兰总督闻讯后，派了十艘兵船和七百名士兵，由司令官卡尤率领前往台湾支援。七月初五，这支援军到达台湾海面，不敢贸然驶进。直等到一个月后，即闰七月二十三日，才开入港内，企图进行偷袭。但还未及措手，就遭到了郑军水师的迎头痛击，卡尤率残部狼狈逃回巴达维亚。

经过八个多月的围困，郑成功下令在台湾城外增设炮台，挖掘战壕，准备发动总攻。十二月初六清晨，郑军以重炮轰击并进占乌特利支堡。十二月十三日，荷兰殖民头目揆一只得在投降书上签字，然后率部撤出了台湾。郑成功驱荷复台的伟大斗争，在台湾各族人民的大力支援下，终于赢得了胜利。

披荆斩棘　开发台湾

郑成功收复台湾后，采取一系列恢复和发展生产、密切民族关系的措施，为台湾地区的开发开创了一个新的局面。

郑成功到达台湾一个多月，即改赤嵌地方为东都明京，设承天一府天兴、万年二县，这是台湾府县设置之始。从这套府县设置看，完全沿袭明制，同祖国大陆的政权形式一致。郑成功总号台湾为东都，且标明“明京”，可见他仍把自己看成是明之海外孤臣。郑成功之子郑经嗣位后，也不堕先志，恪守臣节。后郑经因闻永历帝朱由榔已卒，若东都总号不改，便有忘僭之嫌，所以将东都改为东宁，置天兴、万年二州。

郑成功十分注意团结台湾同胞，尤其是对台湾少数民族（当时统称为番族），采取民族和睦政策。登陆不久，郑成功即带领他的部将亲临新港、麻豆、萧垅、目加溜湾四社慰问当地的少数民族同胞，对前来迎附的村社头目设宴款待，并赐给正副土官袍帽靴带，以示抚慰。各族同胞深为感动，南北各社闻风前来归附者接踵而至。郑成功又赠送他们许多烟草、布帛。为了帮助他们发展生产，郑成功还根据杨英的建议，发给各社耕牛和铁农具，并派有经验的汉族农民向他们传授先进的农业生产技术。

为了保护台湾各族人民的利益，郑成功收复台湾后即注意整饬法纪。他严令禁止士兵滋扰各族人民的村社，不准混侵土民及百姓的现耕物业，如有违反，法在必究，从重惩处。郑成功一向用法严峻，违法者即使亲信也不能赦免。他的部将吴豪因抢掠百姓、监匿米粟而被处以极刑。右虎卫陈蟒同罪，被“捆责革职”。承天府府尹杨朝栋因“以小斗散粮”，被全家抄斩。马信曾劝说郑成功“宜用宽典”，郑成功回答说：“法贵于严，庶不至流弊，俾后之守者自易治耳。”

郑成功为稳定军心民心，解决严重的军粮和给养问题，他亲下谕令并颁布垦殖条款，大力推行屯垦，实行“寓兵于农”政策。垦殖条款颁订后，在当时台湾城的荷兰殖民者尚负隅顽抗的情况下，他即果断地做出将各镇营分派汛地屯垦的决定。除留马信所部执行围困台湾城的军务外，其余官兵均按镇分地，按地开荒，插竹为社，斩茅为屋，围生牛教以犁，使野无旷土，而军有余粮。农隙则训以武事，有警荷戈以战，无警负耒以耕。这不但解决了军粮问题，而且对台湾的开发做出了重大贡献。

郑成功还把从荷兰殖民者手里没收来的王田改为官田，由官府供给生产资料，租给农民耕种，收取实物地租。镇守将兵，分兵屯垦所垦殖的土地叫营盘田，实行自耕自给，每年只需向官府交收获量的三分之一。此外，鼓励文武官员及绅士圈地募民开垦，所垦土地称为私田，可以传为世业，从而出现了文武各官竞相占地招佃开垦的局面。

为了开发台湾，郑成功抵台时，曾严令金、厦所部搬眷赴台，并派人至漳州、泉州、惠州、潮州等沿海地区，招徕因清廷实行海禁而流离失所之民入台开垦。当时官兵迁家眷来台的虽不多，但沿海居民不愿内徙而东渡台湾的人数却不少。台湾人口因而有了较大幅度的增长，至康熙二十二年（1683年）清朝政府统一台湾前夕，从大陆移入台湾的人口已不下二十万。迁台的大陆汉族人民，同台湾各族同胞一起，披荆斩棘，为共同开发宝岛做出了贡献。

郑成功包括其子郑经时期对台湾的经营开发，使台湾的社会经济获得了飞跃发展，尤其是台湾西南部平原地区出现了空前繁荣的景象。许多新的城镇，如琅峤、云林、彰化、新竹等都是在这个时期开始形成的。即使较远的淡水、基隆等地，也因驻军屯垦而为日后的繁荣奠定了基础。台湾土地日辟，生产日盛，“向之惮行者，今喜为乐土焉”。

郑成功还提倡教育。在少数民族居住的村社设立乡塾，并规定送子女入学者，可以减免徭役和赋税，从而大大提高了各民族的文化水平。

清康熙元年，南明永历十六年（1662年）五月初八，郑成功病逝于台湾，年仅三十九岁。他驱逐荷兰殖民者、收复台湾、开发台湾的不朽功勋，将永载史册。他不愧为中华民族的英雄，值得我们永远纪念。

许良国

作者许良国，毕业于中央民族学院历史系。中央民族大学民族学与社会学学院教授，中央民族大学台湾少数民族研究所顾问。著有《高山族风俗志》（合著）、《台湾民族研究文集》等。

抗俄大将

萨布素

萨布素个人小档案

姓氏：富察氏

旗籍：镶黄旗

生卒年：1629—1701年

所处时代：清朝

民族：满族

官职：黑龙江将军

出生地：宁古塔（今黑龙江宁安）

辅佐君王：清顺治帝、康熙帝

军事成就：抗击沙俄、巩固边防、建设北疆

封爵：一等轻车都尉

最得意：两败俄军

最失意：晚年被投闲置散

萨布素

萨布素，姓富察氏，宁古塔（今黑龙江宁安）人，隶满洲镶黄旗，是清初著名的爱国将领。

“出身微贱” 年轻有为

萨布素的四世祖充顺，居住在噶哈里（今吉林延边汪清县境），膂力过人，笃好仁爱，为岳克通鄂城主。在清太祖努尔哈赤统一女真各部的进程中，充顺归附于后金。天命十年（1625年）后金迁都沈阳后，萨布素的三世祖哈木都也携眷移居沈阳。他的祖父哈尔苏军功不著，史传阙载。萨布素的父亲随哈纳被派往宁古塔驻防，就在这里安家落户。

宁古塔老城在今宁安县城西北五十里的海兰河南岸，背山面水，水草肥美。城高丈余，周围一里，东西各一门，是一座不太大的边城。随哈纳在宁古塔城的南马场，做一名低级的官员。他的妻子舒木鲁氏，生有二子：长为萨布素，次为党丹。萨布素因父亲官职低微，所以史称其“出身微贱”。

萨布素少年时聪明伶俐，勤奋好学。他像其他满族少年一样，八九岁就开始用一种满语叫作“斐兰”的小弓，练习射箭。还常帮助父亲牧放马群。稍长便随同族人行围打猎，驰射山林。萨布素在青少年时所受的家庭教育和生活磨炼，使他勤劳朴实，待人宽厚，勇敢坚毅，弓马娴熟。萨布素成年后，被挑补披甲，在宁古塔城当兵。

在萨布素青少年时期，黑龙江流域受到了俄军的侵略。崇德八年（1643年），沙俄波雅科夫率兵翻越外兴安岭，侵入精奇里江（今结雅河）流域，受到达斡尔人的反击。他们因抢不到粮食，竟以被杀害的达斡尔人尸体作为食物。顺治六年（1649年），沙俄哈巴罗夫又率兵侵入黑龙江流域，捕捉人质，强索貂皮，抢劫粮食，掳掠妇女。顺治八年（1651年），侵略军攻占桂古达尔屯寨（在今呼玛尔以北）后，一次就杀死达斡尔人六百六十一名，掳去妇女和儿童三百六十一人。

顺治十年（1653年），清廷命沙尔虎达为昂邦章京，镇守宁古塔地方，以加强黑龙江流域的防务。从此，宁古塔（吉林）昂邦章京辖区从盛京昂邦章京辖区中析置出来，成为与其同级的军政区。萨布素在沙尔虎达属下披甲，不久因粗通文墨，喜读《三国演义》，勤于职，有韬略，被提拔为笔帖式（书手）。沙尔虎达任昂邦章京后，鉴于前宁古塔章京海色因反击沙俄侵略不力而被处死的教训，挑补丁壮，修船造炮，练兵习武，反击侵略。顺治十一年（1654年），沙尔虎达获取击败斯杰潘诺夫进犯的松花江之捷。顺治十四年（1657年），又在尚坚乌黑（据考其地在今黑龙江佳木斯市郊一带），击败斯杰潘诺夫。第二年，沙尔虎达率船舰四十余艘，在松花江口再败沙俄侵略军，俄军头目斯杰潘诺夫葬身鱼腹。萨布素随沙尔虎达屡败沙俄侵略军，并被晋升为武职正六品的骁骑校。但顺治十六年（1659年）沙尔虎达病故，清廷命其子巴海继任为宁古塔昂邦章京。萨布素则继续在巴海麾下任职。

康熙元年（1662年），清廷以宁古塔为东北边陲要地，改巴海为宁古塔将军。巴海兴建宁古塔新城，新城在旧城南约六十里。内城周约二里，北为将军衙署，东、南、西各开一门。外城设木城两重，周约八里，开四门，南临牡丹江。后宁古塔将军移驻新城。萨布素为新城的修建而殚心经营。

康熙三年（1664年），宁古塔将军率师往黑龙江下游费雅喀、赫哲地区，萨布素随往。巴海在恒滚河即阿姆贡河口一带的黑喇乌苏，击败沙俄侵略军。从此，黑龙江下游地区边患稍息。萨布素以军功，署防御（官职在骁骑校之上、佐领之下）。

但是，康熙四年（1665年），沙俄切尔尼果夫斯基继俄军于顺治十五年（1658年）强占尼布楚（即涅尔琴斯克）之后，又窜至雅克萨（即阿尔巴津）。雅克萨位于黑龙江上游左岸，与额穆尔河口隔江相对。俄军在雅克萨四处抢掠，垒城筑室。城堡西部朝向黑龙江，位置在高峻悬崖上，其周围是一片开阔的农田、牧场和沼泽。雅克萨是从贝加尔湖方向和从雅库次克方向进入黑龙江地区的水陆咽喉。俄军占领雅克萨后，不仅剽掠人口，强夺貂皮，而且把二十名中国猎人关进一间屋子里，活活烧死，并抢走了这些猎人的财物和马匹，犯下令人发指的暴行。

康熙十年（1671年），康熙帝首次东巡。他除谒陵祭祖外，还在爱新地方召见宁古塔将军，谕其对沙俄侵略“加意防御，操练士马，整备器械，毋堕狡计”[①]。并命宁古塔将军对费雅喀、赫哲等部民“广布教化”。于是，宁古塔将军招抚珲春河以北的少数民族居民，编为十二个佐领，移住吉林。其后，宁古塔将军大规模地招抚新满洲，包括松花江下游、诺罗河、乌苏里江和穆棱河流域的部民，编成四十个佐领，安置在宁古塔和吉林等地。康熙十五年（1676年），宁古塔将军移驻吉林，萨布素以武职从三品的协领留守宁古塔，继续练兵戍守，招抚新满洲。

康熙十六年（1677年）四月，康熙帝派武默纳等前往瞻视长白山。六月，武默纳等至吉林。宁古塔将军派协领萨布素率两百兵、携三月粮，护送武默讷等往长白山。武默讷、萨布素一行，从吉林出发，循温德亨河、库勒纳岭、奇尔萨河、布尔堪河、纳丹佛勒城等陆行七日，抵讷殷江岸。其时先行运粮的船队也到达此地。武默讷和萨布素分道而进：武默讷等乘小船由江中逆流而上；萨布素带领官兵由瓦努河逆航二日，至佛多和河顺航一日，先武默讷一日抵额

① 《清圣祖实录》第三七卷，康熙十年十月壬辰。

赫讷殷。从这里往前望去，林木蔽天，无路可寻。萨布素亲率官兵，伐木开路，艰难前进，行三十余里，登上山岭，升树而望，见长白山熠熠白光，巍巍挺拔，计相距百余里。萨布素派人报告武默讷后，又开路同行一日，听见林中鹤鸣，即寻声疾走，找到鹿蹊，循蹊驰行，进至山麓。武默讷、萨布素对山礼毕，云雾散开，峰峦清晰，香树纷郁，黄花灿烂。萨布素先登上山巅，只见五峰环拱耸立，天池碧波粼粼。随之萨布素测量了天池至峰顶的距离为二百五十丈。瞻礼后，武默讷和萨布素等由原路返回吉林。第二年，康熙帝再遣武默讷前往封长白山之神，祀典如同五岳。康熙十七年（1678年），升萨布素为宁古塔副都统。

肩负重任　反击侵略

先是康熙十二年（1673年），吴三桂、耿精忠、尚之信先后发动了反叛清廷的战争。清从东北抽调大量军队入关，以平定“三藩之乱”。东北防务，一度空虚。这时沙俄加紧了对黑龙江流域的侵略。康熙十九年（1680

↑ 《纪功图卷》(局部),清黄壁绘,内容表现江西总督平定三藩叛乱

年），俄国成立尼布楚督军区。随后，俄军一路沿额尔古纳河，另一路沿黑龙江中下游进犯。并派俄军乘船顺黑龙江而下，直至下游广大地区。这正如康熙帝所指出的："向者罗刹（俄罗斯），无故犯边，收我逋逃，后渐越界而来，扰害索伦、赫哲、飞牙喀（费雅喀）、奇勒尔诸地，不遑宁处，剽劫人口，抢掳村庄，攘夺貂皮，肆恶多端。是以屡遣人宣谕，复移文来使，罗刹竟不报命，反深入赫哲、飞牙喀一带，扰害益甚。"①康熙帝在平定"三藩之乱"和统一台湾后，即将战略重点转向东北边疆，加强边防建设，准备剿灭沙俄侵略军。

康熙二十一年（1682年），康熙帝第二次东巡，以"三藩"平定、谒告祖陵，兼巡视边疆、远览形胜。康熙帝祭陵后，率领诸王大臣至吉林，遥拜长白山，泛舟松花江，船两百余艘，旌旗朱缨映水，采帆画鹢风轻，连樯接舰，格外壮观。萨布素受到康熙帝的召见。同年八月，康熙帝遣副都统郎坦、朋春偕宁古塔副都统萨布素率几百人，以捕鹿为名，沿黑龙江行围，直抵雅克萨城下，探明居址、地形、道里、交通。萨布素同郎坦、朋春等从墨尔根（今黑龙江省嫩江）越兴安岭，行程十六日，抵雅克萨。萨布素熟悉东北山川形势，遂与郎坦、朋春在雅克萨城外"指画言可图状"②。萨布素还与随同官员察看从瑷珲至额苏里的舟行水路，以及从额苏里至宁古塔的陆路交通。郎坦和朋春回京后，奏称雅克萨易取。康熙帝鉴于以往黑龙江一带没有建城驻兵，从宁古塔出兵反击，每次都因粮食不继而停止；俄国侵略军虽为数不多，却筑城居住，耕种自给；因而造成"我进则彼退，我退则彼进，用兵无已，边民不安"③的局面。于是清廷命建黑龙江（瑷珲）与呼玛尔（呼玛）两地木城，并调宁古塔兵一千五百名前往驻扎。

康熙二十二年（1683年）四月，吉林将军巴海等奏言："瑷珲、呼玛尔距雅克萨辽远，若驻兵两处，则势分道阻，难于防御；而且过了雅克萨，有尼布楚

---

① 《清圣祖实录》第一一九卷，康熙二十四年正月癸未。

② 陈仪：《萨布素传》，《碑传集》第一一五卷。

③ 《清圣祖实录》第一一九卷，康熙二十四年正月癸未。

等城，如俄兵从水路运粮，增兵救援，更难为计——宜乘其积储未备，速行征剿。”巴海等“速行征剿”的奏疏，同康熙帝在瑷珲和呼玛尔“建城永戍”的旨意相抵牾。疏下议政王大臣会议，议如所请。康熙帝以其未合机宜，命再议。他对巴海等的上述疏奏不甚满意，决定巴海仍留守吉林，命副都统萨布素同瓦礼祜率军前往黑龙江。因瑷珲与呼玛尔之间的额苏里，可以藏船，有田陇旧迹，允王大臣所议，在此建木城，由萨布素与瓦礼祜率兵驻守。

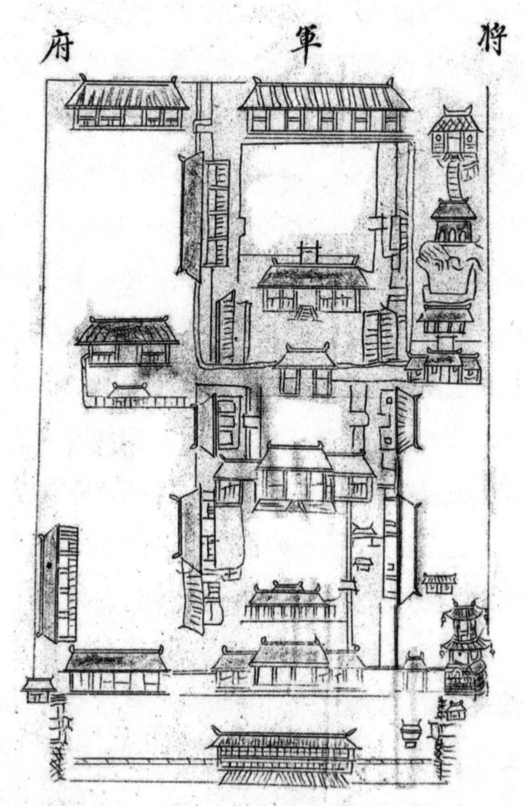

↑ 黑龙江将军府格局图

同年夏，萨布素率吉林和宁古塔官兵一千五百人，分水陆两路行进，于三姓（今黑龙江省依兰）地方会合，向黑龙江进发。不久，清军进至特尔德尼附近，发现一队俄军乘船顺流而下。萨布素令将俄军包围，俄军势孤力竭降。后清廷命郎坦会商黑龙江驻兵事宜。寻奏言：“额苏里于今年七月，便降霜雪。若在明年秋后移宁古塔兵往驻，恐地寒霜早，谷物不获，难以糊口。应就近移达斡尔兵五百人，在来春赴额苏里耕种，再派宁古塔兵三千人，分为三班，轮番驻防。”康熙帝谕斥道：“兵丁频事更番，必致困苦，非长久之策。”①因命在瑷珲建城戍兵，备船置炮，运贮粮食，设立驿站。萨布素即奏言：“永戍黑龙江（瑷珲）诸务，上谕周详，悉宜尊奉。”②十月，清始设黑龙江将军，以萨

① 何秋涛：《平定罗刹方略一》，《朔方备乘》卷首五。

② 《清圣祖实录》第一一二卷，康熙二十二年九月丁丑。

布素“年力强壮、文武兼通、才堪委用”[1]，著授为黑龙江将军。黑龙江将军的辖境，东至宁古塔西界，西接额尔古纳河，南临漠南蒙古，北跨外兴安岭。黑龙江将军与盛京将军、吉林将军鼎称，奠定了后来东北三省区划的建制。黑龙江将军萨布素受命后，即着手加强边疆防务，准备抗俄战争。

第一，建瑷珲城。萨布素经过勘察，在精奇里江口的黑龙江东岸，瑷珲河畔明忽里平寨址，建瑷珲城。城为方形，四周覆以带草的土埝，城外掘壕，壕外设栅。不久，萨布素因瑷珲城僻处江东，水上交通及公文往来均不方便，一旦有警，缓不济急，遂决定在黑龙江西岸托尔加城旧址，另建瑷珲城（今黑龙江省黑河）。原瑷珲城称为旧瑷珲。康熙二十三年（1684年），“左枕龙江，右环兴岭”[2]的新瑷珲城建成，遂成为北陲屏藩，北门锁钥。

第二，运贮粮食。清开辟辽河、松花江和黑龙江的水陆粮食联运，即从辽河的巨流河渡口，溯流运至东辽河等色屯（今吉林梨树县），再陆运至伊屯门（今吉林伊通县），经伊通河入松花江，顺江而下入黑龙江，再溯黑龙江而上抵瑷珲。清廷先命萨布素负责从松花江口至瑷珲的黑龙江上粮食水运，后又命其统管松花江与黑龙江的水运。康熙二十三年（1684年）春，萨布素组织吉林、打牲乌喇和宁古塔的兵丁、猎户共两千余人，将辽河流域等地的粮食水运至瑷珲。

第三，屯田备兵。萨布素根据康熙帝“我兵一至，即行耕种”的谕旨，在瑷珲等地屯田。他又调达斡尔官兵五百人，赴额苏里耕种戍守。并逐渐迁移满洲、达斡尔等官兵家口于戍地。清廷又命先后修造大小船舰及运粮船数百艘，并命铸造红衣大炮等运往瑷珲。萨布素整肃部伍，训练士卒，日习水战，操演施炮，加紧备兵，准备作战。

第四，拔敌据点。康熙二十二年（1683年）冬，萨布素与精奇里江一带鄂伦春头人朱尔铿格等，会同派兵扫除沿江被俄军侵踞的堡垒。他们先后拔除多隆斯克、西林宾斯克、结雅斯克，并救出被关押的人质。康熙二十三年（1684年）春，萨布素等疏请于四月冰解后，派官兵三百人，携炮四门，以费雅喀人为向

① 《康熙起居注册》康熙二十年五月十六日戊辰，中国第一历史档案馆藏。

② 何秋涛：《北徼形势考》，《朔方备乘》第十一卷。

导，对黑龙江下游地区进行招抚，“不即归降，则进兵剿灭”，若敌兵“闻风先遁，所发之兵，即乘机安辑”。[①]他的陈奏获准后，便派兵进抵恒滚河一带，俄军闻风先遁。萨布素同当地少数民族共同拔掉黑龙江中下游的俄军侵略据点，唯余其在上游的最后据点——雅克萨。

雅克萨城　两败俄军

康熙二十三年（1684年）七月，黑龙江将军萨布素受到康熙帝“坐失机宜”的谴责。先是，侍郎马喇曾疏请“敕黑龙江将军，水陆并进，作攻取雅克萨状，因取其田禾，则罗刹不久自困，量遣轻骑，剿灭似易”[②]。因此，康熙帝命萨布素进兵雅克萨，取其田禾，使之自困。但萨布素委婉地疏言：“臣军粮六月初三日始能运到，分粮、治装至初十日方能启行，溯江而上，约需一月，其时雅克萨城外庄稼已收割完毕，则取禾无及，徒劳士马，请于来年四月进兵。”康熙帝览奏后，虽在表面上斥责萨布素，但在实际上仍采纳了他的疏议，后派都统瓦山等往瑷珲，会同萨布素商议攻取雅克萨的作战方案。

康熙二十四年（1685年）正月，萨布素同瓦山经过精心谋划，会奏攻取雅克萨的作战方案：“我兵于四月杪，水陆并进，抵雅克萨招抚，不行纳款，则攻其城。倘万难克取，即遵前旨，毁其田禾以归。”[③]议政王大臣等议如所奏，并获旨准。清廷即派都统朋春任统帅，并派副都统班达尔沙、护军统领佟宝、副都统马喇、銮仪使林兴珠及台湾投诚左都督何佑等，分率八旗、绿营兵丁及藤牌兵赴瑷珲，会同黑龙江将军萨布素收复雅克萨。

三月初五日，先期赴雅克萨侦察的达斡尔三十多人，生擒俄军七人，从口供中得知雅克萨城的设防及兵力不足千人的情况，为朋春、萨布素提供了重要

① 《清圣祖实录》第一一四卷，康熙二十三年正月乙酉。

② 《清圣祖实录》第一一五卷，康熙二十三年五月甲申。

③ 《清圣祖实录》第一一九卷，康熙二十四年正月癸未。

的情报。

四月二十八日，都统朋春、将军萨布素等统领清军约三千人，携火炮、刀矛和藤牌等兵器，分水陆两路，向雅克萨进发。萨布素指挥的前锋骑兵，先抵雅克萨城郊，“击其哨兵，尽擒之”[①]，扫清了雅克萨城的外围敌军。五月二十三日，清大军抵雅克萨城下，当即向俄军头目托尔布津发出用满、蒙、俄三种文字书写的咨文，要求其撤出雅克萨，归还我逃人，以雅库次克为界，互相贸易，彼此晏居；“倘执迷不悟，仍然拒命，大兵必攻破雅克萨城，歼除尔众矣”[②]。托尔布津恃其城垣坚固，有兵四百五十人、炮三门、鸟枪三百支，不肯迁归。二十三日，朋春、萨布素等，分水陆两路，列营攻城。萨布素亲率陆师阵于城南，列红衣炮于城北，集重师于城东南，布战舰于城西江面巡逻打援、严防敌窜。二十四日夜，将神威将军等火器移置于阵前。二十五日黎明，急进攻城，发炮轰击，城垣断毁，敌不能支。二十六日上午，托尔布津“稽首乞降”。都统朋春、黑龙江将军萨布素等遵照康熙帝“勿杀一人，俾还故土”的谕旨，准其撤离雅克萨，后俄军回至尼布楚。

清军赶走俄军后，平毁雅克萨城，即行班师。留副都统纳秦驻守瑷珲，派兵五百名在瑷珲和墨尔根屯田戍守，自吉林经墨尔根至瑷珲增设驿站，萨布素移驻墨尔根并建城防御。黑龙江将军萨布素在雅克萨之捷中的战功，受到康熙帝的嘉奖。

→ 清军在雅克萨之战中使用的『神威无敌大将军』炮

俄军撤回尼布楚后，由拜顿率领的六百余名援军由莫斯科到了尼布楚。尼布楚督军伊凡·符拉索夫，派出哥萨克七十人赴雅克萨侦察，侦知清军已经毁城

① 陈仪：《萨布素传》，《碑传集》第一一五卷。

② 《清圣祖实录》第一一九卷，康熙二十四年正月癸未。

撤兵。同年八月，托尔布津偕拜顿率俄军再次侵占雅克萨。他们依旧址筑城，城墙夹板，中填泥土，外面涂泥。在江面一侧竖立木栅。踞雅克萨的俄军兵力增至八百余人，炮十一门，炮弹和榴弹一百五十七发①。

康熙二十五年（1686年）正月，萨布素奏称："罗刹复来雅克萨，筑城盘踞。臣请于冰消时，督修船舰，亲率官兵，相机进剿。"康熙帝览奏后，派理藩院郎中满丕前往，满丕查明萨布素所奏属实。二月十三日，康熙颁发谕旨说，对复踞雅克萨的俄军，若不速行扑剿，势必积粮坚守，图之不易。于是"令将军萨布素等，暂停迁移家口，如前所请，速修船舰，统领乌喇、宁古塔官兵，驰赴黑龙江城（瑷珲）。至日，酌留盛京兵镇守，止率所部两千人，攻取雅克萨城"②。并令建义侯林兴珠率八旗汉军及福建藤牌兵四百人前往瑷珲。

六月底，黑龙江将军萨布素、副都统郎坦率清军两千余人，从瑷珲出发，七月十八日，会师于查克丹，进逼雅克萨城。俄军"退进要塞，挖洞穴居"③，准备负隅顽抗。七月二十三日，清军列阵围城，令侵略军撤离雅克萨；托尔布津不答，并鸣放枪炮，射击清军。萨布素命清军攻城，弓矢齐射，炮火轰鸣，托尔布津中弹身死。俄军改由拜顿指挥，继续顽抗。八月，萨布素命在雅克萨城的东、南、北三面，"掘长堑，立土垒，以困之"④。壕外设置木桩，划界分区围困。派舰在城西江面巡逻，截堵从尼布楚来的援兵。侵略军被围困长达十一个月，战死、病死很多，最后只剩下六十六人。雅克萨城旦夕可下。

俄国沙皇在雅克萨城危急之时，派官向清帝"乞撤雅克萨之围"，并遣使议定边界。此前清廷曾多次写信给俄国政府，谴责其侵略行径，要求其撤军谈判，但均未获结果。康熙帝在这次接到俄国政府信件后，即谕萨布素撤围城兵，列舰结营。十二月，康熙帝派侍卫马武到达雅克萨前线，宣布停止攻城。康熙二十六年（1687年）八月，萨布素奉命将清军先撤至查克丹驻扎，后分别撤至瑷珲和墨尔根驻守。

康熙二十八年（1689年），萨布素奉命随索额图等往尼布楚，同俄国代表

① 瓦西里耶夫：《外贝加尔哥萨克》（史纲）中译本，第二五七页。
② 《清圣祖实录》第一二四卷，康熙二十五年二月丁酉。
③ 涅维尔科伊：《俄国海军军官在俄国远东的功勋》中译本，第三五页。
④ 《八旗通志初集·郎坦传》第一五三卷。

费要多罗举行边界谈判。萨布素和郎坦率黑龙江兵一千五百人，分乘船只，装载粮米，从瑷珲出发，溯黑龙江而上，至尼布楚，设帐驻扎。在谈判过程中，萨布素既负责中国使团的安全保卫和粮食供应，又因熟悉东北山川形势而成为中国使团的重要成员。七月二十四日，缔结了《中俄尼布楚条约》，规定以外兴安岭至海、格尔必齐河与额尔古纳河为中俄两国东段边界。黑龙江以北、外兴安岭以南和乌苏里江以东至海地区为清朝领土。并规定俄国自毁雅克萨城，徙其人员以回。

《尼布楚条约》签订后，萨布素率黑龙江兵，顺江而下，返回瑷珲，后驻守墨尔根。萨布素回将军任后，负责勘界的事宜。索额图奏称："将军萨布素等，系专为管辖黑龙江等处之人，勘界事宜完毕后，将交伊管理。"[1]尔后，萨布素即负责其将军辖区的管理、防务与建设。

巩固边防　建设北疆

清廷在取得两次雅克萨之战胜利、签订《尼布楚条约》之后，着手反击厄鲁特蒙古准噶尔部首领噶尔丹的东犯。噶尔丹骑兵的东进，骚扰了喀尔喀蒙古和漠南蒙古。黑龙江将军辖区西南接喀尔喀蒙古，南临漠南蒙古。康熙二十九年（1690年），噶尔丹第一次东犯漠南蒙古，在乌兰布通（今内蒙古克什克腾旗境）兵败后，又图再犯。康熙帝命黑龙江将军萨布素整兵预备，要冲设防，并相机攻剿。

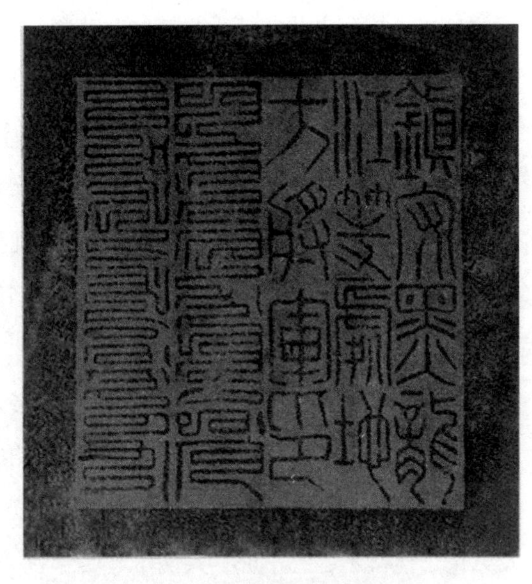

↑ 镇守黑龙江等处地方将军印

① 《索额图等奏抵尼布楚以来与俄方官员往返交涉情形本》，中国第一历史档案馆藏。

康熙三十四年（1695年），萨布素奉命前往呼伦贝尔、索岳尔济山等地巡视，拟定沿索岳尔济山设防，堵御噶尔丹骑兵的防御计划。他疏奏说："臣拟派兵自盛京、吉林、墨尔根三处，至索岳尔济山，一一丈量，分程设站。在无水之处，掘井以待用。嗣后，若索岳尔济山的东北呼伦贝尔有警，则与臣驻军之地相近，臣即先进兵，吉林和盛京兵继之；若索岳尔济山之西乌尔会等处有警，则与盛京相近，盛京先进兵，吉林及臣兵继之——总期会于索岳尔济山以进。"[①]康熙帝允其奏，并命他在噶尔丹顺克鲁伦河向呼伦贝尔、索岳尔济山东进时，即速行侦察，并酌情堵御。

康熙三十五年（1696年）二月，康熙帝亲率三路大军出击噶尔丹：黑龙江将军萨布素率东三省军队，会内蒙古科尔沁部出东路，沿克鲁伦河遏其窜逸之路；大将军费扬古、将军孙思克率陕甘兵等出宁夏西路，邀其归路；自率禁旅由独石口出中路——裹粮长驱，分进合击，捕其主力，速战速决。萨布素调集所属各路大兵，于四月初由索岳尔济山，克期驰进克鲁伦河。康熙帝亲临克鲁伦河流域。噶尔丹知道康熙帝亲率大军前来征讨时，吓得尽弃庐帐、器械西逃，在肯特山之南、土拉河之北、汗山之东的昭莫多，为西路大将军费扬古所败。萨布素奉旨在喀尔喀河附近择水草丰美地方秣马。六月，萨布素奉命率兵一千往科图。康熙三十六年（1697年）正月，萨布素因年老体弱被召回，寻令仍回原任。

康熙三十八年（1699年），黑龙江将军移驻齐齐哈尔。其辖区以将军驻地齐齐哈尔计，东至杨山（布列亚山）两千两百余里吉林界，西至喀尔喀九百余里车臣汗界，南至松花江五百余里吉林界，北至外兴安岭三千三百余里俄罗斯界。萨布素任黑龙江将军凡二十年，在其辖区内，实行军政兼施的方针。

第一，设置军政机构。黑龙江将军萨布素，奏经清廷旨准，组建了其下齐齐哈尔、墨尔根和瑷珲的军政机构：齐齐哈尔城，将军、副都统各一员，统辖八旗。旗各协领一，佐领五，防御一，骁骑校五，火器营参领一。该城满洲、汉军及索伦、达斡尔、巴尔虎兵共两千零四十名。墨尔根城，副都统一员，协领四，旗各佐领二、防御二、骁骑校二，有兵九百名。瑷珲城，副都统一员，协领四，

① 《清圣祖实录》第一六六卷，康熙三十四年正月甲子。

旗各佐领三、防御一、骁骑校三，火器营则统于齐齐哈尔参领，有兵一千两百名。定例实行操练和围猎，以训练技勇，修武戍边。

第二，配置多种火器。萨布素治军，重视火器的配置和使用，神威无敌大将军炮，齐齐哈尔和瑷珲各四位；神威将军炮，齐齐哈尔和瑷珲各十二位，墨尔根八位；龙炮，齐齐哈尔六位；威远炮，齐齐哈尔和瑷珲各一位。并配置火铳、鸟枪等多种火器。

第三，加强军民联防。萨布素遵奉康熙帝的谕旨，将其辖区内的少数民族索伦、达斡尔、巴尔虎三十二佐领兵，编入齐齐哈尔、墨尔根和瑷珲驻防八旗。又将鄂温克、鄂伦春等编入布特哈八旗，以旗统民，设官分治，屯种戍守，强固边防。

第四，建立巡边制度。《尼布楚条约》签订后，萨布素会同理藩院定制，其所属齐齐哈尔、墨尔根、瑷珲各副都统，于每年五六月间，派遣协领、佐领等官，率兵分三路，至格尔毕齐、额尔古纳等处巡边，年终具疏报闻。沿边设立巡逻鄂博，加强边境巡察。

第五，严格驿站管理。萨布素经手建立自齐齐哈尔经墨尔根至瑷珲，又自瑷珲经宁古塔至吉林的驿站。自瑷珲至吉林一千三百四十里，共设十九驿，每站设站丁三十人，马二十匹，牛三十头，每丁种地五垧。萨布素为维护驿站制度，陈奏曾做过康熙帝侍卫的瑷珲副都统关保，滥用驿站车马。关保因此受到降五级调用的处分。

第六，开始设立学校。黑龙江地区文化教育比较落后。萨布素早在宁古塔任职时，就优礼从关内流放至宁古塔的文士吴兆骞、杨越等人。这些人既授徒教书，又撰写诗文。吴兆骞曾写有《送萨参领入都》和《奉赠副帅萨公》等诗。《尼布楚条约》签订后，黑龙江地区开始进入和平安定、开发经济的新时期，文化教育也得到了发展。康熙三十四年（1695年），萨布素疏请在墨尔根两翼各设一所学校，设立教官，每年从索伦、达斡尔佐领下各选幼童入学，教习书义[①]。这是黑龙江地区“建学立师之始”。尔后，又在齐齐哈尔和瑷珲等城，相继建立学校，设师教学。

康熙三十七年（1698年），康熙帝第三次东巡，在吉林召见萨布素，谕

① 《清圣祖实录》第一六六卷，康熙三十四年二月癸巳。

称："黑龙江将军萨布素，授任以来，为国效力，训练士卒，平定鄂罗斯，勤劳可嘉。著给一等阿达哈哈番，令其世袭。"[①]阿达哈哈番为满语音译，系勋爵，汉意译为轻车都尉。黑龙江将军萨布素，被誉为康熙朝的"将军第一"[②]。

康熙四十年（1701年）二月，黑龙江将军萨布素被以"捏报兵丁数目，浮支仓谷"[③]罪革任，并革去一等轻车都尉世职，在佐领上行走。寻授散秩大臣，后死。

阎崇年

作者阎崇年，北京市社会科学院研究员。主要著作有《清朝开国史》《燕步集》《燕史集》《袁崇焕研究论集》《满学论集》《清史论集》《袁崇焕传》《康熙帝大传》《阎崇年集》等。在中央电视台"百家讲坛"主讲过《正说清朝十二帝》《明亡清兴六十年》《康熙大帝》《大故宫》。

① 《清圣祖实录》第一九〇卷，康熙三十七年十月己亥。

② 陈仪：《萨布素传》，《碑传集》第一一五卷。

③ 《清圣祖实录》第二〇三卷，康熙四十年二月己未朔。

威震朔方的策凌

策凌个人小档案

本名：博尔济吉特·策棱

别名：策凌

所处时代：清朝

生卒年：1672—1750年

民族：蒙古族

官职： 定边左副将军

出生地：蒙古喀尔喀部（今蒙古人民共和国）

辅佐君王：清康熙帝、雍正帝、乾隆帝

军事成就：光显寺之战、镇守西北边陲

封爵：和硕亲王

最得意：光显寺之战赐号“超勇”

最失意：未能彻底消灭准噶尔分裂势力

策凌

我国清代康熙、雍正、乾隆年间，在遥远的西北边陲，驻守着一员蒙古族将领。他曾身任定边左副将军之职，负责戍守辽阔的西北疆域。他在几十年的戎马生涯中，驰骋疆场，身先士卒，屡建奇功，威震朔方，名字响彻大漠南北，为清朝多民族国家的统一和巩固做出了重要贡献。他，就是清代前期的杰出将帅策凌。

策凌，生年不详，卒于乾隆十五年（1750年），我国清代喀尔喀蒙古（今蒙古）人，博尔济吉特氏，元太祖成吉思汗的直系子孙。康熙三十一年（1692年），他随同祖母格楚勒哈屯从塔密尔河（今蒙古国车车尔格勒附近）投归清朝中央政府，康熙帝授予他三等轻车都尉[①]，命居住京师，教养内廷[②]。康熙四十五年（1706年）五月，策凌尚[③]康熙帝第十女和硕纯慤（音què）公主，被授为和硕额驸[④]，赐贝子品级[⑤]，奉诏携带所属回塔密尔游牧。

策凌生活的年代正是我国清代前期多民族统一国家进一步发展和巩固的时

---

① 轻车都尉：官名，并没有实际职掌。

② 内廷：即皇宫里面。

③ 尚：这里是娶的意思，专指娶帝王之女。

④ 额驸：清代帝王女夫婿的专称。

⑤ 贝子：清代爵位的一种等级。清代有亲王、郡王、贝勒、贝子，镇国公、辅国公六等爵。

期。清代前期，我国蒙古族按地域不同，有漠南蒙古（今内蒙古）、漠北喀尔喀蒙古、漠西厄鲁特蒙古（今新疆境内）之分。当清政权还在关外时期，漠南蒙古就已归附。康熙三十年（1691年），喀尔喀蒙古也全部接受了清朝中央政府的管辖。只有漠西厄鲁特蒙古，虽然早已和清朝中央政府有经济往来，但是，在乾隆二十二年（1757年）以前，它始终是一个地方性政权。当时，厄鲁特蒙古分为四部，也称四卫拉特，准噶尔是四部之一，势力最强。准噶尔首领不仅控制了整个厄鲁特蒙古，而且还不时东犯，以各种借口劫掠喀尔喀蒙古的牲畜，抢占他们的牧场，给清朝多民族国家的统一造成了严重威胁。清朝中央政府为了保护喀尔喀蒙古免受袭扰，维护国家统一，从康熙朝中叶起，就不断地和准噶尔贵族发生军事冲突。为此，康熙帝曾三次亲征漠北，打败了准噶尔贵族首领噶尔丹，才使清朝的西北疆域获得了暂时的平静。

从康熙五十四年（1715年）起，准噶尔贵族的首领策妄阿拉布坦继噶尔丹之后，收集余众，积蓄力量，日渐强大，一改过去对清朝中央政府极为恭顺的态度，尽效噶尔丹所作所为。这年四月，策妄阿拉布坦发兵两千，抢掠哈密（今新疆哈密），并袭扰喀尔喀蒙古。于是，清朝西北边陲烽烟再起。清政府为稳定边疆，诏示大将军费扬古、祁里德统率军队赴推河（今蒙古国境内金斯图以北）驻防，并命在塔密尔游牧的策凌前往推河从军，出北路防御策妄阿拉布坦。从此，策凌开始了他的数十年戎马生涯，他的主要功绩，也正是在清政府对准噶尔部战争中建立的。

策凌所属的喀尔喀蒙古，在我国清代，因其在大漠以北，也称外蒙古，原是成吉思汗十五世孙达延车臣汗幼子格埒森札札赉尔珲台吉[①]的牧地。达延车臣汗有子十一人，其中数子由瀚海[②]南迁，成为漠南内蒙古各部的先世。格埒森札札赉尔珲台吉则仍留牧漠北，号所部为喀尔喀[③]，将所属划为七部，由七子分领，分左右两翼，以后逐渐演变成土谢图汗、车臣汗、札萨克图汗三大部。此外，格埒森札札赉尔珲台吉第三子名诺诺和，诺诺和第四子叫图蒙肎，他非常尊

① 台吉：清代对蒙古部落的封爵名称，位次辅国公，分四等。这里则是尊称，含太子之意。

② 瀚海：这里指沙漠。

③ 喀尔喀：蒙语，坚固的意思。

崇黄教喇嘛[①]，曾亲自去西藏拜谒四世达赖。达赖喇嘛以其贤明，赐予“赛音诺颜”号[②]。图蒙肯的次子名丹津喇嘛，就是策凌的祖父。早在顺治十二年（1655年），清朝就命丹津喇嘛岁贡九白[③]，使他的地位和土谢图汗、札萨克图汗、车臣汗三部平等。顺治十八年（1661年），清政府又赐丹津喇嘛“顺义”名号，并给敕印。康熙三年（1664年），康熙帝还赐丹津喇嘛之孙善巴“信顺额尔和岱青”号。善巴是策凌的从兄。可见，策凌家族与清朝中央政府之间的关系一向是很密切的。

↑ 反映清军后勤保障的《北征督运图》

康熙五十五年（1716年），策妄阿拉布坦派兵由沙拉（今蒙古国吉尔格郎图附近）袭击青海（今青海省），同时派手下大将大策凌敦多卜率兵进攻西藏。康熙五十六年（1717年），大策凌敦多卜占据西藏。此后，准噶尔贵族对青海和喀尔喀蒙古地区也虎视眈眈。清朝西北地区一时风云突变。清政府为了消除准噶尔贵族势力的威胁，康熙五十七年（1718年），派西安将军额伦特率大军入藏。

① 黄教：西藏喇嘛教中的一种，其僧穿黄衣，戴黄帽。

② 赛音诺颜：赛音，藏语，好的意思；诺颜，蒙古语，官长之意。

③ 九白：指白驼一只，白马八匹。

由于额伦特遭到了准噶尔贵族军队的伏击，几乎全军覆没，这样，清朝西北地区的险恶形势并没有改变。清政府为了驱逐准噶尔贵族势力，保护西藏，决定再派大将军噶尔弼、延信率军入藏；同时，诏示靖边大将军富宁安、振武将军傅尔丹配合入藏大军，向准噶尔部本地进攻。康熙五十九年（1720年），策凌随同振武将军傅尔丹出兵布拉罕（今蒙古国青河附近），向格尔额尔格（位于今蒙古国西部）进发。一路上，策凌多次击败准噶尔军队，不仅俘获策妄阿拉布坦手下宰桑[①]贝坤等一百多人，还斩获无数。在乌兰呼格尔（位于今蒙古国西部）地方，更焚烧了准噶尔军队的粮草。回师途中，遇到了准噶尔部的援兵，策凌毫不畏惧，又把援军打败。清军取得了重大胜利。这次胜利，不仅打乱了准噶尔贵族势力袭扰青海和喀尔喀蒙古的计划，而且，对进抵西藏的清军也是个有力的援助。由于策妄阿拉布坦无力救济在西藏的军队，康熙五十九年，进藏清军比较顺利地击败了大策凌敦多卜，并最后把准噶尔贵族势力驱逐出西藏。清朝恢复了在西藏的封建统治秩序。这次在对准噶尔部的战争中，策凌初露锋芒，战绩卓著，受到清朝中央政府的重视。康熙六十年（1721年），策凌被授为札萨克[②]。雍正元年（1723年），雍正帝又以“从征效力，甚属奋勉”为名，晋封他为多罗郡王，批准使用正黄旗旗纛（音dù）[③]。

策凌多年从军漠北，对喀尔喀蒙古地区的山川地貌极为熟悉，特别是他有感于喀尔喀蒙古屡受准噶尔部的袭扰，决心发愤图强，训练出一支足以征战的军队。于是，他努力带兵，严格要求，锐自磨砺，很快训练出一千多名勇猛无畏的士兵。策凌把他们作为亲兵，隶于帐下。与此同时，针对喀尔喀蒙古军队向来纪律松散的现象，策凌又严格军纪，加强阵法训练。他要求部下无论行军、狩猎，都必须做到像两军对垒那样，万众森严，一丝不苟。就这样，策凌的军队很快成为喀尔喀蒙古一支强劲的力量，威名响彻漠北。

雍正帝继位后，策妄阿拉布坦对清朝中央政府的态度有所转变。雍正元年

---

① 宰桑：清代蒙古准噶尔部官名。

② 札萨克：清初，将蒙古族部众编为旗，一旗之长名札萨克。

③ 旗纛：用鸟羽装饰的大旗。

（1723年）九月，雍正帝在对大臣的谕示中谈道："现在策妄阿拉布坦，甚属恭顺。"十一月，他在接见策妄阿拉布坦的使者时又进一步指出："你们的台吉（指策妄阿拉布坦）在圣祖（指康熙帝）时，有效力之处，也有获罪之处。现在悔过引罪，朕很赞赏。"随着情况的变化，清政府也改变了西北地区的军事部署，决定撤回主力大军，仅留部分兵力在察罕瘦尔（今蒙古人民共和国札布哈朗特附近）等地屯驻。为了加强喀尔喀蒙古各部的防御力量，清政府同时又命额驸郡王策凌，以及喀尔喀蒙古郡王丹津多尔济、贝勒博贝为副将军。雍正三年（1725年），正式给三部副将军印，并颁给旗纛，使他们能够各自钤（音qián）辖本部落军兵。由于策凌所部系出赛音诺颜，自简任副将军以来，劳绩卓著，清政府便命策凌率其近族亲王达什敦多布等十九札萨克，别为一部，名赛音诺颜部。

策凌领赛音诺颜部之后，以鄂尔昆河（今蒙古国境内鄂尔浑河）至乌里雅苏台河（今蒙古国境内札哈布朗特附近）之间的广大地区作为游牧地，并在翁金河（今蒙古国境内）流域建立了自己的王庭。策凌有勇有谋，忠于职守，很得清政府信任。雍正五年（1727年），雍正帝命他偕同内大臣四格等人前往楚库河（今蒙古国境内），代表清政府和俄国签订了《布连斯奇条约》，划定了当时中俄的中段边界线①。

雍正五年（1727年），策妄阿拉布坦死，其子噶尔丹策零继位。雍正帝认为噶尔丹策零是个不安分守法的人，喀尔喀蒙古必将受其扰害，决定出兵征讨准噶尔部。经过一段时间的反复准备，雍正九年（1731年），清政府以傅尔丹为靖边大将军，率兵五万出征。这年四月，征讨大军到达科布多城（今蒙古人民共和国境内吉尔格朗图）。六月，清军和准噶尔部军队开始接触。由于傅尔丹轻敌，中了噶尔丹策零的埋伏，致使和通泊（今蒙古人民共和国境内布彦图附近）一战，清军遭受了重大损失，副将军巴塞、查纳弼以下均战死。到七月初，清军返回科布多城的只有两千多人。和通泊一战的失败，使清军在西北战场的处境极为不利。清政府不得不把防御线后撤两百里，把在科布多的营地转移

① 现在这段边界线已成为俄蒙的边界线。

到察罕瘦尔。与此相反，准噶尔部首领噶尔丹策零的气焰却极其旺盛。他两路备兵，令手下台吉环峙乌鲁木齐，以伺清军西路；又屯田额尔齐斯河（今新疆境内），以窥清军北路，而北路与喀尔喀蒙古正相邻近。这年九月，噶尔丹策零派手下大将大、小策零敦多卜，取道阿尔泰山迤南，沿额尔齐斯河深入，企图乘胜东犯喀尔喀蒙古。一时间，清政府在西北战场的军事又处于极为紧张的状态。

当时，策凌从靖边大将军顺承郡王锡保驻察汗河（今蒙古人民共和国境内巴彦乌拉以南）。准噶尔军进入喀尔喀蒙古境内后，锡保拥兵不动。见此情景，策凌深有感触。他说："使敌骑充斥，大军失败，还要将帅做什么用！"感愤之下，策凌率本部兵马进驻额尔齐斯河流域迎战。由于准噶尔军队刚刚取得和通泊之战的胜利，士气极盛，漫山遍野都是他们的军旗。策凌对部下说："此不可以力敌，只可智取。"他命令部将巴海率六百骑兵，夜入敌军挑战，引诱准噶尔军队出击。他自己则把精锐部队埋伏在山坳莽林中。当准噶尔军队中计，追击巴海进入埋伏圈的时候，策凌亲自吹起号角。刹那间，悲壮的号角声响彻山谷，埋伏好的士兵们一齐跃起，喊杀连天，个个士气旺盛，以一当百。准噶尔军队突然遇到这支劲旅，毫无准备，仓皇应战。策凌所部越战越勇，准噶尔军队最后遭到惨重失败。策凌在激烈的战斗中，亲自擒获两名准噶尔悍将，还把噶尔丹策零手下的骁将喀喇巴图鲁斩杀在乱军之中。准噶尔军队的统帅大策零敦多卜也从马上坠下，险些被捉，最后光着上身骑着白骆驼逃之夭夭。策凌的这一胜利，打击了准噶尔军队的士气，初步扭转了西北战场上清军的不利局面。清政府鉴于策凌的战功，晋封他为和硕亲王，并授为喀尔喀蒙古大札萨克，额外赏赐白银一万两。

准噶尔部首领噶尔丹策零不甘心被策凌击败，便在雍正十年（1732年）六月，派遣小策零敦多卜率兵三万，由奇兰（今我国新疆境内）进驻额尔德尼毕拉色钦（今蒙古国境内）。策凌当时协同将军塔尔岱青在本博图山（今蒙古人民共和国境内）防御。七月，噶尔丹策零又亲率大军，绕过科布多、察尔瘦尔清军大营，取道山南，潜至杭爱山，劫掠哲布尊丹巴胡图克图[1]游牧地。不料，清政府

① 胡图克图：指道行高超的喇嘛。哲布尊丹巴，喀尔喀蒙古地区的黄教教主。

早已把哲布尊丹巴转移到漠南内蒙古多伦泊。噶尔丹策零空无所得，极为恼怒。八月，噶尔丹策零又探知额驸策凌军赴本博图山，其游牧地毫无防备，便突然袭击塔密尔河畔策凌的汗帐，抢走了大量的牲畜，连策凌的两个幼子也未能幸免。策凌得到消息，率本部人马飞返自己的游牧地，刚走到中途，得知噶尔丹策零已经远飏。策凌当即斩断头发和所乘马尾，立誓报仇。他一面率所部追击噶尔丹策零，一面派人驰报顺承郡王锡保，请派军队两面夹攻。策凌一路追击准噶尔军队，历时两月，行程千里，经大小十余战，都获大捷。噶尔丹策零被追得无奈，便依据杭爱山麓，逼鄂尔坤河布阵，迎战策凌。当时，策凌部下有个叫脱克浑的人，外号“飞毛腿”，一日一夜能行千里，常奉策凌之命外出侦察。据说，他登上高山，张开衣服，宛若一个黑色的大雕鼓翼而飞。因此每次外出侦察，都能得到很多情报而又不会被发现。策凌这次又派他登上杭爱山，侦察准噶尔军队的情况。脱克浑完成任务，及时地把侦察到的情况向策凌做了汇报。策凌立即部署军队。他命令满洲士兵和老弱病残在鄂尔坤河南岸布阵，其他蒙古部军队在北岸，自己则亲率一万精锐士卒埋伏在杭爱山西侧。准噶尔军队看到满洲士兵背水而战，而且士气不高，斗志不旺，认为清军也没有什么了不起，思想上首先放松了。于是，准噶尔军队越险进军，直扑鄂尔坤河南岸的清军。按照策凌事先的部署，满洲兵且战且退，故作失败的样子。准噶尔军队穷追不舍，越来越靠近。突然间，策凌伏兵从山上冲下来，其势如风雨骤至。准噶尔军队毫无准备，好似梦中，有的甚至人未上弓，马未配鞍。策凌乘势挥军鏖战。他摘掉头盔，扔在地上，激励部下说：“不打败准噶尔军队，誓不戴此头盔！”见此情景，部下无不为之感动，纷纷争相冲杀，以一当百。顷刻间，准噶尔军队士兵的尸体已填满山谷，剩下的争着抢渡鄂尔坤河，试图逃跑。结果，在渡河时，又遭到河北岸蒙古士兵的拦击，互相挤压，淹

↑ 雍正“为君难”玺

死的不计其数，连鄂尔坤河水都被染红了。最后，噶尔丹策零和小策零敦多卜仅率数百骑狼狈逃走。策凌则从容地戴上头盔，在马上弹起胜利的琵琶曲，脸上露出了微笑。他的部下脱克浑也引吭高歌，歌词是："朔风高，天马号，追兵夜至天骄逃。雪山旁，黑河道，狭途杀贼如杀草。安得北斗为长弓，射陨欃枪[①]入酒钟。"这次额尔德尼诏之役，策凌俘获大量牲畜和器械，彻底改变了西北战场上清军不利的局面。战后，锡保奏疏向清朝中央政府告捷，首先表报的就是策凌的战功。雍正帝看完表报后，非常高兴。他赐策凌"超勇"的美号，还赏赐黄带，以示优宠。雍正帝还发布上谕，说："这次军功非寻常劳绩可比，随征士兵，均从优加倍受赏。"因为策凌的游牧地被噶尔丹策零劫掠，损失极大，雍正帝又特意赏赐策凌骏马两千匹，牛一千头，羊五千只，白银五万两，以赈济部下丧失产业的人。雍正帝还为策凌在塔密尔河畔建筑宫室，如同他在京师的府第，高大宽敞，富丽堂皇。

雍正十一年（1733年），清政府以平郡王福彭为定边大将军，统军驻乌里雅苏台；以策凌为定边左副将军，进屯科布多，并授盟长[②]。雍正十二年（1734年）五月，策凌奉诏从西北战场来到北京，向雍正帝汇报军务。六月，策凌所部奉命由科布多移营察罕瘦尔。由于策凌戍守西陲，威名远震；准噶尔贵族军事力量又大大削弱，无力内犯，雍正十三年（1735年），准噶尔部首领噶尔丹策零开始向清朝中央政府乞和。这样，清朝的西北疆域又呈现出和平牧放的景象。

乾隆帝曾经作诗，称赞策凌"不必读书知大义，每于临阵冠三军"。对于清朝统治者的这一最高奖誉，策凌是当之无愧的。策凌任清朝定边左副将军一职长达十八年（1733—1750年），戍守西北边陲，不仅战功卓著，而且最终对厄鲁特蒙古准噶尔部和喀尔喀蒙古部的和平相处也做出了有益的贡献。从雍正十三年开始，清朝中央政府和准噶尔部之间开始划分游牧地界的谈判。清政府把这一重任委托给策凌主持。双方第一次谈判是在雍正十三年三月，噶尔丹策零上表雍正帝，声称阿

---

① 欃（音chán）枪：慧星的别名。

② 清代蒙古族地区旗以上设盟，盟长是一盟的最高行政长官。现为行政区域名，如伊克昭盟。相当于地区。

尔泰是原厄鲁特游牧地，杭爱山系喀尔喀游牧地。清政府将此诏示策凌，令其考虑是否同意。策凌根据以前的实际情况，提出了新的建议。对此，准噶尔部未能接受，第一次谈判遂告破裂。第二次谈判是在乾隆二年（1737年）四月至乾隆三年（1738年）三月。谈判开始，噶尔丹策零不通过清朝中央政府，而直接递书信给策凌，并称他为车臣汗[①]。噶尔丹策零想以此私下取得策凌的允诺。对此，策凌严词拒绝，并把情况全部上报给乾隆帝。乾隆二年十一月，噶尔丹策零又派使者来到北京，策凌也应乾隆帝之诏入京主持双方谈判。乾隆三年三月，因准噶尔贵族不接受清朝中央政府指明的地界，双方谈判又未成功。第三次谈判在乾隆三年十月至乾隆四年（1739年）十月间举行。准噶尔贵族派遣使臣哈柳来到北京。在谈判中，哈柳企图挑拨策凌和清朝中央政府的关系，要求同他进行单独接触，并以策凌被准噶尔贵族掳去的两个儿子为诱饵，企图软化策凌的心，使其在谈判中让步。但是，策凌不为所动，哈柳的阴谋才未能得逞。在这种情况下，哈柳表示接受清朝中央政府的方案。乾隆五年（1740年），策凌奉命前往阿尔泰山，勘定了喀尔喀蒙古的牧场。喀尔喀蒙古和厄鲁特蒙古准噶尔部的游牧界遂最终划定。这对喀尔喀蒙古和厄鲁特蒙古两部的和平相处，发展两部的畜牧业都是有利的。策凌通过自己的活动，为我国清代多民族统一国家的发展和巩固做出了贡献。

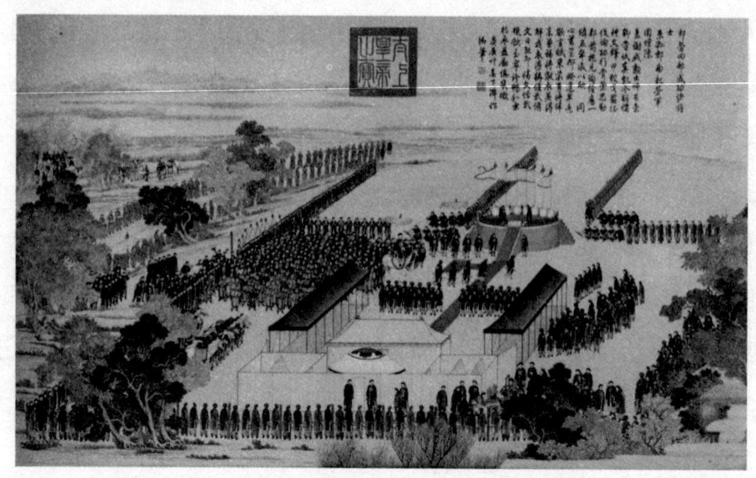

↑ 《平定伊犁回部战图》册之“郊劳将士”

① 在我国清代蒙古族中，汗象征地位最高，权势最大的人。

此外，策凌在任定边左副将军期间，还直接负责了喀尔喀蒙古西境驻军防秋[①]的任务。实际上掌握了清朝北路大军的调动权。策凌位高任重，训兵饬备，竭诚努力，使清朝西北边疆自乾隆初年开始，维持和平环境长达二十多年。策凌戍守边陲的功绩，如同他的赫赫战功一样，同样具有重要意义。

乾隆十五年（1750年），策凌病死在定边左副将军任上。对于一个封建社会的将帅来说，也称得上是“鞠躬尽瘁，死而后已”了。哀音传到京师，乾隆帝亲自祭奠，命配享太庙[②]，祭祀于京师贤良祠[③]，享受了清代蒙古王公从未有人享过的优渥之典。

在我国清代多民族统一国家进一步发展和巩固的重要时期，无论在战争的年代，还是和平的环境，策凌顺应历史发展的潮流，始终站在对准噶尔贵族分裂势力作斗争的最前线，为维护我国清代多民族国家的统一和西北广大地区的和平做出了贡献，他的历史地位是应当充分肯定的。

赵云田

作者赵云田，毕业于中国人民大学清史研究所，获历史学硕士学位。中国社会科学院近代史所研究员、中国民族史学会理事、中国蒙古史学会理事。1993年获国务院颁发政府特殊津贴。主要著作有《清代蒙古政教制度》《清代西藏史研究》等20余部。

① 防秋，指的是每年六月到九月间，集合喀尔喀蒙古三千士兵到鄂尔昆地区巡察。有训练军队、保卫边陲之意。

② 太庙，皇帝的祖庙。

③ 贤良祠，指有功德人的庙堂。

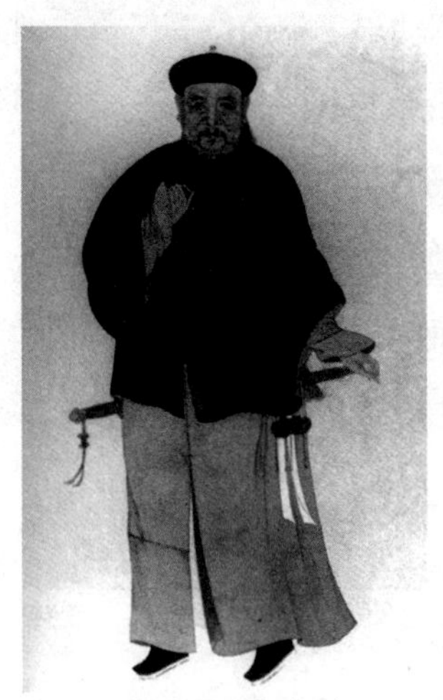

岳钟琪

平定青藏的大将

岳钟琪个人小档案

姓名：岳钟琪

字：东美

号：容斋

所处时代：清朝

生卒年：1686—1754年

官职：陕甘总督、四川提督

出生地：四川成都

辅佐君王：清康熙帝、雍正帝、乾隆帝

军事成就：平定西藏、招抚青海、平定大小金川

封爵：三等威信公

谥号：襄勤

最得意：平定大小金川叛乱

最失意：下狱险死

岳钟琪

岳钟琪，生于康熙二十五年（1686年），卒于乾隆十九年（1754年），人称岳将军，是清代一位著名的军事将领。在康熙、雍正、乾隆年间，他为平定西北、西南边陲民族分裂势力的叛乱，维护祖国统一，以及恢复和发展边疆地区的生产，巩固边区安宁，建立了不朽的功绩。由于他“武烈飙逝，拓地开边”，“历事三朝，威望著海内”，被誉为“三朝武臣巨擘”，成为众人瞩目的封疆大吏。

率师平叛　屡立战功

岳钟琪，字东美，号容斋，四川成都人。祖籍原是河南汤阴，后迁至甘肃兰州，又移居临洮。祖父世为名将。父亲岳升龙，曾经为征讨吴三桂之乱立过战功，并于康熙三十五年（1696年）为康熙皇帝亲征噶尔丹护送军粮，受到赏识，后被任命为四川提督。岳钟琪自幼好布石作阵，习文弄武，青年时期尤好孙吴兵法。投身官场后，他不愿当文官，请求改任武职。起初被授予四川松潘镇中军游击，后被提拔为山西固关营参将、四川永宁协副将。从此，他开始投身于平定西北、西南少数民族分裂势力的战争。

清代边疆少数民族分裂势力的叛乱，是由新疆伊犁地区准噶尔部[①]的封建领主噶尔丹首先发动的。经过康熙皇帝的三次讨伐，噶尔丹最后于康熙三十六年（1697年）三月服毒自杀。噶尔丹死后，他的侄儿策妄阿拉布坦继承为准噶尔汗。康熙五十五年（1716年），策妄阿拉布坦为了扩大自己的割据势力，又派大策凌敦多卜率兵突袭西藏，杀死拉藏汗，与西藏分裂势力里应外合，再次掀起叛乱，妄图分裂祖国。清政府得到消息后，派都统法喇统兵出打箭炉（今四川康定），抚定里塘、巴塘，以便为大军入藏扫清道路。但是，里塘喇嘛达哇蓝占巴等不但不接受招抚，而且在康熙五十八年（1719年）也投入叛乱。康熙皇帝任命胤禵为大将军，噶尔弼为副将军，率军前往征讨。当时刚被提拔为永宁协副将的岳钟琪，也奉命随征。

↑ 抚远大将军胤禵西征图

岳钟琪首先领兵六百为先锋，一举智擒达哇蓝占巴等叛军头目，打败了叛军三千余人，余部及巴塘叛军闻风丧胆，皆纳款请降，乍丫、察木多等地叛军也先后被抚定。岳钟琪出师告捷，首次在西南战场上崭露头角。

在征讨里塘叛军的第二年，副将军噶尔弼自拉里率师到达里塘，命令岳钟琪统领

① 准噶尔部是厄鲁特蒙古四部之一。厄鲁特蒙古，元朝时叫卫拉特，明初称瓦剌，明末清初方称厄鲁特。厄鲁特共分四部，即：和硕特部、准噶尔部、土尔扈特部、杜尔伯特部，其中以准噶尔部势力最强。

四千多四川绿旗兵先行进驻察木多，等候大军到齐，立即进取西藏。岳钟琪由巴塘率军起程，在途中抓获一名逃酋，得知大策凌敦多卜正派遣寨桑托托哩在落笼宗（亦作洛隆宗）一带调集军队，妄想扼守饶耶三巴桥，以图阻遏清朝大军。岳钟琪深知三巴桥为进藏第一险，叛军若断桥守隘，清军将势难飞越。当时大将军尚远在数千里之外，已无从请示，而准噶尔叛军派来的援兵，行程两千余里，也非旬日可集，他当机立断，决定采取攻坚的策略，强占三巴桥。于是，便派高雄治大雄等三十名素通藏语的马兵，穿上藏族服装，昼夜兼程，飞奔落笼宗。他们乘黑夜潜至敌营，活捉了托托哩金巴等准噶尔使者五人。叛军大惊，以为神兵自天而降，纷纷缴械投降。清军随即占领了三巴桥，为进藏清除了障碍。

进藏要道既已打通，即时进军入藏，以平定叛乱，当势在必行。然而，大将军允禵因为调遣的青海蒙古兵尚未到达，下令各部就地待命，不许轻举妄动。副将军噶尔弼这时已至军中，但他和诸统领对大将军的命令都不敢表示异议。岳钟琪认为，如果等到青海的蒙古骑兵到达，再进军入藏，就会坐失良机。他对副将军说：“我军只备有两个月的粮饷，自察木多到此已四十多天，若再等待下去，则军粮一尽，将进退维谷。”当时西藏以公布部落最称强胜，岳钟琪认为，只要借攻占三巴桥的兵威招抚公布部落，再调遣各处兵马进剿，据其右臂，则胜利即可在望，无须等青海蒙古兵到达。副将军终于同意了他的意见，用其计策，向公布发起强大的招抚攻势。不几天，公布大头目等三人，率众两千前来投诚。

公布投诚后，岳钟琪主张应乘机昼夜火速进军西藏。副将军噶尔弼虽然同意他的意见，但因为没有得到大将军胤禵的命令而犹豫不决。岳钟琪激动地对他说：“这是势在必行，为何一定要等待命令呢？我唯有一腔热血，仰报朝廷，请批准我明天就带兵出发吧！”副将军听后深表支持，遂下令进军。大军抵达噶尔濯木鲁，岳钟琪捷足先登，首先率军渡江抵藏，直扑拉萨。经过一场激战，大破叛军巢穴，活捉叛军四百余人，堵御西路清军的叛军七千余人也纷纷投诚。大策零敦多卜见势不妙，慌忙狼狈逃走。至康熙五十九年（1720年）八月，西藏叛乱被迅速平定。第二年二月，清军战胜归来，岳钟琪因战功卓著，被授予左都督，晋升为四川提督，赐孔雀翎。

西藏叛乱刚平定不久，在青海又爆发了罗卜藏丹津的叛乱。早在准噶尔部头目策妄阿拉布坦派兵袭杀统治西藏的拉藏汗之时，他还唆使青海和硕特部头子罗卜藏丹津叛乱。罗卜藏丹津以恢复和硕特部的所谓“霸业”为名，妄图割据一方。他暗中勾结策妄阿拉布坦为后援，并利用宗教影响，煽动远近牧民和喇嘛二十余万人，乘大将军胤禵返回北京奔丧之际，在雍正元年(1723年)，扯起武装反叛的旗帜。

清廷于这一年十月，任命川陕总督年羹尧为抚远大将军，进驻西宁，以四川提督岳钟琪为奋威将军，参赞军务。年羹尧分兵永昌布隆吉诃，防备罗卜藏丹津进犯内地，据守巴塘、里塘等地，切断叛军入藏之路；又屯兵吐鲁番等地，堵截去准噶尔的通道，然后对罗卜藏丹津展开征讨。罗卜藏丹津派兵进犯西宁，岳钟琪奉命统率六千清军从松潘出发，前往增援西宁守军。清军进至锁葫芦，播下等四部叛军万余人举火焚草，力图阻挡。岳钟琪乘雪月交辉之夜，分兵各个击破。他沿途剿抚兼施，在歼灭了播下等四部阻道的叛军后，哈齐、插汉等部被罗卜藏丹津抓去充当炮灰的人，皆闻风归诚。这时，围攻归德堡的上寺东辙等部叛军，得知清军将至，都慌忙撤回营寨，以图据守顽抗。岳钟琪料其初回必难马上集结应战，便下令部队兼程进发，于第二天黎明前赶至其地，乘叛军立足未稳之机

↑ 年羹尧奏折

展开猛烈攻击，打得叛军措手不及。不多时，叛军的三十七个营寨即被攻破，数千人被歼。下寺东辙及公哇等部众，皆望风而降。岳钟琪的威名，遂使叛军闻风丧胆。

不久，岳钟琪带领清军开赴西宁。归德堡北边的果密部叛军，听说东辙叛军已被击溃，便纠集沙密各部，盗官马据守大石山险要隘口，企图负隅顽抗。为避免过多的伤亡，岳钟琪决定不予强攻，而用计巧取。他命令部队继续往前行军，扎营于山口数里之外，以示无攻险之意。等到夜间，他下令兵分三路进袭，两路攀登山崖，一路切断山口。这突如其来的袭击，完全出乎敌人的意料之外。在山腰丛林中藏匿的叛军皆大惊失色，纷纷向山顶奔逃。岳钟琪指挥战士奋勇追击，歼敌三千余人，狼狈奔命的叛军坠崖而死的不可胜计。播下及公哇等七部叛军精锐被挫，使罗卜藏丹津叛乱势力受到沉重的打击。“烽烟肃清，青海为之夺气”，叛军开始走向崩溃。

在征讨青海叛军的各次战役中，西宁东北的郭隆寺（也叫格尔弄寺）之战，是最艰苦、最激烈的一次战役。雍正二年(1724年)初，郭隆寺喇嘛纠集万余人，追随罗卜藏丹津发起叛乱，企图夺回西宁。岳钟琪率领三千清军前往征讨。西宁地区的郭隆寺地处通途，为边陲一古刹，凡自西藏来的喇嘛必取道于此。这里地势险峻，山下五堡环峙。清军到达后，寨内寂无人声。岳钟琪预计里面必有伏兵，便分兵一千先行，其余列阵山前，相机进剿。不一会儿，果然伏兵四起，清军奋勇冲杀，攻占了一个堡垒。山后叛军一万多人闻声一齐涌出，妄图阻遏清军。岳钟琪下令分兵三路，攻夺山梁。清军很快攻入寺内，但叛军早已溃散。清军紧追不舍，来到一座大山前面，见有危楼高峙。岳钟琪派兵前去侦察，埋伏在高楼中的叛军突然发射矢石，使清军难以靠近。他命令二十名精兵，手持皮牌，携带引火物，在炮火的掩护之下，从两旁迂回逼近，举火焚烧高楼。此时山风正猛，浓烟冲天，叛军被烧得焦头烂额，死伤无数。清军乘胜发起总攻，将叛军歼灭无遗。岳钟琪只用了两天的工夫，即以三千军队击破万余敌众，打了一个漂亮的大胜仗。

郭隆寺之战告捷后，岳钟琪与年羹尧决计率军攻打柴达木的罗卜藏丹津的大本营，彻底歼灭青海的叛军。年羹尧奏请调集两万余名军队，分兵四路发动进攻。岳钟琪认为，青海地势辽阔，叛军还有不下十万人，如果清军长驱深入，叛军把队伍分散到各地，清军顾此失彼，就会陷入四面受敌的困境。他建议趁春草未生之时，挑选精兵五千和一万匹马，兼程急进，攻其不备。雍正皇帝非常赞赏他的建议，特加封他为奋威将军，令其如期出塞，调拨五千精兵和一万匹马，由他负责执行这次军事行动。二月，岳钟琪奉命出师，披星戴月，连夜驰至哈喇乌苏。叛军正在睡梦之中，清军出其不意地杀入帐中，歼敌一千余人。叛军狼狈逃窜，岳钟琪精兵乘胜追击，于黎明前到达天城插哈达。叛军据哈达河南北扎营据守，清军在哈达河南歼敌数百，抢渡哈达河。北岸叛军负隅顽抗，被歼千余人。叛军头目等五十余人眼看抵挡不住，狼狈向西逃窜，贝勒彭错等被迫率所部千余人投诚。

岳钟琪从贝勒彭错口中得知，罗卜藏丹津正率众数万屯扎在一百五六十里外的木兰大呼儿。他立即下令部队于日暮之时拔营起行，以迅雷不及掩耳之势直捣罗卜藏丹津的大本营。第二天黎明之前，清军迅速赶到木兰大呼儿，兵分四路，向敌营发动突然袭击。正在睡梦中的叛军，听说岳钟琪的大军已到，个个吓得魂不附体，慌忙逃命。藏巴布六台吉及罗卜藏丹津之母阿尔太哈与其妹阿宝，都被当场抓获。作恶多端的罗卜藏丹津男扮女装，携带妻妾，乘着白驼，狼狈逃奔准噶尔，投靠策妄阿拉布坦。这一仗，清军彻底摧毁了罗卜藏丹津的巢穴，共歼灭叛军八万余人，俘获男女数万口，缴得军械、驼马无数。岳钟琪为平定青海叛乱，又立了大功。雍正皇帝说：“平定青海，实系岳钟琪之功，年羹尧不过坐镇指挥而已。”他下令特授岳钟琪三等公，赐黄带。

岳钟琪受封后，又奉命统率两万大军征讨青海余孽庄浪卫之乱。在罗卜藏丹津发动叛乱之时，庄浪卫头目写尔素以天王沟石堡城为据点，凭借当地“南临大通河，北倚卓子山，四面悬崖，羊肠一线”的险要形势，纠集西宁纳朱公寺、朝天堂、加尔多寺等处部众数万人，剽掠行旅，劫杀饷员，阻截官道。年羹尧派兵镇压，但屡剿屡叛，成为一大民患。雍正二年（1724年）四月，岳钟琪奉命率领清军两万自西宁出征。写尔素十分狡猾，尽将老弱的部众和军资、牛羊迁徙到东山，身边只留下强壮的士卒，以便同清军周旋。岳钟琪兵分两路，一路进

↑ 清代长枪

据西山的山隘，声言数日内发动进攻，自己率领另一路精兵在夜里偷袭东山，歼敌一千七百余人，并俘获大批敌人，然后留下部分军队驻守东山，再回师进击西山。敌人最后龟缩到石堡城。岳钟琪挑选擅长登山的四川绿营精兵，由投降的叛军做向导，分两路攀缘藤萝登上峭壁，从背后攻进石堡城。叛军恃险无备，在清军突如其来的袭击之下，仓皇失措，抱头鼠窜。岳钟琪指挥大队人马乘势杀上前去，擒杀叛军五千余人。叛军走投无路，最后被迫缴械投降。岳钟琪仅用五十余天的时间，就迅速平定了庄浪卫的叛乱，再次受到雍正皇帝的嘉奖。当年六月，雍正皇帝下令授予他奋威将军兼甘肃提督，常驻西宁，次年又先后提升他为甘肃巡抚、川陕总督，并加封为太子少傅。

治理边疆　贡献卓著

岳钟琪不仅为平定西藏、青海叛乱屡建战功，而且为治理边疆做出了卓有成效的贡献。

重开互市，促进经济交流。清政府在边疆地区开设的互市，是促进各民族经济交流的主要渠道，直接牵涉到各民族人民的切身利益，关系到边区的巩固与安宁。青海牧民，历来通过互市以羊只交换他们日常生活所必需的茶、粮食、布匹等物。罗卜藏丹津叛乱发生以后，互市一直未能按期进行，给他们的生活带来了很大的困难。叛乱平定后，诸王台吉纷纷前来西宁请求重开互市。原先年羹尧曾颁布过一项命令，规定每年二、八月两次在西宁西川边外那拉萨拉开放互市，现在这一规定已不能适应各族人民的需求。1724年（雍正二年）初，岳钟琪在平定庄浪卫的叛乱后，已被提升为甘肃提督，不久又被任命为甘肃巡抚、川陕总督。他奏请中央批准，重开河州、松潘为互市地区。河州、松潘地方宽阔，水草俱好，向为青海蒙古互市之地，后来被年羹尧奏请移往那拉萨拉。岳钟琪从实际情况出发，划定居于黄河以东的青海察罕丹津等部落，仍以河州、松潘为互市地区；居于黄河以西的额尔德尼等部落，与西宁相居较近，皆移互市之地于西宁塞外丹噶尔寺。由于蒙古族人民主要从事畜牧业，岳钟琪确定每年六月以后，可以不定限期，自由互市贸易。为了保障互市公平交易，岳钟琪还提出了一系列措施：汉民奸商滋扰集市者，分别情节，予以查处；兵士借端敲诈勒索，或勾结奸商走私舞弊者，从重治罪；地方官吏失职或管理不善者，也一并予以处分。这些措施对各族人民安居乐业，开展经济交流，均起到了积极的促进作用。

推行改土归流，巩固边疆安宁。雍正四年（1726年），清廷为了加强对边疆地区的统治，逐步推行“改土归流”政策，废除少数民族的土司世袭制度，改由中央政府委派可以随时调换的流官进行管辖。在实行“改土归流”之前，岳钟琪针对当地的情况，首先采取必要的措施，妥善地处理土司间的矛盾，革除地方弊政，以维护社会的安定。如四川大小金川、沃日等地的土司，为争夺地界而仇杀不已。岳钟琪经过调查了解到，年羹尧在任时，曾命令金川土司将美同等寨割给沃日土司，这是造成他们相互仇杀的主要原因。岳钟琪奏请中央批准，将美同等寨归还金川，而将龙堡三歌地划给沃日。各土司皆悦服，多年积下的矛盾也由此而消除。又如，这些地方的许多文武官员往往在土司官员病故之后，封存官印，向承袭人索取财物，财物到手后，又往往多年不给官印，许多部族首领为了抢夺官印，便互相仇杀，纷争不已。针对这种状况，岳钟琪严令：“凡土官病故，应袭人必须按照规定的手续在六个月内申报承袭。在没有得到批准正式承袭之前，仍按照代理官员的身份，掌管印信，处理有关事务，地方官不得勒封印信。待土司嫡长子孙承袭后，土司外支族中有循谨能办事者，可以允许本土官详报督抚请旨，酌情给予职衔，分割其地，多则三之一，少则五之一。”这样，既避免了事端，也使各土司“势相维，情相安”，对巩固边区安宁，收到了显著的效果。

岳钟琪除了妥善处理土司矛盾，解决地方弊端外，还针对少数土司为非作歹的情况，采取坚决措施，实行“改土归流”。雍正五年（1727年）初，四川乌蒙土知府禄万钟滋扰云南东川府，镇雄土知府陇庆侯等也伙同作乱。岳钟琪与云贵总督鄂尔泰会师征讨。平息叛乱之后，即将乌蒙、镇雄“改土归流”。第二年初，岳钟琪又报请朝廷批准，将隶属建昌的部分苗疆“改土归流”。建昌土司以河东、河西宣慰二司及宁番安抚司辖地最广，而河东半近凉山，半近内地。岳钟琪将凉山仍归长官司，其近内地地区改隶流官；河西、宁番近内地地区，全部改派流官；其阿都宣抚司、阿史安抚司及纽结、歪溪等地千百户，共五十六处，也都“改土归流”。这些措施，对边区的巩固与安宁，起到了积极的作用。

调整行政区划，加强边疆管理。为了加强对边远偏僻地区的管理，岳钟琪曾多次奏请朝廷，调整川、藏、滇部分行政区划，改变建置，派兵驻守。原打箭炉以西的里塘、巴塘、乍丫、察木多，云南的中甸，以及察木多以外的落笼宗、察哇、坐尔刚、桑噶、吹宗衮卓诸部落，原先不归西藏达赖喇嘛所辖，但由于这些地方离打箭炉甚远，不便管理。雍正三年（1725年）十一月，岳钟琪奏请朝廷批准，除其中的中甸、里塘、巴塘，以及沿近的得尔格特、瓦舒霍耳等处仍然由内地土司管辖之外，其余地区全都划归西藏达赖喇嘛管辖。另外，巴塘一向隶属四川，但它所属的木咱尔、祁宗、拉普、维西等处，地界紧接云南所辖的中甸，实为中甸之门户。第二年春，岳钟琪又奏请将巴塘所属的这几个地方改隶云南管辖，以便与四川里塘、打箭炉“互为犄角”，并直接设流官戍防。同年三月，岳钟琪还奏请选派西安八旗兵千人驻潼关。雍正六年（1728年）二月，岳钟琪在建昌所属苗疆推行改土归流的同时，还奏请升建昌为府，定为宁远府，下辖三县，即：西昌、冕宁、盐源，并制定营防职制。建昌为边疆重地，岳钟琪奏请于越巂所属之柏香坪增设守备千总、把总各一。十一月，还奏请升四川夔州府所属的达州、陕西巩昌府所属的秦、阶二县为直隶州，其中达州辖东乡、太平二县。第二年三月，又奏请升甘肃肃州为直隶州，并在陕西子午谷隘口增加防守官兵。以上措施，对加强边疆管理，维护地方封建秩序，都收到了显著效果。

与民休养生息，发展民族经济。岳钟琪首先革除了川陕地区的一切陋规，延缓川省征税期限，“以纾民力”。由于战乱和灾荒而逃往他乡的灾民，平叛后都已陆续返回家园复业，而延安外逃的灾民因为苦于“丁银重累”，仍有不少人不敢返回家园，甚至连一些没有外逃的人也想离家出走。岳钟琪深感丁银过重，不利于安定社会和恢复生产。他奏请将延安府所属州县丁银由四五钱，多至一两减为二钱，凡超过二钱的，都予以减免，总共减去旧额丁银达一万两千余两。此外，他还将陕甘两省丁银摊入地亩征收，从雍正五年（1727年）起著为定例，凡陆续开垦及新开渠闸屯垦的地区，也按照这个办法征收税粮。在减免丁银、杂派的同时，岳钟琪还积极兴建水利设施。雍正四年（1726年）五月，会同地方官员，组织民力，在河西寨至石咀子地方，筑堤二百余里，开渠一道，建闸八座，并于适中的地方，建设一座城市，设县官管理。雍正皇帝把这座县城定名为“新渠”。岳钟琪在陕西省开凿水渠，灌溉良田，招民耕种，深受当地百姓的欢迎。由于这些措施的推行，川陕地区的生产得到了恢复和发展。他的这些功绩，至今仍为当地人民所传颂。

遭谗受诬　身陷囹圄

岳钟琪统领大军，转战疆场，为平定西藏、青海叛乱，屡建战功，曾受到雍正皇帝的多次嘉奖，被誉为国家之栋梁，朝廷之柱石，给了他很高的荣誉。然而，岳钟琪一生的道路却是坎坷不平的。他“督三省天下劲兵处”，名高位重，因此受到奸臣的嫉妒和诬陷，于雍正十年（1732年）十月被革职削爵，投入了牢房。

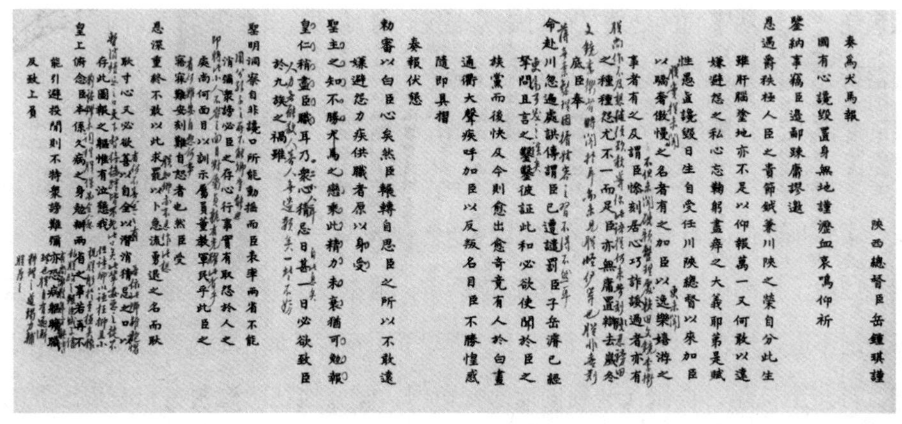
陝西總督臣岳鍾琪謹
奏爲犬馬報
國有心讒毀置身無地謹瀝血哀鳴仰祈
鑒納事竊臣邊鄙疎庸謬邀
恩遇爵秩極人臣之貴節鉞兼川陝之榮自分此生
雖肝腦塗地亦不足以仰報萬一又何敢以遠
嫌避怨之私心忘鞠躬盡瘁之大義耶第是賦
性愚直讒毀日生自受任川陝總督以來加臣
以驕奢傲慢之名者有之加臣以逸樂嬉游之
事者有之及謂臣慘刻居心巧詐掩過者亦有
之種種怨尤不一而足臣亦無庸置辯去歲冬
底臣奉
命赴川忽遇處訛傳謂臣已遭譴罰臣子岳濬已經
拏問且言之鑿鑿彼証此和必欲使聞於臣之
挾黨而後快及今則愈出愈奇竟有人於白晝
通衢大聲疾呼加臣以反叛名目臣不勝惶感
隨即具摺
奏報伏懇
勅審以白臣心矣然臣輾轉自思臣之所以不敢遠
嫌避怨力疾供職者原以躬受
聖主之知不勝犬馬之戀眷此精力和衰猶可勉報
皇仁精盡臣職耳乃衆心猜忌日甚一日必欲致臣
於九族之禍雖
聖明洞察自非讒口所能動搖而臣衷率兩省不能
消彌衆謗必臣之存心行事實有取怨於人之
處尚何面目以訓示屬員董教軍民乎此臣之
審察難安刻難自恕者也然臣受
恩深重終不敢以此求罷以卜急流勇退之名而耿
耿寸心又必欲善以自全以潛消猜忌之口以
存此圖報之軀惟有泣懇我
皇上俯念臣本係久病之身勉強兩省之事若再不
能引避投閒則不特衆謗難彌
及致上負

↑ 岳钟琪为谗言自辩奏折

岳钟琪何以遭受这场不白之冤而身陷囹圄呢？事件的发端是在雍正五年（1727年）七月，当时，成都有人当众造谣，说岳钟琪将要带领川陕兵谋反。岳钟琪获悉谣言后，立即上疏，向皇上作了报告。雍正皇帝对此十分重视，说：“数年以来，在朕面前谗谮岳钟琪的人甚多，不止是谤书一箧而已，甚至有人说岳钟琪系岳飞后裔，意欲报宋、金之仇，这实在是荒唐悖谬到极点。岳钟琪茂著功勋，朕故任以西陲要地，付以川陕重兵。而憸险奸邪之徒，却造作蜚语，煽惑人心，谗毁大臣，其罪何胜诛乎？造谣的人，断非出于无因。”他命令巡抚黄炳、提督黄廷桂会同严审，并限令黄炳等务必将实情审明具奏，指出：“此事关系诬谤国家大臣重案，非同一般民间诬告。川陕兵民向来淳良忠厚，其尊君亲上之习，实为众人所共知共闻，今造谣者竟说他们将跟从岳钟琪谋反，这不仅是对岳钟琪一人的诬陷，也是对川陕兵民的诽谤。”十月，经审明，此事原系寄居四川的湖广人卢宗，因“赎私田，希准状”而故意沿街叫喊，造谣惑众，并无主使之人。卢宗按造谣惑众罪，判处死刑，等候秋审①再请旨裁定。

卢宗造谣惑众一案虽然做了严肃的处理，但对岳钟琪说来，却由此埋下了

① 清制，各省死罪人犯，每年审讯拟定处刑报告后，上报刑部。八月间，刑静会同有关官员详细审核后，奏请皇帝裁定。因其时为秋季，所以叫做秋审。

无穷的隐患。所谓岳钟琪系岳飞后裔的传闻，在雍正帝心中留下了深刻的印象，从此他对岳钟琪便疑虑重重。这从雍正七年(1729年)三月，雍正皇帝对曾静、张熙叛逆一案迥然不同的处理，便可略见端倪。曾静系湖南靖州生员，因考试劣等而落榜，遂萌生谋叛之念。他暗中唆使徒弟张熙诡名投书于岳钟琪，想劝说岳钟琪一起谋反。岳钟琪立即将张熙拘捕审讯，要他供出主使人，张熙宁死不肯吐出一字。岳钟琪便改变方法，把他带入密室，佯与盟誓，答应迎聘他的老师一起共谋举事。张熙信以为真，将曾静图谋叛逆之事都一一从实说出。于是曾静等皆被捉拿归案。侍郎杭奕禄等奉旨赶至湖南会审，诸王大臣等合词奏请将曾静、张熙按大逆不道之罪，予以正法。而雍正皇帝却下诏宽宥其罪，命杭奕禄带曾静由江宁、苏州至杭州，再派人送到湖南巡抚衙门，听其他往。这两名犯有叛逆罪的人，竟然被无罪开释，免于刀下一死。雍正皇帝在召见群臣时，不仅对此做了辩解，而且话中有话地说道："像曾静等之悖逆，谅宇宙内断无第二人，……何必存惩一儆百之见？"从这番话可以看出，他对岳钟琪诱供张熙的举动有强烈的不满情绪。这种不满情绪，正是雍正皇帝对岳钟琪心存疑忌、视为隐患的一个明显的表现。

后来，在征讨噶尔丹策零的战争过程中，尽管岳钟琪对清廷忠心耿耿，但雍正帝对他的疑忌不但没有消除，反而步步加深。

雍正五年（1727年），准噶尔汗策妄阿拉布坦死去，其子噶尔丹策零继位。噶尔丹策零在沙俄的支持下继续进行叛乱，数次往东深入外蒙古地区，扰掠喀尔喀诸部。清廷命傅尔丹为靖边大将军，屯驻阿尔泰山，出师北路；岳钟琪为宁远大将军，屯驻巴里坤，出师西路，对噶尔丹策零进行讨伐。在清朝大军压境的威胁之下，噶尔丹策零声称愿意交出逃匿其部的青海叛乱头目罗卜藏丹津，以为缓兵之计，暗中加紧部署兵力，准备进行顽抗。清廷立即下令岳钟琪等赴京研讨方略，筹办军务，以期征讨。噶尔丹策零乘岳钟琪等赴京之隙，率两万余人突袭科舍图。科舍图在巴密、巴里坤之间，岳钟琪在此设有牧场。噶尔丹策零突袭后，把牧场驼马全部掳掠而去。岳钟琪的军务参赞纪成斌曾派副参领查廪率领一万清军保护牧场，因力量悬殊，没有能抵挡住叛军的进攻。后来，总兵樊廷及副将治大雄等率领清军两千人，与总兵张元佐所部联合夹击，才将大部分驼马夺回。这件事，后来又成了朝臣攻击岳钟琪的一个把柄。

雍正九年（1731年）春，岳钟琪为直捣噶尔丹策零巢穴，奏请移师吐鲁番、巴尔库尔，但雍正帝不予采纳。他认为岳钟琪之所以提出这个建议，是因为他曾主张长驱直入对叛军进行征讨，结果反被叛军盗去驼马，因而既耻且愤，必欲进剿，并不一定有取胜的把握。这一年正月，噶尔丹策零打算移驻哈喇沙尔，以大队人马开赴西路，并从吐鲁番进犯哈密，扰掠安西、肃州边界。岳钟琪得到消息，认为敌我众寡莫敌，建议采取持重的方针，坚壁固守，并请求北路清军派兵应援西路，同时出兵从无克克岭三面夹击敌人。对此，雍正皇帝也颇为不满，说："以前因为钟琪军队少，朕曾谕令他持重坚守，现今他已有两万九千人的军队，还说众寡莫敌，何懦怯至此？"流露出了他对岳钟琪的不信任。三月，噶尔丹策零的叛军屡次进犯吐鲁番等地，岳钟琪相机派兵应援，将叛军击退。雍正皇帝却认为，岳钟琪应援吐鲁番，乃不得已之举。他强调，只有等到秋天再出兵袭击叛军，才是第一善策。如果仅筹划应援，而不计划如何袭击，则是舍本逐末。对岳钟琪的军事行动，又表现出一种烦忧的情绪。

七月，准噶尔部倾巢大举进犯北路，靖边大将军傅尔丹在和通泊（又作和通脑儿或和通呼尔哈诺尔）惨遭失败。岳钟琪奏请乘虚统兵袭击乌鲁木齐，以分散和牵制敌人的兵力。雍正皇帝虽然表示同意，但对岳钟琪仍不放心，告谕岳钟琪"打仗应当事先筹划好进兵方略，仗打响时才随机应变，切勿贪功前进，坐失机宜"，并命令他"略行袭击，即撤兵回营"。于是，岳钟琪由巴里坤越木垒渡阿察河，直抵厄尔穆河，然后兵分三路奋勇击敌，夺取叛军所占据的山梁，歼敌无数。叛军溃散而逃，乌鲁木齐周围叛军，也皆拔营远徙。岳钟琪出师告捷，便遵照御旨班师回营。雍正皇帝认为岳钟琪的这次进军"进退迟速俱合机宜"，下令予以嘉奖。然而，雍正皇帝在奸臣们的谗言包围之下，对他的疑虑并没有消除。十二月，雍正皇帝又突然追究起一年半前科舍图之役的责任，斥责纪成斌"怠忽"，把他降为沙洲副将。纪成斌是岳钟琪的参赞军务，岳钟琪曾奏请以他护大将军印，对他颇为信任与重用。雍正皇帝对他如此追究，对岳钟琪说来无疑是一个不祥之兆。

果然，到了雍正十年（1732年）正月，岳钟琪终于“大祸”临头。当时，驻防镜儿泉的副将马顺派巡逻兵远出巡哨，突然遭遇叛军，被杀死二人，抓走一人。岳钟琪上奏朝廷，建议以不遵军令之罪，对马顺严加惩处。不料，雍正皇帝却下令将岳钟琪与马顺一并交兵部审讯。就在马顺事件发生的同时，准噶尔部三千余人进犯哈密。岳钟琪下令出兵赴援哈密，并命令副将军石云倬速派兵到无克克岭待敌。石云倬到达无克克岭后，岳钟琪又命令他迅速进占梯子泉，以切断叛军的归路。可是，石云倬的行动迟缓了一天，敌人已从陶赖大坂向西越向纳库山逃遁。当他的部队到达敌人的驻营地时，炉灶余火还未熄灭，他又下令部队停止追袭。岳钟琪见石云倬贻误军机，下令撤掉他的职务，押送京师治罪，以张广泗代为副将军。但岳钟琪自己也由此而身负重罪，雍正皇帝对他发出了严厉的警告：“岳钟琪素谙军旅，本非庸才，但以怀游移之见，致战守乖宜。前车之鉴，非止一端。嗣后当痛自省惕。”

一些朝臣显贵见岳钟琪受到雍正皇帝的指责，便不断递送奏折对岳钟琪历数“罪状”，横加弹劾。其中，尤以大学士鄂尔泰的奏折措辞最为激烈，弹劾岳钟琪“智不能料敌于平时，勇不能歼敌于临事，玩忽纵贼，应议处”。雍正皇帝下令将岳钟琪降为三等侯，削公爵及少保，仍留总督衔，护大将军印，戴罪立功，以观后效。是年六月，岳钟琪上疏报告大军由巴里坤移驻穆垒。雍正皇帝又借口他办理军务不妥，召岳钟琪还京，以副将军张广泗护大将军印。张广泗也乘机劾岳钟琪调兵筹饷，统驭将士等皆失宜，并称说穆垒形如釜底，不可驻军，奏请下诏将大军尽速撤回巴里坤。十月，雍正皇帝下令还军于巴尔库尔，并再颁谕旨，历数岳钟琪的种种罪过，说他“秉性粗疏，办事怠忽，且赏罚不公，号令不一，不恤士卒，

↑ 鄂尔泰像

不纳善言，傲慢不恭，刚愎自用。以致防御追击，屡失机宜，士气不振。而陈奏者，又皆虚假伪，为文过饰非之计。误国负恩，罪难悉数。著革职交兵部拘禁候议”（《清史列传》卷17，岳钟琪）。岳钟琪被革职削爵，投入牢房后，朝臣显贵仍不甘罢休。雍正十二年（1734年），大学士等一再上奏，要求将岳钟琪立即处斩。雍正帝因为岳钟琪功劳卓著，威著海内，担心将他立即处斩，会引起朝野舆论的反对，下令待秋审之后再行裁定。

岳钟琪身为汉将，因为长期转战疆场，屡建军功，而受到清廷重用，被晋升为大将军和封疆大吏，自然是众目睽睽。可以说，终清之世，汉族大臣拜大将军，“满洲士卒隶麾下受节制”，恐仅岳钟琪一人而已，这不能不引起满族官员的疑忌。何况，鄂尔泰原系云南总督，他早就对岳钟琪心怀不满，积下了不解之怨。这就是鄂尔泰等在朝的满族达官显贵，何以要借岳钟琪部将石云倬失职纵敌一事，而置他于死地的根本原因，它实质上反映了清朝前期满汉地主阶级在政治舞台上的矛盾与斗争。

受职复出　再立新功

雍正皇帝死后，乾隆皇帝继位。乾隆二年（1737年），他下令释放岳钟琪。身陷囹圄四年余的岳钟琪回到了四川老家，在成都郊外百花潭北筑室闲住。在那里，他一面教子读书，一面吟诗寄情。闲时则徜徉山水，吟啸自适。他有时还与邻近的乡亲交往，垂询农桑，人们几乎忘了他曾经是一位叱咤风云的大将军。

乾隆十二年（1747年），四川西北部大渡河上游支流大金川的藏族土司莎罗奔发动叛乱，四川巡抚纪山派兵镇压，反为所败。朝廷调云贵总督张广泗为四川总督，率师征讨。但是过了一年多的时间，始终未能将叛乱平息下去。这时，乾隆皇帝想起久经沙场的宿将岳钟琪，认为他长期在西蜀任职，素为川省所服，而且懂得军事，又熟悉当地少数民族的情况，如果让他负责平叛，人地相宜，必然能够奏效。于是，下诏重新起用他为四川提督，赐孔雀翎，让他统领清军进行征讨。岳钟琪对这一任命感动得热泪盈眶，他决心竭尽全力，迅速平定叛乱，以报答乾隆皇帝的重用。

岳钟琪赴任后，与张广泗商定，由他自党坝带兵攻取莎罗奔盘踞的勒乌围。张广泗专主由昔岭、卡撒进兵之策。岳钟琪向他指出，昔岭、卡撒中间隔着刮耳崖，距离勒乌围的叛军巢穴尚有百余里之地，不如改由党坝进兵，因为党坝距离勒乌围只有五六十里，只要攻破这个关隘，即可直捣敌巢。但张广泗一意孤行，拒绝采纳他的建议。张广泗拨给岳钟琪攻取党坝的兵力只有一万，除了防守营卡、粮站之外，实际上只有七千多人可以投入战斗。岳钟琪请他增兵三千，他又断然加以拒绝。张广泗由昔岭带兵进攻莎罗奔之侄占据的刮耳崖。正在这时，乾隆皇帝派来督师的大学士讷亲赶到前线，他位高气盛，限定在三天之内攻下刮耳崖。清军急趋疾进，遭到重大伤亡，牺牲了好几员战将。讷亲打了败仗，只好依靠张广泗。张广泗又轻视讷亲，认为他不会打仗，却位居自己之上，很不服气，对他阳奉阴违，弄得将士无所适从，军心涣散。张广泗还用良尔吉为向导，不料良尔吉是莎罗奔的间谍，把清军的活动全都透露给莎罗奔，使莎罗奔早有防备。岳钟琪根据搜集的情报，指出良尔吉是个间谍，但张广泗却听信手下一名内奸王秋的话，对良尔吉深信不疑。结果清军自五月进兵，到八月，仍然毫无所得。乾隆皇帝十分震怒，下诏斥责岳钟琪，说他被重新起用后，“未闻发一谋，出一策”。岳钟琪于是上奏揭露张广泗专主由昔岭、卡撒进兵的错误策略，检举他信用良尔吉和王秋的种种罪状，同时提出了由党坝进兵的建议。讷亲也上疏弹劾张广泗“老师糜饷”。乾隆皇帝下诏将张广泗逮捕治罪，不久又将讷亲免职，改派大学士傅恒经略，代为督师。

傅恒统领由各地调集的劲旅开赴金川，立即整顿营垒，明号令，使军容焕然改观。他下令将与莎罗奔勾结的小金川土司良尔吉和内奸王秋等斩首问罪，使莎罗奔等为之惊骇不已。岳钟琪经过周密考虑，向朝廷提出了一个进剿方略：派兵一万出党坝及泸河，水陆并进；一万自甲索攻马牙冈、乃当两沟，与党坝军会合，直攻勒乌围；在卡撒留兵八千，堵御敌军，待攻克勒乌围后，前后夹攻刮耳崖；再于党坝留兵两千保护粮站，正地留兵一千防守泸河；另用四千兵力以为机动力量，随机接应。岳钟琪表示，“臣年虽老”，仍“请肩斯任”。乾隆皇帝下诏将他的建议交付傅恒筹议酌行，傅恒欣然采纳了岳钟琪的进剿方略。岳钟琪还根据金川险峻山河地势，革新了兵器，制作火器喷筒，并试制三艘新型的大木船。木船的两旁用档牌遮御枪石，船中可载一百二十八人，枪橹齐列，是一种十分平稳而坚固的战船，对平定金川叛乱，发挥了特殊作用。

乾隆十三年（1748年）九月，傅恒调集精兵三万五千人，按照岳钟琪的进攻方略，分兵两路向叛军发动进攻。岳钟琪统领精兵自党坝进攻康八达山梁，大败贼众；十二月，出师进战塔高山梁，又连连告捷，受到了乾隆皇帝的嘉奖。康八达山梁被攻破后，清军已兵临寨下，准备直捣勒乌围的敌巢。莎罗奔弹尽粮绝，惶惶不可终日。岳钟琪一方面下令大军准备总攻，一方面向莎罗奔展开招抚攻势。莎罗奔过去在岳钟琪平定西藏叛乱时，曾以土司头目的身份从军；岳钟琪为川陕总督时，处理金川和沃日各土司的地界纠纷，办事公平，将原先的金川属寨割还给莎罗奔并奏给土司印信，“莎罗奔以是德钟琪”。此时，在清军强大攻势面前，莎罗奔便派使者到岳钟琪军前请降。岳钟琪请示傅恒后，亲自带领十三名骑兵，前往勒乌围的叛军营寨，与莎罗奔进行长谈，示以诚信。莎罗奔头顶佛经立誓，表示愿听约束。第二天，莎罗奔率郎卡等随岳钟琪乘皮船来到清军军营投降。至此，持续了两年多的大金川叛乱被平定了。

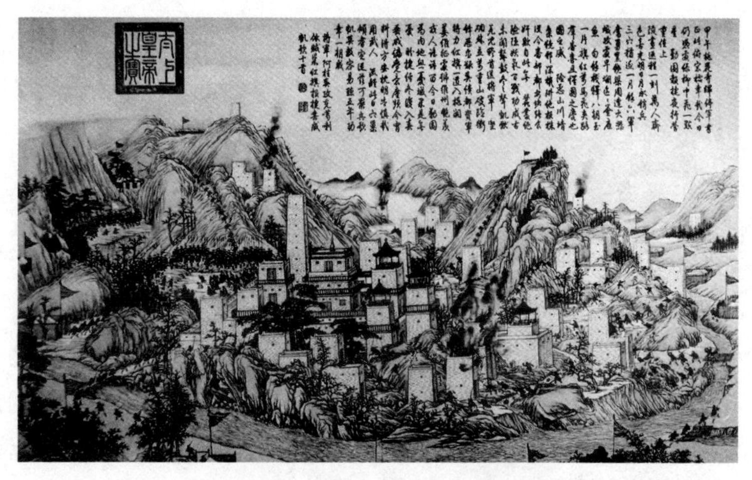

↑《平定金川战图》册之“攻克噶喇依”

金川告捷后，乾隆皇帝对岳钟琪大为嘉奖，加封为太子少保，复封三等公，赐号为“威信公”，并授以兵部尚书衔，还亲自赋七言诗一首赐给他。岳钟琪受到了清代任何一个汉将所无可比拟的优宠与荣耀。

但是，此时岳钟琪已年迈体衰，只好奏请辞退。乾隆皇帝为成全其请，命他返回四川故里，留任四川提督。后来，他曾奉命带兵平定了西藏珠尔默特和杂谷土司苍旺的叛乱。乾隆十九年（1754年）正月，重庆爆发了陈琨为首的民众反抗斗争，岳钟琪出于其忠于封建王朝的阶级立场，不顾身患重病，又亲自带兵前往镇压。在还师途中，死于资州，赐以祭葬，谥为襄勤。

岳钟琪一生，历康熙、雍正、乾隆三朝，将自己毕生的精力贡献于捍卫和开发祖国边疆的事业，他为反对分裂，维护祖国统一，建设和开发边疆所建立的不朽功绩，将永载史册。

许良国

作者许良国，毕业于中央民族学院历史系。中央民族大学民族学与社会学学院教授，中央民族大学台湾少数民族研究所顾问。著有《高山族风俗志》（合著）、《台湾民族研究文集》等。

西征大将

左宗棠

左宗棠个人小档案

姓名：左宗棠

字：季高、朴存

号：湘上农人

所处时代：晚清

生卒年：1812—1885年

官职：东阁大学士、军机大臣、两江总督

出生地：湖南湘阴

辅佐君王：清咸丰帝、同治帝、光绪帝

军事成就：平定太平天国、捻军起义，剿灭陕甘回乱，收复新疆

代表作品：《左文襄公全集》

轶事典故：自比诸葛、结怨樊燮、左公柳

封爵：二等恪靖侯

谥号：文襄

追赠：太傅

最得意：收复新疆

最失意：湘、淮派系斗争失败

左宗棠

青少年时代

左宗棠，字季高，生于嘉庆十七年（1812年），湖南湘阴东乡左家塅人，少时家境不济，是个破落的中小地主家庭。祖父左斐中，国子监生，父亲左观澜，也是个秀才。父子都教几名学生，收入很有限。左家当时有地几十亩，每年可收入四十八石租谷，自家也耕种一点土地，属于“半耕半读”的家庭。后来左宗棠在兰州时曾以此为誉，在自己门上贴有“耕读第”字样。左宗棠的幼年时代，由于家境变迁，生活已很拮据。有时遇上荒年，田亩歉收，竟至用糠菜充饥。左宗棠出生后，母亲因乳水不足，经常用米嚼成汁来喂他，仍然吃不饱，只是哭，把肚脐眼哭得突了出来。

左宗棠从小聪慧过人，十五岁赴童子试，第二年赴府试，得第二名。可就在这期间，父母双双病故，欠下一大笔债，无法偿还。道光十二年（1832年），左宗棠二十周岁，无依无靠。原先他父亲替他订下一门亲事，岳父家在湘潭，比较富有，左宗棠就入赘周家，其妻周诒端，善诗文，人也贤惠。先此一年，即道光十一年（1831年），左宗棠到长沙城南书院，从山长贺熙龄为师。贺熙龄是长沙人，进士出身，历任编修、学政等职，属经世致用学派。贺熙龄有个长兄贺长龄，官至按察使、布政使、巡抚、总督等职，家中有许多藏书，左宗棠经常去借读，有机会和贺长龄一起纵论天下大事，两人谈得十分投机。贺长龄便答应家中所有藏书，都任他借阅，但还书时，总要问其所得，左宗棠对答如流，并能“互相考订”。左宗棠很快扩大了视野，增长了见识。他曾经潜心阅读了贺长龄主编的《皇朝经世文编》，这是一部嘉庆以前名臣、学者讨论国计民生的论文。在这之前，他还读过顾祖禹的《读史方舆纪要》和顾炎武的《天下郡国利病书》。所有这些，都促使左宗棠经世思想的迅速形成。

道光十二年（1832年），左宗棠应本省乡试，没有考上，主考官徐法绩在落选的名单中，又选了六个成绩稍好的，左宗棠应选其中，中试第十八名举人。在封建社会，中了举人，便可以进京参加会试，如能考取进士，便可由朝廷派官任职。在妻子周诒端和族人的帮助下，凑足到北京的路资，但一揭榜之后，却名落孙山。之后，左宗棠又先后两次进京应考，都落第而归。会试的失败，使左宗棠失去通过考试跻身仕宦阶层的信心，而在“经世致用”上继续探索。他费了很大力气从事地图绘制的研究，发现以往地图绘制多不准确，注解也牵强附会，他想重新绘制地图以求纠正过去的错误。在妻子周诒端的帮助下，他动手绘制地图，做地图解释。又摘抄各省通志和西域图志，把山川、关塞、驿道、城池分门别类，汇成几十大本。他对新疆地理尤感兴趣，曾认真研究过新疆的地理形势。

左宗棠尽管当时处境艰难，但对国家大事却十分关心，在一副对联中他这样写道：

身无半亩，心忧天下；
读破万卷，神交古人。

这副对联，表明他的豪情壮志。他拼命读书，研究兵事、农书，甚至栽茶、种桑也在他研究范围之内。知识的广泛涉猎，越发使他希望有一天能为国家效力。

在嘉道年间，知名的封疆大吏要算陶澍和林则徐。陶澍在两江总督任内，有一次回到湖南安化老家，途经醴陵。当时左宗棠正在绿山书院讲学，知县为陶澍建馆舍，就请左宗棠替他写了几副门联，其中一副写道：

春殿语从容，廿载家山，印心石在；

大江流日夜，八州子弟，翘首公归。

上联的“印心石”，是陶澍家中的一块奇石，清仁宗皇帝知道陶澍家中有此宝，就为他写了“印心石屋”匾额。陶澍看了十分高兴，便邀见左宗棠。两人见面后纵谈国家大事，语言契合，陶澍特地多留左宗棠住了一天，称他是“奇才”。左宗棠第三次进京赴考落第之后，曾特地绕道南京去见陶澍，并在他那里住了几天。道光十九年（1839年），陶澍病故，遗孤陶桄刚刚九岁，贺熙龄是陶澍的亲戚，又是左宗棠的老师，就介绍左宗棠去当陶桄的教师，并帮他照料家务。就这样，左宗棠在陶家住了八年，饱读了陶家的藏书及陶澍的奏疏，体察了清代官场和政治的得失，这对左宗棠日后政治思想的发展产生了一定的影响。

左宗棠勤于钻研，所学又多和国家大事联系起来，经常纵论古今兵家得失。贺熙龄很看重他，说他“谈天下形势，了如指掌”。并亲自作了一首诗赞扬他：

六朝花月毫端扫，
万里江山眼底横。
开口能谈天下事，
读书深抱古人情。

左宗棠从年轻时代就有强烈的爱国思想。道光十三年(1833年)，在面对民族危机日益逼近的时刻，他就写了这样一首诗：

西域环兵不计年，当时立国重开边。
橐驼万里输官稻，沙碛千秋此石田。

置省尚烦他日策，兴屯宁费度支钱。

将军莫更纾愁眼，生计中原亦可怜。

鸦片战争爆发后，他对如何打败英国侵略者十分关心，曾经写成《料敌》《定策》《器械》诸文，对如何打败侵略者，提出自己的看法。

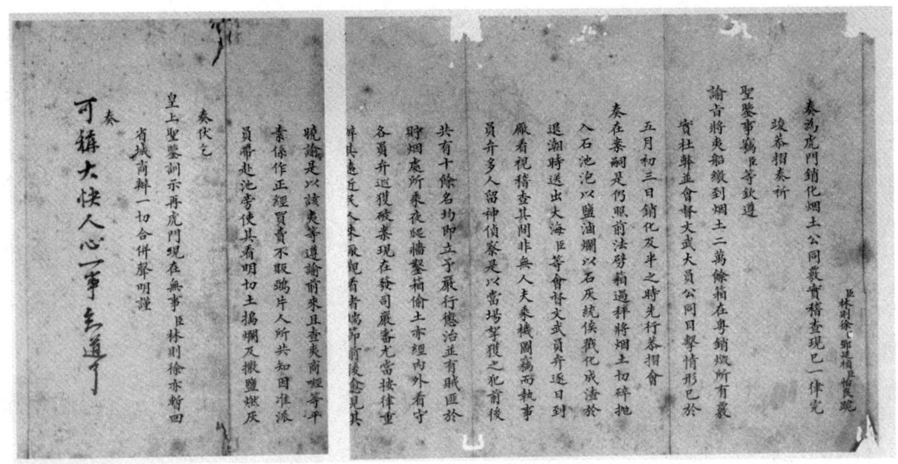

臣林則徐、臣鄧廷楨、臣怡良跪

奏為虎門銷化烟土公同查覈實稽查現已一律完

竣恭摺奏祈

聖鑒事竊臣等欽遵

諭旨將夷船繳到烟土二萬餘箱在粵銷燬所有覈

實杜弊並會督文武大員公同目擊情形已於

五月初三日銷化及半之時先行恭摺會

奏在案嗣是仍照前法劈箱過秤將烟土切碎拋

入石池泡以鹽滷爛以石灰銃使戳化成渣於

退潮時送出大海臣等會督文武員弁逐日到

廠看視稽查其間非無人夫乘機圖竊而執事

員弁多人留神偵察是以當場拏獲之犯前後

共有十餘名均即立予嚴行懲治並有賊匪於

貯烟處所乘夜爬牆鑿箱偷土亦經內外看守

各員弁巡獲破案現在發司嚴審尤當按律重

辦其遠近民人來廠觀看者端節前後愈見其

曉諭是以該夷等遵諭前來且查夷商[illegible]等平

素係作正經買賣不販鴉片人所共知因准派

員帶赴池旁使其看明切土搗爛及撒鹽[illegible]灰

奏伏乞

皇上聖鑒訓示再虎門現在無事臣林則徐亦暫回

省城商辦一切合併聲明謹

奏

可稱大快人心一事

↑ 林则徐等关于虎门销烟的奏折

林则徐任云贵总督之时，曾请左宗棠做他的幕僚，但左宗棠不忍心离开陶澍的儿子，没有应邀前往。后来，林则徐辞官回籍路过长沙，特地约他到湘江船上畅叙通宵。左宗棠很崇拜林则徐，林则徐也十分器重左宗棠。1850年，林则徐去世时，左宗棠写信给林则徐的儿子表示哀悼，其中特地谈到那次在湘江舟上和林则徐畅叙的情况。并写了一副挽联：

附公者不皆君子，间公者必是小人，忧国如家，二百余年遗直在；

庙堂倚之为长城，草野望之若时雨，出师未捷，八千里路大星颓。

这副挽联，对林则徐爱国主义思想做了高度的评价，但也暴露了左宗棠主张镇压农民战争的思想，这种思想使他后来成为清政府镇压农民起义的帮凶和打手。

在镇压太平天国革命中发迹

咸丰元年（1851年），洪秀全领导的太平天国起义在广西桂平县金田村首揭义旗，很快成为燎原之势。第二年太平军出广西，攻打长沙。当时湖南巡抚张亮基，原是林则徐的门生，林则徐在云南任总督时，张亮基在云南任知府。而张亮基又和湖南益阳的胡林翼是好友，胡林翼和左宗棠同岁，是陶澍的女婿，左宗棠又把自己的女儿许给陶桄做妻子。这样胡林翼也就成了左宗棠的亲戚了。太平军进攻长沙时，胡林翼就将畅晓兵书的左宗棠推荐给张基亮当幕客，并亲自写信给左宗棠，劝他赶快出山，并说："设若湖南都被太平军占领，你所避居的青山梓木洞能得安全吗？"左宗棠接信后，便起程来到长沙，投入张亮基幕府，替张亮基筹划军务。但为时不久，张亮基调任山东巡抚，左宗棠没有跟去，又回到青山梓木洞避居。

骆秉章到湖南任巡抚时，曾多次请左宗棠参与戎机，左推辞未去。一年后，即咸丰四年（1854年），太平军又攻入湖南，经多方劝说，左宗棠才又加入骆秉章的幕府。骆秉章和他经过一段时间的相处之后，很快就信任左宗棠。左宗棠自恃才高，又好揽权，骆府中军政事务，都由他一手经管。由于骆对左言听计从，军中不少人都认为，左宗棠是掌实权的，骆秉章不过"画诺而已"。因此，有人开玩笑说，左宗棠是左副都御史，而骆秉章不过是右副都御史。几年之中，左宗棠在湖南运筹粮饷，招募新兵，为巩固清廷在湖南的统治，以及支持曾国藩镇压太平军起了重要的帮凶作用。咸丰九年（1859年）上半年太平军石达开部由江西进入湖南，当时湖南并没有正规清军，各州、县守城的大多是地主武装。石达开势如破竹连克湘南州县，直逼衡阳、宝庆。骆秉章依靠左宗棠在湖南各州县，招募民军四万余人，略加训练后，由原先退籍还乡的宿将统率开赴前线。当时石达开部虽号称二十万，但大多是新加入的湖南、江西会党武装，战斗力并不太强。左宗棠新募集的四万民军成了石达开部的死敌。清廷主要靠这支部队和从湖北派来的一部分正规军，在宝庆击败了石达开部。左宗棠镇压太平军，又为清王朝立下了汗马功劳。

但是，清统治阶级内部矛盾钩心斗角，就在这年冬季，骆秉章弹劾永州镇总兵樊燮的劣迹。樊燮不服，上京控告骆秉章对他陷害，案件自然涉及左宗棠，骆秉章的弹劾有左宗棠的意见在内，奏章也可能出自左宗棠之手。湖广总督官文历来对左宗棠的行为不满，想借这个事件陷害左宗棠。恰好清廷命令官文负责秘密调查此案，并令官文如果发现左宗棠有不法行为，可就地正法。在京中任职的郭嵩焘是左宗棠的同窗，知道此事后，便找当权的肃顺疏通，由郭嵩焘的朋友潘祖荫向朝廷上书，陈明左宗棠在镇压太平天国革命的作用，并说“国家不可一日无湖南，湖南不可一日无左宗棠”。后来郭嵩焘也说，在湖南“骆秉章之功，皆左宗棠之功”。由于潘祖荫的奏疏对左宗棠的业绩作了充分的评价，肃顺便为左宗棠解了围。左宗棠的亲戚胡林翼、同乡曾国藩趁此机会，要求重用左宗棠。咸丰十年（1860年）五月，清廷遂授左宗棠四品京堂候补，协助曾国藩办理军务。左宗棠随即在长沙金盆岭招募五千人就地训练。并在八月间开往江西景德镇压太平军。从此，左宗棠踏上了直接扼杀太平天国革命的征途，开始了他一生中最不光彩的一段历程。

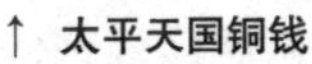

↑ 太平天国铜钱

↑ 太平天国士兵盔帽

按照曾国藩的部署，左宗棠率王开化、刘典到江西，在景德、乐平一带和太平军李世贤、黄文金部作战，防止太平军从皖南进入江西，重演当年石达开占领江西八府五十三县的局面。此后半年多，曾国藩、左宗棠基本上活动在这一地区。咸丰十一年(1861年)，太平天国占据多年的重镇安庆被湘军攻破。同年十二月，李秀成攻克杭州，曾国藩命令左宗棠到浙江镇压太平军。当时浙江巡抚王有龄在李秀成督军入城之后，悬梁自杀。经曾国藩推荐，清廷任命左宗棠为浙江巡抚。左宗棠乘机奏调旧属蒋益沣为浙江布政使。同治元年（1862年），左宗棠率湘军攻占遂安，并向金华、富阳一带进犯，配合英法侵略军自宁波向西进攻太平军。左宗棠充当清王朝和外国侵略者的帮凶，在浙江残酷地镇压太平军。当时，由于外国侵略者在上海、江苏、浙江，以及曾国藩在安徽、江苏，李鸿章率淮军在上海、江苏，左宗棠在浙江诸路进攻太平军，曾国藩又派其弟曾国荃自安庆挥师东下，在雨花台扎营，直逼天京。太平军形势急转直下，处于十分困难的境地。同治三年（1864年），左宗棠攻下杭州，至此浙江全境几乎都被左军占领。不久，太平天国天京被湘军攻破，余部洪仁玕、李世贤、汪海洋进入江西，但天京的陷落已标志着太平天国革命的失败。左宗棠和曾国藩、李鸿章成了最后镇压太平天国革命的三大刽子手。左宗棠对太平军恨之入骨，当他知道洪秀全病死之后，为未能将洪秀全“碎尸万段”，深叹可惜。有一次在江西上饶打败太平军时，竟为“毙贼三千有余”而感到“极为痛快”。

太平天国失败以后，左宗棠又率领湘军和李鸿章的淮军在河南一带镇压了捻军。几年之后，他受命陕甘总督，又残酷地镇压了回民起义。左宗棠作为地主阶级的经世派，他对农民起义是恨之入骨的，为了大清王朝的“长治久安”，左宗棠不遗余力地镇压了太平天国、捻军、回民起义，这是他一生中最可耻的一页。

创办福州船政局

第二次鸦片战争中，英法联军攻进北京，火烧圆明园。在侵略者的威逼下，清廷派奕䜣和英法侵略者签订了《北京条约》。当时咸丰皇帝已逃往热河的承德。根据《北京条约》，奕䜣在北京成立总理各国事务衙门，并逐步形成一股势力。咸丰十一年（1861年），咸丰帝病死热河，由五岁的太子载淳登极，尊生母慈禧为太后，以载垣、端华、肃顺等为顾命大臣。慈禧是个不甘寂寞的人，暗中和在北京的奕䜣勾结，并在回到北京后，发动政变，捕杀顾命大臣载垣、端华、肃顺等人，改元同治，由奕䜣为议政王，慈禧以太后名义垂帘听政，这就是有名的“北京政变”。由于奕䜣听命于外国侵略者，政变自然使清廷和侵略者进一步勾结起来。因此外国侵略者认为，这个政变是“令人满意的结果”。政变之后，慈禧太后在一份手谕中也讨好侵略者说，英法联军进入北京是因为“载垣等复不能尽心和议”“失信于各国”所造成的。完全是颠倒黑白，替侵略者的罪行开脱。议政王奕䜣于同治元年（1862年）正式提出借洋兵“助剿”太平军李秀成部。这一年春天，李鸿章从安庆率部来到上海。李鸿章所部兵员一部分是曾国藩调拨的，一部分即奉曾国藩之命在安徽老家征集的，这就是称这支军队为淮军的原因。部队的装备大多是英国侵略者提供的洋枪洋炮。为了修理和仿制洋枪洋炮，李鸿章在上海办了一个规模很小的上海炮局，这是洋务派开力军事工业的第一个工厂。

向西方学习，创办近代化工业，这是历史进步的要求。早在鸦片战争时期，魏源、林则徐就提出“师夷长技以制夷”的口号，原因是这些先进的中国人在和外国侵略者的作战中，看到外国侵略者还有可“师效”的一面。而第一步就是学习船坚炮利，目的是为了抵制外国侵略者的侵略。在太平天国运动中，李秀成也提出过利炮思想，并亲自在苏州仿造过，在被俘之后又提出“防鬼反为先”的主张。而洪仁玕更提出旨在发展资本主义的《资政新篇》。向西方学习，是历史的趋向，但不幸的是太平天国失败了,重新兴起的洋务运动却是为解决“心腹之患”而兴起的，奕䜣、

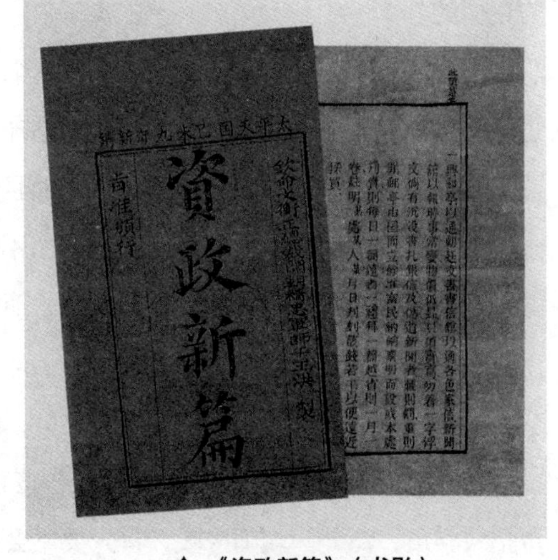

↑ 《资政新篇》（书影）

李鸿章等著名的洋务派都是早就和侵略者勾结的，他们的政治倾向对内是维护清王朝的统治，对外则代表了外国侵略者在华的利益。不过，在洋务派中情况并不一样，左宗棠也是当时著名的洋务派，但他经世致用的思想，使他继承了林则徐、魏源的“师夷长技以制夷”的爱国主义思想。因此，左宗棠在办洋务的活动中，更多的是考虑到国家的安全和富强。

同治五年（1866年），左宗棠在福州马尾创办了福州造船厂，当时称福州船政局。他在上清廷的一份奏折中，对创办福州船政局的必要性作了充分陈述。他认为，在两次鸦片战争中，侵略军的兵舰之所以能长驱直上天津塘沽，就是因为敌人有先进的轮船，可以纵横海上，而我军因没有此种轮船，无法抵御。如果没有先进的军舰，沿海藩篱便成为虚设。他计划在福州船政局建立之后，“备成一船之轮机，即成一船；成一船，即练一船之兵。比及五年，成船稍多”。在他看来，如果认真筹办，五年便可以建立一支像样点的船队。不但可以充作“巡洋缉盗”，还可以有点力量和侵略者抗争。比较可贵的是，左宗棠在这份奏折中还把造船和发展经济联系起来，所造船只可以在海上运输货物，沿海各省利益在海上而不在陆地。即使用船来运输漕粮，也方便得多。这样一来，便可以达到“百货萃诸廛肆，鱼盐蒲蛤足以业贫民”。在鸦片战争中林则徐就认为，广东三山六海，只有让百姓出海经商，才能富裕起来。左宗棠的以船运货思想和林则徐是颇为相似的。

促使左宗棠决心办造船厂的主要原因，当然是为了国防。但当对要不要办造船厂意见并不一致，有一种意见认为造船费用太大，不如租船或买船便利。但左宗棠认为，租船和买船不但工费贵，而且受制于外人。外国侵略者绝不会为中国的事业着想，因此在关键时刻，这些船不但调遣不能自如，而且也不能按我们的意思去办。轮船用过一段，就得检修，照样还得求外国工匠来修，不修就不能用。在左宗棠看来，从长远利益来看，买船、租船都不如造船。而且造船还要配套，即培养自己的驾驶和检修机器的人员，这样才不会“授人以柄”。

要培养自己的制造、驾驶、检修一整套人员，就要办学校。左宗棠主张免费招收学员，请外国教师来教，首先要学会外语，因为图书、机器都是从外国引

↑ 福州船政局旧址

进的，不会外语就无法工作。继之是学算学及有关造船技术。因此，当时船政大臣沈葆桢说，福州船政局“创始之意，不重在造，而重在学”。从这点来看，左宗棠是有战略眼光的，只要有自己的技术人员，造船就不会有困难了。在这种思想指导下，福州船政局办了许多学校，分为英文部、法文部两个部分，下属学校有造船学校、海军学校、计算学校、工程学校、航海实习学校等。这是中国最早培养海军和造船技术人员的学校，后来不少重要的海军将领，如邓世昌、严复、萨镇冰、刘步蟾等都出自这些学校。当时有个英国海军军官寿尔参观了福州船政局之后赞叹说，船政局的整个制度表现了创办者的天才和才能。有人把福州船政局和李鸿章在上海创办的江南制造总局对比，认为上海江南制造总局，条件远比福州船政局优越，但李鸿章没有创办一所学校，目光不如左宗棠远大，这个说法当是事实，办自己的军事工业，是向西方学习的一个步骤，而向西方学习，重在“学”字，只有学到造船知识、制造枪炮的知识以及管理经验，才有创造性的发展，不办学校，就永远得聘用外国工匠，工厂办起来，技术仍为洋人所掌控，仍然是不会有大的发展前程的。

由于船政局很重视“学”，因此把培养中国的“匠徒”，即技术工人，放在重要位置上。船政局聘请日意格为技术监督，双方协议，按规定时间把中国工人培养到能独立工作，如果教学有方，提前教会中国工人，酬金从优。而且还规定，一旦中国工人掌握技术之后，洋匠一律遣散回国。就这样，福州船政局培养出一批批技术熟练的工人来，这对造船厂的发展起了十分重要的作用。

↑ 江南制造总局大门

同治五年（1866年）清廷任命左宗棠为陕甘总督，船政局由左宗棠推荐的船政大臣沈葆桢负责经营。沈葆桢严格按左宗棠的思想办厂。几年之中发展较快。同治十三年（1874年）日本侵略台湾时，沈葆桢奉命督福州水师去台湾作战，迫使日本政府派员到北京议约，不敢用武力强攻台湾。这次沈葆桢带往台湾的舰只大多是福州船政局自己制造的。中法战争以前，中国有北洋水师、闽江水师和南洋水师。闽江水师十一艘兵舰除两艘是从美国购进外，其余九艘均为福州船政局自造的；北洋水师的康济、威远、眉方、泰安、镇海等舰船也出自福州船政局，占全部北洋水师舰船的五分之二；南洋水师的澄庆、横海、镜清、开济、靖远等舰船也出自福州船政局，占全部南洋水师舰船的三分之一。这些舰船大多是在光绪元年(1875年)以前建成的。十年时间造出这么多舰船，成绩是很大的。中法战争的失败原因很多，其中最主要的是李鸿章投降主义所造成的。用中法战争马尾港遭受法舰突然袭击而导致闽江水师全军溃败，来说明左宗棠创办福州船政局的过错，理由是不充分的。

“塞防”与“海防”之争

在洋务运动中，特别是在对待外国侵略者的态度上，左宗棠逐步从洋务派中分离出来，而和曾国藩、李鸿章有明显的区别。同治九年(1870年)，天津教案发生，清政府派曾国藩去处理。曾国藩明知教案是因为教堂诱拐儿童，激起天津人民公愤，才击毙法国驻天津领事丰大业引起的。但曾国藩却认为如秉公处理，怕“将来构怨兴兵”，而致“激成大变”。所以，曾国藩为讨好洋人，一到天津就“缉拿凶手”，下令“严戒滋事”。曾国藩到处乱抓，真正的“凶手”抓不到，就随便抓些无辜百姓，通过刑讯逼供，弄假成真。几天之间，曾国藩一共抓了八十人，按照外国侵略者的意旨，“拟正法者十五名，军流四人，拟办徒罪者十七人，共计可科轻罪者二十一名”。其余的留第二批处理。对待天津教案处理办法，李鸿章和左宗棠持有不同的态度。李鸿章知道曾国藩的处理办法后，竟在一件函稿中说，闻“已有可正法者十余人，议罪二十余人，固觉喜出望外”。而左宗棠在天津教案发生后，他在给清廷的一份复函中就态度鲜明地指出：“法国教主，多半匪徒，其安分不妄归者，实不多见。”当他知道曾国藩在天津教案结案时，“共得正法之犯二十人，军徒各犯二十五人”，并赔款白银十万两时，他指责曾国藩“数年以来，空言自强，稍有变态，即不免为所震撼”。这里说的“空言自强”包括对李鸿章的嘲笑，空喊自强，在侵略者进行威胁时，则不免顺从地按照侵略者的意愿，屠杀自己的同胞。

对天津教案的看法表现出左宗棠的爱国主义思想，同时也反映了他同曾国藩、李鸿章在对待外国侵略者的态度上是不一样的。天津教案后不久，同治十一年（1872年），曾国藩病死于两江总督任所。此后，左宗棠和李鸿章的矛盾便更加突出了，其分歧主要集中在对“海防”和“塞防”的看法上以及是否从阿古柏手中收回新疆。这个争论双方立场鲜明，针锋相对，持续的时间也比较长。

从19世纪60年代后期开始，外国侵略者开始蚕食我国边疆领土，日本开始侵略台湾，英国侵略云南，俄国染指新疆。同治四年（1865年）浩罕国军人阿古柏率兵入侵新疆，在新疆建立哲德沙尔汗国，俄国也乘机出兵占领伊犁，新疆形势处在危急之中。同治十二年（1873年）左宗棠镇压肃州回民起义时，其中有个叫白彦虎的，原是回民起义的动摇派，他见左宗棠出兵肃州即率部数千西入新疆，投降阿古柏，这样就使新疆的局势更加复杂。

面对上述情况，清廷内部一部分大臣纷纷要求政府迅速制定有关新疆的决策。李鸿章自命为“洋务涉历颇久，闻见稍广，于彼已长短情之处，知之较深”。他主张把用兵新疆的饷款，移作海防费用。他认为国防重点在海防，而不在新疆边防。当时李鸿章企图通过海防建设，控制北洋水师，一再强调加强海防的重要性，要求集中人力财力建设海防。李鸿章认为，如果进兵新疆就会损害和英、俄侵略者的“和局”。英国侵略者看到李鸿章的态度，便大造舆论，散布阿古柏已归属土耳其，并与英、俄订有条约，中国不能过问。李鸿章在这个问题上，完全站在侵略者的立场上，胡说乾隆年间戡定新疆只徒收数千里之旷地，增加千百年之漏卮，很不合算。所以，他请求清廷命令西征将领就地守住边界，不必要进取。李鸿章赤裸裸地上奏清廷，胡说：“新疆不复，于肢体之元气无伤。”言下之意，新疆可以拱手让给外国侵略者，真是一副卖国贼的嘴脸。

左宗棠闻知李鸿章的上述意见之后，十分愤慨，他上书清廷，针锋相对地提出：新疆是我国领土的一个整体，“重新疆者，所以保蒙古……西北臂指相联，形势完整”。他认为当时海上并无构兵之衅，而收复新疆却是燃眉之急，西征饷银绝不能减少。左宗棠对新疆做了认真的调查研究，对白彦虎、阿古柏所部的兵力做了认真分析，向清廷报告，指出敌军“能战之贼，至多不过数千而止”。他还认为，出兵新疆俄国不会出兵帮助阿古柏、白彦虎与我为敌的，设若他们冒险行动也不会得到多少好处的。后来的军事行动，说明左宗棠的判断是正确的。乌鲁木齐是新疆最重要的军事要地之一，左宗棠坚持首先收复乌鲁木齐，然后根据形势再决定是否收复南疆八城。这个策略容易取得清政权的支持，当时清政府虽然腐败，但也绝不会看着新疆任侵略者肢解而无动于衷的。况且，一旦收复乌鲁木齐，便会给清廷注进一针强心剂，增强其收复疆土的信心，这样，从而下决心支持左宗棠收复全疆的主张。

在“海防”和“塞防”上，左宗棠主张并重，他并不反对加强海防建设，但他坚决反对李鸿章弃新疆于不顾的卖国主张。他对李鸿章上奏朝廷要求西征军“停兵撤饷”非常恼火，说如果按照李鸿章撤西防、裕东饷（海防饷款）的主张，那么，新疆必然要“折入俄边”，而我国便会断送这块富饶的疆土。“海防”“塞防”之争，左宗棠是站在爱国主义的立场上，而李鸿章则为了扩大自己的势力，强调海防建设，甚至主张放弃新疆也在所不惜，完全是一种卖国主义的思想主张。有人认为，左、李之争，兼有湘系和淮系的矛盾所然，但这并非问题的实质。左、李在这个阶段的矛盾，其中关键性的分歧是要不要收复新疆，这是一个原则性的分歧，不能笼统称之为湘、淮两系的矛盾。

收复新疆的光辉业绩

光绪元年（1875年），左宗棠受命督办新疆军务。当时他已经六十四岁了，身体又多病疾。但当他接到清廷的命令之后，却是心情振奋，决心要从阿古柏手中夺回新疆。

挑起收复新疆的重任之后，他根据过去在甘肃工作时对新疆的了解，认为沙俄虽已侵占伊犁，但曾假惺惺地向清政府表示“并无久占之意”，入侵的兵力也不多，估计暂时不会有大的动作；而阿古柏与白彦虎等互相勾结，占据新疆的大部分地区，是当前的最大威胁，于是决定“先阿后俄”，把逐灭阿古柏入侵势力作为首先要解决的战略目标。待完成这个战略目标后，再着手驱逐侵略伊犁地区的俄国侵略军。为实现逐灭阿古柏的战略目标，左宗棠又根据新疆的地理特点和敌我的态势，制定“缓进急战”“先北后南”的战略方针。他认为新疆远离内地，交通运输不便，一定要充分做好战前的各项准备工作，不能急于求成，一旦战前的准备工作就绪，投入了战斗，就必须力求速战速决，以避迁延时日，师老耗粮。而就新疆的敌情而言，天山南路是阿古柏长期经营的老巢和主力驻屯之所，比较难攻，白彦虎等据守的天山北路能战之兵仅只六七千人，又与阿古柏貌合神离，比较好打，应该先攻北路再攻南路。

战略方针确定后，左宗棠便着手进行战前的准备工作：

第一，奏逐腐朽昏聩的满族大员,整编部队。左宗棠认为：“自古关塞用兵，宜精不宜多。”按照这个原则，他着手整顿在边疆的部队。早在同治十一年（1872年），他就弹劾满洲贵族成禄。成禄是乌鲁木齐提督，新疆吃紧时，清廷命成禄率部到哈密，增援督办新疆军务的景廉。成禄畏葸胆却，按兵不动，长期留守高台。按编制成禄应领军十二营，实际上只有半数的兵员，长期吃空缺，军饷不济时他就截留景廉的军饷。本来他应归陕甘总督调遣，但他自恃是满洲贵族，根本不理睬左宗棠。这些问题不解决，左宗棠就无法进军新疆。他向清廷上书弹劾成禄的种种不法行为，要求将其撤换。清廷下令将成禄革职拿问，将原部十二营整编成三营，划归景廉指挥。另一个满洲贵族穆图善，曾任过陕甘总督，左宗棠受命陕甘总督后，穆图善领兵督办兰州军务。新疆形势紧张时，同治十二年（1873年）清廷命其开赴敦煌一带，以备入疆。左宗棠上奏清廷，认为这支部队“战守具不足恃”，建议将其“遣撤”，以节约军饷。后来，清廷把穆图善调入北京供职。

新疆剩下的满洲贵族大员还有景廉。他原任乌鲁木齐都统，同治十三年（1874年）受命为钦差大臣督办新疆军务。此人也是苟且偷安，不求上进之徒。他统领部兵三十四营，实际兵员不足一半，却长期吃空缺。更严重的是，他自恃为满洲贵族，根本不和左宗棠合作。左宗棠上奏清廷，要求将景廉调开，由另外一名满洲贵族金顺暂管关外军务。清廷准奏，将景廉所部三十四营改编为二十五营，由金顺统辖。

与此同时，左宗棠在镇压回民起义之后，也对所部湘军进行整顿。他把老弱冗员皆给资遣回，并且明确宣布，不愿随他出关西征的，不论将官还是士兵，一律给资回籍。这样，留下来的大多为健壮之兵，而且是自愿出关西征的，战斗力比较强。

↑ 左宗棠平西战图

第二，筹饷运粮。进军新疆面临的重大问题，是军饷和粮食的转输，部队整编发给遣散人员回籍路费，用银达九十万两。而从内地转运军粮到新疆，路程甚远又难行走，运费极其高昂。如从肃州到玉门，路程三百六十里，按每只骆驼驮运五百斤粮食计算，运送一万名军人的粮饷,就需要一千头骆驼，两百名驼夫；从玉门到哈密路程一千四百里，所需骆驼和驼夫的数量就更多了。为了筹措粮饷及运费，左宗棠一面向洋商借款三百万两，以救燃眉之急，一面报请清廷拨款应急。在权臣文祥的积极支持下，清廷命户部拨款两百万两，并批准他借用洋款五百万两，又令各省提前解西征银三百万两。这样，军饷问题才初步得到了解决。

筹粮是进军新疆面临的重大问题，左宗棠经过几年的筹措和艰苦的转输，由河西运到安西、哈密的粮仓多达一千万斤，从哈密运到古城子的约四百万斤，从归化、包头运存巴里坤的，约五百万斤。这就为进军新疆创造了条件。

第三，建立兰州机器局。左宗棠知道阿古柏的部队大多使用洋枪洋炮，与之作战，也必须使用枪炮。当时，虽然李鸿章已创办江南制造局、金陵机器局和天津机器局，但他是反对进军新疆的，自然不会将这些机器局生产出来的枪炮支援左宗棠。因此，左宗棠便在同治十二年（1873年）创设兰州机器局，从广东、浙江聘请熟练工人，命总兵赖长筹办。一年之后，便能造出各种枪炮。左宗棠手下将领刘锦棠的部队开赴新疆之前，就是用兰州机器局生产的枪炮装备的。

一切准备就绪之后，光绪元年（1875年），清政府任命左宗棠为钦差大臣，办理新疆军务。同年，左宗棠调旧部刘典为陕甘军务帮办，坐镇兰州，负责筹措转运粮饷。光绪二年（1876年），左宗棠以陕甘总督名义，命令汉中镇总兵谭上连进军新疆。记名提督宁夏总兵谭拔萃、记名提督陕安镇总兵余虎恩随后相继率部入疆。左宗棠的主力部队刘锦棠也同时入疆。左宗棠经过一番调查研究，认为阿古柏与白彦虎有矛盾，阿古柏想保存实力，不一定愿与左军决战，而白彦虎所部系乌合之众，并不耐战。新疆地形北高南低，乌鲁木齐系北疆重镇，如果攻克乌鲁木齐，南疆就会震动，而我军则会大受鼓舞。于是，左宗棠决定先进攻乌鲁木齐。由刘锦棠部负责主攻,以金顺四十营中的一部协助，并以徐占彪五营驻古城一带，以确保粮道畅通，且防止敌军回窜甘肃。

一切部署停当之后，刘锦棠部于八月攻克乌鲁木齐附近的古牧地。刘锦棠从俘虏中搜获一封乌鲁木齐的告急信，得知乌鲁木齐“防守乏人”，下令立即向乌鲁木齐推进。途中不战而下七道湾堡，进至距乌城十里之地，侦知乌城守敌正纷纷南逃。刘锦棠即令余恩虎率三营骑兵、谭拔萃率四营步兵由左路追击，令黄万鹏率一部骑兵、谭上连率四营步兵由右路追击；命谭慎典等率三营步兵向乌城急速推进。白彦虎等一闻炮声，即弃城向达坂逃窜，西征军轻而易举地收复了乌鲁木齐。阿古柏派出的援军五千骑走到达板，听说乌城已失，只得退回。

乌鲁木齐收复后，左宗棠命刘锦棠驻守该城，肃清残敌；命金顺率师西进，攻取乌城以西各城。昌吉、呼图壁、玛纳斯北城之敌弃城而逃，只有玛纳斯南城守敌负隅顽抗。九月，金顺率师攻打玛纳斯南城，久围不克。后来，刘锦棠派军增援，伊犁将军荣全也率师前来合攻，至十一月六日终于收复了玛纳斯南城。至此，除伊犁地区外，天山以北已被征西军全部收复了。

北疆的收复，使清军掌握了战争的主动权。特别是乌鲁木齐的收复，更是大大改变了征西军在新疆的战略态势，为以后进军南疆创造了有利条件。正如左宗棠所说："不得乌鲁木齐，无驻军之所，贼如纷窜，无以制之，不仅陕甘之忧，即燕晋内外蒙古，将无息肩之日。"

乌鲁木齐收复后，左宗棠开始准备进军南疆。但正在这时候，英国侵略者威妥玛亲自去找李鸿章，他威胁说，中国收复南疆，驱逐阿古柏，结果将两败俱伤，而俄国将乘机占领全疆。他表示英国愿出面调停，条件是让阿古柏"立国"，"作为属国，只隶版图，不必朝贡"。他让李鸿章将此意转达奕䜣。十月间，左宗棠收到清廷关于威妥玛愿意调停让阿古柏乞降"立国"的征询意见信。左宗棠非常生气，指出乌鲁木齐、吐鲁番、南八城都是中国领土，阿古柏是侵占我国领土的贼匪，英使威妥玛竟然称阿古柏是"喀王"，岂有此理。至于英使威胁说，如果左军出兵南疆定会导致俄国出兵干涉，占领全疆，左宗棠也加以力驳，指出当时俄国只在伊犁驻军一千，西征军进入新疆后毫无动静，根本没有进行干涉的可能。左宗棠向清廷保证说："南路贼势重在达坂即噶逊营、吐鲁番、托克逊三处，官军南下，必有数大恶战，三处得手，则破竹之势可成。"根据左军士气和兵力，进军南疆击败阿古柏是有把握的。坚决拒绝李鸿章代英人替阿古柏乞降"立国"的意见。

左宗棠一面整顿军队，一面积极筹粮。左军攻下乌鲁木齐之后，曾缴获粮食一百万斤，但当地饥民太多，开仓赈济，已用去不少粮食，左宗棠急速从甘肃和乌鲁木齐以西采购一批粮食，并转运到前线。同时，他命令部将刘锦棠争取在伊拉里克地区征购粮食。并告诫刘锦棠，大军到达后，对百姓一律赦其从贼之罪，免其徭役之苦，这样就可以得民心，而粮食一律坚持公平购买，这样就可以"不愁乏食"。

阿古柏知道左宗棠是不会放弃进攻南疆的，就在吐鲁番、达坂、托克逊等地集结部队，征集粮草和军火，准备和西征军决战。达坂是军事要地，也是阿古柏重点设防地。如果清军攻下达坂，南疆门户洞开，吐鲁番、托克逊也就攻之不难。因此，左宗棠进军南疆第一个军事目标就是达坂，这一战关系到是否能顺利进军南疆的大事，必须打好。他决定由刘锦棠部担负主攻之任。

光绪三年（1877年），刘锦棠率兵二十余营自乌鲁木齐出发。到达达坂城附近，敌军引湖水阻止清军近城，但刘部骁勇善战，骑兵涉水而过，步兵继之，很快就包围了达坂城。在击败自托克逊派来增援的骑兵后，城中贼匪成了瓮中之鳖。刘锦棠命令用开花炮攻城，一炮击中城里火药库。经过一场恶战，击毙敌军数千人，俘获一千余人，战马八百余匹以及各种军械无数。这战打得非常出色，西征军只阵亡五十二名，受伤一百余人。

攻克达坂城之后，刘锦棠进军托克逊，当地维吾尔族百姓主动从托克逊来送情报，说阿古柏知道达坂全军覆灭，惊恐万分，正准备逃窜。刘锦棠急派骑兵进袭，敌军经过一阵顽抗，弃城逃窜，托克逊被攻克了。与此同时，左宗棠另一部将张曜也攻占了吐鲁番。

达坂、托克逊、吐鲁番三城的攻克，进攻南疆击溃全部敌军已无太大困难。但正在这时，英国政府却发来一通“照会章程”，说什么他们和喀什噶尔早在四年前就订有条约，不让左军继续进击阿古柏匪帮。左宗棠十分愤慨，严正指出，阿古柏系原浩汗王国人，“非无立足之处，何待英人别为立国？即欲别为立国，则割英地与之，或即割印度与之可也，何乃索我腴地以市恩？”

西征军在攻克达坂等三城之后，阿古柏看到“立国”不成，前途无望，便服毒自杀，由其子伯克胡里继位，内部矛盾重重。西征军下一步，便是收复库车、喀拉沙尔、阿克苏、乌什、喀什噶尔、英吉沙尔、叶尔羌、和阗等南疆八城。光绪四年（1878年）八月，进军南八城的战斗开始打响。十月，西征军攻克喀拉沙尔，收复了库尔勒。据俘虏供称，白彦虎已西走库车。左军于是乘胜追击，攻克库车，斩敌一千余名，缴获羊一万两千多只。仅用六天六夜时间，奔驰九百余里，连克三城，救出大批被裹胁的各族难民。可知西征军士气之高，战斗力之强。

左宗棠闻报三城捷音，立即命令刘锦棠、张曜穷追残匪。刘锦棠攻克库车之后，只休整了三天，便策马西进。白彦虎不战而逃，西征军进驻阿克苏。这样，南八城中的东四城全部收复。十二月，西征军收复阿古柏的巢穴喀什噶尔。

白彦虎、伯克胡里见大局已去，逃入俄国境内。清将黄万鹏停止进击，奉命就地监视其动向。在攻克喀什噶尔的同时，另一支西征军攻克叶尔羌、英吉沙尔。和阗也于光绪四年（1878年）被清将董福祥攻克。南疆八城终于被全部收复。

左宗棠在收复新疆的过程中，凡大军经过之地，他都命令将士修筑道路，沿途种树，“自泾州以西至玉门，夹道种柳，连绵数千里，绿如帷幄”。光绪五年（1879年），杨昌浚应左宗棠之请，到西北旅行，亲眼看到沿途绿柳成荫，触景生情，写了这样一首诗：

大将筹边尚未还，
湖湘子弟满天山。
新栽杨柳三千里，
引得春风度玉关。

暮年壮志

光绪六年(1880年)，清廷下令调左宗棠到京供职。

翌年，左宗棠到达北京，受命管理兵部事务，恩准在军机处和总理衙门行走。但军机处和总理衙门的官员大多和他意见不一致，他很难有所作为。左宗棠一再要求开缺，未获批准。左宗棠在军机处经常发泄对李鸿章等大臣的不满，或者谈论西征之事，拍案大笑。奕䜣没有办法，只好把他调任两江总督。光绪八年（1882年）他到南京赴任，极力主张仿效林则徐抗英，力主抗法，

在沿海沿江加强防务。由于和李鸿章矛盾越来越大，李鸿章对左宗棠十分不满，骂左宗棠是“老模糊颠倒”。左宗棠再次向清廷奏请开缺回籍，清廷同意他卸去两江总督任，但希望他病愈之后，即行销假，重新委任。中法战争爆发后，福州水师在马尾全军覆灭，朝野上下谴责投降派李鸿章之流。光绪十年（1884年），清廷任命左宗棠督办福建军务。这时左宗棠已经七十三岁，到福州上任

后，他一面派兵增援台湾，一面整顿闽江防务。光绪十一年（1885年），当中国军队在镇南关大捷时，李鸿章却和法国签订了《中法天津条约》，下令命镇南关前线的冯子材、王德榜撤兵。左宗棠坚决反对撤兵，并上奏清廷，陈明撤兵之害，但已无可挽回。左宗棠忧愤交集，在福州病逝，终年七十四岁。

↑ 福建水师旗舰扬武号巡洋舰

左宗棠的一生，前半段是镇压太平天国革命，镇压回民起义，这是他的阶级局限性。但后半生收复新疆，为祖国建立了不朽的功勋。他是清末地主阶级抵抗派的杰出代表之一，比起清王朝中那些投降派和顽固派来，是一个应当给予肯定的历史人物。

林　恂

作者林恂，著有《西征大将左宗棠》等文章。